성 경 과 함 께 읽 는

성경 1장 칼럼

김명제 지음

3 권

| 시편 ~ 이사야 1부 |

서 문

강원도 태백에 있는 석탄박물관에 간 적이 있습니다. 아주 오래 전이어서 세세한 기억은 사라졌지만 절대 잊혀 지지 않은 것이 있습니다. 땅 속에 있는 광물이 너무나 많고 아름답다는 것입니다. 한국에서 캐낸 것만 해도 이 정도이니 지구, 나아가 우주에는 내가 알고 있는 광물의 만만배가 있다고 해도 과언이 아닐 것입니다. 우리는 이미 땅 위와 바다 속과 우주가 놀랍고 아름다운 것을 알고 있습니다. 하나님의 창조의 손길이 보이지 않는 땅 아래까지 이렇게 아름다운 것으로 채워 놓은 것에 감동이 밀려옵니다. 현실적으로 우주에 갈 리 없고 바다 속도 여행할 것 같지는 않지만 매일 밟고 사는 땅은 마치 이웃과 같다는 생각이 듭니다. 손 내밀면 닿을 수 있는 곳에 천국의 보화를 놓아두신 원리를 소환합니다.

(마 13:44) "천국은 마치 밭에 감추인 보화와 같으니 사람이 이를 발견한 후 숨겨 두고 기뻐하며 돌아가서 자기의 소유를 다 팔아 그 밭을 사느니라"

석탄박물관에서는 광부가 캐낸 찬란한 광물을 보았지만 그리스도인은 성경에서 보화를 채광 할 수 있습니다. 성경은 영원한 최고의 베스트셀러이고 관련 서적은 홍수처럼 넘치고 있습니다. 한국의 그리스도인에 있어서 성경은 마치 내 몸과 같은 땅처럼 아주 가까이에 있습니다. 경건을 갈망하는 신실한 기독교인은 성경을 사모하며 열심히 읽습니다. 말씀 사역자는 설교와 교육을 위해 성경을 연구하고 교재를 만듭니다. 저 또한 결신 이후 46년을 성경과 씨름하며 진력하였습니다. 2020년 코비드 상황에서 10독을 작정하고 성경에 올 인한 적이 있었습니다. 목표를 달성하고자 TV도 편하게 보지 못하고 눈을 혹사해가며 성경을 읽었습니다. 그 결과 충격적인 결론을 내리게 되었습니다. 소위 성경을 수도 없이 읽은 전문가인 저도 성경이 이토록 어려운데 성도들은 어찌할까라는 질문입니다.

성경을 의무적으로 읽지만 이해하고 적용하기에는 그 벽이 너무 두껍고 높은 현실에 직면해 있습니다. 성경을 해석하는 전문적인 책을 참고하기도 하고 설교 서적을 이용하기도 하지만 지구력에 허점이 생깁니다. 영적 감각은 매일 성경 읽고 기도하고 교제하는 것에서 가다듬어 지는데 여기에 구멍이 생기게 되는 것입니다. 성경을 직면하고 정주행하는 시스템을 위한 긴박성이 요구되었습니다.

(히 3:13) "오직 오늘이라 일컫는 동안에 매일 피차 권면하여 너희 중에 누구든지 죄의 유혹으로 완고하게 되지 않도록 하라"

성경 통독을 위한 가이드와는 다른 성경의 각 장을 짧고 쉽게 해석하며 적용하는 콘텐츠에 눈을 뜨게 되었습니다. 책과 멀어진 디지털 영상시대에 성경 1장을 정독하고 5분 안으로 읽을 수 있는 칼럼이 떠올랐습니다. 도입부를 흥미 있게 시작하고 본문을 이해하며 신구약의 복음적 통찰을 중심으로 저술하였습니다. 나아가 영적인 은혜와 신앙의 활력을 얻는 결론을 내리도록 하였습니다. 본문 내용에 따라 역사신학과 시대성찰의 메시지가 들어간 것도 있습니다. 이 책을 저술하면서 뇌리를 맴돌고 입술에서 나온 말이 있었습니다. "하나님 죄송해요"입니다. 패역한 선민의 회개하지 않는 모습이 우리, 아니 나의 모습이라는 것을 깨달았기 때문입니다. 그럼에도 심판을 늦추시고 '남은 자(The remnant)'를 통한 회복을 섭리하시는 마음을 알아 챌 때 두려운 신앙을 가다듬게 되었습니다. 하나님을 향한 거룩한 긴장과 함께 경외의 사랑을 고백할 수 있었습니다. 유기적 영감설에 의한 성경저자들의 감동을 조금이나마 느낄 수 있었습니다.

신앙생활과 목회현장의 점철된 성패의 경험들이 겸손하게 글을 쓰게 한 것 같습니다. 영적으로 몸부림친 육필의 글이 독자의 성경 보화의 채광도구로 사용되면 참 좋겠습니다. 진리의 보물은 성령님을 모신 내가 손을 내밀면 바로 잡을 수 있는 곳에 도착되어 있습니다.

(신 30:13-14) "이것이 바다 밖에 있는 것이 아니니 네가 이르기를 누가 우리를 위하여 바다를 건너가서 그의 명령을 우리에게로 가지고 와서 우리에게 들려 행하게 하랴 할 것도 아니라 오직 그 말씀이 네게 매우 가까워서 네 입에 있으며 네 마음에 있은즉 네가 이를 행할 수 있느니라 보라 내가 오늘 생명과 복과 사망과 화를 네 앞에 두었나니"

2023년 12월

인천 연수구에서

김명제

일 러 두 기

1. 권별 안내

① 제 1권 : 창세기-룻기

② 제 2권 : 사무엘상-욥기

③ 제 3권 : 시편-이사야 1부(39장) *시편 119편은 4개입니다.

④ 제 4권 : 이사야 2부(40장)-마태복음

⑤ 제 5권 : 마가복음-요한계시록

2. 개인적인 적용

① 기도를 먼저 하고 성경의 각 장을 먼저 읽는 것이 좋습니다.

② 정독을 원칙으로 하고 사정이 되는대로 여러 번 읽으면 좋습니다.

③ 칼럼을 읽고 사정에 따라 참고 성구도 찾아 읽으면 됩니다.

④ 시간이 되면 성경 본문을 다시 정독할 때 본문을 이해하게 됩니다.

⑤ 말씀 사역자가 평생 설교할 수 있는 소스(source)가 담겨 있습니다.

3. 공동체의 적용

① 가족과 교회 공동체에서 함께 사용할 수 있습니다.

② 성경 내용을 주제로 대화와 토론을 하므로 영육간의 성숙을 이룹니다.

③ 기독교 가정의 자녀에게 성경을 읽도록 하는 기능을 줍니다.

④ 교인이었다가 떠난 분과 성경에 관심 있는 비신자에게 선물로 적당합니다.

4. 부록 사용법

책의 마지막에 있는 3가지(성숙, 기도, 전도) 경건의 도구를 사용법대로 성실하게 사용하면 능력 있는 사역자의 길을 갈 것입니다.

목차

시편 · 18

잠언 · 307

전도서 · 361

아가 · 383

이사야 · 399

부록 · 472

시편

♦ 시편 1편 성경칼럼

1절 | 복 있는 사람은 악인들의 꾀를 따르지 아니하며 죄인들의 길에 서지 아니하며 오만한 자들의 자리에 앉지 아니하고
3절 | 그는 시냇가에 심은 나무가 철을 따라 열매를 맺으며 그 잎사귀가 마르지 아니함 같으니 그가 하는 모든 일이 다 형통하리로다

"의인의 길과 악인의 길"

시편이란 뜻은 찬양의 책, 시들의 책(히브리어로 세페른 테헬림)이란 뜻에서 번역되었습니다. 5권 150편으로 되어 있는데 75편 이상이 다윗의 작품입니다. 모세의 저작(90편)도 있으니 기록 연대로 보면 약 900년 동안 쓰여 진 것이며 에스라 시대에 완성되었다고 봅니다. 시편은 이스라엘을 향한 하나님의 계시와 이에 응답하는 신자의 신앙적 고백으로 되어 있습니다. 성경의 주요 주제인 창조와 타락과 구원과 생활과 예배와 헌신이 모두 담겨 있습니다. 이는 시편의 진정한 주인공은 예수 그리스도이심을 보여줍니다.

시편은 찬양의 큰 범주 안에 비탄, 감사, 간구, 예언, 교훈 등이 어우러져 있습니다. 시편의 저자들은 성령의 감화 감동 가운데 진지하고 솔직한 신앙적 반응을 보여 줌으로써 같은 하나님을 섬기는 후대에게도 깊은 공감을 주고 있습니다. 시편을 읽다 보면 마치 나의 이야기를 하는 것처럼 느껴질 때가 있는 이유가 여기에 있습니다. 시편은 히브리 언어의 특징인 단순함과 구체적인 표현들로 마치 회화체로 쓰여 졌습니다. 인위적인 가식을 털어내

고 장중하고 담백한 신앙의 심성을 인간적으로 보여 주는 장면이 많습니다.

신앙의 지정의 중에서 저자와 공감하는 정적 요소를 건드리기에 시편을 읽고 노래하면서 눈물을 참 많이도 흘립니다. 시편은 신구약 성경 66권 중에서 가장 큰 책이며 성경의 중간에 위치하기에 찾기도 쉬운 책입니다. 저는 개인적으로 20대 초반 군 생활 중에 보초를 서면서 기드온 포켓 성경(신약과 시편만 있음)을 읽으면서 웬만한 시편은 거의 암송했던 달콤한 추억을 가지고 있습니다. 우리가 부르는 찬양의 가사 중에 가장 많이 인용되어 부르고 있는 것은 아주 당연하다고 볼 수 있습니다.

시편 1편은 시편 전체의 서론 같은 성격을 가지고 있어서인지 저자를 밝히지 않고 있습니다. 서론이지만 신앙의 결론을 내리고 있다고 볼 수 있습니다. 복 있는 자와 저주받은 자의 본질을 이야기 하고 의인과 악인의 결말을 선언하면서 시편은 시작합니다. 의인의 행복과 악인의 불행의 분기점은 율법(하나님의 말씀)의 청종(듣고 순종)에 달렸습니다. 율법을 청종할 때 악의 생각이 차단되어 악을 거부할 수 있고 악인과 구별되어 살 수 있게 됩니다. 악인과 얽히게 되면 악인을 따라 죄의 진전이 일어납니다. 악인의 꾀를 좇고 죄인의 길을 따라가다 보면 어느새 멸망당할 오만한 자리에 있게 됩니다(1절).

이 악인의 길을 가는 자가 일시적으로는 과정의 즐기움과 영광이 있을 수도 있습니다. 그러나 그 결말은 바람에 나는 겨와 같은 허무한 신세가 되고 맙니다. 나아가서 악인은 심판의 때에 하나님께 쫓겨나는 것은 당연하고 실제적인 역사의 심판에서도 저주받는 대가를 치르게 됩니다. 이와 반대로 의인의 길은 형통한 복을 받습니다. 형통하다는 것은 하나님의 은총에 의한 번영과 행복이며 인내의 과정을 거쳐 시절을 좇아(때가 되면) 열매를 맺게 됩니다. 시편의 문을 열며 말씀 청종의 결단을 합니다.

♦ 시편 2편 성경칼럼

2절 | 세상의 군왕들이 나서며 관원들이 서로 꾀하여 여호와와 그의 기름 부음 받은 자를 대적하며

7절 | 내가 여호와의 명령을 전하노라 여호와께서 내게 이르시되 너는 내 아들이라 오늘 내가 너를 낳았도다

"10배, 100배, 1,000배"

인생을 살면서 터득하는 어떤 이치나 지혜가 있습니다. 그 중 하나가 사람은 쉽게 누구의 말을 듣거나 굴복하지 않는 특이한 존재라는 사실입니다. 자기보다 10배 정도 강한 사람은 겨루어 이길 수 있다고 하며 한번 대들어 봅니다. 100배 정도 되면 싸우려하기 보다 공생의 협력으로 이익을 얻고자 관계 설정을 합니다. 그러나 1,000배로 강한 상대를 만나면 다른 선택지가 없이 굴복하여 안전을 도모하게 되어 있습니다. 한편으로는 자신이 상대보다 손톱 두께만큼만 크다고 느껴도 갑 질을 하는 묘한 존재가 인간입니다.

역사에서 가장 강한 상대를 꼽으라면 바로 국가권력이며 통치자들입니다. 본장에서는 열방(이방 나라)이란 말과 군왕이라는 단어로 나타납니다. 열방이란 세상의 모든 사람들이라는 뜻을 내포하고 군왕은 통치하는 권력이며 지금의 표현으로는 대통령이라고 보면 됩니다. 이 권력의 집단과 개인 간의 힘의 격차는 천배가 아니라 거의 무한대라고 볼 수 있습니다. 자유민주주의 체제에서는 주권이 국민에게 있어서 교체가 가능하다고 하지만 삐끗하면 독재로 변하여 엄습합니다.

이 거대한 세상의 힘은 영적 메시야이신 예수님을 달가워하지 않습니다. 권력의 속성은 집중과 독점이기에 백성들의 마음을 차지하는 메시야를 대적하는 것은 아주 당연합니다. 그러나 모든 열방과 군왕을 세우고 폐하는 주권이 하나님께 있음을 알아야 합니다. 전능하신 하나님을 모르는 세상 권력자들은 허사를 경영하고 메시야를 대적하는 길을 갈 수밖에 없습니다.

(단 2:20~21) "다니엘이 말하여 이르되 영원부터 영원까지 하나님의 이름을 찬송할 것은 지혜와 능력이 그에게 있음이로다 그는 때와 계절을 바꾸시며 왕들을 폐하시고 왕들을 세우시며 지혜자에게 지혜를 주시고 총명한 자에게 지식을 주시는도다"

2편의 기름 받은 자는 1차적으로는 다윗을 가리키지만 구속사로 볼 때는 예수 그리스도입니다. 예수님은 하나님으로서 영원한 왕이시고 심판주로서 철장을 가지고 있습니다. 이 철장 앞에 악한 세력은 질그릇처럼 깨뜨려진다는 것을 아는 자가 참된 지혜를 얻은 자입니다(9절). 우리가 볼 때 개인의 힘보다 천만 배가 강한 절대 권력이라도 메시야를 대적하는 것은 망하기로 작정한 무모한 짓입니다. 하나님을 알고 그 은총을 받은 그리스도인들은 누구와 겨루어 승부를 내는 삶을 사는 것이 아닙니다.

하늘의 지혜와 교훈에 따라 생각과 행동을 해야 합니다. 첫째, 하나님을 경외함으로 두려워 떠는 자는 범죄 하지 않는 복을 받게 됩니다(11절). 신약에서 이 경외하는 마음은 성령으로 인하여 기쁨과 평안을 누리게 되었습니다. 둘째, 구원의 목적인 하나님을 모든 영역에서 섬겨야 합니다(11절). 이 섬김의 자세는 절제이며 자원함이며 그 보상은 복의 근원(덩어리)이 됩니다. 셋째, 어린 아이처럼 완벽하신 하나님을 의지해야 합니다(12절). 이 길을 가는 자에게 아버지가 자녀에게 주듯이 하나님의 유업을 이어가게 하십니다. 우리는 하나님을 바로 알아 신자의 신분을 누리고 능력을 발휘하는 일군으로 부름 받았습니다.

♦ 시편 3편 성경칼럼

1절	여호와여 나의 대적이 어찌 그리 많은지요 일어나 나를 치는 자가 많으니이다
7절	여호와여 일어나소서 나의 하나님이여 나를 구원하소서 주께서 나의 모든 원수의 뺨을 치시며 악인의 이를 꺾으셨나이다

"나의 회복탄력성(resilience)?"

마음의 근력이라고 볼 수 있는 회복탄력성은 다양한 분야에서 적용하고 있습니다. 크고 작은 시련과 실패에 대한 인식을 도약의 발판으로 삼는 힘을 의미합니다. 사람에 따라 작은 위기는 개인의 경험과 능력에 따라 해결해 나갈 수 있습니다. 문제는 숨이 막힐 정도의 절대 절명의 위기를 극복하는 회복탄력성을 가지고 있느냐가 관건입니다.

시편 3편은 다윗이 아들 압살롬의 반역으로 인해 예루살렘 성전에서 나와 도망할 때가 배경입니다(삼상 17:1~23). 사랑하는 아들의 반역도 쓰라린 일이지만 그에 동조한 자기 부하의 배신과 자기 백성들의 조롱은 뼈가 상할 정도입니다. 더 나아가서 자기의 실패가 하나님의 도움이 떠났기 때문이라는 사람들의 냉혹한 시선은 견디기 힘든 일이었습니다. 그도 그럴 것이 당시의 백성들의 눈에는 다윗이 밧세바 사건의 죄로 말미암아 하나님께 저주를 받아 이런 일이 생긴 것이라고 여기고 있었습니다. 권력상실은 물론이고 인간적 관계의 파괴와 명예의 실추와 생명의 위협까지 총체적 절망의 상황입니다.

여기서 다윗의 영적 위대성이 발동됩니다. 인간적으로는 아무리 생각해도 구제불능의 위기이지만 그에게는 하나님이 계셨습니다. 아니 더 정확히 말하자면 하나님의 언약이 있었습니다. 그래서 다윗은 노래하며 간구합니다. '여호와여' 라고 부르며 찬양을 시작합니다. 여기서 하나님의 호칭을 연구할 필요성이 있습니다. 시편에는 하나님을 부를 때 여호와와 함께 엘로힘(복수형으로 삼위일체 하나님)과 아도나이(나의 주님이란 뜻으로 유대인들은 하나님의 이름을 망령되이 부르지 않아서 주로 부름)가 나옵니다. 그 중 여호와가 686회로 압도적으로 많습니다. 여호와란 뜻은 스스로 있는 자라는 뜻으로 모세가 미디안에서 애굽으로 파송될 때 질문하여 받은 별칭입니다(출 3:13~14).

여호와란 이름 자체가 '나는 나다(I am who I am)'라는 뜻으로 하나님은 이름에 국한하신 분이 아닌 전능하신 주권자라는 의미입니다. 즉 여호와란 하나님과 이스라엘간의 언약을 담보하고 주어진 이름입니다. 그러하기에 그 별칭을 부를 때에는 언약을 기억해 달라는 소원이 들어가 있습니다. 다윗은 하나님이 나의 방패시요 나의 영광이시요 나의 머리를 드시는 자이심을 노래합니다(3절). 다른 사람이 아닌 바로 다윗 자신에게 그렇게 하신다는 것입니다. 그것이 바로 하나님과 자신의 언약에 근거하여 부르는 노래이며 절대 신뢰와 의존관계를 전제로 한 것입니다.

다윗은 하나님께 부르짖을 때 성산에서 반드시 응답하신다는 것을 믿었습니다(4절). 하나님이 붙드시는 다윗은 어떤 위기 속에서도 이제 누워 자고 깨는 일상의 일들이 두렵지 않습니다(5절). 구원은 여호와께 있으니 원수가 천만 명(완전의 완전수)이 와도 겁낼 것이 없습니다(6, 8절). 원수와 악인의 부서짐을 알고 있기에 오히려 여유를 가지고 백성을 위한 기도로 나아갑니다(7~8절). 말세지말의 환란시대에 다윗이 부르는 노래는 우리의 모범이 되기에 충분합니다.

♦ 시편 4편 성경칼럼

4절 | 너희는 떨며 범죄하지 말지어다 자리에 누워 심중에 말하고 잠잠할지어다 (셀라)

8절 | 내가 평안히 눕고 자기도 하리니 나를 안전히 살게 하시는 이는 오직 여호와 이시니이다

"처세술이 좋은 사람, 경건하게 살려는 사람"

처세술 하면 떠오르는 이미지는 각자 다를 것입니다. 꾀가 많고 약은 사람이 인간관계를 잘하여 목적을 이루어가는 모습이 떠오릅니다. 한편으로는 매너 있고 인격적인 관계를 잘 이루어 인맥도 넓고 평판이 좋은 사람을 일컫기도 합니다. 문제는 어떤 처세술이든 하나님 없이 행할 때 일시적 성공을 이룰 수는 있겠지만 하나님의 사람으로는 쓰임 받을 수 없습니다. 반면에 인간적인 처세술은 부족하더라도 하나님 앞에서 신실한 자세로 살아가는 경건한 사람은 주의 일에 사용됩니다.

3편에 이어 다윗과 그를 배신한 부하들과의 관계를 배경으로 4편이 전개됩니다. 전편이 고난과 위기 속에서 하나님을 의뢰하고 노래한 것이라면 본편은 하나님을 경험한 후의 기쁨을 전하고 노래한 것입니다. 1절에 다윗은 그를 정죄하고 대적하는 무리들에게서 건져내신 하나님을 찬양합니다. 의의 하나님이 그를 너그럽게 하셨다고 했는데 이 뜻은 '넓은 공간'을 허락하셨다는 의미입니다. 넓은 공간에서 하나님의 구원과 풍요로움과 안전의 복을 받은 것을 간증하고 있습니다.

이 경험을 근거로 세상의 대세를 따라 처세술을 발휘하여 그를 배신한 인생들에게 경고와 교훈을 하고 있습니다. 배신자들이 볼 때는 압살롬이

힘 있고 아름다워 보이고 권력을 잡을 것 같아서 따랐을 것입니다. 하지만 그 길은 하나님의 영광을 대적한 헛된 일이고 거짓을 구한 일이었다는 것을 선언합니다(2절). 다른 한편으로 다윗이 처세술을 발휘하여 배신한 부하들을 회유하여 자기편으로 돌아오게 했다면 어떻게 되었을까 하는 생각도 듭니다. 만약 그렇게 했다면 다윗은 하나님의 역사하심을 맛보지 못 하고 버림받을 것이 틀림없습니다. 하나님께서는 유일한 최우선을 원하시는 분이시기에 처세술 다음의 대우를 받지 않으시기 때문입니다.

권력 투쟁에서 정적은 가차 없이 처단되지만 다윗은 그들에게 부모 같은 마음으로 훈계를 합니다. 하나님께 쓰임 받는 자는 경건한 자임을 분명히 합니다(3절). 여기서의 경건이란 행위의 열매가 있어야 택함 받는다는 것이 아니라 하나님을 사랑하는 자라는 뜻입니다. 그 경건한 자가 기도할 때 하나님은 반드시 응답하신다고 확신하고 있습니다. 대적자들을 향하여 하나님과 그 세운 자를 두려워하며 회개할 것을 권고합니다. 범죄의 길을 돌이키고 떨며 잠잠히 침묵할 것과 진정한 의의 제사를 지내고 하나님을 의지할 것을 요구합니다(4~5절).

이어서 다윗의 뒤를 따라 경건한 자의 길을 선택한 무리들에게 주어지는 복을 노래합니다. 첫째, 하나님의 얼굴을 들어 비추이게 해 달라는 기도를 하게 됩니다(6절). 주의 얼굴이 비추이는 영광은 하나님의 백성에게 최상급의 축복입니다(민 6:25~26). 둘째, 최고의 기쁨을 누리게 되는데 이 기쁨은 지상의 모든 것(곡식과 새 포도주)을 다 가져도 맛볼 수 없는 수준입니다(7절). 셋째, 오직 하나님만이 보장하시는 안전을 누리게 하시는데 어떤 위기 속에서도 다 해당됩니다(8절). 경건한 자의 영역에 초대된 자의 권세를 사모합니다.

♦ 시편 5편 성경칼럼

1절 | 여호와여 나의 말에 귀를 기울이사 나의 심정을 헤아려 주소서
11절 | 그러나 주께 피하는 모든 사람은 다 기뻐하며 주의 보호로 말미암아 영원히 기뻐 외치고 주의 이름을 사랑하는 자들은 주를 즐거워하리이다

"탄식을 넘어 기쁨으로"

우리는 하나님이 사랑하는 자가 되기를 원합니다. 하나님의 사랑을 받는다는 것은 모든 것을 가진 것과 같기 때문입니다. 그렇다면 하나님이 미워하는 자에 대한 개념을 확인하면 하나님께 사랑받는 지름길을 알 수 있습니다. 왕권을 가진 다윗에게는 그를 모함하고 대적하는 악한 무리들이 항상 있었습니다. 그들을 물리치기 위한 싸움을 치열하게 할 수밖에 없는 상황을 충분히 이해할 수 있습니다. 다윗은 인간적인 수단을 통해서 저들을 제압하는 것은 한계가 있음을 너무나 잘 알고 있었습니다. 이미 골리앗과의 대결을 비롯한 수많은 전투에서 경험하고 확증한 원리입니다.

그는 아침(새벽) 첫 시간을 기도로 시작하는 것이 영적습관이 되었습니다(3절). 기도의 첫 번째 정의는 하나님의 도우심외에는 다른 길이 없다는 고백이기 때문입니다. 1절부터 나오는 다윗의 솔직하고 단순한 기도는 모든 기도의 모범이 됩니다. 큰소리로 외치는 기도와 함께 여기에서처럼 자기의 심정을 헤아려 달라는 속삭임의 기도가 중요합니다. 두 기도 모두 간절함을 가지고 기도하면 됩니다. 나와 다른 스타일의 기도를 한다고 타인을 비방하면 절대 안 됩니다. 다윗은 원수들에 대하여 하나님께 아뢰고 있는데 탄식 같기도 하고 저주 같기도 한 내용으로 되어 있습니다. 인간의 복잡한 심성을 감추지 않고 하나님의 처리하심에 의뢰하고 있습니다.

악한 자의 특징은 그들의 수뇌인 마귀의 속성과 그대로 닮아있음을 보게 됩니다. 예수님이 말씀하신 내용을 시편에서는 시적으로 묘사하고 있으므로 양면을 비교하면 유익을 얻을 수 있습니다(5-6, 8-9절).

(요 8:44) "너희는 너희 아비 마귀에게서 났으니 너희 아비의 욕심대로 너희도 행하고자 하느니라 그는 처음부터 살인한 자요 진리가 그 속에 없으므로 진리에 서지 못하고 거짓을 말할 때마다 제 것으로 말하나니 이는 그가 거짓말쟁이요 거짓의 아비가 되었음이라"

욕심과 살인과 거짓이 모든 행악의 뿌리가 되고 동기가 된다는 사실이 증명됩니다. 특별히 작은 죄처럼 보이는 거짓이 다른 죄로 가는 추진체가 된다는 것을 명심해야 합니다. 거짓을 일삼는 자는 반드시 자기 꾀에 빠져 낭패를 당하도록 되어 있습니다(10절). 거짓말은 쉽게 함으로서 양심의 가책을 느끼지 않도록 유도하여 큰 죄로 나아갈 수 있도록 합니다. 거짓말은 '나이를 먹지 않는다'라는 유명한 명언(에우리피데스)이 있는데 이는 거짓말은 지치지 않는 끈질김이 있다는 의미입니다. 거짓말은 정직이 신발 끈을 묶는 동안 지구를 한 바퀴 돈다는 말도 있습니다. 십계명 중의 9계명에 명확히 박혀 있는 거짓증거 하지 말라는 명령을 허투루 넘기지 말아야 합니다.

5편의 다윗에게서 볼 수 있는 모습 중의 특이한 것은 기도 중간에 얻는 응답과 확신과 기쁨입니다. 기도를 받으시는 하나님을 얼마나 신뢰하였는지 원수의 실제적 처리가 눈앞에 안 보여도 이미 되어 진 것처럼 찬양하고 있습니다. 하나님을 따르고 사랑하는 자는 영원한 보호를 받는 자이기에 기뻐 외치고 즐거워할 수 있습니다(11절). 의인은 복을 받는데 이는 현실 생활이 좋아진다는 뜻이며 온 몸을 호위하는 안전의 방패라고 노래합니다(12절). 눈에 보이는 환경에만 마음을 뺏기지 말고 참된 기쁨을 주시는 주님과 동행하기를 소원합니다.

♦ 시편 6편 성경칼럼

3절 | 나의 영혼도 매우 떨리나이다 여호와여 어느 때까지니이까
9절 | 여호와께서 내 간구를 들으셨음이여 여호와께서 내 기도를 받으시리로다

"절망의 끝자락을 붙잡고.."

사람은 누구나 희노애락과 생로병사를 겪습니다. 강하고 약한 차이는 있어도 사람이라면 피해갈 수 없는 과정입니다. 건강하고 평안하고 행복한 일만 지속되면 좋겠지만 그런 인생을 산 사람은 한 명도 없습니다. 그 이유는 타락한 인간이 받은 실락원의 환경이 바로 죽음이고 가시와 엉겅퀴이기 때문입니다.

(창 3:18~19) "땅이 네게 가시덤불과 엉겅퀴를 낼 것이라 네가 먹을 것은 밭의 채소인즉 네가 흙으로 돌아갈 때까지 얼굴에 땀을 흘려야 먹을 것을 먹으리니 네가 그것에서 취함을 입었음이라 너는 흙이니 흙으로 돌아갈 것이니라 하시니라"

여기서 가시덤불은 육신의 질병을 가리키고 엉겅퀴는 풀기 어려운 인생의 고난을 의미합니다.

내 맘대로 되지 않는 인생을 살면서 크고 작은 절망들이 다가오는 것은 당연합니다. 사실은 이 절망 때문에 유한한 인간이 깨어지면서 절대자를 찾는 기회를 갖게 됩니다. 그리스도인의 회심에 대한 간증을 들어보면 모양새는 달라도 절망 가운데에서 주님을 만난 것을 알 수 있습니다.

6편은 시편에 나오는 7편의 참회 시 가운데 첫 번째입니다. 초대교회에서는 안식일 이후 네 번째 날을 정하여 본 시편을 낭송하였다고 합니다. 공식적이고 정기적인 회개와 참회를 하는 전통을 세웠는데 어느 순간 사라진

것이 매우 아쉽습니다. 시편은 본문 전에 나오는 설명을 '표제문'이라고 하는데 '현악 여덟째 줄에 맞춘 노래'라고 나옵니다. 이는 매우 낮은 특정 음율(스미닛)에 맞추어 부르라는 뜻입니다. 참회하면서 마음을 찢고 항복하여 나아가는 모습을 연상할 수 있습니다.

다윗은 자신의 범죄로 말미암아 온 징계로 절망하는 가운데 오직 주님의 긍휼만 구하는 기도만 붙들고 있는 상태입니다. 살은 다 빠지고 뼈는 상하여 떨려 기동할 힘이 없습니다(2절). 육신뿐만이 아니라 한 때 그 충만했던 영혼이 사그라져 지탱할 재간이 없음을 고백합니다(3절). 이 절망의 끝이 어디일지 기약이 없어 울고 또 울어 침상도 이불도 다 젖어버렸습니다(6절). 한시도 안심할 수 없는 대적들의 괴롭힘에 근심이 깊어 육신의 눈도 어두워져 괴로움을 더합니다(7절). 본 시편에 그의 죄악의 구체적 항목이 나열되지 않은 이유를 아는 사람은 알 것입니다.

사람은 절체절명의 순간에는 복잡하게 자백할 틈도 없이 외마디 소리밖에 못 지르기 때문입니다. 다윗의 한 마디는 불쌍히 여기시어 건져 달라는 외침입니다. 그래서 8절의 반전이 일어납니다. 오직 하나님만 바라보고 우는 다윗의 울음소리는 하나님께 응답되어 원수를 물리치는 은혜를 입게 됩니다. 9절의 '들으셨음이여'는 완료형이며 '받으시리로다'는 미완료형으로 되어 있습니다. 기도는 이미 응답되었고 그의 건강과 명예는 앞으로 회복될 것이라는 확신을 노래하고 있습니다. 참회의 기도는 하나님의 은혜를 받은 증명서입니다.

♦ 시편 7편 성경칼럼

8절 | 여호와께서 만민에게 심판을 행하시오니 여호와여 나의 의와 나의 성실함

을 따라 나를 심판하소서
12절 | 사람이 회개하지 아니하면 그가 그의 칼을 가심이여 그의 활을 이미 당기어 예비하셨도다

"나의 의와 하나님의 공의"

맹자는 인간의 화와 복은 다 자기가 스스로 만들어 낸다고 하였습니다. 성경에는 심은 대로 거둔다고 직설적으로 선언합니다. 히스기야 왕이 죽을 병에 걸렸을 때 하나님을 향하여 이렇게 기도합니다.

(사 38:3) "이르되 여호와여 구하오니 내가 주 앞에서 진실과 전심으로 행하며 주의 목전에서 선하게 행한 것을 기억하옵소서 하고 히스기야가 심히 통곡하니"

하나님께서 이 기도를 들어 고쳐주시고 15년의 생명을 연장시켜 주시는 유명한 장면입니다. 마치 히스기야가 종교개혁의 선한 열매를 담보로 기도가 응답된 것처럼 보입니다. 하지만 후대가 없는 가운데 다윗의 언약의 존속을 위해 살리신 것을 역사는 기록합니다(대하 33:1). 신약에서 시므온과 안나는 탄생하신 예수님과의 만남을 경건한 삶을 살며 기다린 응답의 대가처럼 이루어집니다(눅 2:25~38).

오늘 7편에서 다윗이 곤경 가운데 자기의 의를 가지고 하나님의 도움을 강하게 주장하는 것처럼 보입니다. 누구에게 악을 행하거나 재산을 빼앗거나 했으면 원수의 손에 수치 속에 죽게 해달라고 합니다(3~5절). 심판하시는 하나님 앞에 자신의 의와 성실함을 따라 심판해 달라는 요청을 합니다(8절). 나아가 외적 열매뿐만이 아니라 마음의 정직함까지 자신 있어 하는 모습을 보입니다(9절). 여기서 우리는 영적 혼돈이 일어납니다. 성경 전체

의 메시지는 인간은 어느 누구도 의인이 아니며 하나님 앞에 자기 의를 가지고 나갈 자가 없음을 알기 때문입니다.

(롬 3:10~12) "기록된바 의인은 없나니 하나도 없으며 깨닫는 자도 없고 하나님을 찾는 자도 없고 다 치우쳐 함께 무익하게 되고 선을 행하는 자는 없나니 하나도 없도다"

하나님의 공의의 눈으로 볼 때는 의인이 한 명도 없다고 하는데 다윗은 자기의 행위를 살펴 달라고 하는 이 장면을 어떻게 해석해야 하겠습니까? 그 열쇠는 절대적인 의와 상대적인 의를 구별하는 지혜입니다. 하나님 앞에 절대적인 의를 가지고 나설 자는 당연히 한 명도 없습니다. 하지만 악한 사람과의 관계에서 상대적 의를 가지고 기도할 수는 있는 것입니다. 7편의 표제문에 보면 '다윗의 식가욘'이란 말이 나오는데 이는 격렬한 흥분과 급격한 감정의 동요 속에서 지어진 시임을 나타냅니다.

다윗이 이 시를 쓰게 된 것은 표제문에 나온 대로 베냐민 사람 구사의 모함을 듣고 억울함과 분함을 가지고 하나님께 호소하는 것이 배경입니다. 저 악한 대적의 무리와 비교하여 상대적으로 다윗은 성실했고 정직했고 더러운 이익을 취하지 않았다는 호소를 하고 있습니다. 결코 자신이 하나님 앞에서 완벽한 의의 사람이라는 것을 주장하려는 마음은 호리라도 없는 것입니다. 나아가 정치 세계의 수단방법을 가리지 않고 행하는 악에 대하여 하나님의 진노의 심판을 구하고 있습니다.

어쩌면 이 시는 저주시에 가까운 내용이지만 다윗은 자신이 그들을 정죄하거나 직접 심판하려는 것이 아니라 공의의 하나님께 맡기고 있습니다. 우리는 본편에 나오는 악인의 회개치 아니함으로 말미암아 나오는 죄악의 저주들을 보며 경계로 삼아야 합니다(12~13절). 자기가 판 웅덩이에 자기가 빠지고 재앙이 자기 정수리에 꽂히는 저주를 안다면 우리는 절대 악인의 길을 선택할 수 없습니다(14~16절). 다윗은 격동과 흥분으로 시작했지만 평안과 감사하는 마음으로 하나님을 찬양하며 7편을 마무리합니다. 나의 모든 것을 아시는 주님을 사랑합니다.

♦ 시편 8편 성경칼럼

1절 | 여호와 우리 주여 주의 이름이 온 땅에 어찌 그리 아름다운지요 주의 영광이 하늘을 덮었나이다

4절 | 사람이 무엇이기에 주께서 그를 생각하시며 인자가 무엇이기에 주께서 그를 돌보시나이까

"3초~한눈에 반하다"

어떤 대상에 대하여 호감을 갖고 좋아하는 것은 순간적이라는 것을 우리는 압니다. 문제는 그것이 지속적이지 않다는 것이 비극의 시작입니다. 그래서 인간은 '새로운 반함'을 찾아 방황을 하는 존재이기도 합니다. 시편을 읽으면서 영적으로 한눈에 반해 버리는 시가 오늘 읽은 8편입니다. 세상의 반함은 싫증이 나지만 이 시편은 날이 갈수록 더 좋아지고 아름답습니다. 통 채로 암송하기 쉬운 양이고 복음성가 가사로도 매우 익숙합니다.

이 시는 창세기 1장의 서술적 창조 기사를 시적으로 선언한 것으로 우주만물의 신비한 창조와 인간의 영광을 감격에 겨워 노래하고 있습니다. 다윗은 광활한 우주 안에 드러난 하나님의 위엄을 바라보며 주의 이름을 찬양합니다. 온 땅과 하늘에 덮인 아름다운 주님의 솜씨를 알아 볼 수 있는 자신의 행복을 감사하고 있습니다(1절). 교만한 대적자들은 절대 눈치 채지 못하는 창조주 하나님을 바라보고 믿게 된 어린아이가 됨을 기뻐합니다

(2절). 창세기에서는 말씀으로 창조하셨다고 서술되었는데 여기서는 주의 손가락으로 만드셨다고 은유적으로 표현합니다(3절).

200억 광년 크기(측량이 불가능)의 우주 창조가 하나님에게는 아주 간단한 일이었다는 것으로 그 능력의 광대함을 찬양하고 있습니다. 밤에만 보이는 달과 별을 바라봄으로서 무한한 능력을 찬양하고 있습니다. 이제 시인은 그 관심을 인간에게 돌리고 있습니다. 이 광대한 천체에 비해 극히 작고 보잘 것 없는 인간이지만 하나님의 최고의 관심의 대상임을 알고 있습니다. 사람을 생각하고 돌보시는 하나님의 뜻을 황송해하는 마음으로 노래합니다(4절). 여기서 돌보신다(히, 파카드)란 뜻은 권고로서 '주의 깊게 돌보다'라는 의미입니다.

인간을 향한 하나님의 특별한 배려는 어디에서 나온 것일까요? 바로 창조의 원리와 질서로서 인간은 하나님 다음의 자리에서 영화와 존귀의 관을 씌어 주셨습니다(5절). 이것이 하나님 형상으로 창조되었다는 의미이며 피조물 중에 으뜸이라는 뜻입니다. 5절의 하나님보다 조금 못하게 하였다고 했는데 바로 전의 개역성경의 천사로 번역된 것을 바로잡은 것입니다. 히브리 원문에 보면 천사가 하나님(엘로힘)으로 되어 있습니다. 히브리적 사고를 물려받은 번역가들이 인간을 하나님과 비교하는 것은 신성모독이라고 생각하였기에 천사로 번역했던 것입니다.

하나님의 형상이란 뜻은 하나님의 속성을 가졌다는 의미입니다. 하나님 속성의 본질은 '다스리는 권세'입니다. 인간은 하나님의 속성을 위임받아 만물을 다스리는 책임을 받았습니다(6절). 물론 타락 이후 이 능력은 감퇴되었지만 구원 이후의 성도는 이 능력을 회복하는 권세를 갖게 되었습니다. 육지와 공중과 바다의 모든 생물을 다스리고 관리하는 청지기가 된 것입니다(7-8절). 신약교회에 적용하면 성도들은 하나님만 섬기고 나머지 모든 영육의 피조세계를 관리하는 청지기가 되었다는 뜻입니다. 성경에서만 배울 수 있는 만물과 사람에 대한 본질을 알게 하신 주님의 은혜를 감사드립니다(9절).

♦ 시편 9편 성경칼럼

1절 | 내가 전심으로 여호와께 감사하오며 주의 모든 기이한 일들을 전하리이다
10절 | 여호와여 주의 이름을 아는 자는 주를 의지하오리니 이는 주를 찾는 자들을 버리지 아니하심이니이다

"다윗이 경험한 하나님"

사람은 자기가 배운 것과 경험한 것 이상의 것을 소유하기는 어렵습니다. 타인의 경험이 녹아든 많은 책을 통하여 간접 경험을 하지만 통합과 성찰과 창조의 과정을 거쳐야만 자기의 것이 될 수 있습니다. 그저 주어진 환경에 따라 흘러가는 생활을 한다면 협소한 사람으로 고착되기 쉽습니다. 다행히 그리스도인은 성경을 통하여 신비한 영적세계와 인생의 본질에 대한 지식을 만납니다. 나아가 성경의 인물들을 통해 하나님을 간접적으로 경험하게 되는 능력을 누리게 됩니다. 성경을 보면서 만나는 수많은 인물들의 이야기가 나의 경험이 될 수 있다면 이처럼 효율적인 학습은 없을 것입니다.

성경에서 만나는 다윗의 모습은 그야말로 영적인 풍운아입니다. 여기서 풍운아라는 표현은 생애의 기복은 심했지만 뚜렷한 발자취를 남긴 인물을 뜻합니다. 시편에서 그가 고백하고 노래하고 기도한 내용들은 그의 경험이 배경으로 녹아져 있습니다. 다윗을 대적한 상대를 살펴보면 그의 인생이 얼마나 파란만장했는지 한눈에 보입니다. 장인 사울 왕을 비롯한 동족

들, 자기 자식들, 한 때 신뢰했던 부하들, 주위의 이방나라들로서 현실적으로 한시도 마음을 놓지 못했습니다. 이 과정의 탄식과 감탄, 환난과 기쁨, 실패와 승리, 저주와 축복, 상실과 만족 등이 교차하며 하나님만 의지하는 성숙을 향해 달려갑니다.

9편의 다윗은 그가 경험한 수많은 전쟁 속에서 승리하게 하신 하나님을 노래합니다. 자기의 힘으로 나아갔을 때의 처절한 패배를 뼈가 저리도록 경험했습니다. 반면에 절대 패배할 수밖에 없는 전쟁을 하나님의 기사로 승리한 경험을 가지고 있습니다(1절). 여기서 주의 모든 기사라는 말은 하나님의 기적적이고 경이로운 일이라는 뜻입니다. 이스라엘 역사상 가장 넓은 영토를 확장했던 다윗 왕의 승리 비결은 하나님을 절대 의지하는 것이었음을 절절하게 고백하고 있습니다. 하나님을 의식하지 않고 대적했던 이방나라와 대적자들의 저주와 심판을 눈앞에서 목격했던 다윗은 오직 하나님 앞에서 사는 결단에 망설임이 없습니다(3, 5절).

일시적 압제를 당한다 할지라도 주님을 산성으로 삼고 의지하는 자는 절대로 외면하지 않는 하나님을 찬양하고 있습니다(9-10절). 이어서 다윗은 과거의 경험을 바탕으로 현재 당하고 있는 위기를 능히 이길 수 있다고 찬양하며 선포합니다(11-12절). 나약하고 유한하고 사특한 인간의 품성을 닏고 위대하시고 공의로우신 하나님을 신뢰할 것을 권고합니다(13-14절). 이방나라의 결국은 자기가 파놓은 웅덩이에 빠지고 자기의 행위에 얽히고 결국 스올(음부)로 향한다는 것을 예언합니다(15-17절). 여기서 스올은 모든 활동이 정지된 곳으로 백보좌 심판 전까지의 대기소라는 성격을 가지고 있습니다.

악인들이 인생의 한계를 속히 알아 두려운 마음을 가지고 주님께 돌아오기를 바라는 마음을 내비치면서 이 시는 마무리됩니다(19-20절). 다윗이 체험한 하나님이 바로 나의 하나님이심을 영접하는 성도는 그 복과 능력을 받습니다. 악인의 말로를 알고 경계로 삼는 자가 있다면 고통을 건너뛰어 지혜로운 길을 갈 수 있을 것입니다. 다윗의 하나님을 나의 하나님으로 깊이 경험하는 시간이었습니다.

♦ 시편 10편 성경칼럼

12절 | 여호와여 일어나옵소서 하나님이여 손을 드옵소서 가난한 자들을 잊지 마옵소서

17절 | 여호와여 주는 겸손한 자의 소원을 들으셨사오니 그들의 마음을 준비하시며 귀를 기울여 들으시고

"아 다르고 어 다르다"

거의 비슷한 아 와 어 이지만 쓰는 용도와 누가 쓰느냐에 따라 매우 다른 뜻으로 나타납니다. 시편에서 '어찌하여'로 시작되는 내용은 고통 중에 부르는 노래라고 하여 '애가'라고 합니다(1절). 같은 어찌하여 라는 외침도 누가 쓰느냐에 따라 전혀 다른 길로 가게 됩니다. 불신자나 믿음이 부족한 자가 이 말을 한다면 하나님을 의심하며 원망하는 방향으로 갑니다. 그러나 하나님의 사람이 이 말을 시작으로 기도한다면 긍휼을 호소하며 응답을 기대하는 방향으로 나아가게 됩니다.

악인이 득세하고 악한 자가 형통하며 불법을 행하는 자가 부귀영화를 누리는 부조리한 모습을 눈앞에 보면서 인간으로서 상한 마음을 갖는 것은 당연합니다. 나아가 악한 자가 하나님을 부인하고 멸시하며 연약하고 가련한 의인들을 무자비하게 짓밟는 현실은 분노가 솟구칩니다. 이 같은 상황

에서 하나님의 주권적인 간섭을 믿고 기대하지만 그 시기가 길어질 때 어찌하는가의 문제가 생기게 됩니다. 여기서 중요한 것은 중간에 의심하고 원망으로 진전되기 전에 믿음의 시각을 굳세게 지키는 일입니다.

그러기 위해서는 하나님의 방법인 경건한 자를 더욱 단련시키는 일에 내가 주인공이 될 수 있음을 깨달아야 합니다. 즉 하나님의 뜻이 이루어지는 것에 나의 믿음의 기도가 있어야 하는 것과 최종 언약을 붙드는 끈기가 필요하다는 뜻입니다. 이 과정에서 두 가지 원리를 깨닫게 됩니다. 첫째, 의인이라고 해서 이 땅에서 보이는 복을 반드시 받는 것이 아니라는 것을 알 때 입체적 시각을 갖게 됩니다. 둘째, 악인이 의인보다 현실의 복을 누릴 수도 있으나 결국에는 하나님의 공의로운 심판이 임한다는 것을 확신할 때 인간적 갈등이 해결됩니다. 의인은 잠시 흔들릴 수는 있지만 탄식과 원망의 자리에 계속 머물러 있으면 안 됩니다.

모순된 현실에 이해가 되지 않더라도 하나님은 반드시 개입하여 악인을 심판하신다는 확신을 가져야 합니다(12절). 시편 기자의 확신과 함께 나오는 악인의 심판을 구하는 간구는 심할 정도로 적나라하고 구체적입니다. 하나님을 멸시하고 성도를 핍박하는 폭도들을 향하여 팔을 꺾고 끝까지 완전히 파괴시킬 것을 요청합니다(15절). 성경에서 악인과 대칭되는 자리에 '가난한 자(약자)'가 있습니다. 현실적인 의미로는 사회적으로 혜택을 받지 못한 고아와 과부와 나그네와 이방인들로서 가진 것이 별로 없는 자들입니다. 그러나 광역적 의미로는 대적들에게 희생되어 하나님의 도우심이 꼭 필요한 대상들을 말합니다.

그러하기에 그들은 나타난 외양과는 다르게 하나님을 체험하고 특별한 은총을 받습니다. 은혜를 받은 자들로서 하나님을 경배하고 말씀을 전하는 증인이 되는 영적 축복을 받게 되는 자들입니다. 이 길을 가는 자는 당연히 겸손한 성품을 훈련받을 수 있고 자기의 소원이 하나님의 뜻과 일치되는 신비한 체험을 하게 됩니다(17절). 세상의 어떤 힘도 당할 수 없는 하나님의 편에 서게 됨으로 보호받으며 능력을 발휘하게 됩니다(18절).

많은 사람들이 보이는 힘을 따라 악을 쫓아 가다가 결국 멸망의 길을 종착지로 골인합니다. 그러나 남은 자들은 보이지 아니하는 하나님의 약속을 따라 애가속의 찬가를 부르며 최후의 영광을 향해 나아가고 있습니다. 10편의 애가는 정반대인 두 길의 분기점에서 어디를 선택할 것인지 도전하고 있습니다.

(마 7:13~14) "좁은 문으로 들어가라 멸망으로 인도하는 문은 크고 그 길이 넓어 그리로 들어가는 자가 많고 생명으로 인도하는 문은 좁고 길이 협착하여 찾는 자가 적음이라"

♦ 시편 11편 성경칼럼

2절 | 악인이 활을 당기고 화살을 시위에 먹임이여 마음이 바른 자를 어두운 데서 쏘려 하는도다

7절 | 여호와는 의로우사 의로운 일을 좋아하시나니 정직한 자는 그의 얼굴을 뵈오리로다

"다른 길은 없다, 다른 길이 있다"

'위협, 쫓김, 절박한 상황, 촉각을 다투는 생명의 끈'

11편을 읽으면서 다윗에게 닥친 상황을 표현해 보았습니다. 이 시의 배경이 다윗이 왕이 되기 전 사울에게 도망 다니던 때이었는지 아니면 아들 압살롬의 반역으로 실각한 때였는지는 확실하지 않습니다. 사람은 일반적

으로 위기에 닥쳤을 때 두 가지의 선택을 합니다.

첫째는 적이 찾지 못할 곳으로 피신을 하는 방법입니다. 이스라엘 지역은 산이 많아 적들을 피할 수 있는 안전한 동굴이 많이 있었습니다. 1절에 다윗의 친구들이 산으로 도망하라고 한 이유입니다. 둘째는 생명을 걸고 맞상대하는 방법입니다. 물러날 곳이 없는 자가 배수진을 치고 자폭한다는 결의로 단기간의 승부를 거는 것입니다. 그러나 이 방법은 하나님의 때를 내가 침범할 수가 있으므로 선불리 선택하기가 어려운 점이 있습니다.

그런데 다윗은 하나님께 피하는 제 3의 길을 선택합니다. 여기서 완료형(피하였거늘)을 쓰는 것은 이미 많은 경험이 쌓여 노하우가 생겼음을 알 수 있습니다. 세상과 친구들의 눈으로 볼 때는 다윗의 무리가 사냥꾼에게 쫓기는 가련한 새처럼 보였지만 그들에게는 하나님이 계셨습니다. 2-3절에 나오는 친구들이 전하는 위태한 상황은 하나님과 함께 하는 다윗을 잘 몰랐기에 하는 말입니다. 힘도 없고 보호해 줄 법도 없을 뿐만 아니라 적들의 강력한 화력은 당해낼 수 없는 것이기에 친구들의 권고는 합리적이었습니다.

그러나 다윗은 이 현실적인 위기만 보는 것이 아니라 전능하신 하나님의 약속을 믿는 것으로 그들의 권고를 일축해 버립니다. 그가 고백하며 믿은 하나님에 대한 궁극적 확신은 세 가지로 나타납니다. 첫째, 하나님의 공의로운 심판을 바라보았습니다. 폭력을 좋아하는 악인에게는 불과 유황과 태우는 바람으로 반드시 징벌하신다는 것을 알고 있었습니다(6절). 둘째, 하나님의 임재하심을 믿었습니다. 자기 백성을 위하여 성전에 거하시는 분임과 동시에 하늘의 보좌에 앉으신 초월적인 분이심임을 고백하고 있습니다(4절). 셋째, 하나님은 인간의 만사를 지배하시고 모든 인간을 감찰 하시고 통촉하시는 분임을 알았습니다(4-5절). 지극한 사랑을 가지고 의인을 보호하시고 부르짖을 때 만나주시는 하나님이시라는 것입니다.

하나님을 사랑하는 자는 하나님이 인정하시고 함께 하신다는 체험을 다윗은 많이 하였습니다. 그가 위기 시에 망설임이 없이 하나님만 의지했을 때 하나님께서 외면하신 적이 한 번도 없었습니다. 하나님의 얼굴을 뵙는다는 것은 하나님을 체험한다는 의미이고 신앙의 최고단계입니다(7절). 의롭고 정직한 자가 하나님을 사랑할 때 경험하는 신비한 축복입니다.

(고전 8:3) "또 누구든지 하나님을 사랑하면 그 사람은 하나님도 알아 주시느니라"

어떤 환경에서도 하나님을 믿고 바라보는 다윗의 길을 소망합니다.

♦ 시편 12편 성경칼럼

1절 | 여호와여 도우소서 경건한 자가 끊어지며 충실한 자들이 인생 중에 없어지나이다

5절 | 여호와의 말씀에 가련한 자들의 눌림과 궁핍한 자들의 탄식으로 말미암아 내가 이제 일어나 그를 그가 원하는 안전한 지대에 두리라 하시도다

"선진국, 후진국"

우리나라는 어디에 속할까요? 선진국의 기준은 여러 가지이지만 필수적인 것이 있습니다. 국력, 지성, 경제력, 사회 인프라, 문화성 등을 갖추어야 하지만 이것이 없으면 허사가 됩니다. 바로 신뢰도입니다. 직설적으로 표현하면 거짓말이 통하는 사회와 국가는 선진 국가와 국민으로서 낙제점을 받습니다. 서구 선진국에서 가장 수치스런 욕은 거짓말쟁이(liar)입니다. 이 말은 당신과 끝장이라는 절교 선언이기도 합니다. 동물 이름을 넣어서 하는 욕과는 차원이 다른 심한 욕으로 통합니다. 제가 다녀본 후진국의 문화 중

에 대표적인 것이 바가지 상술인데 이는 거짓을 기반으로 한 것입니다.

사단과 마귀의 속성 자체가 거짓과 속임수입니다. 거짓은 성경의 악한 죄를 들 때 항상 빠지지 않는 항목입니다. 그러므로 역설적으로 정직과 솔직함은 하나님의 사람으로 변화되었다는 확증이기도 합니다. 정직한 길은 느려 보이지만 하나님이 주관하시기에 가장 빠른 길임을 잊지 말아야 합니다. 그러면 왜 인간은 거짓말을 할까요? 영적으로는 마귀를 아비로 두고 살기에 자연스럽게 거짓말을 합니다. 거기에 더하여 개인과 집단의 이익과 욕망을 채우기 위한 적극적인 거짓말이 더해집니다.

다윗은 12편에서 악함의 분위기가 대세로 굳어진 모습을 보며 통탄하며 간구하고 있습니다.

인간은 자기가 사는 환경에서 자유롭지 못하고 얽매이며 순응하는 나약한 존재입니다. 남들이 다 하는 거짓말과 속임수이기에 양심의 찔림이 없이 따라 하게 되어 있습니다(2절). 다윗은 경건한 자가 끊어지고 충실한 자들이 사라지는 현상에 마음을 찢고 하나님께 도와 달라고 간청합니다(1절). 거짓말을 거짓말이라고 밝히고 하는 자는 없습니다. 교묘하게 위장을 하여 속도록 하고 나아가 속는 줄 알면서도 끌려가는 고단수의 장치도 설치합니다.

아첨하는 말과 두 마음으로 말하는 것과 자랑하는 혀도 이 설계에 속합니다(2~3절). 그들은 얼마나 교만한지 하나님께서 허락하신 입술의 축복을 내 것이라 하며 내 마음대로 할 수 있다고 큰소리칩니다(4절). 누구나 어느 계층도 거짓말에서 자유로울 수 없지만 특별히 약자들을 등치는 강한 자들의 혀는 하나님께서 용서치 않으시고 끊어 버리겠다고 하십니다. 가련한 자들과 궁핍한 자들의 외침을 들으시고 안전한 지대에 두시겠다고 하십니다(5절). 저들에게 순결한 말씀을 주셔서 은처럼 단련시키시고 영원까지 보존하시겠다고 약속합니다.

현재 우리나라뿐만 아니라 전 세계에 불어 닥친 불법과 사기와 비열함의 광풍을 하나님은 어찌 심판하실지 기대하며 바라봅니다. 좋은 교회는 오직 성경의 교훈을 따라 정직의 도를 단련하고 실천하느냐에 달려 있습니다. 어려운 자들이 새 힘을 낼 수 있는 구별된 공동체가 되도록 훈련받기를 소원합니다.

♦ 시편 13편 성경칼럼

1절 | 여호와여 어느 때까지니이까 나를 영원히 잊으시나이까 주의 얼굴을 나에게서 어느 때까지 숨기시겠나이까

5절 | 나는 오직 주의 사랑을 의지하였사오니 나의 마음은 주의 구원을 기뻐하리이다

"세월에 장사 없다, 세월이 약이겠지요"

세월이 가진 위력을 양면적으로 표현한 문장입니다. 사람이 뛰어넘을 수 없는 것 중에 시간과 공간이 있습니다. 그 중에 공간에 대한 인간의 점유율은 과학의 발달로 점점 높아집니다. 리모컨과 센서의 시대와 함께 인공지능시대에 이르러서 공간의 간격이 단축되었습니다. 차보다 수십 배 빠른 하이퍼루프(진공튜브 캡슐 형 열차)가 상용화되면 서울서 부산까지 12분에 주파합니다. 완벽한 공간의 이동은 영적세계인 천국에서만이 가능합니다. 천국은 생각하는 대로 공간 이동이 이루어지는데 사실은 공간 개념 자체가 없을 것입니다.

문제는 시간인데 이 부분이 고통과 연결될 경우에는 심각해집니다. 잠

깐의 통증은 견딜 수 있지만 심한 고통이 끊이지 않고 계속된다면 상상하기도 끔찍합니다. 그 고통이 육신의 물리적인 것에서 그치는 것이 아니라 정신적이고 영적인 영역까지 연결된다면 어느 누구도 견디기 힘들 것입니다. 10편에서 '어찌하여' 라는 부르짖음은 환경과 사람에 의한 고통의 호소였습니다. 13편에 '어느 때까지니이까'라는 탄원은 고통당하는 시간의 불확실성이 추가되어서 더 깊어진 절규라고 볼 수 있습니다.

유한한 인간은 인내심도 유한한데 하나님의 간섭과 해결의 사인은 보이지 않으니 4번이나 어느 때까지니이까 라고 기도하고 있습니다. 시편 13편은 6절의 짧은 내용이지만 담겨진 메시지는 하늘과 땅의 차이처럼 큰 기복을 나타냅니다. 보이는 현실은 원수의 폭격이 너무 위협적이어서 하루 종일 번민하며 근심하고 있습니다. 자기를 치고 의기양양하게 자랑하는 원수의 모습을 못 견디겠다고 아뢰고 있습니다(2절). 그러나 이것보다 더 치명적인 고통이 있습니다. 다윗 자신의 심령이 믿음에서 흔들리고 주님을 멀리하지 않을까 하는 근심이 몰려오는 것입니다. 영적인 감각이 떨어졌을 때 오는 피폐함을 너무나 잘 알고 있는 다윗으로서는 비상을 걸지 아니할 수가 없습니다.

영적 긴장을 위해서 꼭 필요한 항목을 콕 집어서 기도하는 다윗의 모습은 정말 멋집니다. '주의 얼굴을 내게서 숨기지 마옵소서(1절)', '나를 생각하사 응답하시고 나의 눈을 밝히소서(3절)'. '내가 사망의 잠을 잘까 두려우니 늘 깨어 있게 하옵소서(3절)', '나는 오직 주의 사랑을 의지하고 나의 마음은 주의 구원을 기뻐하겠나이다(5절)', '나에게 은덕을 베푸신 여호와를 전심으로 찬송하나이다(6절)'.

다윗을 다윗보다 더 잘 아시는 하나님께서는 이 기도를 넘치도록 응답해 주셨음을 구속사는 증명합니다(행 13:22). 시공간에 매여 사는 우리들이지만 전지전능하신 하나님 안에 거할 때 결국은 모든 문제를 극복하고 승리를 주실 것입니다(고전 10:13).

♦ 시편 14편 성경칼럼

1절 | 어리석은 자는 그의 마음에 이르기를 하나님이 없다 하는도다 그들은 부패하고 그 행실이 가증하니 선을 행하는 자가 없도다

6절 | 너희가 가난한 자의 계획을 부끄럽게 하나 오직 여호와는 그의 피난처가 되시도다

"역사상 최고의 대결"

이 말을 듣는 순간 떠오르는 이미지가 있을 것입니다. 월드컵 결승, 복싱 세계 타이틀전, 바둑 국수전, 올림픽 경기 등등 드라마틱한 스포츠 매치가 떠오릅니다. 정치적으로는 박빙의 대권 경쟁, 사회적으로는 보수와 진보 진영 간의 대결, 경제적으로는 자유 경쟁체제와 통제 전체주의의 경쟁이 떠오릅니다. 나아가 남여와 인종과 빈부 등의 각종 계급투쟁도 있습니다.

그런데 이 모든 것보다 더 근본적이고 중대한 대결이 있다면 무엇일까요? 바로 유일신론과 무신론의 대결입니다. 표현은 이렇게 하지만 오해하지 말 것은 이 대결은 하나님과 사단의 맞대결은 아닙니다. 계시록의 심판에서 배웠듯이 사단은 결코 하나님의 맞수가 되지 못하며 천사장이 상대합니다. 무신론의 시작은 에덴동산에서 시작되었습니다. 하나님의 말씀을 불신앙하고 불순종한 인류의 시조들이 범한 죄악의 동기에 무신론이 있습니다. 무신론의 모습 중에 대표적인 것이 인간이 결정권을 갖겠다는 것인데 바로 선악과가 그것을 의미합니다.

하나님께서 인간을 창조하신 목적은 하나님을 영화롭게 하고 영원히 즐거워하기 위해서입니다. 이 목적을 어긋난 것이 바로 죄이며 이 뿌리에서 나온 죄의 열매들은 각 방면으로 영향을 끼치기 시작합니다. 유일신 사상은 범신론과 다신론으로 희석되어 갔는데 이는 유일신을 거부하는 것과 같습니다. 창조론을 대적하는 진화론은 일반 교육의 정석으로 자리 잡았습니다. 사상적으로는 유물론과 실증주의가 기독교 신학의 왕좌를 찬탈해버리고 말았습니다. 유물론에서 태생된 공산주의는 기독교를 최대의 적으로 삼아 말살정책을 실행하고 있습니다.

문제는 너무 교묘하고 치밀해서 탁월한 영적 분별력이 아니면 알아채지 못하는 것입니다. 문화적으로는 순간적 만족을 위한 쾌락주의가 하나님 앞에서 사는 신전신앙을 잊도록 부추깁니다. 1절의 어리석은 자들이 외치는 하나님은 없다는 세뇌 작업이 전 방위적으로 맹위를 떨치고 있습니다. 인간이 하나님을 부인하고 알려고 하지 않는 순간 그 방향은 정해져 있습니다. 부패하고 가증하여 선을 행할 동기와 능력도 상실합니다(1-3절). 여기서 멈추는 것이 아니라 자신들의 행위를 합리화하기 위해 하나님의 백성들을 떡 먹듯이 압살합니다(4절).

이 거대한 무신론의 파고는 높고 깊어 어찌할 수 없는 대세가 된 것처럼 보이지만 실상은 전혀 다릅니다. 5절에 보면 저들이 얼마나 하나님을 두려워하는지가 나타납니다. 높은 파도가 들이치는 순간은 대단하지만 한 순간에 흰 거품을 내뿜고 사라지는 것처럼 무신론과 악인의 득세는 심판 앞에서 정말 허무한 것입니다.

(유 1:13) "자기 수치의 거품을 뿜는 바다의 거친 물결이요 영원히 예비된 캄캄한 흑암으로 돌아갈 유리하는 별들이라"

유일하신 하나님을 알고 믿는 반열에서 살아가는 우리를 확인해 준 14

편은 참 기쁘고 행복한 시입니다(6-7절).

♦ 시편 15편 성경칼럼

1절 | 여호와여 주의 장막에 머무를 자 누구오며 주의 성산에 사는 자 누구오니이까
4절 | 그의 눈은 망령된 자를 멸시하며 여호와를 두려워하는 자들을 존대하며 그의 마음에 서원한 것은 해로울지라도 변하지 아니하며

"세 가지 잘하기"

사람은 가장 기본적이고 중요한 3가지를 잘하면 대체로 성공적인 삶을 살 수 있습니다. 인생의 지혜는 수도 없이 많지만 위의 말을 잘 소화하여 실천하면 큰 유익이 됩니다. 팔방미인으로 모든 방면에 전부 능통한 사람은 많지 않습니다. 다 잘 하려고 하다가 가장 중요한 것을 평균 이하로 하면 실제적으로 인정을 받지 못하고 성공할 수 없습니다. 학생에게는 공부, 직장인에게는 실적, 가장에게는 경제력, 목사에게는 성경에 능통한 것이 첫 번째 중요한 일입니다. 두세 번째 중요한 것은 각각 다르겠지만 그것까지 잘하면 대부분 성공한 사람으로 자리매김할 수 있습니다.

그리스도인으로서 기본적이고 첫 번째 중요한 것을 찾아가는 길을 떠나봅니다. 다윗은 인생 최고의 목적이 주의 장막에 머무르고 주의 성산에 사는 것이라고 결론을 내립니다(1절). 이 가장 중요한 것을 알고 잘 하기 위해서 필요한 것을 제시한 내용이 15편입니다. 당시에는 성전이 지어지기 전이었기에 장막은 하나님이 임재하시는 성막을 의미합니다. 주의 성산은 시온 산을 의미하지만 넓게는 하나님 나라의 초월적 삶이 이루어지는 곳을 비유합니다. 장막에 머무르고 성산에 산다는 것은 결국 하나님 안에 거하여 예배드리고 교제하는 것을 의미합니다. 이 다음에 죽어서 가는 천국에

서가 아니라 이 땅에서 육신을 가지고 신앙생활을 하며 누리는 축복과 능력을 이야기합니다.

전제할 것은 이하에 나오는 어떤 조건을 행해서 그 곳에 들어간다는 것은 아닙니다. 인간의 노력의 행위로 이 기준에 합격할 사람은 아무도 없기 때문입니다. 율법이 아닌 성령의 충만과 사랑의 능력으로만 가능한 영역임을 먼저 확인합니다.

(갈 5:16) "내가 이르노니 너희는 성령을 따라 행하라 그리하면 육체의 욕심을 이루지 아니하리라"

이제 과연 누가 주의 성소에 들어가 주와 함께 하며 예배할 수 있는지 살펴봅니다. 10가지의 조건을 제시하고 있는데 이 규례를 지키는 자는 영원히 요동치 않는다는 축복과 안전의 보장을 받습니다(5절). 적극적인 3가지는 정직하게 행하고 공의를 실천하며 마음에 진실해야 합니다(2절). 소극적인 명령(하지 말라)은 남을 허물을 들추지 말고 이웃에게 악을 행하지 아니하며 비방하지 아니하며 망령된 자를 멀리하고 경건한 자를 가까이 하는 것입니다. 마음에 서원한 것은 해로울지라도 변하지 아니하며 이자를 받으려고 돈을 꾸어 주지 아니하며 뇌물을 받고 무죄한 자를 해하면 안 됩니다(3-5절).

15편의 핵심 메시지는 하나님을 예배하는 자로서 준비와 자세를 깊이 성찰하라는 것입니다. 하나님은 사람을 외모로 취하시는 분이 아니라 마음의 중심을 보시는 분이십니다(삼상 16:7). 반복되는 예배로 타성에 젖어 예배의 본질을 잃어버리고 형식을 준수하는데 만족하는 자들을 향한 권고입니다. 하나님 사랑과 이웃 사랑의 근본 계명을 지켜나가는 총체적 생활 예배자로서의 훈련을 강조하는 것입니다. 우리가 드려야 할 이상적인 예배는 하나님만을 섬기는 경배와 삶의 현장에서 하나님의 뜻을 실천하는 이웃사

랑임을 분명히 하고 있습니다

(롬 12:1) “그러므로 형제들아 내가 하나님의 모든 자비하심으로 너희를 권하노니 너희 몸을 하나님이 기뻐하시는 거룩한 산 제물로 드리라 이는 너희가 드릴 영적 예배니라”

하나님이 찾으시는 그 한 사람의 예배자, 내가 그 한 사람이 되길 소원합니다.

♦ 시편 16편 성경칼럼

3절 | 땅에 있는 성도들은 존귀한 자들이니 나의 모든 즐거움이 그들에게 있도다
4절 | 다른 신에게 예물을 드리는 자는 괴로움이 더할 것이라 나는 그들이 드리는 피의 전제를 드리지 아니하며 내 입술로 그 이름도 부르지 아니하리로다

"근자감"

'근거 없는 자신감'의 줄임말로서 허세를 부릴 때 쓰는 말입니다. 우리는 전능하신 하나님을 믿기에 아무리 어려워도 자신감이 있지만 불신자들이 볼 때는 근자감이라고 비웃기 쉬운 모양새입니다. 곤경에 처했지만 큰소리치며 자신만만한 다윗을 보며 당시의 사람들이 보였던 반응이기도 합니다. 16편의 첫 구절이 하나님께 피하오니 지켜 달라고 하는 것이니 환경적으로 결코 평탄할 때가 아닌 위기임이 틀림없습니다. 그러나 2절부터 나오는 모든 내용에 절망과 비탄과 한숨이 전혀 보이지 않습니다. 오히려 하나님의 축복에 대한 믿음과 영생의 소망으로 가득 차 있습니다.

이것은 세상에서 흔히 이야기하는 희망회로에 근거한 것이 아닙니다. 세상의 희망회로는 막연한 것에 근거를 두고 있고 그 내용도 한계가 있습니다. 전화위복, 새옹지마, 하늘이 무너져도 솟아날 구멍이 있다 등의 위로

는 있지만 근거 없는 자신감일 가능성이 많습니다. 다윗의 자신감은 오직 하나님만 바라보고 의지하는 것에 있습니다. 오직 주밖에는 다른 도움이나 복이 없음을 철저히 알고 있습니다(2절).

하나님께서 땅에 있는 구원받은 성도들을 얼마나 존귀하게 바라보며 기뻐하시는지를 확신하고 있습니다(3절). 다윗은 반대로 하나님외의 이방신을 숭배하는 자들에 대한 미움과 심판을 너무나 잘 알고 있습니다(4절). 제가 방문한 일본과 중국의 종교현상은 혼합 신(여러 신)을 섬기는 문화로서 괴로움을 더하는 영적 혼돈의 모습이었습니다. 한국 기독교도 이전에는 말씀 중심으로 신앙의 절개가 굳건했지만 지금은 많이 달라져 있음을 절감합니다.

구약의 우상숭배가 신약에 들어와서는 하나님보다 더 우선순위를 두고 마음을 뺏는 것을 의미하기 때문입니다. 다윗은 하나님이 자신의 산업과 잔의 소득이라고 하며 누구도 빼앗을 수 없다고 확신합니다(5절). 여기서 산업과 잔이라는 의미는 모든 생활의 복들이 하나님의 아름다운 선물로 주어졌음을 고백하는 것입니다(6절). 나아가 모든 시간의 영역에도 하나님의 은혜가 있었음을 보여 줍니다. 밤마다 영감을 받아 양심의 깨끗함을 누린 경험을 감사하고 있습니다. 우리가 자는 동안에도 하나님은 우리를 여러 방법으로 섬기신다는 초월적 은혜의 표현이기도 합니다.

주님이 항상 함께 해 주시고 그에 청종하여 순종하는 다윗의 모습이 너무나 멋있고 부럽습니다. 육신의 안전은 물론이고 마음의 기쁨과 영의 즐거움을 누리는 충만을 우리도 사모하십니다. 다윗의 근거 있는 자신감의 가장 큰 것이 마지막에 나옵니다. 스올이 아닌 천국의 보장으로 사망을 이긴 영생에 대한 확실한 소망입니다(10절). 영생의 확신에 대한 능력은 최고의 근거 있는 자신감으로 어떤 적도 이기는 권세가 됩니다. 주님이 보여주신 생명의 길에는 충만한 기쁨과 영원한 즐거움이 있습니다(11절). 우리에게 다른 길은 이제 없습니다.

♦ 시편 17편 성경칼럼

6절 | 하나님이여 내게 응답하시겠으므로 내가 불렀사오니 내게 귀를 기울여 내 말을 들으소서

8절 | 나를 눈동자 같이 지키시고 주의 날개 그늘 아래에 감추사

"기도를 위한 기도"

올바르고 응답받는 기도를 위해서 하는 기도를 말합니다. 각양각색의 종교에는 다 기도가 있고 나아가서 모든 인간은 모양은 다르지만 기도를 합니다. 기독교인의 기도가 저들과 다른 이유는 기도를 받으시는 분이 하나님이시기 때문입니다. 예수님과 함께 했던 제자들이 기도를 가르쳐 달라고 간청한 것을 주님이 들어 주시고 이른바 주기도문을 가르쳐 주십니다(눅 11:1~4). 즉 기도는 꼭 배워서 해야 한다는 것을 알 수 있습니다.

17편의 표제문은 '다윗의 기도'입니다. 위기와 곤경에 처한 다윗이 간절한 마음으로 기도한 분위기가 곳곳에 나타나 있습니다. 기도가 응답이 안 되면 끝장일 것 같은 상황임이 분명합니다. 대뜸 기도의 내용부터 해야 할 타이밍에도 불구하고 기도를 잘 하게 해 달라는 것으로 시작합니다(1절). 그리고 중간에 다시 한 번 응답을 구하며 꼭 귀를 기울려 들어달라고 요청합니다(6절). 여기서 기도는 기도하는 내용보다 우선되는 것이 기도하는 자의 마음과 자세임을 알 수 있습니다. 인간적인 면에서 억울한 모함을 받아 도망치며 살아가면서도 하나님의 뜻을 순종하고자 몸부림친 자신을 살펴달라고 합니다. 마음의 중심과 행위의 온전함을 위해 인간의 수단방법을

거부하고 하나님만 의지했음을 아뢰고 있습니다(2~5절). 가장 짓기 쉬운 죄인 입으로 범죄 하지 않을 것을 다짐합니다(3절).

이어서 오직 주님만 의지하고 주님께 피하는 자들에 대한 은덕이 얼마나 실제적인지에 대한 확신이 나옵니다. 8절의 눈동자처럼 지키신다는 뜻은 완벽한 관심과 보호를 의미합니다. 눈동자의 원어는 '어숀'인데 이는 '눈 속에 있는 작은 사람'이라는 뜻으로 하나님께서 한순간도 놓치지 않고 돌보고 계신다는 것입니다. 우리가 어린 자녀를 돌볼 때의 내 눈에 아이가 늘 박혀 있다는 것을 생각하면 금방 해석이 됩니다. 날개 그늘 아래에 감추인다는 것은 이스라엘 백성들을 광야에서 보호하신 하나님의 사랑을 되새긴 것입니다(신 32:10~11).

하나님이 보이기 시작하면 신기하게도 그토록 위협적이던 세상의 원수들은 지푸라기처럼 보여 무섭지 않게 됩니다. 저들의 교만이 얼마나 무모한지 마치 기름에 잠겨 있는 것 같다고 표현합니다. 마음이 기름에 잠겼으니 아무 감각도 의식도 없는 상태라는 것입니다. 우리 주변의 불신 권력자들의 영적 상태와 너무나 흡사 합니다. 하나님을 모르고 양심도 불화살을 맞았으니 성도와 교회는 먹이 감으로 밖에 보이지 않습니다. 포위하고 노려보고 넘어뜨리려 하고 찢으려 하는 불신 마귀 세력들의 모습입니다(11~12절).

저들의 말로는 일시적 번영을 누리지만 멸망을 예약하고 있기에 부러워할 필요가 없음을 단언합니다(14절). 경건한 자로 살며 하나님의 얼굴을 이 땅에서와 영생에서 뵈옵는 영광을 찬양하며 기도를 마무리하고 있습니다(15절). 환경 너머의 주님을 사모한 자에게 최상의 만족이 주어집니다.

♦ 시편 18편 성경칼럼

2절 | 여호와는 나의 반석이시요 나의 요새시요 나를 건지시는 이시요 나의 하나님이시요 내가 그 안에 피할 나의 바위시요 나의 방패시요 나의 구원의 뿔이시요 나의 산성이시로다

29절 | 내가 주를 의뢰하고 적군을 향해 달리며 내 하나님을 의지하고 담을 뛰어넘나이다

"엄마가 좋은 이유 3가지만 말해 봐"

엄마가 너무 좋아서 어쩔 줄 몰라 하는 아이에게 한 말입니다. 그런데 여기서 이상한 일이 발생합니다. 아이가 '으앙' 하고 울면서 항의하듯이 이렇게 외칩니다. '그런 말이 어디 있어 엄마가 좋은 게 천 개도 넘고 만 개도 넘는데..' 3가지만 이야기하기에는 엄마가 너무 좋은 아이의 역설적인 반항입니다. 18편을 읽으면서 다윗의 모습이 이 아이와 너무나 닮아 있다는 생각이 들었습니다. 다윗은 자기를 향한 하나님의 사랑과 은총을 이루 말할 수 없어서 천 가지 만 가지 끊임없이 말할 태세입니다.

이 시편은 표제문에 나와 있듯이 '다윗이 그 모든 원수들과 사울의 손에서 건져 주신 날에 쓴 것'입니다. 하나님의 보호와 구출에 대한 항목을 2절에만 8가지로 속사포 랩처럼 노래하고 있습니다. 하나님이 아니면 수치스럽게 당하고 죽을 수밖에 없는데 완벽한 시나리오로 승리하게 하시니 얼마나 기쁘겠습니까? 다른 시편보다 압도적으로 많은 50절까지 썼다는 것은 하나님께 크게 감격하고 있음을 웅변하고 있습니다.

본 시편의 구성은 다윗의 간구에 대한 하나님의 응답(1~19절)과 하나님의 공의에 의한 상급(20~27절)으로 이어집니다. 이어서 하나님의 의뢰함

으로 얻은 다윗의 승리(28~45절)와 생존하시는 하나님에 대한 결론적 찬양(46~50절)으로 나아갑니다. 흥분의 기미는 분명해도 철저히 하나님의 역사에 근거하여 감사하며 찬양하는 것을 볼 수 있습니다. 그가 의식적으로 애쓴 일은 환난 중에 여호와께 아뢰고 부르짖은 것이었습니다(6절). 이를 듣고 응답하신 하나님은 원수들을 진노로서 응징하셨습니다.

7절에서 15절까지 묘사된 대적자들에 대한 심판의 모습을 보면서 나는 절대로 하나님의 미움의 대상에 들면 안 되겠다는 결단을 하게 됩니다. 하나님 앞에 중심을 잡고 계명을 몸부림치며 지키었던 다윗에게 주신 전쟁의 현장은 다이나믹합니다. 주를 의뢰하고 적군을 향해 달립니다(29절). 적토마를 타고 적진을 달리는 관운장의 모습이 연상되지만 영적으로는 비교가 안 됩니다. 담을 뛰어 넘었다는 것은 하나님께서 허락한 용기를 가지고 적의 최후 수비 선까지 돌파해서 완전한 승리를 거두었다는 뜻입니다(29절). 지금 우리가 사는 이 시대에도 대적자들의 위세는 대단하기에 주를 절대 의지하고 적진으로 달리는 다윗의 용기가 꼭 필요합니다. 경건한 삶은 담력을 주고 전쟁의 승리는 하나님을 체험하게 합니다.

성경의 전쟁이 세속적이고 육적인 전쟁으로 그치지 않는 이유는 그 주관자가 하나님이시기 때문입니다. 다윗이 전쟁을 통하여 받은 보상은 단지 영토를 넓히는 것만이 아니었습니다. 하나님을 경험함으로서 기쁨과 자유를 부여받았습니다. 더 뛰어난 보상은 하나님과 사람 앞에서 존귀한 자로 서게 된 사실입니다. 심지어 자기를 보지도 못한 이방 백성들까지 다윗과 이스라엘을 으뜸으로 여기게 만들었습니다(43절). 다윗의 소문을 듣고 복종하여 나오고 하나님을 높이고 찬송하는 결과를 가져 왔습니다(삼하 8:9~10). 우리도 영적 승리를 하게 하셔서 하나님의 영광을 나타내게 하기를 소원합니다.

♦ 시편 19편 성경칼럼

1절 | 하늘이 하나님의 영광을 선포하고 궁창이 그의 손으로 하신 일을 나타내는도다

13절 | 또 주의 종에게 고의로 죄를 짓지 말게 하사 그 죄가 나를 주장하지 못하게 하소서 그리하면 내가 정직하여 큰 죄과에서 벗어나겠나이다

"자연-육적 생명의 터, 말씀-영적 생명의 기반"

초신자 시절에 시편 19편을 만나던 순간을 기억합니다. 이 시는 무조건 외워야겠다며 단숨에 암송했던 추억이 떠오릅니다. 전반부(1-6절)의 창조신앙과 후반부(7-14절)의 율법신앙이 명쾌하게 구분되어 있으면서도 동일한 사상으로 조화를 이루고 있습니다. 자연의 창조를 통하여 육적 생명의 터전을 베푸신 하나님께서 율법을 통해 영적 생명의 공급을 이루어주심을 보여 줍니다.

자연만 알고 율법을 모르면 구원의 백성으로 살 수 없습니다. 천지창조를 시적으로 선포한 내용은 감히 범접할 수 없는 웅장함을 나타냅니다. 자연에 드러나 있는 하나님의 권능과 영광의 찬미를 신인 동형론적으로 노래합니다. 여기에 나오는 하늘과 궁창은 우주의 전체 구조를 나타내는 말입니다. 무한광대하면서도 질서정연하고 아름다운 우주가 하나님의 솜씨임을 선포하고 있습니다. 하늘과 궁창은 동의어이지만 굳이 구별하자면 낮과 밤의 하늘을 나타낸다고 볼 수 있습니다. 실제적으로는 하나님의 높고 위대하심은 밤에 보는 궁창이 더 실감납니다.

3~4절의 언어도 없고 들리는 소리도 없으나 그 소리가 온 땅에 통 한다는 것은 자연만물의 무언 적 계시를 느껴보라는 뜻입니다. 오지 탐험가들

의 체험을 들어 보면 극단의 어떤 지경에서 조물주를 느끼고 만났다는 간증이 많습니다. 인간이 사는 어디라도(4절, 세계 끝까지) 해의 영향력 아래 있듯이 만물이 하나님의 은택으로 섭리되고 있음을 선언합니다(5~6절). 해의 온기에서 피하여 숨은 자는 아무도 없듯이 하나님의 은혜를 떠나서는 인간은 존재할 수 없습니다(6절).

이어서 나오는 하나님의 말씀에 대한 여러 명칭은 율법의 특성과 다양한 기능을 나타냅니다(7~9절). 율법-완전성/영혼을 소성시키는 양식, 증거-확실함/행복한 지혜를 가르쳐줌, 교훈-정직함/참된 기쁨을 줌, 계명-순결함/신령한 세계를 보게 함, 경외하는 도-정결함/영혼을 영원까지 보존함, 법(규례)-진실함/진리에 거하게 합니다.

다윗은 이상과 같은 말씀에 대한 특징과 효력을 보면서 3가지의 적용을 하고 있습니다. 첫째, 말씀이 많은 순금보다 더 귀하고 송이 꿀보다 더 달기에 가장 귀하게 대하고 우선순위에 놓겠다는 결심입니다(10절). 둘째, 말씀을 대할 때 소극적으로는 경고로 받고 적극적으로는 말씀을 지켜 큰 상을 받겠다는 다짐입니다(11~12절). 셋째, 말씀으로 숨은 허물까지 깨달아 회개하며 알면서도 끌려가는 고의적인 죄를 범하지 않겠다는 간구입니다(13절). 다윗은 자신의 모든 것(입의 말과 마음의 묵상)을 하나님께 드리고 싶어했습니다(14절). 찬양의 헬라어는 '아이네오'로서 '가치'라는 뜻입니다. 우리는 하나님의 위대하심과 사랑을 자연과 율법을 통해 경험하는 만큼 찬양할 수 있습니다.

♦ 시편 20편 성경칼럼

5절 | 우리가 너의 승리로 말미암아 개가를 부르며 우리 하나님의 이름으로 우리

의 깃발을 세우리니 여호와께서 네 모든 기도를 이루어 주시기를 원하노라

7절 | 어떤 사람은 병거, 어떤 사람은 말을 의지하나 우리는 여호와 우리 하나님의 이름을 자랑하리로다

"기도가 필요하지 않은 사람은 아무도 없다"

기도는 자기 스스로 하는 기도와 다른 사람이 나를 위해서 해 주는 기도와 내가 다른 사람을 위해서 하는 기도가 있습니다. 가장 바람직한 것은 이 세 가지 기도의 혜택을 다 받는 것입니다. 불완전한 인간이기에 절대자이신 하나님의 보호와 도우심이 절실합니다. 문제는 기도의 중요성을 모르고 필요성도 인정하지 않고 사는 어리석은 사람들이 많다는 사실입니다. 그럼에도 불구하고 지금 이렇게 살아서 신앙생활을 하고 있다는 것은 누군가 나를 위해서 기도하고 있다는 증빙일 것입니다.

대부분의 기도는 환난과 위기에 처할 때와 영육간의 열매와 승리가 절실할 때 하는 것을 볼 수 있습니다. 시편 20편의 표제문은 '다윗의 시'라고 되어 있는데 내용을 분석해 보면 백성들이 왕인 다윗을 위하여 기도한 것입니다. 전쟁에 출정하는 왕을 위하여 하나님께 도움을 요청하는 기도입니다. 때는 시온의 성소가 언급되어 있는 것으로 보아(2절) 언약궤를 다윗 성으로 옮긴 이후에 벌어진 전쟁일 것입니다. 성경학자들은 이 전쟁이 아람 연합군과의 전투일 것이라고 봅니다. 나라와 민족의 흥망이 걸린 마지막 결전에 온 백성들의 마음을 모아 다윗 왕을 위하여 기도하는 것입니다.

다윗의 경건한 신앙을 보고 인정하는 백성들은 절대 신뢰를 보냄과 함께 이 거룩한 전쟁을 하나님께 의뢰하고 있습니다. 평상시에 엉망으로 산 다윗 왕이었다면 하나님이 안도와 주시고 백성들은 기도도 안 했을 것입니다. 하

지만 다윗의 경건한 헌신을 본 백성들은 승리를 절대 확신하며 기도합니다(3절). 하나님께서는 왕에게 소원을 허락하실 뿐만 아니라 모든 계획도 완벽하게 성취하실 것을 기도하고 있습니다(4절). 백성들의 간구와 다윗의 기도가 합하여 승리의 깃발을 세우며 개가를 부를 것을 확신하고 있습니다.

6절에 나오는 기도의 응답과 승리의 확신은 백성들의 기도에 대한 다윗의 화답으로 보입니다. 문법상으로 1인칭 복수(우리)에서 1인칭 단수(내가)로 바뀌어서 표현되었기 때문입니다. 이는 기도를 해 주는 기도자와 기도를 받는 대상자가 모두 같은 믿음을 가져야만 큰 승리가 주어진다는 교훈을 얻습니다. 여기까지만 보면 이 전쟁이 막상막하의 전력을 가진 쌍방의 전투로 보이지만 그렇지 않다는 것이 7절에 나옵니다. 적들에게는 병거와 말이 있었고 다윗의 군대에게는 없었다고 분명히 밝히고 있습니다. 병거와 말은 군사용 전차를 말하는데 영화 벤허에 나오는 것을 연상하면 됩니다.

인간의 눈으로 판단해 보면 이스라엘 군대의 보병과 아예 상대가 안 됩니다. 이는 이스라엘 지형은 산이 많아 말을 사용하기 어려운 때문이기도 하지만 근본적으로 하나님의 계명이었기 때문입니다. 왕은 병마와 아내와 은금을 많이 두지 말라고 명령하셨습니다(신 17:16~17). 다윗 이후의 솔로몬부터 병마를 두기 시작했는데 이스라엘의 쇠락이 시작된 시점과 일치합니다. 신정국가인 이스라엘의 무기는 여호와 우리 하나님의 이름입니다(7절). 언약을 전제하는 여호와 우리 하나님의 이름을 자랑하는 군대 앞에 어떤 강국도 무기도 군사력도 전략도 추풍낙엽이었음을 역사는 증명합니다(8절). 이 원리는 구약의 한 전쟁에만 있었던 일이 아니라 지금 우리에게도 똑같이 적용 됩니다. 하나님 앞에서의 우리의 합력하는 기도는 영육간의 승리를 가져옵니다.

♦ 시편 21편 성경칼럼

1절 | 여호와여 왕이 주의 힘으로 말미암아 기뻐하며 주의 구원으로 말미암아 크게 즐거워하리이다

11절 | 비록 그들이 왕을 해하려 하여 음모를 꾸몄으나 이루지 못하도다

"일시적인 기쁨, 영원한 기쁨"

사람이 좋아하는 단어의 랭킹을 뽑는다면 기쁨은 항상 5위 안에 들어갈 것입니다. 가진 것과 이룬 것이 많아도 기쁘지 않다면 행복하지 않습니다. 기쁨은 세상에서 얻는 일시적인 것이 있고 하나님이 주시는 영원한 기쁨이 있습니다(롬 14:17). 신자가 세상적인 기쁨에 속아서 영적인 영원한 기쁨을 상실하거나 얻을 기회를 놓치는 낭패를 당하면 안 됩니다.

21편은 20편에 이어지는 스토리를 가지고 있습니다. 전쟁의 승리를 구하는 기도에 응답을 받아 승리하고 돌아왔을 때 왕과 백성들이 성소에 모여 부르던 찬송입니다. 승리의 감사는 물론이고 하나님을 경험한 감격이 넘쳐나고 있습니다. 이스라엘의 전쟁은 세속의 전쟁과는 다른 의미를 가지고 있습니다. 하나님이 주관하시는 거룩한 전쟁이기에 그 승리는 영적인 구원과 연결됩니다. 즉 전쟁의 대표자가 되는 다윗이 메시야이신 예수님과 오버랩 되고 그 성취는 신자의 구원과 연계되는 것을 보게 됩니다.

1절은 전쟁 승리의 원인이 주님께 있으며 승리의 결과는 구원이라는 사실을 선포합니다. 결코 자신들이 잘 싸웠고 전술전략이 탁월해서 승리했다는 티는 전혀 내지 않습니다. 그야말로 기쁨과 즐거움의 근원이 하나님께 있기에 영원한 기쁨을 감추지 못하고 분출하고 있습니다. 기도응답의 내용인 승리만 기뻐하는 것이 아니라 응답받음으로 하나님과 같은 편이 되었다

는 확인을 더 기뻐하고 있습니다(2절). 어린 시절 동네 어른들이 아이를 놀리려고 한 말(너 주워 왔다)에 큰 상처를 받은 아이가 우여곡절 끝에 친부모임을 확인한 것과 비슷합니다.

우리가 구원의 확신이 흔들리고 믿음이 식어질 때 기도의 응답을 통해 하나님의 자녀임이 증명됩니다. 응답의 내용과 승리의 전리품보다 관계 정립이 더 귀한 것임을 알게 됩니다. 세상 어떤 환경에 있더라도 나는 하나님의 택한 자녀라는 확인만 한다면 두려울 것이 없습니다. 이스라엘 백성들이 이 승리를 통하여 승리의 순금관을 쓴 다윗을 향하여 영원한 장수라고 칭한 것은 그 의미가 깊습니다(4절).

이어서 영광과 존귀와 위엄이 나오고 영원한 복이 나오는데 이는 사람을 형용하는 단어가 아님을 우리는 잘 압니다. 바로 다윗은 메시야이신 예수님을 예표한 인물임을 보여 주는 것입니다. 육적인 전쟁이 영적인 구원의 전쟁임을 보여 주었다면 대장인 다윗은 구세주 예수님을 계시해 주신 것입니다. 다윗의 완벽한 승리가 원수들의 세력과 음모를 이기었듯이 예수님을 대적한 모든 대적자들이 멸절될 것을 예언하고 있습니다(7~11절).

교회와 성도들을 핍박하고 모함하는 세력이 겉으로는 승리하는 것처럼 보이지만 최후의 승리는 우리에게 있음을 확신합니다. 다만 이 과정 속에서 연단 받으며 교정되어 가는 거룩한 무리가 되어야 합니다. 일시적 기쁨에 휘둘리지 않고 주님께서 공급해 주시는 영원하고 완전한 기쁨은 하나님의 사람들만의 특권입니다. 주님의 말씀으로 기쁘게 시작되는 '하루'라는 선물을 누립시다.

♦ 시편 22편 성경칼럼

1절 | 내 하나님이여 내 하나님이여 어찌 나를 버리셨나이까 어찌 나를 멀리 하여 돕지 아니하시오며 내 신음 소리를 듣지 아니하시나이까

18절 | 내 겉옷을 나누며 속옷을 제비 뽑나이다

"잊지 못할 명장면, 잊으면 안 되는 명장면"

누구에게나 영화나 드라마나 소설속의 잊혀 지지 않는 명장면들이 있을 것입니다. 감동적이거나 예상치 못한 반전이나 영향력 있는 메시지를 주는 장면이나 문장이 이에 해당됩니다. 그러나 이것은 삶에 재미를 주고 인생의 교훈을 주어서 영향력을 발휘할 수는 있지만 내세에까지 영향을 주지는 못합니다. 저는 내세에까지 영향을 끼치는 장면을 '절대 잊으면 안 되는 장면'이라고 표현하고 싶습니다. 성경에 나오는 수많은 장면들은 내세로 가는 디딤돌 같은 역할을 합니다. 구약의 어떤 사건이나 장면이 궁극적으로 예언하고 계시하는 것은 예수 그리스도의 속죄 사건입니다. 유럽의 어느 성당의 벽화는 수많은 구약의 선지자들을 그리고 있는데 그들이 쳐다보고 가리키고 있는 곳은 바로 십자가에 달리신 예수님이었습니다.

시편 22편은 '메시야 예언시'라고 불리웁니다. 예수님의 모형격인 다윗의 비탄시로 시작되고 보여 지지만 읽어가는 어느 순간 십자가에 달리신 예수님의 모습이 떠오릅니다. 다윗은 예수님보다 약 천 년 전 인물인데 십자가에서의 예수님을 현장에서 직접 보고 그린 것처럼 생생하게 묘사하고 있습니다. 이와 비슷한 경우는 B.C.800년경 이사야 선지자가 쓴 예언이 있습니다(사 53:6~7). 타락 후에 구원의 사역을 시작하신 하나님께서는 유일한 구원의 길인 메시야의 속죄를 구약 곳곳에 철철 넘치게 보여 주십니다. 이 속죄의 장면은 그리스도인이라면 절대 잊으면 안 되는 결정적인 장면입니다.

십자가는 복음의 핵심중의 핵심으로 다른 것을 다 알아도 이 속죄를 모르면 그 구원은 가짜가 됩니다. 신약의 복음서에서 성취된 22편의 예언들을 대조해 봅니다.

(1절)-내 하나님이여 내 하나님이여 어찌 나를 버리셨나이까

/(마 27:46, 막 15:34)-엘리 엘리 라마 사박다니

(7절)-머리를 흔들며 말하되

/(마 27:39, 막 15:29)-자기 머리를 흔들며...모욕하여

(8절)-그가 여호와께 의탁하니 구원하실 걸, 그를 기뻐하시니 건지실 걸 하나이다

/(마 27:43)-저가 하나님을 신뢰하니 하나님이 저를 기뻐하시면 이제 구원할지라

(15절)-내 혀가 잇틀에 붙었나이다

/(요 19:28)-내가 목마르다

(18절)-내 겉옷을 나누며 속옷을 제비 뽑나이다

/(마 27:35)-그 옷을 제비뽑아 나누고

/(요 19:23)-그의 옷을 네 깃에 나눠 각각 한 깃씩 얻고 속옷도 취하니

이상과 같은 예언과 그 성취의 간격이 인간의 능력 밖에 있는 천년이라는 것은 메시야의 속죄는 하나님만이 하실 수 있다는 뜻입니다. '그리스도의 수난'이라는 영화(The passion of christ, 멜 깁슨 감독, 2004년)에서 보여준 그 끔찍한 장면보다 훨씬 수치스러운 고통을 주님은 당하신 것입니다. 이 영화를 본 성도들이 충격과 감동을 받고 그 장면을 지나치지만 십자가 사건은 나의 것으로 받아들여야 함을 성경은 가르칩니다.

(갈 2:20) "내가 그리스도와 함께 십자가에 못 박혔나니 그런즉 이제는 내가 사는 것이 아니요 오직 내 안에 그리스도께서 사시는 것이라..."

고난이 없는 영광이 없기에 이 장면은 명장면 차원을 넘어 '잊으면 안 되는 영광의 장면'입니다. 이 복음이 우리에게 왔고 모든 나라와 족속들이 주의 앞에 예배하게 될 것입니다(27-30절). 우리 모두 이 사역에 부름 받은 충성된 일군입니다(31절).

♦ 시편 23편 성경칼럼

1절 | 여호와는 나의 목자시니 내게 부족함이 없으리로다
4절 | 내가 사망의 음침한 골짜기로 다닐지라도 해를 두려워하지 않을 것은 주께서 나와 함께 하심이라 주의 지팡이와 막대기가 나를 안위하시나이다

"짧고 쉽고 깊고 예쁘다"

시편 23편을 몇 번 읽고 되새기며 든 생각입니다. 6절밖에 안되어 한숨에 읽을 수 있고 누구나 이해할 수 있는 회화적인 언어가 사용되었습니다. 하지만 그 내용은 깊은 은혜를 담아 묵상할수록 감동을 줍니다. 간결하면서도 우아한 문체가 사용되고 목가적이고 낭만적인 정취가 배어져 있어 너무나 예쁜 시입니다. 무엇보다도 하나님의 섬세한 배려를 인상적으로 그리고 있어 견고한 신뢰관계를 확인해 줍니다.

이 시는 모든 시편 중에서도 가장 많이 애송되고 노래로 불리며 사랑받는 시편의 백미입니다. 믿지 않는 자들도 이 시편의 첫 구절은 알고 있을 정도입니다. 서구 영화에 이 시편이 장례식에서 낭송되는 것을 여러 차례 보았습니다. 다윗의 저작임은 분명하지만 본시를 쓸 때의 상황은 이론이 있습니다. 위기 시에 쓰였는지 안정과 번영을 구가하던 시절에 쓴 것이지는 불확실하지만 그 어떤 환경에서도 감사하며 기뻐하는 다윗의 모습은 참 멋집니다.

1절의 '여호와는 나의 목자시니 내게 부족함이 없으리로다'라는 한 구절만 붙잡아도 신앙생활의 축복은 넉넉합니다. 하나님은 목자시고 다윗은 양이니 이 상호간의 밀접한 사랑과 순종의 관계는 최고의 복이 되기 때문입니다. 하나님의 공급에 부족함이 없다는 경험을 수도 없이 한 다윗은 오직 기뻐하며 감사할 뿐입니다. 목자 되신 하나님이 베푸시는 은혜가 바로 인도의 복입니다(2절). 양들이 팔레스틴 사막 지역에서 초장과 물이 있는 장소로 인도받는다는 것은 생명의 양식을 얻는 것입니다. 굶주리며 기갈 상태에 있는 사람이 선한 목자에게 나오면 생명과 양식을 풍족히 받게 됩니다.

(요 10:9) "내가 문이니 누구든지 나로 말미암아 들어가면 구원을 받고 또는 들어가며 나오며 꼴을 얻으리라"

영혼을 소생시키시는 것은 물론이고 의의 길로 인도하시는데 하나님의 이름을 위하여 하신다고 하십니다(3절). 이것은 궁극적으로 하나님의 영광을 위해서 하신다는 것이기에 완벽하게 인도하신다는 약속입니다. 4절에는 양의 어떠한 위태함이 있더라도 안전과 보호를 하시는 하나님을 찬양하고 있습니다. 인간 목동 다윗도 야수들을 물리치고 양들을 보호했는데 전능하신 하나님의 보호는 의심할 여지가 전혀 없습니다. 우리 성도들의 행로에도 많은 어려움과 공격이 있지만 하나님께서 함께 하시니 염려가 없습니다. 양이 맹수와 직접 싸움에 나서는 경우는 없습니다. 목자 되신 하나님께서 양들 앞에서 맹수를 때려눕히시고 승리하시며 그 상을 우리에게 차려 주신다고 하십니다.

나아가 영광의 기름을 머리에 부으시고 만족의 잔을 넘치게 하십니다(5절). 양이 한 일은 목자의 음성을 듣고 순종하여 따라간 것 뿐 입니다. 사망의 음침한 골짜기라는 이 세상의 실체를 아는 양만이 이 순종을 할 수 있습니다. 6절의 다윗처럼 여호와의 집에 영원히 살겠다는 결단을 하게 됩니다. 하나님의 선하심과 인자하심이 반드시 함께 할 것입니다.

♦ 시편 24편 성경칼럼

1절 | 땅과 거기에 충만한 것과 세계와 그 가운데에 사는 자들은 다 여호와의 것이로다

10절 | 영광의 왕이 누구시냐 만군의 여호와께서 곧 영광의 왕이시로다 (셀라)

"소유권자와 사용권자"

단어 하나 차이지만 그 의미와 권한은 하늘과 땅차이만큼 큽니다. 소유권자는 만든 분이요 주인이라는 뜻이고 사용권자는 임시로 사용권한만 받은 관리인(종)입니다. 천지만물을 창조하시고 사람을 지으신 하나님은 모든 것의 소유권을 가지고 계십니다.

(롬 11:36) "이는 만물이 주에게서 나오고 주로 말미암고 주에게로 돌아감이라 그에게 영광이 세세에 있을지어다 아멘"

1절에 땅에 있는 모든 것이 하나님의 것이라고 선언 합니다. 땅의 터를 바다와 강들 위에 세우고 건설하신 하나님의 능력을 찬양하고 있습니다.

(벧후 3:5) "이는 하늘이 옛적부터 있는 것과 땅이 물에서 나와 물로 성립된 것도 하나님의 말씀으로 된 것을 그들이 일부러 잊으려 함이로다"

인간이 아무리 부인하려고 해도 하나님의 창조하심과 주인 되심과 소유권자이심은 변하지 않습니다. 그렇다면 인간은 하나님과 만물 앞에서 어떤 위치인지를 정확히 인식하는 것이 매우 중요합니다. 하나님을 모르는 자는 만물의 주인이 누구인지 모르고 함부로 까불며 삽니다. 하지만 그리스도인들은 주권자를 알기에 만물을 위임받아 관리하는 겸손한 청지기적 사명을

받았습니다. 만물을 맡은 종으로서의 충성과 함께 해야 할 일이 바로 하나님을 영화롭게 하는 삶을 사는 일입니다. 3절에 나오는 여호와의 산에 오르고 거룩한 산에 설 자라는 것은 하나님 앞에 나갈 수 있는 자라는 의미입니다. 여기서 누구인가라고 질문하는 이유는 그런 자가 드물다는 뉘앙스를 강하게 내뿜고 있습니다.

힘들더라도 이 항목은 우리 삶의 목적이 되기에 점검해 봅니다. 손이 깨끗하며-손은 행위를 의미하므로 행위에 흠이 없는 자를 가리킵니다. 마음이 청결하며-행위는 마음에서 나오는 것이므로 영육간의 흠이 없는 자를 뜻합니다. 뜻을 허탄한 데에 두지 아니하며-무가치한 우상과 같은 것에 영혼을 팔지 않는 것을 의미합니다. 거짓 맹세하지 아니하는 자-의지가 없는데 행할 것처럼 맹세하는 자는 자격이 없다는 뜻입니다. 이 4가지를 세부적으로 알려주는 내용이 시편 15편에 나오는데 겹쳐서 읽으시면 유익할 것입니다.

영적원리 중의 핵심은 하나님의 뜻을 구하고 행하는 자에게는 그 상을 잊지 않는다는 언약의 성취입니다. 5절의 하나님의 복과 하나님의 의의 부여에는 영육의 모든 축복이 담겨 있습니다. 구하고 찾고 두드리는 자에게 주시는 복락입니다(6절). 다윗을 비롯한 하나님의 백성들은 하나님을 진심으로 모시고 통치받기를 원한 것을 알 수 있습니다. 7절에서 10절까지에만 5번에 걸쳐 하나님을 '영광의 왕'이라고 찬양하는 것을 볼 수 있습니다.

법궤를 모셔 들일 성소의 문을 활짝 열도록 소리치는 다윗의 목소리가 귓가를 때리는 것처럼 실감납니다(7~10절). 이것은 신약에서 예루살렘 성소가 우리 마음임을 의미하고(고전 3:16) 성령님이 우리의 마음의 문을 두드리며 함께 살기를 원하시는 것과 같은 차원입니다(계 3:20). 주님이 우리 마음(몸)에 좌정하시면 모든 고통은 물러가고 구원의 기쁨이 함께 합니다.

왕이신 나의 하나님 내가 주님을 높이며 찬양합니다.

♦ 시편 25편 성경칼럼

7절 | 여호와여 내 젊은 시절의 죄와 허물을 기억하지 마시고 주의 인자하심을 따라 주께서 나를 기억하시되 주의 선하심으로 하옵소서

14절 | 여호와의 친밀하심이 그를 경외하는 자들에게 있음이여 그의 언약을 그들에게 보이시리로다

"성찰하며 참회하는 다윗"

어느 누구도 죄를 안 짓고 사는 사람은 없습니다. 불신자들은 죄를 죄 인 줄 모르고 짓지만 그리스도인들은 성숙할수록 죄에 민감하고 그 깊이를 느끼게 됩니다. 죄의 결과는 궁극적으로는 사망이지만 생활에서 다양한 대가를 치르게 됩니다. 인간이 죄의 대가인 고통을 당하게 되면 그 원인에 대한 성찰보다 원망이 앞서기가 쉽습니다. 일차적으로는 사람과 상황에 책임을 돌리지만 아차 하는 순간 하나님께 불평하며 공격하는 경우가 많습니다.

다윗의 위대한 점은 수많은 위기 속에서 먼저 자신을 돌아보며 회개한 점입니다. 왕권을 가지고 있는 그는 얼마든지 교만하게 될 수가 있었지만 회개하는 영성이 있었기에 하나님 마음에 드는 자가 될 수 있었습니다. 죄로 인한 하나님과의 처절한 단절을 경험했기에 상황이 악화되고 죄를 인식하는 순간 무릎부터 꿇어지는 사람이 되었습니다. 그는 하나님의 뜻을 자기에게 맞추려고 하지 않고 자기의 뜻을 하나님께 맞추려고 애를 씁니다. 다윗의 시 중에서 비탄으로 시작했으나 기도하면서 확신 시로 나아가는 것이 많습니다. 25편에서 회개하며 용서를 구하는 장면과 주님의 약속을 신뢰하며 응답을 확신하는 감사가 교차적으로 일어나는 이유입니다.

위기시에나 평화의 시기에나 변함없이 주님만 바라보기 어려운 우리들에게 다윗이 보인 모범은 본받아 마땅합니다. 다윗은 하나님의 긍휼을 구할 때 맡겨 논 것을 달라는 채권자의 자세가 아니라 겸손하게 하나님의 인자하심을 의지한 것을 보게 됩니다(6절). 그가 회개한 내용을 살펴보면 젊은 시절의 죄와 허물까지 용서를 구하고 있습니다. 이는 어느 죄라도 품고 있지 않으려는 애통함에서 나온 진실한 참회를 하고 있다는 뜻입니다. 하나님의 택하신 백성들에 대한 언약은 일방적인 하나님의 주도로 시작되었습니다(레 26:12). 그러므로 이 언약에 대하여 순종하는 자에게는 반드시 하나님과 함께하는 풍성한 축복이 주어집니다.

이 순종하는 자에 대한 다른 표현을 25편에서 3가지를 찾을 수가 있습니다. 첫째, 온유한 자로서 정의와 하나님의 도를 가르치신다고 약속하십니다(9절). 둘째, 언약과 증거를 지키는 자로서 하나님의 인자와 진리를 경험합니다(10절). 셋째, 여호와를 경외하는 자로서 영혼의 평안과 후손들의 번성이 보장됩니다(12-13절). 특별히 하나님을 경외하는 자에게 더해 주시는 것은 하나님과 친밀해지고 하나님과 언약을 공유하는 복입니다.

다윗은 하나님의 진리를 깨닫고 회개한 후에 더욱 확신 있는 기도를 하는 모습이 나옵니다(15-22절). 진실하면서도 담대하고 자세하게 아뢰는 후반부의 기도 내용을 보며 마치 자애로운 아버지에게 털어놓는 아들의 모습이 떠오릅니다. 외롭고 괴로운 마음에 은혜를 베풀어 달라고 합니다(16절). 원수들에게 수치를 당치 않도록 해 주시고 모든 근심과 곤고와 환난을 끊어 달라고 간청합니다(17-19절). 자기만이 아니라 나라와 백성의 구원과 보호를 간구합니다(21-22절). 지금 이 시대, 우리가 해야 할 기도내용과 어찌 그리 같은지 참 오묘합니다.

♦ 시편 26편 성경칼럼

2절 | 여호와여 나를 살피시고 시험하사 내 뜻과 내 양심을 단련하소서
4절 | 허망한 사람과 같이 앉지 아니하였사오니 간사한 자와 동행하지도 아니하리이다

"무엇을 듣고 있습니까?"

사람이 서로 더 알고 싶을 때 행하는 단계가 있습니다. 그 사람의 친구를 만나 보면 됩니다.

1대 1로는 감출 수 있는 것들이 그의 주변 사람을 통해 드러나게 되어 있습니다. 그래서 나온 명언이 '친구를 보면 그 사람을 알 수 있다'라는 말입니다. 사람의 인격형성과 행위의 원동력은 누구와 함께 어떤 정보에 접하느냐에 달려 있습니다. 나아가서 이 정보에 영향 받아 어느 장소의 모임에 몸이 가있느냐가 중요합니다. 일반 사회에서의 이 원리가 영적 신앙생활에서도 적용됩니다.

바른 성경말씀을 가까이 할 수 있는 교회에 좋은 친구를 두는 사람은 영적으로 시험에 들지 않습니다. 반대로 세속적인 문화를 즐기는 모임에 쾌락을 좋아하는 사람들과 함께 한다면 그들과 동류가 될 것이 분명합니다. 다윗이 26편에서 하나님 앞에서 불신자들과 비교하여 자신을 의롭다고 아뢰며 판단해 주실 것을 탄원합니다.

여기에서 다윗이 의의 근거를 댈 때 하나님 앞에서의 잘남이 아닌 세상과 구별된 관계를 한 사실을 아뢰고 있습니다. 허망한 사람과 같이 앉지 않았다고 하는데 허망한 자는 그 마음과 행위가 가치 없는 자를 의미합니다. 또한 간사한 자와 동행하지 아니했다고 했는데 간사한 자는 진리의 탈을

쓴 위선자를 뜻합니다. 5절에는 행악자의 집회를 미워하며 악한 자와 함께 앉지 않겠다고 결단합니다. 악인들은 모이면 죄악을 도모하고 이를 행하는데 집중 합니다. 하나님의 사람들이 모이는 예배와 반대의 길을 가는 것이니 다윗으로서는 마땅히 미워하고 멀리해야 하는 것입니다.

어두움의 세력과 분리된 하나님의 사람에게 할 일은 예배하는 삶입니다. 다윗은 구약 제사의 첫 과정인 결례를 행하는데 형식이 아닌 중심을 다하여 하는 모습을 보입니다(6절). 주의 단에 두루 다녔다는 것은 여러 의식을 최선을 다하여 행했다는 것입니다. 찬양을 감사로 드리는 것은 형식이 아닌 마음에서 우러나오는 진실성을 의미합니다(7절). 악인들이 자신의 이기적 목적을 위하여 거룩함을 가장하는 위선과 차별되는 참 예배자의 모습입니다. 예배를 중심으로 하는 신앙행위의 능력은 세상과 구별되는 성결한 삶으로 열매 맺게 됩니다. 이 성결한 삶이 다시 성소 내에서의 진실한 예배로 발전합니다.

이런 반복 속에서 주께서 계신 성소와 주의 영광이 머무는 곳을 사랑하는 영적 풍족함을 누리는 진정한 신자가 되어 갑니다(8절). 하나님의 사람으로 확신되어가는 다윗의 담대함은 죄인과 살인자들과의 분리로 나타납니다(9-11절). 불변하시는 하나님의 공의에 의한 심판에서 구원의 확신이 풍성한 멋진 다윗의 모습을 목격합니다(11절). 은혜 받은 자의 나아갈 길은 하나님의 영광을 선포하고 송축하는 일입니다. 다윗은 이스라엘 백성들에게 자신에게 행한 하나님의 기이한 일을 알리고 싶은 열망이 가득합니다(12절).

♦ 시편 27편 성경칼럼

1절 | 여호와는 나의 빛이요 나의 구원이시니 내가 누구를 두려워하리요 여호와

	는 내 생명의 능력이시니 내가 누구를 무서워하리요
4절	내가 여호와께 바라는 한 가지 일 그것을 구하리니 곧 내가 내 평생에 여호와의 집에 살면서 여호와의 아름다움을 바라보며 그의 성전에서 사모하는 그것이라

"평범함을 넘어 비상함으로"

하늘이 어떤 인물에게 큰 임무를 맡기려 할 때는 고난을 통해 단련을 합니다. 마음과 육체와 환경을 어지럽게 하고 괴롭게 하여 극한 상황까지 몰아갑니다. 그 이유는 본래의 성질을 참게하고 분발하여 본래의 자신으로서는 할 수 없는 일을 하게 하기 위해서입니다. 이른바 역경을 극복한 스토리가 있는 실력의 지도자를 세상은 요망합니다. 이런 인물이 민초의 눈물을 씻겨 주며 위기를 이겨낼 수 있다고 믿기 때문입니다. 여기까지는 세상의 비상한 지도자에 대한 맹자의 인물론 입니다.

그러면 성경에서 전하는 영적지도자의 자격은 무엇일까요? 다윗을 훈련시키고 사용하시는 하나님의 방법을 보면 정확하게 알 수 있습니다. 수많은 원리가 있겠지만 대원리는 하나입니다. '오직 하나님만 바라보는 믿음'입니다. 다윗의 시편 중에서 수도 없이 고백하고 확신하는 가장 중요한 내용입니다. 하나님만이 나의 빛이요 구원이고 생명의 능력이니 누구도 무섭지 않다고 외칩니다(1절). 이 고백과 믿음은 단순하게 생긴 것이 아닙니다. 삶과 죽음이 교차하는 극한의 전쟁터를 오가면서 구원의 하나님을 경험하면서 나온 결론입니다. 천하를 다투는 전쟁은 온정이나 도덕이 통하지 않습니다. 살을 뜯어 먹으려고 덤비는 짐승보다 악랄합니다(2절). 이성의 합리적 판단이나 열정으로 막강한 적군의 포위를 이길 수 없습니다.

다윗은 수많은 절대 절명의 위기 속에서 오직 하나님만이 구원해 주시는 능력을 충분히 체험했습니다. 다윗이 최악의 지경에서도 여전히 태연한 자세를 취하고 있는 이유입니다(3절). 고난은 연단을 가져오고 연단은 소망으로 이어지는 영적원리에 따라 다윗은 하나님만 소망하는 사람으로 변해갑니다. 전쟁의 승리보다 더 귀한 여호와께 바라는 한 가지 소원과 기도가 생겼습니다(4절). 평생에 여호와의 집에 살면서 여호와의 아름다움을 바라보며 그의 성전에서 사모하는 것입니다.

평생 동안 하나님과 교제하며(집에 거하며) 사랑하며(아름다움을 바라보며) 깊이 알아가고(사모하는) 싶다는 갈망입니다. '그것을 구하리니'라는 것은 미완료형으로 과거와 현재와 미래까지 계속해서 구하겠다는 뜻입니다. 이 한 가지 소원이 응답되면 그 어떤 위기나 전쟁에서도 주님의 보호와 승리가 함께함을 확신하고 있습니다(5-6절). 7절부터 부르짖는 간절한 기도는 내용은 절박하지만 결과를 보장받은 기도로서 용기를 드높이고 있습니다.

세상에서 의지할 사람의 대표인 부모와 비교할 수 없는 절대의존관계로서의 하나님을 바라보고 있습니다(10절). 흠이 많은 부모를 경험한 자들일수록 아버지 하나님에 대한 확신의 결핍이 있기 쉬운데 이를 극복할 수 있는 말씀이 10절입니다. 하나님의 선하심을 맛보고 절대 의존하는 담대한 지도자가 배출되기를 기도합니다(14절).

♦ 시편 28편 성경칼럼

2절 | 내가 주의 지성소를 향하여 나의 손을 들고 주께 부르짖을 때에 나의 간구하는 소리를 들으소서

9절 | 주의 백성을 구원하시며 주의 산업에 복을 주시고 또 그들의 목자가 되시어 영원토록 그들을 인도하소서

"말년이 좋아야..."

인생을 크게 세 시기로 구분 합니다. 현재의 수명으로 보자면 30세까지가 초년기이고 60세까지가 중년기이고 이후가 말년기라고 볼 수 있습니다. 이 모든 시기가 다 중요하고 행복해야 하지만 말년기가 불행하다면 매우 안타까운 일입니다. 그 이유는 말년기의 고난과 추락은 재기하기가 힘들기 때문입니다. 이 현실을 너무나 잘 알기에 말년기의 준비를 잘하려고 애쓰는 것이며 그만큼 부작용도 수두룩합니다.

28편은 다윗이 아들 압살롬의 반역으로 쫓기던 때에 쓰여 졌습니다. 당연히 다윗의 생애중의 말년 기이었고 이는 전성기의 번성과 권력의 향유를 경험한 이후입니다. 최고를 누려본 권력자가 그것을 빼앗겼을 때 오는 상실감과 절망은 다윗의 고백처럼 무덤(스올)입니다(1절). 더군다나 그 정적이 자기의 친아들이라는 사실은 배신감을 넘어 인간적으로 수치스러워 모든 것을 포기할 수도 있는 차원입니다. 그의 기도의 절박함은 부르짖고 손을 들고 간구하는 모습으로 충분히 알 수 있습니다. 하나님께 귀를 막지 마시고 꼭 들어달라고 반복하여 외치는 모습을 볼 때 하루 이틀 기도한 것이 아닙니다(1~2절).

3~5절의 다윗의 기도는 하나님의 공의에 대한 신뢰를 기반으로 드리는 담대한 내용입니다. 일반적인 원리로는 죄인 된 인간이 감히 하나님께 심판을 요청한다는 것은 있을 수 없습니다. 그럼에도 담대하게 구할 수 있는 이유는 이 기도가 영적전쟁과 연결된 것이기 때문입니다. 다윗은 하나님의 왕국의 예표인 이스라엘의 대표로서 심판을 담대하게 기도하고 있습니다. 저들 대적자들은 인간의 연약함 때문에 어쩔 수 없이 죄를 범한 것이 아닙니다. 하나님의 공의와 심판을 고의적으로 무시하고 온갖 죄를 자행하는

악한 자들이었습니다. 이런 자들이 득세하면 사회 질서가 흔들리고 하나님의 도덕적 기초가 무너지게 됩니다.

신성국가인 이스라엘이 저들의 횡포에 의하여 휘둘리고 멸망의 길을 가는 것을 용납할 수 없는 것입니다. 다윗이 저들의 악함을 구체적으로 아뢰며 심판을 요청하는 담대함은 이 영적원리에 의한 기도이기 때문입니다(3-5절). 다윗의 노년은 환경적으로는 최악의 위기이었으나 역설적으로 하나님의 뜻을 알고 기도하는 탁월한 감각을 가지게 됩니다. 간구하는 소리를 듣고 응답하시는 하나님의 성호를 높이며 찬송합니다(6절). 환경이 응답된 것이 아님에도 이미 도움을 입었다고 완료형으로 선포하고 있습니다.

하나님의 백성들이 얼마나 하나님의 사랑과 보호와 인도를 받고 있는지 기뻐하고 있습니다. 초대 왕 사울은 비참한 죽음으로 말년을 마감했지만 다윗의 말년은 하나님과의 찬란한 동행으로 마무리되어 갑니다. 그 분기점이 바로 하나님을 경외하는 겸손함과 하나님을 기뻐하는 친밀함임을 목격합니다. 신앙인생 말년의 길흉화복은 나이와 환경에 의하여 좌우되는 것이 아닙니다. 오직 하나님과의 관계에 의하여 어떤 일도 복으로 바꿀 수 있습니다(9절).

♦ 시편 29편 성경칼럼

9절 | 여호와의 소리가 암사슴을 낙태하게 하시고 삼림을 말갛게 벗기시니 그의 성전에서 그의 모든 것들이 말하기를 영광이라 하도다

11절 | 여호와께서 자기 백성에게 힘을 주심이여 여호와께서 자기 백성에게 평강의 복을 주시리로다

"어제 밤 꿈 이야기"

제목에서만 보면 뭐 대단한 것이 나올 것 같은데 그 반대입니다. 어제 밤 꿈의 앞뒤를 자르고 한 장면만 소개하자면 제가 기사가 없는 자율주행 버스를 타고 어딘가 가는 것이었습니다. 깨어나서도 생각난 것으로 보아 나의 의식에 이 장면이 있었다는 것입니다. 만약 30년 전이었다면 장면은 비슷해도 자율주행이라는 생각은 없었을 것입니다. 10여 년 전에는 단톡방(단체 이야기 방)이란 단어 자체를 아무도 몰랐을 것이라는 것과 같은 의미입니다. 이처럼 시대를 따라 통하는 언어와 단어가 다르다는 것을 이해해야 합니다.

성경에 나오는 단어와 문장과 이야기를 우리 시대의 인식으로 쉽게 이해하기 어려운 이유입니다. 그래서 성경은 해석이 필요하고 이를 위한 전문가 그룹의 도움을 받아야 합니다. 29편에는 '여호와의 소리'라는 문장이 7번 나오는데 해석이 필요합니다. 이 문장은 뇌성(우렛소리)에 대한 다윗의 독특한 표현입니다. 그는 뇌성 가운데에서 하늘의 변화를 주관하시는 하나님의 권능을 여호와의 소리로 표현하였습니다. 뇌성은 고대 이방나라의 보편적 신에 대한 두려움의 표현이기도 합니다.

지금 우리는 '자연의 비신화화'가 되어 있기에 현대개념의 번개와 천둥과 벼락의 뉘앙스가 아니라는 설명을 하는 것입니다. 다윗은 이 용어를 쓰되 이방의 불특정한 신에 대한 것이 아닌 창조주의 전능함을 온전히 알고 쓴 것이라고 볼 수 있습니다. 여호와의 소리로 형용되는 하나님의 권능은 양면성을 가지고 있습니다.

첫째는 영육간의 권세자들이 그 앞에 꺾여 지는 진노의 권능입니다(시 18:13-14). 하나님의 공의는 레바논의 백향목같이 견고한 자연과 권력자와 교만한 재력가도 부수며 심판합니다(5절). 패역한 자들의 노력과 열매가 한순간에 화염에 사라집니다(7절). 8절의 가데스 광야를 진동한다는 것은 어느 곳에 숨어도 심판을 면할 수 없다는 뜻입니다. 암사슴을 낙태하게 하고 삼림을 말갛게 벗기신다는 것은 어느 인생도 하나님의 권능 앞에 떨 수밖에 없음을 경고하는 것입니다(9절).

둘째는 10절에 나오는 여호와의 소리는 성도들에게 역전성 권능과 축복을 나타냅니다. 하나님께서 홍수 가운데 좌정하셨다는 문장은 노아 홍수 때에 유일하게 사용된 단어입니다. 이는 노아의 홍수처럼 악인에게는 형벌을 내리시고 의인들은 구원하시는 심판을 의미합니다. 하나님의 좌정하심이란 하나님께서 왕으로 오셔서 온 세상과 내세를 영원히 다스리시는 주권자이심을 선포하는 것입니다. 하나님께서 자기 백성(성도들)에게 주시는 핵심적인 복이 11절에 나옵니다. '힘을 주시고 평강을 주십니다' 이 핵심적인 두 가지의 복을 풍족히 받아 주의 일에 열매가 있기를 원합니다.

♦ 시편 30편 성경칼럼

5절 | 그의 노염은 잠깐이요 그의 은총은 평생이로다 저녁에는 울음이 깃들일지라도 아침에는 기쁨이 오리로다

11절 | 주께서 나의 슬픔이 변하여 내게 춤이 되게 하시며 나의 베옷을 벗기고 기쁨으로 띠 띠우셨나이다

"고기도 먹어본 사람이 잘 먹는다"

처음 하는 사람보다 경험한 사람이 일을 능숙하게 잘하는 것을 비유한 말입니다. 시편에서 다윗이 드리는 수준 높은 찬양을 보면서 드는 생각입니다. 그는 어린 목동시절부터 시와 찬양에 탁월하고 악기도 잘 다루었습니다. 사울 왕이 악신에 사로잡혔을 때 다윗이 수금을 타서 낫게 하였습니

다(삼상 16:17~23). 어린 시절의 좋은 습관과 교육은 때가 되면 하나님 나라의 사역을 하는데 사용됨을 알 수 있습니다.

30편의 표제문이 '다윗의 시, 곧 성전 낙성가'라고 되어 있는데 상황에 맞지 않습니다. 왜냐하면 다윗은 성전 낙성식을 한 적이 없기 때문입니다. 성전은 그의 아들 솔로몬이 완공하여 낙성식을 하였습니다. 그리고 본문에도 성전이란 단어와 낙성에 관한 내용은 발견하기 어렵습니다. 그러면 왜 이 시의 제목이 낙성가일까요? 분명히 후에 낙성식에 낭송되었다는 것이고 다윗이 이를 준비하여 미리 지었다고 볼 수 있습니다.

낙성식이라면 최고의 영광스러운 행사인데 이 때 불리 운 찬양은 그 의미가 특별할 것입니다. 우리는 다윗의 전성기를 잘 알지만 그의 흑 역사에 대한 부분도 알고 있습니다. 승승장구하여 당대 최고의 군주가 된 다윗은 그 절정기에서 자만하여 실수하고 죄를 짓습니다. 밧세바와의 간음죄와 우리야를 고의적으로 죽인 살인죄는 자신을 다스리지 못함으로 지은 정욕의 죄입니다. 백성의 인구를 계수하는 죄는 하나님의 명령을 거역한 것으로 자신의 힘을 과시하려는 교만에서 나왔습니다.

지도자의 죄와 실수는 백성들의 고난으로 나타나고 다윗도 죽을병에 걸리게 됩니다. 여기서 일반적인 순서라면 재앙의 결과로 죽음이 닥칩니다. 하지만 다윗은 하나님의 사람으로서 다른 길이 주어집니다. 바로 회개하는 것이고 기도하며 찬양하는 방향을 하나님께서 허락하십니다. 부르짖는 자에게 고쳐주시고 절망에서 구해주시는 주님을 경험하게 하십니다(2~3절). 불신자들이 모르는 신앙의 비밀을 경험한 하나님의 사람의 찬양이 놀랍습니다.

같은 고난인데 불신자들은 끝났다고 포기하고 신자들은 회개하여 하나님을 만나게 됩니다. 비록 죄를 안 짓고 살 수 없고 그 대가인 고통은 받지만 그 노염은 잠깐이고 하나님의 은총은 평생이라고 고백합니다(4-5절). 슬픔의 애통을 지나 기쁨의 찬송을 드릴 수 있다는 것은 신자의 특권입니다. 은혜 받은 자는 슬픔의 베옷을 벗고 기쁨의 세마포를 입고 사는 자가 됩니다(10-11절). 우리를 구별된 자로 대우하시고 책임지시는 주님을 영원히 찬양하며 감사드립니다(12절).

♦ 시편 31편 성경칼럼

7절 | 내가 주의 인자하심을 기뻐하며 즐거워할 것은 주께서 나의 고난을 보시고 환난 중에 있는 내 영혼을 아셨으며

23절 | 너희 모든 성도들아 여호와를 사랑하라 여호와께서 진실한 자를 보호하시고 교만하게 행하는 자에게 엄중히 갚으시느니라

"인생은 의심과의 투쟁인가?"

통계적으로 논란은 있지만 한국은 최고의 사기공화국이라는 것은 확실합니다. 우리가 사람을 처음 만날 때 혹시 사기꾼이 아닌가 하고 의심하는 이유입니다. 10~20년 잘 지내던 사람이 결정적인 이권이나 자존심이 충돌될 때 관계가 깨어지고 배신을 주고받는 경우도 흔합니다. 의심하고 또 의심해서 피해와 상처를 받지 아니하려는 인생의 투쟁이 서글프기도 합니다. 이런 우리의 유전인자 때문인지 하나님을 향하여 믿고 신뢰하며 의지하는 부분에 여러 차례의 기복이 있음을 목격합니다.

오늘 31편의 내용을 분석하면 이런 기복이 눈에 선하게 보입니다. 하나님을 의심하며 탄식하다가(9-13절) 신뢰하며 의뢰하고(3, 5, 14, 15절) 감

사하며 영광 돌리는(7, 8, 19, 20절) 시구들이 교차되어 나타납니다. 과장 해서 말하자면 마치 영적 조울증에 걸린 것처럼 보일수도 있습니다. 그러나 다윗이 이 시를 쓰던 배경을 알면 충분히 이해가 됩니다. 사울에게 쫓기며 인간적 희망이 전혀 안 보이던 그 황야에서 그 마음의 솔직한 토로라고 볼 수 있기 때문입니다.

다윗의 이런 기복은 연약한 우리들에게 위로가 되며 한편으로 그의 회복탄력성은 우리에게 모범이 됩니다. 감정의 기복을 말씀과 기도로서 극복하고 결국 소망 중에 하나님을 찬송하게 됩니다. 이런 다윗의 능력은 어디에서 나오는 것일까요? 다윗의 신앙을 한 마디로 결론을 내자면 '생명 그 자체의 신앙'이라고 볼 수 있습니다. 하나님을 향한 그의 신뢰는 이념이나 교리가 아니라 생명을 건 삶의 전부였다는 것입니다. 수많은 전장을 누비며 생명을 건 전투를 하면서 하나님 외에는 구원의 주가 없다는 경험에서 나온 결론이었습니다.

수많은 의심과 회의를 통과하여 하나님을 경험한 승리 끝에 나온 영적 투사로서의 고백인 것입니다. 풍전등화 같은 위기 속에서도 그의 모든 것을 정확히 아시는 주님을 기뻐하고 있습니다(7절). 하나님께서 베푸신 은혜는 즉흥적인 것이 아니라 오래전부터 은밀히 준비해 오신 것임을 알 때의 감격은 엄청납니다(19절). 다윗은 자신에게 해주신 하나님의 후의가 성도들에게도 동일하게 임할 것을 강조합니다(23절). 기도와 말씀을 통해 의심과의 투쟁을 이기는 자에게 주어지는 축복입니다.

우리의 담대함은 나에게서 나오는 것이 아니라 주님이 주시는 것이기에 완전합니다(21절). 교만한 자리에서 내려와 진실한 자가 되어야 이 힘을 얻습니다(23절). 선택의 여지가 많은 자가 하나님을 온전히 믿는 경우는 드뭅니다. 하나님을 사랑함으로서 정한 선택에는 내세에까지 이어지는 관계의 축복이 주어집니다. 우리는 오직 주님 외에는 다른 선택이 없습니다.

♦ 시편 32편 성경칼럼

5절 | 내가 이르기를 내 허물을 여호와께 자복하리라 하고 주께 내 죄를 아뢰고 내 죄악을 숨기지 아니하였더니 곧 주께서 내 죄악을 사하셨나이다 (셀라)

10절 | 악인에게는 많은 슬픔이 있으나 여호와를 신뢰하는 자에게는 인자하심이 두르리로다

"예수님을 믿는데 왜 기쁨이 없을까요?"

많은 성도들이 겉으로 또는 속으로 이 질문을 합니다. 수많은 대답이 준비되어 있지만 본질적인 정답은 이것입니다. '사죄의 축복'을 받지 못했거나 모르기 때문입니다. 사죄의 축복이란 하나님께서 내 죄를 용서해 주셨다는 것을 확신하는 것입니다. 용서의 방법은 예수님의 십자가의 대속으로 이루어지고 이를 믿으면 모든 죄가 사해지는 것입니다. 이 정도는 교회를 조금만 다녔어도 다 아는 사실입니다. 문제는 이 죄 사함의 길을 아는 자가 해야 할 부분인데 이를 통틀어 회개라고 합니다. 회개란 헬라어로 메타노니아로 '방향을 바꾸다'는 뜻입니다. 마귀의 통치를 받고 세상에서 자신만을 위하여 살던 것을 하나님께로 그 모든 삶의 방향을 돌이키는 것이 회개입니다.

회개는 성령님의 역사와 믿음의 선물이 주어져야 할 수 있습니다. 진정한 회개는 사죄의 기쁨과 함께 구원의 확신으로 나아갑니다. 신앙생활이 지속되면서 이 근본적인 회개와 함께 해야 하는 것이 바로 '자백'인데 많은 신자들이 놓치고 있습니다. 구원받은 이후에 신자는 죄와 허물로부터 자유롭지 못합니다. 다윗이 시편 51편과 같은 맥락으로 지은 오늘의 시편에서

자신의 간음죄를 통회하며 자복하고 있습니다. 근본적인 회개 이후의 죄악에 대해 자백하지 아니하면 어떻게 되는지에 대해 피를 토하듯이 말하고 있습니다.

거대한 죄악의 세력을 물리칠 수 있는 능력을 가진 인간은 없습니다. 이 죄악의 물결을 거슬러 살 수 있는 길이 자백입니다. 다윗은 실제로 진실한 자백을 통하여 견딜 수 없는 양심적 고통과 하나님의 진노의 무거운 짐을 벗어 버릴 수 있었습니다. 자백 후에 주어지는 하나님의 안전한 보호와 부어지는 기쁨을 소유할 수 있었던 것입니다.

(요일 1:9) "만일 우리가 우리 죄를 자백하면 그는 미쁘시고 의로우사 우리 죄를 사하시며 우리를 모든 불의에서 깨끗하게 하실 것이요"

정직한 자백의 반대말은 간사한 자백인데 가인과 가룟 유다가 해당됩니다(3절). 간사한 자백이란 자신과 하나님을 속이는 것인데 그 결과는 참혹합니다. 다윗이 경험한 것처럼 종일 신음하고 뼈가 쇠하고 주야로 주의 손이 누르고 진액(체액)이 말라버리는 육체와 영혼에 고통이 잇따릅니다(3-4절).

신앙생활에서 죄를 자백하는 것이 얼마나 큰 영향을 끼치는 것인지 극명하게 알려주는 32편입니다. 하나님과의 관계가 자백이후에 얼마나 좋아지는지 그 기쁨과 축복이 사모됩니다(5-8절). 지금 신앙의 기쁨이 사라지거나 부족하다면 그 원인이 자백에 있음을 알고 적용하는 은총을 입으시기 바랍니다. '지혜의 근본은 자신의 죄인 됨을 아는 것이다' 시편 32편을 늘 침상에 새겨 두었던 어거스틴의 고백입니다.

♦ 시편 33편 성경칼럼

6절 | 여호와의 말씀으로 하늘이 지음이 되었으며 그 만상을 그의 입 기운으로 이루었도다
11절 | 여호와의 계획은 영원히 서고 그의 생각은 대대에 이르리로다

"오늘 무슨 질문을 했니?"

학교에 다녀온 자녀에게 부모가 하는 말입니다. 최고의 자녀교육을 자랑하는 유대인 가정의 이야기입니다. 선생님에게 질문을 한다는 것은 생각을 해야만 할 수 있습니다. 생각을 한다는 것은 정보(언제, 어디서, 누가, 무엇을)와 방법(어떻게)을 배우는 이상의 것을 해야 하는 것입니다. 그보다 우위에 있는 본질과 존재에 향한 영역(왜)에 대한 도전을 한다는 뜻입니다.

크고 작은 질문을 하면서 축적된 생각들은 통합을 거쳐 성찰을 하게하고 창조의 능력'로 발휘될 수 있습니다. 이 원리를 찬양에 연결하여 적용해 봅니다. '왜 찬양을 해야 하나요?' 교회에서 원래 하는 것이고 찬양하면 좋은 일이 생기니까 하는 것인가요? 33편에는 찬양은 성도가 마땅히 해야 할 것임과 최선을 다해 아름답게 드릴 것을 권유하고 있습니다(1-3절).

이어서 찬양할 이유에 대한 3가지를 명확하게 말씀합니다. 이것을 알고 하는 것과 모르고 하는 것은 찬양의 결과에 엄청난 차이가 날 것입니다. 첫째, 하나님의 말씀에 관한 찬양입니다(4-9절). 말씀은 곧 하나님이시며 진리이기에 말씀으로 우주 만물을 창조하셨습니다(6절, 요 1:1~3). 하나님께서 말씀하시면 천지의 모든 만상이 두려워하고 세상의 모든 거민들이 경외할 수밖에 없습니다(6-8절).

둘째, 하나님의 통치에 대한 찬양입니다(10-12절). 세상의 어떤 나라와 군주와 사상과 계획도 하나님의 허락이 없으면 무효화된다는 사실입니다(9절). 하나님을 주인으로 섬기는 나라와 백성이 복을 받습니다(11-12절). 셋째, 하나님의 섭리하심에 대한 찬양입니다(13-19절). 하늘에서 굽어 살피시는 하나님 앞에 숨을 사람이 없습니다. 최고의 권력을 가진 왕과 힘이 센 용사도 그 방법으로는 구원받지 못합니다(16절). 하지만 하나님을 바라는 자에게는 구원과 안전을 주십니다(18-19절).

하나님의 주권이란 세상적인 표현을 찾자면 '생사여탈권'을 가지고 있다는 뜻입니다. 이것을 세상의 악한 자가 가졌다면 정말 소름끼치지만 인자하신 하나님께만 있는 것이기에 정말 좋은 것이고 감사로 찬양하는 것입니다. 이제부터 찬양할 때 타성에 젖어 대충 하는 것이 아니라 하나님의 성품과 사역과 은혜를 바라보며 하기를 원합니다(20-22절). 한국교회와 성도들에게 주님의 인자하심과 자비를 베풀어 주옵소서!

♦ 시편 34편 성경칼럼

8절 | 너희는 여호와의 선하심을 맛보아 알지어다 그에게 피하는 자는 복이 있도다
10절 | 젊은 사자는 궁핍하여 주릴지라도 여호와를 찾는 자는 모든 좋은 것에 부족함이 없으리로다

"찰떡같이 말하고 찰떡같이 알아듣는다"

한방에 알아듣기 좋게 말하고 그것을 정확하게 이해하는 것을 뜻합니다. 이것은 머리가 좋고 말재주만 있다고 되는 것이 아닙니다. 말에 대한 진정성과 그 내용에 대한 확신과 체험이 있어야 하고 듣는 이의 준비가 있어야 됩니다. 34편을 읽으면서 다윗이 쓴 시의 진정성과 능력이 전달되는

것을 느끼게 됩니다. 연단된 마음과 고난의 극복 체험과 신앙인격이 어우러져서 몸으로 쓴 어휘들이 읽는 이의 폐부를 찌릅니다. 이 시의 강렬한 능력과 영향력은 어디서 온 것일까요? 우리는 시편을 읽을 때 본시의 앞에 나오는 표제문을 주목해야 합니다. 기자와 배경과 사용처에 대한 것들이 나오기 때문입니다.

본시는 '다윗이 아비멜렉 앞에서 미친 체 하다가 쫓겨나서 지은 시'라고 되어 있습니다. 삼상 21:10~22:2을 참고하면 됩니다. 다윗이 사울의 추격을 피해 블레셋으로 망명하여 가드 왕(아비멜렉) 아기스에게 의지합니다. 골리앗을 죽인 다윗의 용맹에 다한 정보가 퍼지고 다윗이 안전을 위협 당하자 침을 흘리며 미친 체 하다가 빠져 나온 후 지은 시입니다. 다윗은 20살에 사무엘로부터 왕으로 기름부음을 받고 40살에 통일왕국의 왕위에 오르기까지 20년 동안 수많은 연단을 받습니다. 구원은 은혜로 받지만 하나님의 사람으로 쓰임받기 위한 준비는 얼마나 철저하고 어려운 길인지를 보여 줍니다.

생사가 오가는 전쟁터와 온갖 악이 들끓는 정치판을 헤매면서 몸과 마음이 체득한 하나님에 대한 신뢰를 노래한 것이 34편입니다. 본시는 겉 폼을 잡는 미사어구도 없고 수려한 형용사가 없어서 그냥 읽으면 찰떡같이 몸으로 들어옵니다. 하나님을 찬양하는 것이 하나님을 자랑하는 것으로 발전합니다(1~3절). 기도와 간구에 어김없이 응답하고 구해 주는 하나님의 천사(사자)를 경험합니다(4-7절). 자신이 경험한 것을 '맛보았다'고 표현한 것은 실제적이라는 것이며 듣는 무리들과 더불어 우리에게도 이를 권유합니다(8절).

젊은(어린) 사자는 혹시 주릴 가능성이 있어도 하나님을 경외하는 자는 부족함이 없다고 보장합니다(9-10절). 악을 행하여 일시적 형통을 구가하는 자들은 하나님께서 끊어버리니 거기에 흔들리지 말라고 합니다(16절).

상한 마음과 통회하는 자를 가까이 하시며 약속에 따라 모든 뼈를 완벽히 보호합니다(18-20절). 20절의 뼈에 대한 보장은 구약의 제물의 조건이었으며 예수님의 십자가 제물로 완성된 언약입니다(요 19:33~39).

우리는 다윗과 같은 경험을 직접 할 수는 없지만 말씀을 통하여 간접적으로 영접할 수 있습니다. 22절까지 있는 34편을 천천히 읽고 깊게 묵상하면 자신의 말씀(레마)이 주어질 것입니다.

"너희 성도들아 여호와를 경외하라 그를 경외하는 자에게는 부족함이 없도다(9절)"

♦ 시편 35편 성경칼럼

1절 | 여호와여 나와 다투는 자와 다투시고 나와 싸우는 자와 싸우소서

13절 | 나는 그들이 병 들었을 때에 굵은 베 옷을 입으며 금식하여 내 영혼을 괴롭게 하였더니 내 기도가 내 품으로 돌아왔도다

"진정한 내 편은 누구인가?"

사람마다 삶의 고비에서 묻는 질문입니다. 결정적인 순간 자기편을 들어 줄 수 있는 사람이 한 사람만 있어도 행복한 사람이라는 말이 있을 정도이니 그만큼 힘든 일입니다. 대부분의 인간관계가 내 편을 만들려는 동기에서 이루어지고 이에 못 미치면 상처를 주고받습니다. 이것을 확대해서 영적으로 생각해 봅니다.

1절의 시작은 하나님과 다윗은 한편이라는 전제로 시작 됩니다. 한편이기에 그의 마음과 감정의 모든 것을 토로할 수 있다는 것이 단초가 됩니다. 신약의 원수까지 용서하고 사랑하라는 최고의 계명을 지키는 것과는 다른 차원

의 적용입니다. 다윗의 시편은 이른바 저주시로 구분되는 장르가 있습니다. 좋은 표현으로는 탄원하고 호소하는 것이지만 대적자에게 저주하는 마음은 감출 수가 없습니다. 35편에 나오는 대적자는 사울로 보여 지는데 역사서에서는 다윗이 사울을 향하여 비통한 감정을 표출한 적이 한 번도 없습니다.

그렇다면 4-7절의 저주를 원하는 기도는 사람 앞에서는 안하지만 하나님께는 담대하게 한 것이라고 볼 수 있습니다. 무고하게 고통당하여 인내하기에는 한계에 부닥친 다윗은 이제 하나님께만 소망이 있는 상태입니다. 하나님의 사람인 자신이 악인에게 져서 비참한 결말을 가져온다면 하나님의 영광이 가려지지 않겠느냐는 반문을 하고 있습니다. 하나님의 선하심을 경험하고 확신하는 다윗의 저주시는 인간 감정해소의 요구가 아닌 하나님의 공의에 대한 신뢰를 근거로 하고 있습니다.

이른바 차원이 다른 저주시라는 것이 11-13절에 나옵니다. 불의한 증인들에 대한 다윗의 기도가 나옵니다. 저들은 분명히 다윗에게 은혜를 입은 자들인데 악으로 갚았다고 합니다. 선을 악으로 갚는 저들을 향해 베옷을 입고 금식하며 기도한 다윗의 모습이 참 위대합니다. 그들이 다윗의 기도를 통해 선한 길로 돌아오지 못했을 때 다윗의 기도는 다윗의 품으로 돌아왔습니다(13절). 이 원리는 예수님이 제자들을 전도 파송하실 때 복음을 받지 않는 자들의 복이 제자들에게 돌아오는 원리와 같습니다.

(마 10:13) "그 집이 이에 합당하면 너희 빈 평안이 거기 임할 것이요 만일 합당하지 아니하면 그 평안이 너희에게 돌아올 것이니라"

우리의 기도가 하나님의 뜻에 맞추어 하면 한 마디도 응답되지 않는 것이 없음을 확신할 수 있습니다. 다윗은 후반부로 갈수록 원수들에 대한 분노를 자제하면서 정의의 회복과 의인의 보호를 담담하게 요청 합니다. 악인들이 눈앞에 것만 보고 의기양양하게 하하 호호하며 의인들을 조롱하지 만 그 결말이 비참하다는 것을 다윗은 알고 있습니다. 역사에서 교회를 초토화시켰다고 조롱하는 악인들의 말로를 다윗처럼 멀리 볼 수 있어야 합니다. 주님의 의를 전하며 항상 찬양하는 하나님의 사람으로 사십시다.

♦ 시편 36편 성경칼럼

1절 | 악인의 죄가 그의 마음속으로 이르기를 그의 눈에는 하나님을 두려워하는 빛이 없다 하니

8절 | 그들이 주의 집에 있는 살진 것으로 풍족할 것이라 주께서 주의 복락의 강물을 마시게 하시리이다

"갈 데까지 가보자"

도박장이나 술자리에서 흔히 나오는 말입니다. 극단적인 전쟁터나 전부를 거는 정치판에서 행하는 행동이기도 합니다. 죄의 속성 중에 전염성과 확장성이 있습니다. 죄는 주변으로 속히 전파되는 특성과 함께 순식간에 확대를 해 나가는 성질을 가졌습니다. 이 죄의 물결에 휩쓸리면 그 어떤 인간적인 노력이나 수양도 헤어 나올 수가 없습니다. 왜냐하면 죄의 기원과 뿌리가 하나님을 떠난 것에서 시작되었기 때문입니다. 결국 하나님께 돌아와야만 죄의 문제는 해결되도록 되어 있습니다. 하나님께 돌아온다는 것은 소극적인 표현으로는 하나님을 두려워한다는 것을 의미합니다.

악인들은 하나님을 의식하지 않기에 두려워하지 않으며 스스로 자긍하며 살아갑니다(2절). 스스로 자긍한다는 말은 '자신에게 아첨 한다'는 뜻이며 하나님을 애써 외면하는 태도를 뜻합니다. 이런 악인의 마음에서 출발한 죄는 입으로 짓는 죄악과 궤휼로 나타납니다. 거짓과 속임수를 아무렇

지도 않게 하는 혀의 죄악은 하나님이 인간에게 주신 지혜와 선행을 멈춰 버리게 합니다(3절).

나아가서 보다 적극적인 죄의 행동으로 진전되는데 이를 '전 방위적' 죄의 실천이라고 부릅니다. 침상에서도 죄악을 꾀한다는 것은 악을 성취하기 위해 잠을 못 이루고 사특한 음모를 꾸민다는 의미입니다(4절).

(잠 4:16) "그들은 악을 행하지 못하면 자지 못하며 사람을 넘어뜨리지 못하면 잠이 오지 아니하며"

죄에 끌려가 부득이하게 죄에 참여하는 것이 아니라 의지와 목적을 가지고 죄를 즐기며 실행하게 됩니다.

하나님과 분리된 인간은 필연적으로 죄인으로 살 수밖에 없고 그 고집은 더 굳어져 갑니다. 다윗은 악인의 실상을 구체적으로 폭로함과 함께 하나님의 사람들이 누릴 참된 지혜를 제시 합니다. 성결한 하나님의 사람으로 살 수 있는 첫 단계는 하나님의 성품을 묵상하며 찬양하는 것입니다(5-6절). 나아가서 극도로 부패한 세상에서 구원을 얻는 유일한 길은 주의 날개 아래에 피하는 것입니다(7절).

주님께 오는 자는 풍성한 영육의 양식을 받는데 이는 주님이 생명의 원천(근원)이기에 당연한 일입니다. 우리는 곳곳에 교만한 자와 악인들이 잠복해 있는 위험한 지뢰밭 같은 세상에서 살고 있습니다. 그러나 더 중요한 것은 그들을 완벽하게 심판하시는(12절) 하나님과 함께 동거하는 안전한 자라는 사실입니다.

(요 7:38) "나를 믿는 자는 성경에 이름과 같이 그 배에서 생수의 강이 흘러나오리라 하시니"

♦ 시편 37편 성경칼럼

3절 | 여호와를 의뢰하고 선을 행하라 땅에 머무는 동안 그의 성실을 먹을거리로 삼을지어다

16절 | 의인의 적은 소유가 악인의 풍부함보다 낫도다

"다윗의 설득력"

설득하면 떠오르는 유명한 책이 로버트 치알디니가 쓴 '설득의 심리학'입니다. 우리가 모르는 사이에 설득되어 움직이는 사례들을 시작으로 설득의 여러 방법(상호성, 일관성, 사회적 증거, 호감, 권위, 희귀성의 법칙)의 적용까지 나와 있습니다. 좋은 면에서 마케팅에 사용하면 유익하지만 이 심리학이 어느새 우리를 조종하고 있다는 측면에서는 조심해야 한다는 생각이 듭니다. 자, 그러면 영적세계를 알려주는 성경의 설득방법은 무엇일까요?

하나님은 인간을 위해 설득하기보다 진리를 선포하고 진리를 보여 주시고 결과로 알려 주십니다. 이것을 굳이 이름을 붙인다면 '전제주의적 설득방법'이라고 할 수 있습니다. 하나님은 천지만물을 창조하신 것을 증명하려고 시도하지 않습니다. 창조주임을 전제로 창조를 선포하시는 것으로 성경은 시작합니다(창 1:1). 인간의 설득방법은 진리가 아니므로 거짓과 속임수를 쓰지만 하나님은 그럴 필요가 없습니다. 예를 들어 사기꾼은 없는 능력을 있는 체 하지만 진짜 큰 부자들은 돈 있는 표를 내지 않습니다. 결과적으로 사기꾼은 사기꾼으로 끝나고 부자는 부자임이 드러납니다.

37편은 다윗의 말년기의 저작으로 오랜 인생의 체험과 묵상을 통해 얻은 결론을 쓰고 있습니다. 그 과정에서 하박국 선지자처럼 악행자가 번영을 누

리는 모순된 상황을 깊이 고뇌한 흔적이 보입니다(1-2절, 학 1-2장). 이런 인간의 실존적 상황을 너무나 잘 아는 다윗은 그에 맞는 눈높이와 자비의 마음을 품고 이 시를 씁니다. 비교적 긴 40절을 정성스럽게 써 내려가면서 보통신자들을 위로하며 설득을 하고 있습니다. 물론 문체적으로는 전제주의적 선포의 모양이지만 그 행간에 자애로운 부모의 마음이 흐르고 있습니다.

그가 노년기까지 살아보니 결국 악인들은 공의의 심판을 받고 의인들은 축복을 받는다는 것을 뼛속 깊이 경험하였습니다. 종국에 대한 지혜의 눈을 갖지 아니하면 지칠 수도 있는 의인의 길에 대한 격려를 힘차게 하고 있습니다. 악인들의 형통을 부러워하며 불평하지 말고 하나님을 기뻐하는 습관을 가져야 합니다(1, 2, 4, 7절). 성실하신 하나님을 먹을거리로 삼으라는 것은 하나님을 항상 의지하고 영의 양식을 공급받으라는 뜻입니다(3절). 인간은 과정 속에서는 설득을 하기 어렵지만 역사와 경험속의 결말을 알 때 지혜로운 자는 설복이 되고 결단할 수 있습니다.

25절 말씀을 그린 것 같은 증거를 소개합니다. 경건한 조나단 에드워드 목사 가문과 술집주인으로 악명을 떨친 마크 슐츠 가문의 5대 자손들의 축복과 저주의 결과는 극과 극으로 나타납니다. 의인의 의를 갖춘 작은 소득은 악인의 풍부함보다 능력 있음을 증명한 것입니다. 우리는 악인의 번성한 레바논 백향목 같은 위세가 한방에 바람처럼 사라진다는 것을 알고 의인의 길을 군세게 가야 합니다(34-36절). 다윗의 설득력은 하나님을 경험한 결과를 간증한 것이었습니다.

♦ 시편 38편 성경칼럼

3절 | 주의 진노로 말미암아 내 살에 성한 곳이 없사오며 나의 죄로 말미암아 내

뼈에 평안함이 없나이다

11절 | 내가 사랑하는 자와 내 친구들이 내 상처를 멀리하고 내 친척들도 멀리 섰나이다

"극한 고통의 때에 어찌합니까?"

그냥 고통이 아니라 견딜 수 없는 극한 고통의 때의 선택은 그리 많지 않습니다. 최악의 경우 자살을 시도하기도 하는데 그리스도인은 택할 수 없는 것입니다. 38편의 내용은 다윗의 고백인데 마치 고난의 대명사인 욥의 고통의 대사와 닮았습니다(욥 6:4, 33:19). 그가 지금 처한 고통은 자신의 죄로 말미암아 하나님의 손이 눌러 징계하신 것으로 분명히 합니다(2절).

그 죄의 내용은 불륜과 살인죄와 교만의 죄 등으로 보여집니다. 다윗은 그 징벌의 내용을 크게 세 가지로 구체적으로 고백하고 있습니다. 첫째는 육체에 들이닥친 질병입니다. 화살처럼 살을 찌르고 뼈가 으스러지는 통증이 옵니다. 둘째는 죄로 인한 마음의 고통이 감당할 수 없을 정도임을 외치고 있습니다. 슬프고 불안하고 신음하며 탄식할 수밖에 없습니다. 셋째는 인간관계에 치명적 단절이 왔음을 고백합니다. 죄로 인한 형벌을 받고 있는 자에게 가족과 친척과 친구가 떠나가는 것은 욥과 아주 흡사합니다(욥 19:13~19).

하나님의 징계로 모든 것이 무너져 내린 다윗이 할 수 있는 선택은 무엇일까요? 이 답을 찾기 전에 이 시의 표제문을 주목해야 합니다. '다윗의 기념하는 시'라고 되어 있습니다. 여기서 '기념하는'의 뜻은 '기억케 하기 위한'이라는 의미입니다. 즉, 이 시의 사용처는 안식일에 낭독함으로 이 시의 내용을 회중들이 기억했다는 것입니다. 다윗과 하나님의 언약관계를 기억한 것

을 후대의 신자들인 우리도 꼭 기억하라는 권고가 담긴 시라는 것입니다.

그렇다면 다윗이 극한 고통에 처했을 때 어떤 자세와 행동을 했는지를 주목하여 우리도 따라야 한다는 교훈을 줍니다. 다윗이 먼저 행한 것은 바로 자신의 구체적인 고통을 하나님께 아뢰는 것이었습니다. 두리뭉실한 회개가 아니고 실제적이고 간절한 기도입니다. 하나님의 엄청난 진노를 너무나 잘 알고 있기에 고통을 없애 달라는 것이 아니라 불쌍히 여겨 달라는 낮은 자세가 곳곳에 드러나 있습니다.

다윗은 현실적으로 모든 것이 절망으로 막혀 있어도 자신을 주목하시는 하나님을 놓치지 않았습니다. 욥의 고백처럼 고난당한 후에 정금처럼 연단되어 하나님의 마음에 합한 사람으로 만들어 가실 주님을 신뢰한 것입니다. 함축되어 있는 마지막 기도문은 고통 속에서도 원망은 전혀 없이 믿음을 보이고 있습니다(21~22절). 하나님은 자기의 백성들을 영원히 기억하시고 구원하심에 우리의 믿음을 걸어야 합니다.

(사 49~15) "여인이 어찌 그 젖 먹는 자식을 잊겠으며 자기 태에서 난 아들을 긍휼히 여기지 않겠느냐 그들은 혹시 잊을지라도 나는 너를 잊지 아니할 것이라"

♦ 시편 39편 성경칼럼

4절 | 여호와여 나의 종말과 연한이 언제까지인지 알게 하사 내가 나의 연약함을 알게 하소서

5절 | 주께서 나의 날을 한 뼘 길이만큼 되게 하시매 나의 일생이 주 앞에는 없는 것 같사오니 사람은 그가 든든히 서 있는 때에도 진실로 모두가 허사뿐이니이다 (셀라)

"인생의 길이가 한 뼘?"

어린 시절 세월이 너무 느려 시간이 빨리 갔으면 좋겠다는 생각을 하였습니다. 어른이 되어 다양한 것을 내 마음대로 하고 깊어서 나온 마음일 것입니다. 20대 초반에 예수님을 영접하고 성경을 읽으면서 인생이 유한하고 아주 짧다는 성구가 나오면 나와 상관이 없는 것이라고 지나쳤습니다. 그러나 나이가 들어가면서 인생의 마무리를 잘해야 하겠다는 과제가 생기면서 지나쳤던 말씀들이 생동감 있게 다가옵니다.

39편은 다윗의 말년, 또는 임종에 임박하여 작시된 것으로 보입니다. 인생의 연약함을 토로함과 함께 그 영화의 무상함을 통감하는 감상이 솟구치고 있습니다. 젊을 때는 할 말 안할 말 나오는 대로 하였지만 흥망성쇠를 경험하고 나니 입에 재갈을 물릴 수밖에 없음을 고백합니다. 입으로 짓는 죄의 성격이 온 인생을 불사를 수도 있음을 경험했기 때문입니다(1-2절). 마음과 육체와 영혼이 쇠잔되어 가지만 하나님을 향한 소망은 뜨거운 불이 붙었음을 아뢰고 있습니다(3절).

이제 그 소망의 고백이 젊은 시절의 다윗과 다름을 우리는 목격합니다. 자신이 얼마나 살지에 대한 하나님의 주권을 당황하지 않고 기다리겠다고 합니다(4절). 다윗이 인생을 살아보니 그 길이가 한 뼘이고 영원하신 주님 앞에서는 없는 것과 같은 시간이라는 것을 알게 되었습니다(5절). 여기서 한 뼘이란 길이는 물리적으로는 10cm이지만 손 하나 까딱하는 순간이라는 뜻입니다. 성경에는 이와 비슷한 인생의 길이를 표시한 구절이 많습니다.

(시 90:4) “주의 목전에는 천 년이 지나간 어제 같으며 밤의 한 순간 같을 뿐임이니이다”

그렇게 떠들썩하게 왕래하고 일을 도모하고 재물을 쌓는 것들이 죽음 앞에서 어떤 가치가 있는지 다윗은 사람들에게 묻습니다(6절). 예수님께서도 재물만 탐하는 부자에게 경고 하였습니다.

(눅 12:20) "하나님은 이르시되 어리석은 자여 오늘 밤에 네 영혼을 도로 찾으리니 그러면 네 준비한 것이 누구의 것이 되겠느냐 하셨으니"

지금 우리도 본질을 떠나 허무한 것만 쫓아가는 생활이 아닌지 체크하며 살아야 할 것입니다.살아본 다윗의 교훈은 아직 살날이 많이 있다고 생각하는 자에게는 먹히지 않을 수 있습니다.

그런 사람에게 야고보 장로는 정곡을 찌르는 말씀을 주십니다.

(약 4:14) "내일 일을 너희가 알지 못하는도다 너희 생명이 무엇이냐 너희는 잠깐 보이다가 없어지는 안개니라"

자신을 성찰하여 인간의 연약성과 유한성을 인식한 다윗의 시선은 하나님만 바라보게 됩니다(7절). 불신자들은 인생의 무상을 알면서도 그 공허함을 메우기 위해 더욱 세상의 쾌락에 심취하는 곳과 대조 됩니다. 주님의 징계가 너무 괴롭지만(10-11절) 원망하고 뛰쳐나가는 것이 아니라 주님을 더욱 가까이하는 선택을 합니다(12-13절). 인간은 죽음이 언제 올지 모르는 불확정성 때문에 공포를 느낍니다. 다윗의 지혜는 우리에게 죽음을 준비하고 기대하는 힘을 줍니다.

♦ 시편 40편 성경칼럼

2절 | 나를 기가 막힐 웅덩이와 수렁에서 끌어올리시고 내 발을 반석 위에 두사 내 걸음을 견고하게 하셨도다

17절 | 나는 가난하고 궁핍하오나 주께서는 나를 생각하시오니 주는 나의 도움이시요 나를 건지시는 이시라 나의 하나님이여 지체하지 마소서

"해피엔딩(happy ending)? : 새드엔딩(sad ending)?"

어떤 이야기의 끝남이 행복인가 아니면 불행인가는 아주 중요 합니다. 인기 드라마의 작가에게 종영을 앞두고 시청자들이 해피엔딩의 압력을 넣는 사례도 종종 발생합니다. 간혹 작가가 압력에 못 이겨 그렇게 하다가 작품의 완성도를 놓치는 경우도 있습니다. 40편을 읽으면서 다른 시편과 다르게 초반부에는 감사와 찬양이었다가 후반부에 가서 비탄의 분위기로 가는 걸 보면서 든 생각입니다.

1-10절까지의 내용은 다윗의 구원의 감사와 찬양이 감격스럽게 울려 퍼집니다. 끈질기게 기도하고 기다린 기도의 응답이 이루어졌습니다(1절). 재앙의 호수(기가 막힐 웅덩이와 수렁)같이 절망적인 위기가 반석같이 든든한 곳으로 옮겨졌습니다(2절). 불신자들이 구제불능이라고 핀잔했던 다윗의 불행이 완전 극복되었으니 새 세상의 새 노래가 불리어집니다. 이제 원수들이 다윗을 두려워하고 다윗의 하나님께 나오는 현상이 발생합니다(3절). 이 과정에서 교만한 자와 거짓에 치우치는 자들에 대한 평가는 내려집니다(4절).

더 중요한 것은 다윗과 하나님과의 관계가 이전보다 깊어진 것입니다. 다윗은 기적 속에 담겨진 하나님의 생각을 조금이라도 알아가는 것이 얼마나 기쁜지 몸 둘 바를 모르겠다고 고백합니다(5절). 제사와 번제의 외적 헌신보다 마음과 생명의 교제를 원하시는 하나님의 뜻을 순종하는 수준이 됩니다(6절). 신약성도들이 성령으로 말씀을 심중에 새기는데 다윗이 구약시대에 이를 알고 고백하는 것은 놀라운 일입니다(7-8절). 받은 은혜를 담대하게 백성과 회중들에게 전하고 선포하는 다윗은 능력 있는 전도자의 모델입니다(9-10절).

이 시편이 여기까지가 끝이라면 전형적인 해피엔딩의 감사시일 것입니다. 11절부터 이어지는 탄식의 간구는 우리에게 차원이 다른 깊은 은혜를 구하게 합니다. 진정한 그리스도인은 인생 전체에서 근본적으로 새드엔딩은 없는 존재입니다. 구원은 영생을 얻는 것이 결론이기에 그 자체가 해피엔딩이고 새드엔딩은 들어올 공간이 없습니다. 그러나 육체를 가지고 사는 날 동안의 신앙생활에 있어서는 수많은 해피와 새드가 반복되어 전개 됩니다. 다윗이 초반부의 은혜의 감격을 찬미하고 후반부에서 탄식하며 기도하는 모습을 보이는 이유가 여기 있습니다.

이 땅에 사는 동안에는 완벽한 환경적 조성은 이루어지지 않기에 다윗은 하나님을 절대 의존하여 살겠다는 탄원을 드리고 있습니다. 죄를 절대 안 짓고 살겠다는 결단이 아니고 죄가 너무나 많아 은총을 내려 구해달라고 기도합니다(11-13절). 성화의 과정에서 수없이 닥치는 시험과 연단들을 주님을 가까이함으로 이기겠다는 방향성이 정해져 있습니다(14-17절). 나를 나보다 더 잘 아시는 하나님이 나를 생각하시며 베푸시는 은혜의 도움을 간절히 기대합니다. 다윗의 후예로 하나님 마음에 합한 자로 정진하기를 기도합니다.

♦ 시편 41편 성경칼럼

1절 | 가난한 자를 보살피는 자에게 복이 있음이여 재앙의 날에 여호와께서 그를 건지시리로다

4절 | 내가 말하기를 여호와여 내게 은혜를 베푸소서 내가 주께 범죄하였사오니 나를 고치소서 하였나이다

"감(sence)을 잡다"

여자 역도 베이징올림픽 금메달을 획득한 장미란 선수에게 기자가 질문합니다. '이제 가장 하고 싶은 것은 무엇입니까?' '이틀 푹 쉬고 글피부터 다시 훈련에 들어갈 것입니다' 의아해 하는 기자에게 그 이유를 이야기 합니다. '역도선수의 근육을 만들기 위해서는 2-3개월이 필요한데 3일 이상 쉬면 그 근육이 풀어지기에 훈련을 안 하면 더 큰 고생을 하기 때문입니다' 어떤 운동선수이든 그 체력과 기술과 감각을 유지하기 위해 얼마나 신경을 쓰는지 보여 주는 이야기입니다. 야구선수가 타격의 슬럼프가 왔을 때 타격감을 찾기 위해 하는 온갖 노력은 눈물겨울 정도입니다.

신앙생활의 감각을 영성이라고 합니다. 영성은 태어날 때부터 가지고 나오는 것이 아니라 후천적으로 만들어 집니다. 신앙의 명문가정의 후광은 있겠지만 절대적인 것은 아닙니다. 이 후천적인 영적감각의 바탕은 고난입니다. 모든 것이 완벽한 좋은 환경에서 영성이 키워지는 경우는 신앙의 역사에서 없습니다. 흔히 광야의 영성이라고 하는데 이 광야는 고난의 마당을 의미합니다.

다윗이 쓴 41편은 병상에서 드리는 기도입니다. 죽을병에 걸려 병상에 있는 자는 홀로 황량한 광야에 있는 것입니다. 인칭에서 내가와 그를 이 번갈아 나오는데 다윗 자신을 가리킵니다. 병상에서 생사를 오가며 하나님께 드리는 기도는 영적 칼날이 서 있을 수밖에 없습니다(3, 8절). 그는 육체만 병든 것이 아니라 주변의 사람들로부터도 배신의 상처를 받은 상태입니다(5-9절). 이 영적 광야에서 극한의 단계에 이르러서 오직 하나님을 바라보며 나오는 영적감각은 최상급일 수밖에 없습니다.

그 영적감각의 내용을 찾아보니 3가지가 나옵니다. 첫째, 가난한 자를 돌보는 자는 하나님이 재앙 시에 건져주신다는 깨달음입니다. 둘째, 병의 원인이 주님께 범죄 했기 때문에 온 것이라는 깨달음과 고백입니다. 사실 이런 단계에 이른다는 것이 쉽지 않다는 것을 경험해 본 사람은 압니다. 셋째, 이 병의 끝이 어디라는 것을 아는 지혜입니다. 다윗을 원수로 삼고 미워하는 자들은 끝났다고 조롱하지만 하나님의 사람은 모든 것을 이기고 재기한다는 것을 확신하고 있습니다. 영원하신 하나님을 섬기는 다윗처럼 (12-13절) 우리에게도 이 특권이 분명히 와 있습니다.

♦ 시편 42편 성경칼럼

2절 | 내 영혼이 하나님 곧 살아 계시는 하나님을 갈망하나니 내가 어느 때에 나아가서 하나님의 얼굴을 뵈올까

8절 | 낮에는 여호와께서 그의 인자하심을 베푸시고 밤에는 그의 찬송이 내게 있어 생명의 하나님께 기도하리로다

"전능하신 하나님은 내 편입니다"

사실 기독교신앙은 이 시실만 확실하면 다른 신앙의 항목들은 쉽게 정복 됩니다. 구원의 확신도 탄탄해지고 고난을 이길 힘도 샘솟고 죽음마저 준비하는 여유가 생깁니다. 그러나 인간은 이 두 가지가 믿어지기까지 불안에 떨고 방황하면서 살아갑니다. 그럼 언제 이 신앙에 들어가고 이 신앙의 능력을 사용할 수 있을까요?

이제 시편은 5권중에서 2권으로 들어서게 됩니다. 42편은 표제문에 나와 있듯이 고라 자손이 성전을 떠나 요단 북쪽에 머무르면서 성전에서 봉사하던 때를 그리워하며 쓴 시입니다. 시인의 고백을 보면 살아계시는 하나님을 경험하는 길이 무엇인지 그 대답이 나옵니다. 시인은 하나님에 대한 수식을 살아계신 하나님이라고 정확히 고백합니다(2절). 하나님이 살아

계신다는 사실은 귀신들도 믿고 떤다고 했습니다(약 2:19). 하나님은 살아 계시고 한 분이시라는 것을 아는 것으로 끝나면 더 깊은 신앙으로 나아가지 못합니다.

하나님이 살아 계시다는 것은 신의 유무에 그치는 것을 넘어 '활동하시는 하나님'을 경험한다는 뜻입니다. 하나님이 어디 있느냐는 원수들의 조소 앞에서 시인은 그가 경험한 하나님을 상기하고 있습니다. 하나님을 경험하여 하나님과 한편이 되는 가장 근본적인 길은 하나님께 갈급해야 합니다(2절). 그 갈급의 수준은 사슴이 시냇물을 찾는 것 같은 모습입니다. 사슴은 시냇물을 찾지 못하면 죽는 길 외에는 다른 길이 없습니다.

과연 인간이 하나님을 만나지 못하면 죽는다는 절실함을 가진 사람이 얼마나 될까 질문해 봅니다. 만약 이 절실함이 없다면 시인처럼 눈물이 주야로 음식이 되었듯이, 그렇지 못한 것 때문에 마음을 찢어야 합니다(3절). 존귀하신 하나님을 갈망하며 구하는 자에게 하늘나라가 열리고 진리의 사랑이 부어집니다. 두 번째는 과거의 은혜의 시절을 상기하고 그 기억을 현재로 가져와야 합니다(4절). 시인은 지금은 성전에서 예배를 드릴 수 없지만 찬란했던 은혜의 추억들을 되새기며 다시 나타나 도우실 하나님을 찬송하고 있습니다(5-6절). 이는 우리가 신앙의 위기나 시험이 올 때 예수님을 처음 만났던 때의 첫사랑을 기억하는 것과 흡사합니다.

세 번째는 아무리 어려운 환경(7절)일지라도 낙심하고 불안해하기보다 기도하며 기다리는 일입니다(8절). 반석이 되시는 하나님과 한편이기에 두려움보다는 신뢰와 기쁨을 가지고 미래의 승리를 미리 가져다 쓸 수 있는 것이 신자들입니다(9절). 우리의 개인적인 영적감각은 분명히 차이가 있습니다. 하지만 하나님과 한편인 우리는 하나님을 경험하는 정비례로 크게

혹은 작게 아주 적절하게 청지기로 쓰임 받을 수 있습니다. 나에게 오신 사랑의 하나님을 기뻐합니다.

♦ 시편 43편 성경칼럼

2절 | 주는 나의 힘이 되신 하나님이시거늘 어찌하여 나를 버리셨나이까 내가 어찌하여 원수의 억압으로 말미암아 슬프게 다니나이까

5절 | 내 영혼아 네가 어찌하여 낙심하며 어찌하여 내 속에서 불안해 하는가 너는 하나님께 소망을 두라 그가 나타나 도우심으로 말미암아 내 하나님을 여전히 찬송하리로다

"너에게 난 나에게 넌"

20여 년 전 '자전거 탄 풍경'이 부른 대중가요입니다. 뭉클한 가사와 아름다운 멜로디와 독특한 반주가 어우러져서 지금 들어도 그저 좋은 노래입니다. 많은 영화와 드라마에 ost로 삽입되고 리메이크되어 젊은 세대들에게도 익숙합니다. 이 노래가 많은 사람들의 심금을 울리는 이유는 젊고 외로웠던 시절에 옆에 함께 했던 사람에 대한 그리움과 추억을 담고 있기 때문입니다. 사람의 관계는 어려울 때 판별이 됩니다.

옛말에 '정승 집의 개가 죽으면 문전성시를 이루고 정승이 죽으면 황량하다'라는 말이 있듯이 좋은 시절에는 판별이 안 됩니다. '조강지처를 버리면 천벌을 받는다'는 말도 어려운 가난의 시절을 함께 했던 배우자에 대한 의리를 말한 것입니다. 국면을 영적으로 전환해서 질문을 만들어 보았습니다. '당신에게 하나님은 어떤 분입니까?'

이 질문은 하나님을 어떻게 경험했는가에 따라서 많은 대답이 나올 것입

니다. 신자의 하나님에 대한 경험은 고난과 환난 속에서 주어지기에 그 고백에서 신앙의 진위가 정해질 수도 있습니다. 43편은 42편의 속편이라고 볼 수 있는데 진전된 내용을 담고 있습니다. 앞 시의 탄원과 분노와 희망이 이제는 신념의 기도와 확신적인 관계의 대화로 당당해지는 모습을 보입니다.

시인이 믿고 따르는 하나님을 우리들도 경험하면 참 좋겠습니다. 하나님을 나의 힘이라고 간명하게 고백하고 있습니다(2절). 환경과 사람으로부터 철저히 버림받은 자를 도울 분의 오직 하나님 외에는 없다는 것을 결론 내린 것입니다. 구약에서 하나님의 여러 명칭이 나오는데 대부분 힘을 의미하는 '엘'이 들어가 있습니다. 하나님을 '나의 큰 기쁨(개역:극락)'이라고 고백하고 있습니다(4절).

고통의 바다 같은 세상에서 최고의 기쁨을 주시는 하나님은 우리의 소망이 되십니다. 하나님은 '나타나 도우시는 분(개역:우리 얼굴을 돕는다)' 이심을 고백하고 있습니다(5절). 얼굴을 돕는다는 뜻은 '얼굴과 얼굴을 맞대는'이라는 것입니다. 친근한 친구가 되어서 우리와 교제하고 어려움을 해결해 주시는 하나님이십니다. 삶에 무게에 짓눌리고 죄악의 짐에 쓰러질 때 위로와 권고를 주시는 하나님을 기억합니다. 참 신앙은 불과 같은 시련을 거친 후에야 확증되는 법입니다(고전 3:13). 이제 내가 믿는 하나님은 어떤 분인지 옷깃을 여미고 마음을 가다듬어 고백해 보십시다.

♦ 시편 44편 성경칼럼

1절 | 하나님이여 주께서 우리 조상들의 날 곧 옛날에 행하신 일을 그들이 우리에게 일러 주매 우리가 우리 귀로 들었나이다

8절 | 우리가 종일 하나님을 자랑하였나이다 우리는 하나님의 이름에 영원히 감사하리이다 (셀라)

"나와 우리"

개인적 비극과 공동체적 쇠락은 대부분 함께 갑니다. 나라는 개인은 어떤 상태이든지 우리라는 공동체와 연결되어 있습니다. 이 공동체는 작게는 가정과 직장이고 크게는 사회와 국가와 전 세계라고 볼 수 있습니다. 현대는 극도의 개인주의가 팽배하여 나를 위한 시스템을 지향하고 있습니다. 하지만 가정과 직장과 사회와 국가로부터 오는 영향력을 거부할 재간이 없습니다.

당장 코로나 사태만 보더라도 나와 상관없이 생긴 것 같은데 그 영향이 개인의 경제와 자유를 짓누르는 것을 경험하였습니다. 정치 지도자가 누가 되느냐에 따라 크게는 국가체제가 변환되어 인간의 기본권(양심, 표현, 집회, 시위, 종교의 자유 등)이 박탈되기도 합니다. 권력이란 독점을 향하여 돌진하는 코뿔소와 같아서 제어장치(국민의 저항권)가 고장 나면 그 공동체는 쇠락으로 치달아 갑니다.

44편은 국가에 대한 하나님의 통치가 어떤 것인지에 대한 주제를 다루고 있습니다. 이스라엘은 신정국가로 출발하였지만 그 굴곡이 얼마나 심했는지를 역사서는 증명 합니다. 찬란하게 번성했던 시절보다 패배와 비탄의 시절이 분명히 더 많았습니다. 그만큼 하나님 앞에서 살기가 어려운 인간 공동체의 한계라고 볼 수 있습니다. 이 시의 배경은 이방나라와의 전쟁에서 처참하게 패배한 후 핍박과 모욕을 받고 있는 시기에 쓰여 졌습니다. 경건한 기자가 민족적 설움을 가슴에 안고 괴로워하며 하나님의 구원을 호소하면서 몸으로 쓴 시입니다.

순서는 먼저 하나님께서 과거에 행하신 구원에 대해 기억하고 감사하는 것으로 출발합니다(1-8절). 이어서 현재의 고통스런 상황을 탄원(9-16절)

하고 나서 이방나라와 구별된 이스라엘의 결백을 주장합니다(17-22절). 결국은 하나님께서 궁극적인 승리와 구원을 이루실 것을 확신하며 마무리됩니다(23-26절). 이 시편을 문자적으로만 읽으면 오해할 수 있는 부분이 있습니다. 전반부(1-8절)와는 다르게 중반부(9-19절)에 나오는 '주께서 우리를 어찌하셨다'는 문장입니다. 마치 주께서 이스라엘을 패배와 고통 중에 밀어 넣었다는 문장이 7번이나 나옵니다. 이 내용만 들으면 하나님이 주체가 되셔서 그의 백성들에게 온갖 수난을 당하게 한 책임을 돌리는 것처럼 보입니다.

정말 하나님은 그런 분일까요? 당연히 시인은 그런 의도로 항변한 것이 아니라 이스라엘의 패전으로 인한 비참한 상태를 애석히 여기는 역설적 표현으로 한 것입니다. 그 내용의 전후 문맥으로 볼 때 비참한 처지를 애통해 하며 하나님의 자비를 소망하고 있기 때문입니다. 전능하신 하나님께서 상황을 역전하실 것을 시인은 갈망하며 확신하고 있습니다. 현재 전 세계적으로 사회주의를 가장한 공산주의 무신론과 기독교를 뿌리로 한 자유민주주의의 유일신론의 영적전쟁이 치열하게 벌어지고 있습니다. 우리 한반도는 그 전쟁의 최전선에 해당 됩니다.이 시대 성도는 개인의 안락함만을 추구하는 것에서 깨어나야 합니다. 대한민국과 전 세계에 하나님의 통치가 이루어지게 하옵소서!

♦ 시편 45편 성경칼럼

8절 | 왕의 모든 옷은 몰약과 침향과 육계의 향기가 있으며 상아궁에서 나오는 현악은 왕을 즐겁게 하도다

9절 | 왕이 가까이 하는 여인들 중에는 왕들의 딸이 있으며 왕후는 오빌의 금으로 꾸미고 왕의 오른쪽에 서도다

"차별, 구별, 성별"

그릇을 사용할 때 그 용도에 따라 차별하여 쓰입니다. 남자와 여자는 차별받지 아니하고 구별되어 아름답게 각자의 사명을 다하도록 하는 것이 옳습니다. 그리스도인은 죄악 된 세상에서 부름 받아 하나님의 자녀가 되었는데 이것을 '성별'되었다고 합니다. 성별이란 말은 거룩하게 분리되었다는 뜻입니다. 구약에서 국가의 대사가 있다면 왕의 즉위식, 결혼식, 전쟁 출정식입니다.

시편 45편은 강대한 왕의 결혼식에서 축가로 사용되는 사랑의 노래입니다. 이 시는 1차적으로는 신랑으로서의 왕의 능력과 품격에 대한 찬미와 신부의 아름다운 자태를 묘사합니다. 그러나 이 시는 구속사적으로 해석하면 신약시대의 '그리스도와 교회'의 영적관계를 예표하고 있습니다. 이스라엘에 있어 왕은 다른 열방의 왕과 다른 독특한 위치를 가지고 있습니다. 하나님의 선택된 자로서 하나님의 위임을 받은 대리 통치자로 영원한 왕이신 그리스도를 그림자로 보여 주는 것입니다. 따라서 본시는 문장으로는 종교적인 내용과 무관한 왕의 사랑의 노래처럼 보이지만 그리스도와 교회의 영광스러운 연합을 상징적으로 표현한다고 볼 수 있습니다.

전 세계 어디든 결혼식은 최상의 것으로 준비하고 거행 됩니다. 본시의 왕으로 비유된 그리스도는 몰약과 침향과 육계의 향기로 치장을 하였습니다(8절). 이것들은 성막의 물품들을 성별할 때 사용된 것(출 30:23~33)으로 그리스도의 거룩한 성별을 보여 줍니다. 이제 신부에게 눈을 돌리면 교회와 성도들의 준비를 확인할 수 있습니다. 신부는 오빌의 금으로 자신을 장식했습니다(9절). 오빌의 금이란 솔로몬 성이 금을 수입했던 곳으로 가장 좋은 금장식을 했다는 묘사입니다.

신약의 교회인 성도가 신랑 되시는 그리스도가 보시기에 가장 흡족한 장식이 무엇일까요? 주님을 흠모하는 믿음입니다.

(딤전 1:5) "이 교훈의 목적은 청결한 마음과 선한 양심과 거짓이 없는 믿음에서 나오는 사랑이거늘"

나아가 거룩한 행실과 경건함입니다.

(벧후 3:11) "이 모든 것이 이렇게 풀어지리니 너희가 어떠한 사람이 되어야 마땅하냐 거룩한 행실과 경건함으로"

그리스도의 영적 신부로서의 성도는 믿음의 정조를 지키는 것이 가장 중요합니다. 또한 10절에 나와 있는 대로 신부는 자기의 백성과 아버지 집을 잊어야 합니다. 이방인으로서 왕후가 되었는데 결혼 전의 관습을 버리지 아니하면 신랑의 사랑을 받지 못한다는 뜻입니다. 이는 우리 신약성도들이 불신자 시절의 문화에서 벗어나 주님 사랑을 일편단심으로 해야 할 것을 말씀 합니다. 그리스도의 신부로 성별된 기쁨과 함께 그 의무인 믿음과 선행의 축복을 더욱 사모합니다.

♦ 시편 46편 성경칼럼

5절 | 하나님이 그 성 중에 계시매 성이 흔들리지 아니할 것이라 새벽에 하나님이 도우시리로다

10절 | 이르시기를 너희는 가만히 있어 내가 하나님 됨을 알지어다 내가 뭇 나라 중에서 높임을 받으리라 내가 세계 중에서 높임을 받으리라 하시도다

"꿈틀거리는 글"

46편을 읽으면서 느낀 한 줄 감상입니다. 문장이 살아서 꿈틀거리고 생동감 있게 온 몸에 휘감아오는 것 같기 때문입니다. 예루살렘 도성이 극도

의 위협에 처했을 때 하나님의 기적적인 능력으로 보전됨을 드라마틱하게 묘사 합니다. 본시의 역사적 배경은 히스기야 왕 시대에 앗수르의 산헤립이 이스라엘을 침공한 시기라고 봅니다. 국가의 운명이 바람 앞의 등불처럼 위태로울 때 하나님의 구원을 경험하고 그 감격을 전심으로 찬양하고 있습니다.

시인은 자신의 역사적 구원 체험을 단지 개인적 차원에 국한시키지 않고 하나님의 백성에 대한 우주적 보호하심으로 확장 합니다. 성도들에게 임하는 위험에 대해 우주의 붕괴와 관련된 과장 비유적 언어를 효과적으로 사용합니다. '환난 중에 만날 큰 도움'이란 과거에 하나님을 경험한 자가 미래의 소망으로 이어가는 것입니다(1절). 종말이 오기 전에는 현상적으로 땅이 변할 수 없고 산이 흔들려 요동칠 수는 절대 없습니다. 시인은 혹시 그런 공포가 올지라도 하나님의 보호가 더 크기 때문에 두렵지 않다고 합니다(2절).

사람이 당하는 큰 위기를 표현할 때 내우외환이란 말을 씁니다. 내부와 외부 모두에서 닥치는 근심과 사태를 감당하기가 가장 어렵다는 뜻입니다. 그러나 하나님 나라의 백성들에게는 내부와 외부의 모든 위험에서 완벽한 하나님의 보호와 능력이 주어집니다. 4절의 성소를 채우는 '한 시내'는 하나님의 임재하시는 곳에서 솟아나오는 생명의 물줄기가 있다는 것입니다(4절). 이는 예수님이 성령의 강림을 예언하시면서 신약성도에게 주신 능력과 같은 것입니다.

(요 7:38) "나를 믿는 자는 성경에 이름과 같이 그 배에서 생수의 강이 흘러나오리라 하시니"

그리스도인은 영원히 성령님을 모신 자로서 내부의 능력을 받은 존재입니다. 나아가서 외부로부터 오는 기적의 능력을 체험할 수 있습니다. 새벽에 하나님이 도우신다는 것은 국면의 전환을 이루시는 하나님의 기적을 의미합니다(5절). 새벽이란 날마다 떠오르는 태양처럼 변함이 없으신 하나님을 기대할 수 있고 흑암을 빛으로 단번에 변화시키는 하나님의 공의로 인한 기적적 집행을 뜻합니다. 하나님의 말씀 한 마디에 요동치는 전쟁의 상태가 평정됩니다(6절).

우주를 통치하시는 하나님이 바로 이스라엘 백성들과 함께 하신다는 메시지는 신자의 확신을 더하게 합니다(7절). '가만히 있어 하나님의 하나님 됨을 알라'는 명령은 사람의 무력함을 알라는 것이 아닙니다. 오직 하나님을 절대 신뢰하기에 주님을 높이고 평안을 누리며 믿음으로 인내하라는 권고입니다. 전능하신 하나님이 우리와 함께 하는 임마누엘의 신앙을 누릴 수 있습니다(11절). 우리의 기도 이상으로 역사하시는 주님을 기대합니다.

♦ 시편 47편 성경칼럼

3절 | 여호와께서 만민을 우리에게, 나라들을 우리 발 아래에 복종하게 하시며
5절 | 하나님께서 즐거운 함성 중에 올라가심이여 여호와께서 나팔 소리 중에 올라가시도다

"이왕 믿으려면 민족종교를 믿을 거야"

제가 아주 어린 시절 교회에 가자고 권하는 친구에게 내뱉던 말이었습니다. 지금 와서 생각하면 무지하고 어리석은 말이어서 낯이 뜨겁습니다. 이 말을 한 배경에는 기독교는 이스라엘의 종교이고 서양에서 들어왔기에 나는 민족주의자로서 믿지 않겠다는 전제에서 한 말입니다. 어디서 들었는지 우리나라에서 태생된 종교는 천도교이고 세상의 모든 종교의 장점을 모아서 만들었기에 나중에 크면 택하겠다는 속마음이 있었습니다. 저의 예에

서 보듯이 잘못된 정보를 받고 고정관념이 있으면 많은 손해를 봅니다.

기독교는 결코 민족종교도 아니고 한계를 가진 지식이나 시대적 관습도 아닙니다. 본시는 하나님께서 전 세계를 다스리시는 왕이시며 전 우주의 통치자이심을 선포하고 있습니다. '대관시'에 속하며 지은 배경은 법궤를 시온 산으로 옮길 때 거행된 의식과 언약궤를 성막 안으로 들여놓는 의식과 관련되어 있습니다. 여호와 하나님께서 이스라엘과 세계만방의 통치자로 즉위하시는 모습을 그리고 있습니다. 나아가서 예수님께서 공생애를 마치신 후 하나님 나라로 승천하심과 열방들이 모두 복종하게 될 그의 왕국이 세상에 세워질 것을 예표 합니다.

본시는 1차 독자인 구약의 이스라엘 백성에게는 왕의 대관식에 울려 퍼지는 하나님의 왕권을 찬양하는 웅장한 시입니다. 하지만 시대와 공간을 건너 뛴 2차 독자인 신약성도에게는 예수님의 구속의 성취를 보여 주고 있습니다. 이 시는 1절에서 찬양의 태도를 명령하며 시작됩니다. 모든 만민은 내적인 감격을 가지고 온 몸으로 적극적으로 하나님께 영광을 돌리라고 권유합니다. 만약 형식적이고 습관적인 찬양을 하고 있다면 하나님을 모독하는 외식적인 신앙이기에 속히 교정해야 할 것입니다.

우리가 찬양하고 경배할 예수님의 구속의 사역을 살피며 진정한 예배자가 되어야 합니다. 첫째, 만물을 정복하신 예수님을 바라보아야 합니다(3절). 주님께서는 모든 인간의 죄와 사망과 사단의 종노릇하던 것을 십자가로 굴복시켰습니다. 이제는 복음의 말씀으로 말미암아 하나님께 복종하는 삶을 살게 되었습니다. 둘째, 예수님은 부활 후에 승천하시었고 또 재림하셔서 성도들과 함께 천국에 올라갑니다(5절). 예수님의 성육신과 십자가가 구속의 성취를 위한 비하였다면 부활과 승천과 재림은 승귀입니다. 셋째,

예수님은 하나님 보좌 우편에 좌정하심으로 영광을 받으십니다(8절). 이는 천하의 모든 권능과 통치권을 하나님으로부터 위임받은 것입니다. 사단의 권세를 완전히 정복하시고 최종적으로 승리하시며 심판주로 오실 것을 드러내 주고 있습니다.

신앙의 질은 예수님을 어떤 분으로 보고 모시느냐로 결정됩니다. 인자하고 다정스러운 예수님을 믿고 따르는 것도 필요합니다. 그러나 영적인 눈을 열어 구속주이시며 통치자이시고 심판주 되시는 영광의 주님을 바라보면 신앙의 자세가 달라질 것입니다. 왕이신 나의 주님, 예수님을 사랑합니다.

♦ 시편 48편 성경칼럼

2절 | 터가 높고 아름다워 온 세계가 즐거워함이여 큰 왕의 성 곧 북방에 있는 시온 산이 그러하도다

14절 | 이 하나님은 영원히 우리 하나님이시니 그가 우리를 죽을 때까지 인도하시리로다

"시온성과 같은 교회"

'시온성과 같은 교회 그의 영광 한없다 허락하신 말씀대로 그가 친히 세웠다' 찬송가 210장 첫 가사입니다. 구약의 시온성과 신약의 교회가 같다고 노래하고 있습니다. 성경의 신구약은 맷돌의 윗 판과 아래 판 같다고 비유합니다. 구약을 모르고 신약을 해석한다면 잘못된 해석을 할 수 있다는 의미입니다. 또한 성경은 서로의 짝이 있다고 나와 있습니다.

(사 34:16) "너희는 여호와의 책에서 찾아 읽어보라 이것들 가운데서 빠진 것이 하나도 없고 제 짝이 없는 것이 없으리니 이는 여호와의 입이 이를 명령하셨고 그의 영이 이것들을 모으셨음이라"

역으로 이 말씀을 지나치게 적용하여 성경해석의 다른 분야를 무시하는 이단이 있다는 것도 조심해야 합니다. 48편에 나오는 시온산과 시온성은 하나님이 좌정하시는 상징인 성전이 있는 장소를 의미합니다. 예루살렘이 성도(하나님의 성읍, 거룩한 수도)라면 시온성은 법궤가 안치된 성막과 성전이 건축된 곳입니다. 신약에 와서는 예수님의 주 활동 무대가 되고 십자가와 부활에 깊은 관련이 있는 곳입니다.

본시에서 지리적으로 고지대에 위치한 시온성의 풍광이 아름다운 것은 사실입니다. 그러나 최고로 아름답게 찬양되고 있는 것은 결코 외적 풍모나 장엄함에 있지 않습니다. 전 세계에 그보다 훨씬 뛰어난 풍경은 얼마든지 있습니다. 시온성의 특별함은 바로 하나님이 임재하시는 곳이며 그의 백성들의 피난처와 축복의 통로가 되기 때문입니다. 오늘날의 교회도 마찬가지입니다. 교회의 아름다움은 독특한 건축양식이나 장엄하고 화려한 외형에 있는 것이 아닙니다. 교회의 진정한 능력과 아름다움은 그리스도께서 주인이 되시고(엡 1:22) 성령의 내주하심(고전 3:16)에 있습니다.

비록 외적으로는 초라한 모습의 교회로 보일지라도 성도가 모인 교회의 영광은 한이 없습니다. 그 영광의 이유는 안전하고 견고하여 하나님께 오는 만민들을 보호하기 때문입니다(4-8절). 사단의 마수와 세상의 격랑에서 교회가 보호받고 승리할 수 있는 능력은 지형상의 이점이나 인간의 전략에서 오는 것이 아닙니다. 하나님이 임재하시는 것과 성령님의 능력으로 전투하는 성도들이 있기 때문입니다. 이스라엘 백성들이 시온성에서 하나님의 인자하심을 경험했듯이(9-11절) 신약의 성도들은 주님의 몸 된 교회에서 은혜를 입습니다. 은혜의 생명수가 흐르는 교회는 구원과 상급을 맛볼 수 있는 유일한 곳입니다.

시온성의 성벽과 망대와 궁전을 자세히 살피듯이(12-13절) 교회의 속성과 능력과 사명을 살피고 그 복음을 전하는 성도는 축복의 사람입니다. 영적인 아름다움과 기쁨을 맛보고 견고한 안전을 보장받는 우리의 교회와 성도들을 사랑합니다. 영원하신 하나님의 인도하심을 받아 이 생명 다하기까지 충성하기를 소원합니다(14절).

♦ 시편 49편 성경칼럼

15절 | 그러나 하나님은 나를 영접하시리니 이러므로 내 영혼을 스올의 권세에서 건져내시리로다 (셀라)

17절 | 그가 죽으매 가져가는 것이 없고 그의 영광이 그를 따라 내려가지 못함이로다

"우리 할아버지 땅을 밟지 않고는.."

'청주시에 들어오려면 우리 할아버지 땅을 밟지 않고는 들어올 수가 없었지 ㅎㅎ' 평생 들어본 어이없는 말 베스트 5에 속합니다. 현재 거지처럼 살고 있는 지인이 툭탁하면 내뱉는 멘트이기 때문입니다. 토지를 자기 이름처럼 부르는 부자의 허망한 말로를 영원 속에서는 우둔한 자로 정해 버립니다(11절). '호랑이는 죽어서 가죽을 남기고 사람은 죽어서 이름을 남긴다?' 모든 사람들이 수긍하고 이 격언에 따라 이름을 남기기 위해 살고 있지만 이 말도 진리는 아닙니다.

세상에서는 인간 이름의 평가를 악한 자와 선한 자로 구분하지만 성경에서는 '그 이름의 소속'을 묻습니다. 생명책에 기록되지 않은 자는 세상의 부귀영화를 다 누리고 천하의 권력을 잡았다 하더라도 그 끝은 지옥입니다.

(계 21:27) "무엇이든지 속된 것이나 가증한 일 또는 거짓말하는 자는 결코 그리로 들어가지 못하되 오직 어린 양의 생명책에 기록된 자들만 들

어가리라"

하나님의 형상인 인간은 존귀한 신분임은 분명합니다. 타락한 인간이라도 종교의 씨(양심)를 담고 있기에 그 가능성을 보고 존귀하게 대해야 합니다. 이 존귀한 인간의 치명적인 한계가 바로 이 땅에서 장구하지(계속 머물지) 못한다는 진실입니다(12절). 49편은 어느 누구도 이 죽음을 피해갈 수 없기에 세상의 모든 사람들이 들어야 할 교훈이라고 선포합니다(1~2절). 성경은 인간의 생과 사가 확실하듯이(히 9:27) 천국과 지옥도 실재적이라고 선포합니다(계 21:8).

그러면 인간은 왜 천국과 지옥 중에서 지옥을 선택하는 자가 많은지 그 이유를 정리해 보겠습니다. 첫째, 복음 전도자나 성경을 만나지 못한 경우입니다. 부자와 나사로의 비유에서 보듯이 성경 내용을 전해 주는 복음전도자의 가치는 영적세계에서는 최고로 빛납니다.

(눅 16:31) "이르되 모세와 선지자들에게 듣지 아니하면 비록 죽은 자 가운데서 살아나는 자가 있을지라도 권함을 받지 아니하리라 하였다 하시니라"

둘째, 생명의 복음을 들었을 때 준비된 마음이 없으면 예수님을 영접하고 주인으로 받아들이지 않기 때문입니다. 길가 밭, 돌 밭, 가시떨기 밭 같은 마음에 생명의 씨가 발아되고 키워질 수가 없습니다. 이 완악한 마음 밭을 기경해야만 '옥토'가 되어 복음이 자랄 수 있습니다(마 13:18~23). 이 기경의 단계와 방법이 여러 가지 고난이기에 그 과정은 영생으로 가는 축복의 문이 됩니다. 셋째, 오늘 시편의 주제처럼 인간의 재물 추구와 명예 본능이 영생의 초대를 못 보게 하거나 거부하게 만듭니다(13~14절).

하나님을 거부하는 악인들은 일시적인 영광과 거짓된 보장에 눈이 가려 영원을 사모하는 인간성을 소멸시켜 짐승 같은 존재가 됩니다(20절). 반대로 하나님을 신뢰하고 사랑하며 살아온 시인의 순종은 날이 갈수록 지혜와 소망을 더해 갑니다. 우리 그리스도인들은 악인의 치부와 번성이 허망하다는 것을 밝히 알고 두려워하거나 부러워하지 말아야 합니다(16~19절). 영적으로는 영생의 동행으로(마 28~20), 육적으로는 자족의 능력으로(빌 4:11~13) 행복하시기 바랍니다.

♦ 시편 50편 성경칼럼

1절 | 전능하신 이 여호와 하나님께서 말씀하사 해 돋는 데서부터 지는 데까지 세상을 부르셨도다

23절 | 감사로 제사를 드리는 자가 나를 영화롭게 하나니 그의 행위를 옳게 하는 자에게 내가 하나님의 구원을 보이리라

"사도신경, 주기도문, 십계명"

교회를 다니고 예수님을 믿으면 기본적으로 암송하는 세 가지입니다. 사도신경은 성경의 교리를 압축하여 정리한 그리스도인의 믿는 내용입니다. 주기도문은 주님이 직접 가르쳐 주신 기도의 내용입니다. 십계명은 하나님의 뜻을 알려주시는 내용으로 신앙인의 윤리강령입니다. 이 세 가지의 방정식을 만들어 보면 사도신경을 믿는 그리스도인이 십계명의 열매를 맺기 위해 주기도문의 기도능력을 행해야 함을 알 수 있습니다.

또한 그리스도인의 처음과 마지막이고 신앙생활의 전부라고 볼 수 있는 '예배의 내용'이 이 세 요소로 되어 있습니다. 예배생활에 실패하면 신앙을 잃는 것인데 이를 다른 말로 하면 이 세 가지의 열매를 맺지 못했다는 의미

이기도 합니다. 시 50편은 표제문이 '아삽의 시'라고 되어 있는데 레위 지파의 음악가이며 성가대 지휘자인 아삽이 쓴 시입니다(대상 16:4~5). 이 시의 출발은 하나님이 어떤 분인지를 선포하는 것으로부터 시작됩니다.

'전능하신 이, 하나님, 여호와(엘 엘로힘 예호와)'라고 하는데 원문을 해석하면 '신들 중의 하나님, 주되신 분'이란 뜻입니다. 이어서 나오는 심판에 대한 말씀(3~6절)과 연결하면 온 우주와 모든 인류의 주권자이시며 심판주 이심을 강조한 것입니다. 이어서 예배와 연결된 신앙생활에 실패한 이스라엘 백성들의 모습을 적나라하게 지적합니다. 저들은 성전에 찾아가서 예물을 드리는 것으로 의무를 다했다고 생각했습니다. 습관적이고 형식적인 제사로 끝나고 마음의 갈급한 심령이 없었습니다.

사람이란 무엇이든 익숙해지면 내면적 갈급함은 사라지고 외적인 흉내만 내는 패턴으로 가게 됩니다. 하나님께서 무엇이 부족해서 제물이 되는 짐승을 요구하시겠습니까? 광물과 식물과 동물이 다 하나님 것이고 온 세계에 충만한 것이 하나님 소유임을 알아야 합니다(8~13절). 그렇다면 진정한 하나님의 뜻을 찾아 실행하는 것이 진정한 예배자입니다. 제사와 예배를 관통하는 정신은 제물에 대한 올바른 지식과 그 고백입니다. 구약에서 제물이 죽는 것은 내 죄를 대신하여 죽는 것이기에 그것을 보고 통회하며 마음을 찢어야 합니다. 그 제물 때문에 하나님과 끊어지지 아니하고 교제할 수 있는 원리가 신약의 예수님으로 연결됩니다.

신약성도들이 예수님의 속죄로 하나님과 화목하게 되었고 복된 자녀가 된 것입니다. 그리스도교라는 뜻은 예수님을 통해서만 하나님께로 갈 수 있다는 의미입니다. 십계명은 하나님을 섬기는 1-4계명과 이웃을 사랑하라는 5-10계명으로 되어 있습니다. 온전한 예배는 이 두 항목을 다 했을 때 하나님께서 기뻐하시는 예배가 됩니다(16-20절). 하나님을 잊어버린 자들의 죄를 다 드러내고 찢으신다는 경고에 온 몸이 떨립니다(21-22절). 감사로 예배드리며 하나님을 영화롭게 하여 구원의 자녀로 살아가십시다(23절).

♦ 시편 51편 성경칼럼

11절 | 나를 주 앞에서 쫓아내지 마시며 주의 성령을 내게서 거두지 마소서
17절 | 하나님께서 구하시는 제사는 상한 심령이라 하나님이여 상하고 통회하는 마음을 주께서 멸시하지 아니하시리이다

"그리스도인이 죄를 지었을 때?"

그리스도인 어느 누구도 죄를 안 짓는 사람은 없습니다(5절). 누구나 죄를 짓는 것이 기정사실이라면 죄를 어떻게 대하고 처리할 것인지가 당면과제입니다. 세 종류의 그리스도인으로 나눌 수 있습니다. 신앙의 양심에 화인을 맞아 죄를 계속 짓는 사울 같은 자입니다. 죄 지은 것을 후회하지만 진실한 회개를 하지 않는 가룟 유다 같은 자입니다. 죄를 지은 것에 대하여 애통하며 참회하는 다윗 같은 사람입니다.

시편 중에서 유명한 51편은 표제문에 나온 대로 다윗이 간음죄와 살인죄를 저지른 후에 나단 선지자의 책망을 듣고 쓴 참회시입니다. 죄를 지적하는 나단 선지자를 죽일 권력이 있지만 즉시 순종하여 회개하는 다윗을 보게 됩니다. 그 회개의 내용이 얼마나 처절하고 애통한지 하나님 앞에 사는 사람이라면 감정이입이 됩니다. 다윗이 하나님의 마음에 합한 사람이란 후대의 평가는 어떤 면에서 이 시편 때문인 것 같기도 합니다. 하나님의 사람은 죄를 안 짓는 사람이 아니라 죄를 지적받았을 때 전인격적인 회개를 하는 자입니다.

다윗의 통회하는 회개는 자신의 죄가 무엇인지 분명히 깨닫는 지적요소가 있었습니다(3절). 깨닫는 것으로 그치는 것이 아니라 그 죄의 심각성을 알고 통회하는 정적인 요소가 따라 왔습니다(6절). 죄의 대가가 얼마나 고통스러운지 최고의 통증인 뼈가 꺾였다고 울부짖습니다(8절). 나아가서 다시는 죄를 범하지 않겠다고 굳게 다짐하는 의지적 요소가 있었습니다(9절). 이것으로 끝나는 것이 아니라 자신에게는 하나님의 뜻대로 살아갈 능력이 없음을 토로하며 은혜의 변화를 갈구하였습니다(10절).

다윗은 참회 내용에서 죄로 인한 징계와 형벌을 감해 달라는 기도는 하지 않은 것 같습니다. 그 이유는 그보다 더 우선적이고 중요한 소원이 있었기 때문입니다. 바로 하나님과의 단절을 가장 무서워하며 하나님이 버리지 말아 달라고 간청합니다(9절). 선대 왕 사울이 하나님께 버림받는 것을 목격한 다윗은 성령님을 거두지 말아달라고 호소합니다(11절). 영원세계의 존귀함을 아는 자만이 드릴 수 있는 차원 높은 기도입니다. 이 시편의 마지막은 변화된 삶을 살겠다고 다짐하는 헌신의 기도로 나아갑니다. 구원의 즐거움이 얼마나 좋은지를 절감하는 다윗은 이제 자원하는 심령으로 붙들어 달라고 합니다(12절).

참회하는 자의 역전은 그 사역에서 역동적으로 나타나게 됩니다. '상처 입은 치유자'가 되어 범죄자들에게 말씀을 가르치겠다고 다짐합니다(13절). 하나님의 의를 찬양하며 하나님의 공의를 전파하겠다고 서원합니다. 이전보다 깊어진 하나님과의 관계를 가진 진정한 제사(예배)를 드리겠다고 합니다(16, 18-19절). 다윗은 상하고 통회하는 심령을 거절하지 않으시는 하나님을 이제 기뻐하고 있습니다(17절). 다윗의 하나님이 나의 하나님 되심이 너무 좋습니다.

♦ 시편 52편 성경칼럼

1절 | 포악한 자여 네가 어찌하여 악한 계획을 스스로 자랑하는가 하나님의 인자하심은 항상 있도다

8절 | 그러나 나는 하나님의 집에 있는 푸른 감람나무 같음이여 하나님의 인자하심을 영원히 의지하리로다

"악인 알아보기, 악인 대처하기"

저는 지금까지 딱 한번 큰 사기를 당해 봤습니다. 20대 후반 사업을 하면서 경험했는데 그 때 치른 비싼 수업료가 예방주사가 되어 평생 큰 도움이 되었습니다. 악인은 권력과 이권이 있는 곳에 득실거립니다. 악인과 사기꾼은 지나친 욕심을 가진 사람들을 좋은 먹이 감으로 포착하고 접근합니다. 가끔 교회와 성도들이 사기를 당했다는 소식을 듣는데 그 근본을 찾으면 여기에 원인이 있는 것을 발견합니다.

인간이 사는 세상의 모든 곳에 통하는 공짜 점심은 없다는 말이 보편적 진실임을 명심해야 합니다. 작디작은 점심도 조심해야 하는데 큰 이익을 안겨 주겠다는 말은 무조건 경계해야 합니다. 상대방을 분별하는 것보다 먼저 나의 마음의 욕심을 제어하는 깨끗함이 준비되어야 합니다. 사기꾼이나 악인들을 알아보는 방법은 멀리 있지 않습니다. 우리가 생활 속에서 제일 많이 하는 말을 들어보면 됩니다. 말은 마음에서 나오기 때문에 일시적으로는 속일 수 있으나 장기적으로는 그 진위가 나타날 수밖에 없습니다. 한 가지 예로 상대방의 여러 이야기를 듣고 그 시기를 몇 차례 묻고 대조하면 그 말이 진짜인지 허위인지 감을 잡을 수 있습니다.

시 52편에서 악인의 대표인 도엑을 만나게 됩니다. 그는 다윗이 놉 땅의

제사장 아히멜렉에게 피신했을 때 만난 사람입니다. 권력과 이권에 눈이 먼 자와의 만남은 조심해야 합니다. 자신의 목적을 위해서는 간사한 혀를 놀려 속이고 결국 악을 실행합니다(2-4절). 결국 아히멜렉을 밀고함으로서 제사장 가문을 멸절시키는 포악을 저지릅니다. 그러고도 회개하기는커녕 자신의 악행을 자랑하는 영적불감증으로 결국 멸망으로 가게 됩니다. 하나님께서는 포악한 자의 비참한 최후가 어떠한지를 의인들이 알게 하십니다. 이는 의인들이 낙심치 아니하고 하나님의 공의가 이루어짐을 보고 하나님에 대한 신뢰를 더해 주기 위해서입니다.

의인의 길과 그 복은 하나님께로부터 오는 것이기에 실제적이고 영원한 성격을 가지고 있습니다. 도엑은 뿌리 뽑힌 나무이지만(5절) 다윗은 하나님의 은혜 속에 깊이 뿌리를 내린 푸른 감람나무였습니다(8절). 의인은 아무리 환경이 열악해도 하나님과의 올바른 관계가 유지되면 미래가 보장됩니다.

악인을 대처하는 지혜는 그들의 무기와 같은 권모술수와 폭력으로 상대하는 것이 아닙니다. 하나님과의 바른 관계를 우선시하고 그 언약을 신뢰하며 하나님이 역사하도록 맡기며 기도하는 일입니다. 다윗이 자신의 힘으로 사울을 벨 기회를 사용하지 않은 것이 그 예라고 볼 수 있습니다(삼상 24:4~5). 우리의 사모함은 주님의 은혜에 대한 진정한 감사와 주님의 역사하시는 능력입니다.

♦ 시편 53편 성경칼럼

1절 | 어리석은 자는 그의 마음에 이르기를 하나님이 없다 하도다 그들은 부패하며 가증한 악을 행함이여 선을 행하는 자가 없도다

4절 | 죄악을 행하는 자들은 무지하냐 그들이 떡 먹듯이 내 백성을 먹으면서 하나님을 부르지 아니하는도다

"내가 무신론자였다면?"

오래 전에 동기생 모임에 참석하고 나서 든 생각입니다. 동창생 다수가 기독교인이 아니었는데 그 외모와 대화와 삶의 형태가 저와는 너무나 큰 차이가 나 있었습니다. 만약 나도 예수님을 만나지 않았다면 저들처럼 세상의 가치와 풍습에 따라 살아가고 있을 것이 틀림없다는 생각이 들었습니다. 하나님이 없다고 주장하고 사는 무신론자를 성경은 딱 잘라 '어리석은 자'라고 칭합니다.

어리석은 자에 해당되는 히브리어가 '나발'인데 본시의 배경인물이 사무엘상 25장에 나오는 그 나발입니다. 나발은 유다 광야의 한 지역인 마온에서 목축업을 하고 아비가일이라는 당대 최고의 미녀를 아내로 둔 큰 부자입니다(삼상 25:2). 다윗은 나발이 양털을 깎는다는 소식을 듣고 부하들을 보내 먹을 것을 얻어 오도록 하였습니다. 당시에 양털을 깎는 것은 우리나라 추수와 같은 큰 축제여서 거기에 찾아오는 사람은 누구나 융숭히 대접하는 것이 관례이고 율법의 규례였습니다(삼상 25:8, 신 10:17~19). 더군다나 다윗은 나발의 양떼와 목자를 보호해 준 은덕이 있어 그 사례를 하는 것이 마땅했습니다(삼상 25:7).

그러나 나발은 모든 것을 정반대로 행동했습니다. 하나님의 기름 부음을 받은 다윗을 모욕하고 은혜를 외면하고 나그네 대접의 율법을 어겼습니다(삼상 25:10~11). 하나님을 모르는 자는 오직 보이는 세상 쾌락과 재물 축적에 눈이 어두워집니다. 나아가 그 썩을 가치를 위해 우정과 명예를 버리고 방자하게 행할 수밖에 없습니다. 악은 악순환이 되어 포악해지기에 자신의 반대편에 있는 의인을 떡먹듯이 먹어버리는 만행을 저지릅니다(4절).

무신론자들의 말로가 얼마나 처참한지를 보여 주는 장면이 5절에 등장합니다. 하나님께서 의인을 대항하여 '진 친 자들의 뼈를 흩어 버리겠다는 것'입니다. 뼈를 흩으신다는 뜻은 시신이 한곳에 온전히 매장되지 못한 채 짐승의 먹이가 되는 것을 뜻합니다. 이 같은 최후는 인간에게 있어서 가장 수치스러운 것으로 여겨졌습니다(렘 16:4). 믿음의 의인과 무신론자인 악인과의 종말의 격차를 안다면 믿음으로 의인이 된 가치가 얼마나 존귀한지 실감이 납니다.

그런데 이 차이의 인간적 출발은 아주 미미하게 시작됩니다. 이스라엘 사람이라면 항상 어느 곳이나 어느 연령이나 제사장과 레위인 같은 종교 지도자가 있었습니다. 그들은 늘 하나님의 능력을 듣고 의무적으로 종교의식에 참여하지만 그럼에도 결국 무신론자와 같은 길을 간 것입니다. 하나님을 머리로만 알고 저 멀리 피안의 세계로 옮겨놓고 자신의 삶의 통치자로 받아들이지 않는 그 미세한 차이가 무신론자의 길을 가게 하였습니다.

나의 모든 생각과 작은 행동도 감찰하시는 하나님을 믿지 아니하면 어느새 무신론자의 계보로 들어선다는 경고를 받아야 합니다. 나발의 이야기가 자칫하면 나의 것이 될 수 있다는 경고의 이정표를 만들면 좋을 것입니다. 지금 내가 숨을 쉬고 있다는 것은 회개하여 의인의 길을 갈 수 있는 기회가 남아 있다는 것이니 그 호흡마저도 감사가 나옵니다. 어리석은 자가 아니라 영적 지식과 참된 믿음을 받은 지혜로운 자가 된 것을 감사합니다.

♦ 시편 54편 성경칼럼

4절 | 하나님은 나를 돕는 이시며 주께서는 내 생명을 붙들어 주시는 이시니이다
6절 | 내가 낙헌제로 주께 제사하리이다 여호와여 주의 이름에 감사하오리니 주의 이름이 선하심이니이다

"구원을 미리 가져다 쓴 사람"

옛날에는 외상이란 것이 있어서 월급 전에 돈이 떨어지면 외상 장부에 적고 월급을 타면 갚는 관습이 있었습니다. 요즘에는 신용카드가 그 역할을 대신합니다. 영생을 얻는 구원의 실상이 마치 이 외상 제도와 비슷한 면이 있습니다. 영적인 완벽한 구원은 영화가 이루어지는 종말에 이루어집니다. 그러나 우리는 지금 육신을 가지고 신앙생활을 하면서 나는 구원받았다고 확신하며 고백합니다. 이 구원의 시제를 잘 보여주는 성구가 있습니다.

(요 5:24) "내가 진실로 진실로 너희에게 이르노니 내 말을 듣고 또 나 보내신 이를 믿는 자는 영생을 얻었고 심판에 이르지 아니하나니 사망에서 생명으로 옮겼느니라"

이 한 구절 안에 구원의 과거(사망에서 생명으로 옮겼느니라)와 현재(영생을 얻었고)와 미래(심판에 이르지 아니하나니)가 다 나와 있습니다. 구원은 나의 노력이나 공로로 이루어지는 것이 아니라 하나님의 전적인 은혜로 이루어집니다. 그러므로 현실적으로 완벽한 영화의 구원은 미래에 이루어지지만 하나님이 구원을 언약하셨으므로 지금 나는 구원받았다고 하는 것입니다. 마치 외상이나 할부처럼 뭔가 미비하지만 약속에 의하여 현물을 가져다 쓰는 것과 같은 성격입니다.

54편은 이와 같은 구원의 성격을 잘 알려 주는 이야기가 배경입니다. 표제문에 나와 있듯이 다윗이 사울에 쫓겨 십 광야에 고립되어 있던 사무엘상 23~24장을 배경으로 하고 있습니다. 이미 그일라에서 배신의 상처를 입고 온 다윗 일행은 동족인 십 사람들에게 세 번씩이나 밀고를 당합니다. 600명인 다윗 일행은 수풀이 없어 숨을 수도 없는 십 광야에서 3,000명이나 되는 사울 군대의 추격을 받고 포위당합니다. 마치 수천 길 낭떠러지 앞에 있는 것 같고 풍전등화 같은 신세입니다.

일반적으로는 지혜와 전략이 무용한 처지에서 자포자기할 수밖에 없는 지경입니다. 그러나 다윗에게는 하나님이 계셨고 기도할 수 있는 믿음이 있었습니다. 구원을 절대 확신하는 것으로 1절이 시작 됩니다. 그 이유는 하나님의 구원의 약속을 가졌기 때문입니다. 만약 이대로 죽는다면 하나님이 실패하는 것이기에 절대 그럴 수 없다는 논리적인 믿음입니다. 극한의 위급한 지경이기에 사정을 아뢰기보다 구원을 먼저 탄원했다고 볼 수도 있습니다. 하지만 시의 맥락으로 볼 때 하나님의 구원을 기정사실화하는 다윗의 믿음이 돋보이고 있습니다(4-5절).

낙헌제로 주께 제사하겠다는 서원은 구원이후의 감사를 미리 한 것입니다(6절). 사실적으로 다윗의 낙헌제는 사울이 죽은 후에야 드려집니다. 구원과 감사를 미리 보고 원수의 보응도 선하게 목격하고 노래하는 다윗에게는 극도의 위기가 하나님을 경험하는 기회가 되었습니다(7절). 나의 구원이 하나님의 약속이기에 변할 수 없다는 확인을 깊게 해주는 참 좋은 시편입니다.

♦ 시편 55편 성경칼럼

13절 | 그는 곧 너로다 나의 동료, 나의 친구요 나의 가까운 친우로다
22절 | 네 짐을 여호와께 맡기라 그가 너를 붙드시고 의인의 요동함을 영원히 허락하지 아니하시리로다

"영원한 동지도 영원한 적도 없다"

권력 쟁취를 목적으로 하는 정치판과 이권을 다투는 생명을 건 기업 간에 이루어지는 합종연횡을 이야기할 때 나오는 멘트입니다. 좋게 표현하여

합종연횡이지 나쁘게 말하면 골수에 사무친 배신을 주고받는 현장을 가리키는 말합니다. 다윗의 이야기를 성경을 통하여 보고 들으면서 평범한 사람들이 경험할 수 없는 관계들을 목격합니다. 아무리 권력의 세계가 비정하다 하여도 자식이 아버지를 죽이려고 기를 쓰며 쫓는 모습은 가슴이 아픕니다.

원수들의 악랄함은 얼마든지 그럴 수 있다고 넘어가지만 가장 친한 친구인 아히도벨의 배신은 상상도 못할 일이었습니다. 그가 다윗에게 어떤 존재였는지 그 감정의 묘사가 가슴시리도록 절절합니다(13절). 다윗에게 있어서 아히도벨은 세상의 우정을 뛰어넘어 영적으로 신뢰가 쌓인 애틋한 관계였습니다. 천재적인 모략가인 그는 다윗의 절친 이었고 절대 신임을 받았습니다(삼하 15:12, 16:23). 그는 다윗과 같이 있는 시간이 많은 마음을 주고받는 영적 친우입니다. '우리가 같이 재미있게 의논하며 무리와 함께 하여 하나님의 집 안에서 다녔도다(14절)'라고 회상합니다.

현대교회 정서로 표현하자면 밤새도록 말씀을 나누고 산기도도 다니고 영적 전우애로 하나가 되어 무엇을 주어도 아깝지 않는 사이였다는 것입니다. 이렇게 좋은 사이가 원수로 변한 이유가 무엇인지 궁금합니다. 아히도벨의 배신은 압살롬의 모반에 연결되어 있고 압살롬의 반란은 다윗과 그 가정의 흑 역사에 근원이 있습니다.

사무엘하 13장부터 전개되는 다윗의 맏아들 암논과 압살롬의 누이동생인 다말의 치정사건에서 비극이 잉태됩니다. 형을 죽인 압살롬은 아버지로부터 냉대를 당하고 2년간의 정치적 유배를 당하게 됩니다. 문제는 압살롬의 외모는 최고로 아름다웠고 이는 정치적인 인기로 이어지게 된 것입니다(삼하 14:25). 정치가 목적하는 권력이 얼마나 비정한지 갈라진 부자지간의 쟁투는 사생결단으로 치달아 갈 수밖에 없습니다. 너를 안 죽이면 내가 죽는 것이니 수단방법이나 도덕과 양심은 가릴 틈도 없습니다.

이 격랑에서 신하들이 택할 수 있는 길은 다윗편이냐 압살롬 편이냐 만 있습니다. 4년간의 치밀한 준비를 한 압살롬이 대세를 잡게 되고 보이는 것을 중시하는 세상의 방향대로 많은 사람들이 선택을 하게 됩니다. 아히도벨의 배신은 초기부터 있었던 것이 아니라 인심을 얻은 압살롬의 영입으로 이루어집니다. 그의 합류는 대세를 굳히는데 결정적인 역할을 하였지만 끝까지 가지 못하고 자살로 종말을 맺습니다(삼하 17:23). 천재 지략가이지만 하나님의 경륜을 알아보지 못한 아히도벨의 모습은 후에 가룟 유다의 모습으로 나타납니다.

영적 통찰력을 갖추지 못한 현실주의자의 한계와 그 몰락은 그리스도인의 반면교사로 삼아야 할 것입니다. 다윗은 자신이 뿌려놓은 가정의 죄악들의 대가를 처절하게 치르면서 더욱 애절하게 구원의 은혜를 구하고 있습니다(16-17절). 다윗이 미래에 최후 승리와 최고의 영광을 주실 주님께 완료 시제로 기도하는 것은 언약의 사람이기에 가능한 것입니다(18절). 모든 것을 맡기는 다윗의 훈련을 간접적으로 경험하였습니다(22-23절).

♦ 시편 56편 성경칼럼

8절 | 나의 유리함을 주께서 계수하셨사오니 나의 눈물을 주의 병에 담으소서 이것이 주의 책에 기록되지 아니하였나이까

9절 | 내가 아뢰는 날에 내 원수들이 물러가리니 이것으로 하나님이 내 편이심을 내가 아나이다

"사면초가"

사방이 적에 둘러싸인 상태에서 초나라의 노래가 들려온다는 뜻의 사자성어입니다. 더 이상 물러설 곳이 없고 도와 줄 자도 없어 절망적이라는 뜻입니다. 이와 비슷한 위기를 가리키는 말로 진퇴양난, 고립무원, 풍전등화, 첩첩산중, 일촉즉발, 속수무책 등이 있습니다. 인생을 전쟁터라고 볼 때 위기는 언제 찾아올지 모릅니다. 이를 대비하고자 보험도 들고 유력자들과 친분도 맺지만 그 어느 수단도 완벽한 안전은 없습니다. 성경의 풍운아인 다윗은 현실적으로 영광과 쇠락을 롤러코스터처럼 타고 명예와 수치의 임계점을 왕복 합니다. 그러나 현실적으로는 그렇게 보여도 영적인 자세는 하나님 앞에 흐트러지지 아니하는 모습을 만나게 됩니다. 그래서 많은 그리스도인들이 다윗이 쓴 시편을 좋아하고 힘과 용기를 얻는 것 같습니다.

56편의 표제문에 '요낫 엘렘 르호김'이라는 생소하고 낯선 단어가 나옵니다. 번역하면 '먼 지방에 있는 고요한 비둘기'라는 뜻으로 이방 원수의 나라인 블레셋에 망명하여 지내는 처량한 신세의 다윗을 묘사합니다. 왕으로 기름부음을 받은 다윗으로서는 절망하기에 충분하고 원망이 끓어오르고 하나님을 의심할 수 있는 환경일 수 있습니다. 그런데 다윗은 환경과 사람을 보는 것이 아니라 언약의 하나님을 바라보고 있습니다.

특별히 10절에 나오는 하나님의 복수 호칭에 그 신앙고백이 나와 있습니다. '내가 하나님을 의지하여 그의 말씀을 찬송하며 여호와를 의지하여 그의 말씀을 찬송하리이다' 4절과 내용적으로 대구를 이루지만 10절은 하나님과 여호와를 반복하여 부르고 있습니다. 여호와라는 별호를 부를 때는 민족적이고 개인적인 언약을 상기하며 부르는 것이라고 해석할 수 있습니다. 전능하신 여호와 하나님이 다윗에게 약속하신 그 모든 경륜이 자신이 처한 억압된 환경보다 못할 리가 없다는 자신감이 있는 것입니다.

자신이 하나님께 기도하며 흘린 눈물은 한 방울도 헛되지 않고 주의 병에 담겨졌다고 확신합니다. 자신의 크고 작은 신앙의 행위는 주의 책에 정확히 기록되었음도 알고 있습니다(8절). 다윗은 생사를 걸고 싸워 왔던 인생길에서 하나님은 내편이라는 증거를 너무 많이 가지고 있습니다(9절). 수시로 닥쳐오는 위험에 대한 두려움이 하나님을 바라보는 순간 사라지고 감사가 몰려오는 역전을 경험하고 있습니다.

바로 그리스도인들만이 아는 선취적인 감사를 드리고 있는 멋진 장면입니다(10~12절). 밤이 깊을수록 새벽이 가깝듯이 위기일수록 구원의 빛은 찬란하게 비춰옵니다. 하나님의 나라의 비밀은 하나님께서 믿는 자 한 사람 한 사람 꼼꼼히 다 보시고 주의 책에 다 기록하시는 원리입니다. 나의 애환의 눈물과 작디작은 헌신을 귀히 보시는 주님 앞에 영과 육의 무릎을 꿇고 감사를 드립니다.

♦ 시편 57편 성경칼럼

2절 | 내가 지존하신 하나님께 부르짖음이여 곧 나를 위하여 모든 것을 이루시는 하나님께로다

7절 | 하나님이여 내 마음이 확정되었고 내 마음이 확정되었사오니 내가 노래하고 내가 찬송하리이다

"약은 사람, 지혜로운 사람, 진실한 사람"

'저 사람 참 약아, 어디 가도 밥은 안 굶을 거야', '저 사람 참 지혜로 와, 친구 삼으면 도움이 될 것 같아', '저 사람은 볼수록 진실한 사람이야, 참 양심적이어서 안심이 돼'. 사람의 평가는 단기간에 나오는 것이 아니라 여러 단계의 검증을 거쳐 내려집니다. 캐릭터가 한번 정해지면 바꾸기가 매

우 어렵습니다. 시편에 나타나는 다윗의 캐릭터는 역사서에서 보여 지는 것보다 훨씬 역동적입니다. 서술적인 역사서에서 보지 못한 정서적인 감정의 토로가 많기 때문일 것입니다. 다윗은 앞의 세 가지 예를 대입해 보면 1번은 분명히 아닙니다. 약은 사람의 특징은 눈앞에 것에 비중을 두고 행하는데 다윗은 멀리 바라보고 깊은 성찰을 하는 사람입니다. 다윗은 지혜로운 사람이지만 거기서 그치지 않고 진실함을 갖추었습니다. 2번에 3번을 더한 다윗은 하나님의 뜻대로 살고 싶은 우리 그리스도인의 롤모델입니다.

약은 사람은 강한 자의 비위를 잘 맞추어 무엇인가 얻어먹지만 친구는 되지 못합니다. 더 약고 강한 사람에게 속아 낭패를 당하는 경우도 허다합니다. 위대하고 강하신 하나님께 다가서려면 지혜와 함께 진정성이 있어야 합니다. 다윗은 도저히 인간적으로는 감당할 수 없는 수많은 위기 속에서 하나님을 경험했습니다. 진정성을 가지고 하나님께 나아가려는 다윗의 모습은 하나님을 경험한 수많은 현장과 사건을 몸으로 겪었기에 나온 열매입니다. 잠시의 위기를 벗어나려는 약은꾀도 아니고 인간적 전략전술로 아닙니다.

하나님을 향한 그의 확정된 고백과 찬양(7절)이 담백한 느낌을 주는 이유가 여기에 있습니다.

사울에 쫓겨 다다른 동굴은 현실적으로는 막막한 곳이었지만 하나님과 함께 한 다윗에게는 안전한 '주님의 날개 그늘'이었습니다(1절). 적의 수색에 발각되어 처형될 수도 있는 지경에서 부르는 찬양의 내용이 경이롭습니다(5절). 하나님의 뜻에 맞는 성도의 소원은 반드시 이루어진다는 것을 확신하고 있습니다(2절). 다윗은 하나님의 사람을 해하려는 악인에 대한 하나님의 처리 방법을 잘 알고 기도합니다.

'자승자박', 즉 자기가 준비한 줄로 자신을 묶어버리듯이 악인은 스스로 판 함정에 스스로 빠지는 원리를 말합니다(6절). 찬양을 좋아하시는 분은 눈치 채셨겠지만 본 시편의 내용이 복음성가 4-5곡에 가사로 인용되었습니다(5, 7, 8, 9-10, 11절). 다윗의 진정성 있는 하나님을 향한 경배가 후대에 은혜의 눈물을 자아내게 한 것입니다. 하나님을 바로 알아 찬양하고 승리하는 길을 보여주신 주님께 진정 감사를 드립니다.

♦ 시편 58편 성경칼럼

1절 | 통치자들아 너희가 정의를 말해야 하거늘 어찌 잠잠하냐 인자들아 너희가 올바르게 판결해야 하거늘 어찌 잠잠하냐

11절 | 그 때에 사람의 말이 진실로 의인에게 갚음이 있고 진실로 땅에서 심판하시는 하나님이 계시다 하리로다

"쟤들 저러다가 천벌 받을 거야"

옛날 어르신들이 세상의 악행자들을 보며 한숨 반 저주 반을 섞어 던지는 말입니다. 사실 이 짧은 한마디에 세상권력에 대한 비유가 거의 들어 있습니다. '쟤들(저 아이들)'이란 말은 권력자라도 무시한다는 하대이고 복수로 쓴 것은 악인은 홀로가 아니라 작당을 한다는 의미입니다. '저러다가'라는 말은 악행은 중간에 멈추지 않고 더욱 치달아가고 증폭해가는 성질을 뜻 합니다. '천벌을'이란 말은 인간이 벌을 줄 수는 없을 것 같지만 하늘의 징벌과 저주는 절대 피할 수 없다는 확신에서 나온 말입니다. '받을 거야'라는 말은 미래형이지만 인류 역사가 증명하는 악인의 비참한 종말을 이미 성취된 완료형으로 쓴 것입니다.

한 인간이 이 세상을 사는 동안 자신의 노력외의 주어지는 복을 받아야

합니다. 이른바 부모 복, 배우자 복, 경제파트너 복과 특별히 나라 지도자 복과 영적 그룹의 복을 꼭 받아야 합니다. 58편은 권력자들의 악행을 고발하는 시입니다. 예나 지금이나 권력은 힘과 부의 집중을 향하여 브레이크가 고장 난 기관차처럼 돌진하는 속성을 가졌습니다. 민중의 각성과 대의정치의 제도가 깨어 있지 아니하면 어느새 악한 독재의 사슬이 백성을 얽어매어 꼼짝 못하게 합니다.

본시에 나오는 악행자들은 통치자 들 뿐만 아니라 그들을 견제해야 할 재판관들을 타겟으로 삼고 있습니다(1절). 백성들이 억울한 일을 당하여 재판을 할 때 공의로 심판하며 그 한을 풀어주어야 할 판관들이 딴 생각을 하고 있었던 것입니다(2절). 정권 강화를 위해서 국민을 속이기가 일수이고 그러다 보면 나중에는 대놓고 잔학행위를 일삼아 공포를 조장하는 것으로 나아갑니다. 양심의 화인을 맞은 악인은 마치 어떤 장치로도 컨트롤 할 수 없는 독사와 같다고 합니다(4-5절). 귀머거리 독사라고 하는 표현은 악인의 파괴성과 제어가 안 되는 위험성을 선명하게 보여 줍니다.

이어서 기자는 악인들의 징벌에 대한 신랄한 비유를 저주의 형식으로 간구합니다. 다윗은 저들의 외적 강성함이 하늘을 찌를 듯 보이지만 하나님 앞에서는 아무 것도 아님을 알고 있습니다. 하나님의 심판에서 악인의 치아를 꺾었다는 것은 재기불능으로 만들었다는 것입니다(6절). 심판이 시작되면 그 집행이 얼마나 신속한지 저들의 멸망은 순식간에 끝이 납니다. 젊은 사자 같을지라도, 큰 거센 물결 같을지라도 하나님의 크신 권능 앞에서는 한낮 달팽이에 불과하고 낙태된 아이 같을 뿐입니다(7-8절).

여기서 의인들이 악인들의 비참한 최후를 보며 느끼는 희열을 과연 어떻게 볼 것인가의 문제가 발생합니다. 10절의 의인의 기쁨은 악인에 대한 징벌의 환희를 나타낸 것이 아닙니다. 악의 제거와 함께 하나님의 공의가 오랜 기대 끝에 드디어 실현되었다는 것을 기뻐한 것입니다. 악인에 대한 것이 아니라 악 자체에 대한 승리를 기뻐하고 있습니다(11절). 악의 세력은 결국 멸망한다는 결론을 알고 성경의 길을 흔들리지 않고 가야 하겠습니다.

♦ 시편 59편 성경칼럼

3절 | 그들이 나의 생명을 해하려고 엎드려 기다리고 강한 자들이 모여 나를 치려 하오니 여호와여 이는 나의 잘못으로 말미암음이 아니요 나의 죄로 말미암음도 아니로소이다

11절 | 그들을 죽이지 마옵소서 나의 백성이 잊을까 하나이다 우리 방패 되신 주여 주의 능력으로 그들을 흩으시고 낮추소서

"운전기술 중에 가장 중요한 것은 무엇인가요?"

아주 오래전 우리교회 출석하였던 주 집사님에게 제가 질문한 것입니다. 그는 대형면허와 트레일러와 중장비 운전면허를 가지고 있고 운전하는 직업을 가진 전문가입니다. 서슴없이 안전한 운전이라는 답이 나왔습니다. 자신도 젊은 시절에는 스릴 있는 스피드운전을 즐겼지만 수많은 경험을 통하여 이 결론을 가지게 되었다고 합니다. 나이가 좀 든 사람들에게 인생에서 가장 중요한 것이 무엇인지 물으면 건강이라고 대답하는 것과 같은 맥락입니다.

시 59편의 표제문을 보면 '사울이 사람을 보내 다윗을 죽이려고 그 집을 지킨 때에'라고 나옵니다. 삼상 19:11~18이 배경인데 한 마디로 상식에 벗어난 어처구니가 없는 이야기입니다. 사울의 명령에 따라 전장에 나간 다윗은 승승장구하는데 공을 세울수록 사울의 시기심을 북돋게 합니다. 시기는 증오로 변하고 살의로 발전하게 됩니다. 이 비정상적인 정신 상태

는 악신을 불러들이고 온갖 방법으로도 고칠 수 없도록 심각해집니다. 오직 다윗의 수금연주로만 안정을 찾는데 이것도 못 견디는 사울은 다윗에게 창을 던지기도 합니다(삼상 18장).

다윗은 집으로 도주할 수밖에 없었고 사울은 집을 포위하고 자객을 보내 죽이려 합니다. 기도하는 것 외에는 다른 방법이 없는 다윗은 응답을 받고 미갈의 도움을 받아 밧줄을 타고 탈출하게 됩니다. 잘못이 없는데도 애매히 고난을 당할 수 있는 것은 신자의 신비입니다(벧전 2:19). 기도의 훈련이 필요하고 하나님만 의지하게 하며 하나님을 경험하게 하는 과정을 허락하신 주님의 신비입니다. 의인의 구원은 하나님께서 주시는 안전의 보장으로 이루어짐을 알게 합니다.

적의 공격을 막는 완벽한 방패(11절)가 주어지고 안전하게 피신할 있는 요새(16절)가 예비 되어 있습니다. 악인의 특징은 '피를 흘리기를 즐긴다(2절)'는 문장에서 나타나듯이 폭력이 삶의 방식과 습관으로 굳어진 상태입니다. 폭력을 즐기는 전문가에게 의인이 같은 방법으로 맞설 수는 없습니다. 저들을 상대할 수 있는 길은 하나님의 공의의 심판이 임하는 것입니다. 다윗의 기도에는 악인들의 징벌에 대한 하나님의 심판의 방법을 호소하는 내용이 나와 있습니다.

인간에게 악랄한 살인을 하고 하나님께는 함부로 대하는 악인들을 애매하게 처리하지 말라고 간청 합니다. 모든 사람들이 그들이 하나님의 심판을 받았다는 사실을 쉽게 판별 할 수 있도록 요청합니다(10절). 적당한 자연사로 보여 지지 않고 처참한 말로가 되도록 기도하고 있습니다. 사로잡히고 흩어지고 낮아져서 개처럼 울부짖는 모습을 보고 사람들이 반면교사로 삼게 해달라고 간청합니다(11-15절). 힘과 피난처와 산성이 되시는 하

나님 안에 사는 우리는 안전 합니다

♦ 시편 60편 성경칼럼

7절 | 길르앗이 내 것이요 므낫세도 내 것이며 에브라임은 내 머리의 투구요 유다는 나의 규이며

12절 | 우리가 하나님을 의지하고 용감하게 행하리니 그는 우리의 대적을 밟으실 이심이로다

"다 잃다"

이 말을 들을 때 각자 다른 생각이 들 것입니다. 도박에서 있는 돈을 다 잃는 경우와 진정 사랑한 어떤 사람을 떠나보냈을 때 그 상실감이 이러할 것입니다. 하던 사업이 부도나서 경제적으로 폭삭 망했을 때와 불치병으로 사형선고를 받거나 죽는 순간 다 잃었다고 생각될 것입니다. 이 모든 경우의 수가 한꺼번에 들이 닥치는 것과 같은 것이 있다면 전쟁입니다. 전쟁이란 국가와 사회와 개인이 가진 모든 것을 망가지고 잃게 하는 승부입니다. 전쟁에 지면 죽거나 다 뺏기거나 노예가 되고 맙니다. 이런 국가적 흥망성쇠와 백성의 안위를 결정하는 전쟁을 수없이 겪은 다윗이 전쟁이 닥쳤을 때의 심정은 어떠했을까요? 그 책임과 두려움이 교차하는 감정을 평범한 사람인 우리도 능히 짐작이 됩니다.

60편의 표제문은 시편의 어떤 것보다 길고 자세합니다. 표제문의 내용대로 결과적으로는 요압의 참전으로 승리를 가져 오지만 이 시의 분위기는 민족적 비탄으로 시작됩니다. 다윗이 아람 동맹군과의 전장에서 승리한 후에 후방에 침투한 에돔을 정벌하려고 깁니다. 이 전투에서 도리어 패배하여 곤경에 처한 역사적 사실을 배경으로 하고 있습니다(삼하 8장). 우리는

하나님의 선민이라 하여 탄탄대로만 걷는 것이 아님을 잘 압니다. 때로는 지은 죄악으로 말미암아, 때로는 보다 깊은 하나님의 주권적 섭리에 따라 난관이 옵니다.

뼈아픈 전쟁의 패배를 맛본 다윗으로서는 하나님이 유기하신 것이 아닌가 하는 두려움이 몰려 온 것 같기도 합니다(1-3절). 그러나 그는 곧 자신의 생각이 잘못되었다는 것을 깨닫고 거룩한 약속을 붙잡습니다(4-5절). 구체적으로 하나님의 약속을 회고하고 급격한 반전을 이루는 모습은 주의 일군의 핵심적 특권입니다. 조상들에게 언약한 가나안 일경의 땅(6-7절)은 물론이고 이방족속들을 정벌하고 그들의 섬김을 받는다(8-9절)는 약속을 재 확신합니다.

전투 준비와 함께 이루어지는 기도의 능력이 나타나며 요압의 참전을 통해 난공불락 같던 에돔을 정벌하게 됩니다. 현실적으로는 인간적인 수단인 요압의 전공으로 승리를 가져왔지만 다윗은 하나님이 전적으로 도우셨다고 선언 합니다. 이는 기도하는 자만이 알 수 있는 영적감각입니다.

신약성도들은 구약의 전쟁 기사를 보면서 단순한 민족 간의 전쟁으로 넘겨서는 안 됩니다. 하나님의 선민들이 하나님과 관계되어 약속에 따라 승패가 주어지기에 영적인 의미를 볼 수 있어야 합니다. 우리도 지금 영적 전쟁을 벌이고 있는데 하나님과 함께 하지 않으면 패배의 굴욕을 당할 수밖에 없음을 직시해야 한다는 뜻입니다. 우리 삶의 현장의 크고 작은 전쟁에 하나님이 주시는 깃발(4절)을 가지고 영육간의 전투에서 승리하기를 소원합니다.

♦ 시편 61편 성경칼럼

2절 | 내 마음이 약해 질 때에 땅 끝에서부터 주께 부르짖으오리니 나보다 높은 바위에 나를 인도하소서

5절 | 주 하나님이여 주께서 나의 서원을 들으시고 주의 이름을 경외하는 자가 얻을 기업을 내게 주셨나이다

"하나님의 언약과 신자의 서원"

성경은 언약의 책으로서 구약은 옛 언약이고 신약은 새 언약이란 뜻입니다. 약속이라 하지 않고 언약이라 함은 쌍방에 의한 합의로 된 것이 아니라는 의미입니다. 언약은 하나님이 인간과 합의를 하고 한 쌍방 약속이 아니라 하나님께서 일방적으로 선언하셨다는 뜻입니다. 자칫 잘못 생각하면 하나님의 일방적인 주도로 이루어진 언약이란 개념이 사람을 무시한 것이 아닌가 하는 생각이 듭니다. 그러나 죄와 연약함이 대명사인 인간을 안다면 쌍방의 약속은 인간 쪽에서 약속을 못 지킬 것이 틀림없기에 하나님께서는 언약의 방법을 쓰신 것을 깨닫게 됩니다.

그럼 인간은 하나님의 은혜의 핵심인 언약에 대하여 어떤 반응을 보여야 할까요? 여기에서 서원이란 신비의 방법이 나옵니다. 세상 사람들이 쓰는 서원의 개념은 그 대상이 하나님이 아니어서 본인의 선서와 결단과 책임의 의미입니다. 하지만 신자의 서원은 은혜를 주신 하나님께 자신을 걸고 인격적으로 하는 것입니다.

62편은 다윗이 압살롬의 반란을 피해 요단 동편의 마하나임에 있던 위기의 때를 배경으로 쓰여 졌습니다. 땅 끝에서 마음이 짓눌려 주님께 부르짖는 다윗의 절박한 모습이 눈에 선합니다(2절). 위치로서도 더 이상 피할

수 없는 땅 끝이지만 다윗은 심정적인 극한의 환난 중에 하나님을 부르고 있습니다. 그러나 그 뿐, 언제나처럼 다윗은 하나님의 언약에 의하여 영육의 역전을 이루는 것을 보게 됩니다(3-4절).

만약 다윗이 압살롬의 사악한 반란으로 폐위되고 죽는다면 이전에 하나님이 하신 언약이 허위가 되지 않겠습니까? 한번 하신 말씀을 절대 어기지 않으시는 하나님의 속성이 무너지는 것입니다.

(민 23:19) "하나님은 사람이 아니시니 거짓말을 하지 않으시고 인생이 아니시니 후회가 없으시도다 어찌 그 말씀하신 바를 행하지 않으시며 하신 말씀을 실행하지 않으시랴"

나단 선지자를 통해 다윗의 정통적인 왕조를 압살롬이 아닌 솔로몬으로 보존하시겠다는 언약을 굳게 상기하고 믿고 있습니다.

(삼하 7:15~16) "내가 네 앞에서 물러나게 한 사울에게서 내 은총을 빼앗은 것처럼 그에게서 빼앗지는 아니하리라 네 집과 네 나라가 내 앞에서 영원히 보전되고 네 왕위가 영원히 견고하리라 하셨다 하라"

실제적인 역사에서 그의 아들 솔로몬의 잘못에도 불구하고 오래 참으시는 하나님의 긍휼을 보게 됩니다.

5절의 과거시제의 서원은 하나님을 체험한 은혜에 대한 신뢰를 자발적으로 헌신하는 표시입니다. 이 서원의 과정이 쌓이면서 하나님과의 관계가 깊어지고 더욱 현재진행형인 서원이 나오게 됩니다(8절). 매일 나의 서원을 이행 하겠다는 다윗의 서원이 우리의 서원이 되기를 원 합니다. 미래가 보장된 하나님의 사람인 우리는 이제 근심을 떠나 매순간에 하나님을 체험하게 됩니다. 우리의 서원 내용은 다윗처럼 주의 이름을 영원히 찬양하며 그 앞에서 살겠다는 것입니다(8절). 하나님을 예배하는 것을 최우선시하고 하나님을 굳게 의지하고 감사하며 주님 일에 전념하는 삶을 사는 것 입니다. 도우시고 함께 하옵소서!

♦ 시편 62편 성경칼럼

1절 | 나의 영혼이 잠잠히 하나님만 바람이여 나의 구원이 그에게서 나오는도다
10절 | 포악을 의지하지 말며 탈취한 것으로 허망하여지지 말며 재물이 늘어도 거기에 마음을 두지 말지어다

"진단과 처방"

의사는 환자를 진찰하고 종합적 검사를 통해 진단을 먼저 내립니다. 그 진단에 대하여 중증이면 수술과 약물치료를 하고 그밖에 환자에게는 건강 증진요법과 예방의학의 방법으로 처방을 합니다. 이 진단과 처방을 각 환자에게 맞게 하여 병을 고치거나 건강을 잘 회복시키는 의사를 명의라고 합니다. 요새는 소위 사이비 의사들이 환자를 위하기보다 자신의 주머니를 채우기 위해 의료행위를 하는 경우가 있으니 유의해야 합니다. 여기까지는 이 세상에서 일어나는 병들에 대한 대처였습니다. 그렇다면 궁극적 인간의 과제인 영혼의 구원 문제는 어떤 처방이 필요한지가 대두됩니다.

우리가 지금까지 다윗의 시편을 읽으면서 현실의 위기를 극복하는 구원과 영적인 구원이 겹쳐 있는 표현을 많이 만났습니다. 분명히 극한 상황에서 하나님의 도움을 구하고 승리가 성취되었는데 이를 영적 구원과 영광으로 오버랩하여 묘사하고 있습니다. 사실 인간의 육체와 영혼의 구원 간격은 한 호흡 차이입니다. 들숨과 날숨 중에 하나만 멈춰도 육체의 세계는 끝나고 영혼의 세계가 열립니다.

(시 104:29) "주께서 낯을 숨기신 즉 그들이 떨고 주께서 그들의 호흡을

거두신 즉 그들은 죽어 먼지로 돌아가나이다”

나아가 삶과 죽음이 차이가 큰 것 같지만 행동의 가장 작은 단위인 한 걸음임을 성경은 밝히 보여줍니다.

(삼상 20:3) “..그러나 진실로 여호와의 살아 계심과 네 생명을 두고 맹세하노니 나와 죽음의 사이는 한 걸음 뿐이니라”

이제 다윗이 이생에서의 생명과 내세로 가는 죽음에 대한 간격을 멀리 두지 않는 이유를 충분히 알 것 같습니다. 당장 눈앞에 닥친 생명의 위협을 해결하는 것과 하나님을 체험하는 영생의 복을 통으로 보고 있습니다.

62편의 배경에도 다윗의 위기상황은 충분히 깔려 있습니다. ‘넘어지는 담과 흔들리는 울타리 같은 사람’이란 표현은 하루살이에게도 눌려 죽을 수 있는 인간의 연약함과 유한성을 비유한 것입니다(3절). 왕위에 있는 자는 반역의 무리들에게 둘러싸여 늘 초긴장 상태에 있다는 것도 짐작됩니다(4절). 이런 생과 사의 갈림길에서 다윗이 내린 결론은 ‘하나님만’ 입니다(1, 5절). ‘만’이란 히브리어로 ‘아크’라고 하는데 배타적인 의미를 강조하는 ‘불변화사’로서 오직, 확실히, 진실로 라는 뜻입니다. 불의한 인간은 아무 것도 아닌데 비하여 오직 하나님만 경외할 분이라는 절대고백을 하고 있습니다.

하나님의 절대주권 앞에 다윗이 한 일은 잠잠히 바라는 것입니다. 단순한 침묵이 아니라 적극적으로 모든 것을 하나님께 내어 맡기고 고요한 평강을 얻는다는 의미입니다. 다윗은 하나님을 의지하고 바라보는 자에게 주어지는 두 가지의 결과인 영육의 구원과 영광을 찬양합니다(7절). 현실에서 권력과 재물이 끼치는 영향력은 엄청나지만 전적으로 그것만 의지하다가는 하나님을 잊을 수 있는 위험성을 교훈합니다(10-12절). 주님의 신실하심을 바라보며 의인의 상급을 기대합니다(12절).

♦ 시편 63편 성경칼럼

3절 | 주의 인자하심이 생명보다 나으므로 내 입술이 주를 찬양할 것이라
5절 | 골수와 기름진 것을 먹음과 같이 나의 영혼이 만족할 것이라 나의 입이 기쁜 입술로 주를 찬송하되

"한 번 달아 보자, 바로 검색해 보자"

쌍방의 의견이 팽팽하여 우열을 결정할 수 없을 때 해결 방법으로 하는 말입니다. 전자는 옛날의 분위기고 후자는 현재에 쓰고 있는 방법입니다. 왜 예수님을 믿어야 하고 교회에 다녀야 하는지에 대한 설득은 쉽지 않습니다. 눈에 보이고 손에 잡히는 것에 매여 있는 불신자에게 보이지 않는 하나님과 천국의 실상을 알려 준다는 것은 논리적으로는 불가능에 가깝습니다. 그럼에도 불구하고 인류 역사에서 수많은 사람들이 예수님을 통해 천국으로 가는 열매를 맺은 이유는 분명히 있을 것입니다.

크게는 성령님의 역사와 말씀의 능력으로 이루어진 것입니다. 이 성령과 말씀의 사역에 인간이 판단하고 선택하는 믿음의 영역이 있습니다. 물론 이 믿음도 전적인 하나님의 선물이기에 은혜라고 다르게 표현합니다.

(엡 2:8) "너희는 그 은혜에 의하여 믿음으로 말미암아 구원을 받았으니 이것은 너희에게서 난 것이 아니요 하나님의 선물이라"

이 은혜를 받아 누리는 사람은 자유의지를 가졌기 때문에 하나님께서는 인격적으로 대하십니다. 그리하여 신앙생활이라는 수많은 사건과 경험을 통하여 하나님을 체험하게 하고 교제를 갈망하게 합니다. 오직 하나님만 바라보는 사람이 되게 하기 위해서는 이 땅에 대한 것에 대한 확실한 분별력을 할 수 있는 과정을 주십니다. 인간 편에서 보면 고난이고 고생이지

만 하나님께서는 이것이 연단과 소망으로 나아가게 하시는 은혜의 방편입니다. 하나님의 사람을 기계나 로봇처럼 강제적인 명령어를 주입하여 조종하는 것이 아니라는 뜻입니다.

'하나님이여 주는 나의 하나님이시라'라는 다윗의 부르짖음은 이런 연단과 소망을 거쳐 나온 것입니다(1절). 전능하시고 거룩하신 하나님이 바로 자신의 하나님이 되신다는 것을 조금도 의심치 않고 고백합니다. 다윗이 고백한 '주의 인자가 생명보다 낫다'는 결론은 자연인이 내릴 수 있는 주제가 아닙니다(3절). 생명이란 목숨 그 자체를 포함한 인간이 세상에서 향유할 수 있는 것을 가리킵니다. 이것은 하나님이 창조하여 주신 소중한 것들임이 분명합니다. 인자는 히브리어로 '헤세드'로서 하나님으로부터 주어지는 각양 은혜와 불변의 사랑을 뜻합니다.

그런데 다윗이 생명보다 주의 인자가 낫다고 한 이유는 무엇일까요? 인간에게 있어 생명에 속한 모든 것을 버리라는 뜻은 결코 아닐 것입니다. 정답은 주의 인자가 있을 때 사람은 생명에 속한 것을 누릴 수 있고 진정한 행복을 만끽할 수 있는 것입니다. 생명이 필요조건이라면 주의 인자는 절대조건입니다. 영생의 관점에서 보면 설혹 생명에 속한 것을 누리지 못한다 할지라도 주의 인자가 있으면 충분한 것입니다. 유다 광야의 외로운 다윗이 이토록 아름다운 찬양을 부르며 주님을 높이고 기뻐할 수 있는 것은 이 벽을 뛰어 넘었기에 나온 것입니다. 다윗을 붙잡은 주님의 오른손이 주의 인자를 꽉 잡은 우리들도 잡아주십니다(8절).

♦ 시편 64편 성경칼럼

5절 | 그들은 악한 목적으로 서로 격려하며 남몰래 올무 놓기를 함께 의논하고 하

는 말이 누가 우리를 보리요 하며
9절 | 모든 사람이 두려워하여 하나님의 일을 선포하며 그의 행하심을 깊이 생각하리로다

"열 사람이 한 도둑 못 막는다"

악한 일을 도모하는 자의 능력이 더 강하다는 것을 강조하는 속담입니다. 산속에 있는 열 놈의 도둑은 잡아도 제 마음 속에 있는 한 놈의 도둑은 못 잡는다는 말입니다. 자기 마음속에 있는 좋지 않은 생각은 스스로 고치기가 매우 힘들다는 뜻입니다. 인간은 선에 대한 지향성보다 악에 대한 지향성이 훨씬 강하다는 사실을 아는 것이 중요합니다. 이것은 그리스도인들도 예외가 아닙니다.

(롬 7:15) "내가 행하는 것을 내가 알지 못하노니 곧 내가 원하는 것은 행하지 아니하고 도리어 미워하는 것을 행함이라"

다윗의 적들 중에는 적대적인 이방인보다 같은 동족이며 가까운 자들이 더 위협적이었습니다. 저들도 하나님의 백성으로 출발했고 어린 시절부터 종교적 배경이 있었는데 왜 이렇게 패역한 자들이 되었는지 의아하지 않을 수 없습니다. 본질적인 택자와 불택자라는 예정론의 절대기준을 떠나서 현상적인 원인을 찾아보겠습니다.

첫째, 보이는 당면과제에만 몰두하다가 보이지 않는 하나님에 대한 체험적 신앙을 가지지 못했습니다. 눈앞에 힘과 이익에 휘둘리는 대부분의 인간들의 비극입니다. 둘째, 멀리 보지 못하고 대세론만 따르는 근시안적 시각 때문입니다. 악한 자들이 일시적으로 누리는 번영의 허무만 보다가 최종 승리를 주시는 하나님의 권능을 놓치게 됩니다. 셋째, 쾌락을 최고로

좋아하고 외로움을 두려워하는 인간에게 오는 불신 문화의 유혹에 넘어가기 쉽기 때문입니다. 관계의 행복을 누리려다가 멸망으로 인도하는 나쁜 친구의 마수를 덥석 잡게 되는 것입니다.

넷째, 죄는 점차로 중독되어 가고 그 길은 관성의 법칙에 의하여 끌려가고 나중에는 습관으로 되어 버립니다. 큰 댐도 작은 구멍을 방치하다 무너지듯이 작은 죄를 허락하다가 죄의 노예가 되어 인생을 망치게 됩니다. 인간은 누구도 악한 자를 대하지 않고 살 방도는 없습니다. 성경은 악인의 강성함과 의인에 대한 핍박은 말세지말이 가까울수록 더해 간다고 예언합니다(딤후 3:1~4).

다윗은 악을 즐겨하는 자들의 험담과 음모와 계략에 진저리치고 있습니다(2-6절). 그러나 이 극악한 환경에 정비례해서 하나님이 더욱 존귀하고 공의와 사랑의 체험은 더욱 극적으로 다가옵니다(7-10절). 하나님께 아뢰고 응답받은 것처럼 다윗의 열매는 우리의 소망과 통합니다. 신앙생활의 열매를 얻기 위해서는 하나님의 행하심에 대한 깊이 있는 성찰이 꼭 필요합니다(11절). 그리해야만 하나님의 승리와 심판이 있을 때 하나님께서 하신 것을 알고 즐거워하며 자랑할 수 있습니다(12절). 악인의 결말을 확인하며 복된 의인의 길로 정직하게 정진하려는 결단을 주심에 감사드립니다.

♦ 시편 65편 성경칼럼

4절 | 주께서 택하시고 가까이 오게 하사 주의 뜰에 살게 하신 사람은 복이 있나이다 우리가 주의 집 곧 주의 성전의 아름다움으로 만족하리이다

6절 | 주는 주의 힘으로 산을 세우시며 권능으로 띠를 띠시며

"하나님의 보전 섭리"

보전이란 온전하게 보호하며 유지 한다는 뜻입니다. 하나님의 보전 섭리는 만물의 생성과 질서를 관장하시고 자상히 돌보시는 사랑을 의미합니다. 하나님의 전능성은 무에서 유를 창조하시고 죽은 자를 능히 살리십니다. 그뿐 아니라 자연 법칙을 일관되게 유지하시고 감찰하십니다. 만물과 인간이 스스로 존재하고 움직일 수 있다고 믿는다면 어리석은 사람입니다.

(롬 1:20) “창세로부터 그의 보이지 아니하는 것들 곧 그의 영원하신 능력과 신성이 그가 만드신 만물에 분명히 보여 알려졌나니 그러므로 그들이 핑계하지 못할지니라”

보전 섭리를 부인하는 반기독교적인 노래 가사가 있습니다. ‘내 인생은 나의 것’이라는 노랫말은 주님의 주권을 거부하는 방향으로 가기 쉽습니다. ‘하루를 그냥 보내요’라는 가사는 실연의 아픔을 노래한 것이지만 하나님 앞에 사명을 가지고 태어난 인간의 자존감을 상실하게 할 수 있습니다. ‘왜 나를 낳으셨나요?’라는 가사는 불행의 원망을 부모에게 한 것이지만 여차하면 그 화살이 창조주 하나님께로 갈 수 있다는 것을 유의해야 합니다. 보전 섭리는 만물을 창조하신 하나님께서 큰 우주와 함께 인간의 작은 영역까지 돌보심을 알고 믿는 것입니다. 만약 하나님의 이 손길이 멈춰진다면 우리 인간은 단 1초도 견디지 못하고 사라질 것입니다.

65편의 기자는 먼저 하나님이 자녀에게 베푸시는 은혜의 내용을 찬양합니다. 자녀들의 기도를 응답하시는 하나님께 나아갑니다(2절). 자녀들의 모든 죄를 용서하심을 기뻐합니다(3절). 하나님께 예배하는 자들을 받으시고 만족할 복을 내려 주십니다(4절). 환난 중에 구원하시고 보호하시는 주님을 확신하고 있습니다(5절).

지혜 있는 신앙생활은 크신 하나님을 믿으며 나의 작은 일에도 그 크신 능력을 사용하는 것입니다. 우리의 일상은 큰일보다 작은 일이 더 많이 생기기 때문입니다. 큰 일이 생기면 기도하고 작은 일은 기도하지 않는다면 얼마나 어리석은 일입니까? 그리한다면 기도 응답은 평생 몇 번 받지도 못하고 끝날 수도 있습니다.

9절에서 13절까지의 내용을 찬찬히 음미해 봅니다. 팔레스틴의 농사와 목축에 관계되는 구체적인 묘사가 나오는데 인생들을 먹이시고 가꾸시는 주님의 손길이 느껴집니다. 주님이 씨앗에게 생명을 주셨기에 땅은 풍성한 소산을 보전 섭리로 우리에게 주시는 것입니다. 11절의 '한 해를 관 씌우시니'라는 구절은 하나님의 은택이 연례적으로 변함없이 주어질 것을 말씀합니다. 오늘 주어진 아침과 저물어가는 저녁이 하나님의 섭리에 의한 것이라면 우리가 접하는 순간순간이 신비와 은혜의 그림입니다(8절). 보전 섭리를 체험한 기자처럼 우리도 크게 즐거워하며 외치는 찬양을 해 보십시다(13절).

♦ 시편 66편 성경칼럼

6절 | 하나님이 바다를 변하여 육지가 되게 하셨으므로 무리가 걸어서 강을 건너고 우리가 거기서 주로 말미암아 기뻐하였도다

20절 | 하나님을 찬송하리로다 그가 내 기도를 물리치지 아니하시고 그의 인자하심을 내게서 거두지도 아니하셨도다

"무슨 찬양을, 어떻게 하십니까?"

거듭난 신실한 그리스도인은 대부분 찬양을 좋아합니다. 그 이유는 성령을 모신 존재이므로 영의 노래인 찬양을 할 때 기쁨이 오기 때문입니다. 불신자가 찬양을 접할 가능성은 희박하지만 그들에게도 기회가 아주 박탈

된 것은 아닙니다. 그들도 하나님의 자연은총을 받으며 살고 있고 희미하지만 양심과 영성의 씨가 있기에 부르심이 있다면 찬양의 사람으로 바뀔 수 있습니다. 우리가 찬양을 할 수 있고 그 기쁨을 누릴 수 있다는 것은 엄청난 축복의 사람이라는 뜻입니다.

찬양에 있어서 가장 중요한 전제는 누가, 누구에게 하는가의 문제입니다. 찬양하는 자의 자격은 하나님을 알고, 하나님이 하신 일을 믿으며, 하나님의 자녀로서의 관계가 성립된 자여야 합니다. 찬양은 신자로서의 신앙고백의 성격을 가지고 있습니다. 찬양은 자기감정의 만족을 위해 드리는 것이 아니라 하나님을 향한 신뢰와 사모하는 심령으로 드려야 합니다. 찬양 받으시는 하나님이 어떤 분이시고 우리를 위하여 무슨 일을 하셨는지를 알아야 합니다. 그러하기에 찬양을 하는 자는 먼저 하나님에 대하여 배우는 과정이 필요합니다. 하나님을 깊이 알고 체험할수록 찬양의 깊이와 은혜의 감격이 넘치게 됩니다.

66편의 기자는 온 땅과 만민들을 찬양으로 초대하는 것으로 시를 시작합니다(1, 8절). 우리가 자칫 잘못하면 구약은 이스라엘만을 선민으로 보고 이방인은 배척하는 것으로 오해합니다. 믿음의 조상 아브라함을 부르실 때 이미 구원이 모든 족속에게 임할 것을 예언했습니다(창 12:1~3). 이방인인 다말과 룻과 라합이 메시야의 족보에 들어가고 요나서를 통해서 이방나라인 니느웨 성에 긍휼을 베푸시는 주님을 계시하였습니다.

이어서 공동체적 찬양과 개인의 찬양을 이어가며 하나님께 영광을 돌리고 있습니다. 이스라엘 민족 공동체가 구원을 받은 기념비적 사건인 홍해를 건너고 요단강을 걷는 구속사를 되새기고 있습니다(6절). 시인은 민족이 시련을 겪는 동안 더욱 강렬한 열성으로 보호와 임재를 간구합니다(10-

12절). 하나님의 징계는 허물과 죄악을 깨닫고 회개하게 하시고 성숙을 향한 연마의 방편이 됩니다.

기자는 이스라엘의 왕으로서, 민족의 대표적인 입장으로서 개인 신앙을 서원합니다(16절). 구약의 예배인 제사를 성실하게 드리고 진정한 헌신으로 드릴 것을 서원합니다(13-15절). 중심을 보시는 하나님 앞에 죄악을 품지 않고 속히 회개하며 나아갑니다(18절). 우상에게 기도하는 이방인과는 다르게 창조주이신 하나님께 기도하고 응답받고 있습니다(19-20절). 13절에서 20절까지 '나'와 '내'라는 말이 15번이 나옵니다. 전능하신 하나님께서 신자 한 사람 한 사람의 기도를 들어주시고 응답하신다는 사실 앞에 놀랍고 감사할 뿐입니다.

♦ 시편 67편 성경칼럼

1절 | 하나님은 우리에게 은혜를 베푸사 복을 주시고 그의 얼굴빛을 우리에게 비추사 (셀라)

7절 | 하나님이 우리에게 복을 주시리니 땅의 모든 끝이 하나님을 경외하리로다

"과정의 복, 최종적인 복"

'세상에 공짜는 없다'라는 말과 '세상사람 중에 복을 싫어하는 사람은 아무도 없다'라는 말은 역설적입니다. 나의 노력을 강조하는 전자의 말과 나의 노력보다 더 차원 높은 곳에서 주어지는 공짜의 이미지가 담긴 복을 뜻하는 후자의 말이 엇갈립니다. 성경은 이 역설적인 복의 개념을 과정과 최종의 관계로 정리하고 있습니다. 일단 이 세상에서 추구하는 복은 강건과 재물과 입신출세 같은 보이는 복입니다. 성경에서 하나님께서 쓰는 사람들은 전부 부자도 아니고 모두 가난하지도 않았습니다. 물질적인 복이 하나

님 나라 사역의 도구로서 주체가 아님을 증거하고 있습니다. 이 세상의 부와 권력과 명예가 복의 전부라면 그리스도인들이 이 세상을 나그네처럼 살라고 하지 않았을 것입니다(벧전 2:11).

67편의 기자는 만방에 선포하는 주님의 구원을 노래합니다. 이스라엘이라는 모태를 통해 주어진 복음의 영광이 만방에 편만하게 전파될 것을 예언합니다. 그 일을 위하여 이스라엘의 '남은 자'에게 주어진 영육의 복을 찬양합니다. 만복의 근원되시는 하나님의 긍휼로 하나님의 얼굴을 뵙게 되었다고 감격합니다(1절). 하나님의 얼굴을 뵙게 되었다는 것은 하나님의 임재를 경험했다는 것이며 빛이 비취었다는 것은 기쁨과 즐거움을 주셨다는 뜻입니다.

장막절에 불리 우는 추수에 대한 수확의 감사(5절)는 하나님의 구속 역사를 기뻐하는 신앙고백으로 나아간 것입니다. 땅의 소산으로 주어진 현실적인 복이 영적 복음을 전하는 과정의 복으로 보고 있는 기자의 감각이 탁월합니다. 이방 나라에게 전파될 복음의 영광을 바라보며 먼저 은혜를 경험한 자의 성숙한 기도를 만나게 됩니다(2-3절). 참된 그리스도인에게 하나님의 복이 임하면 주의 도를 땅위에 알리는 사명을 감당하게 됩니다. 사람은 가장 좋은 것을 혼자 알고 있을 수가 없도록 지어졌기 때문입니다.

성령을 받은 초대교회 성도들이 생명을 걸고 복음을 전하는 것이 대표적 모습입니다. 한국에 기독교가 들어오기 전의 모습은 무지와 미신과 약탈의 나라였습니다. 순교자의 복음의 씨앗이 떨어지고 말씀 중심의 교회가 신앙을 사수했을 때 전 세계가 부러워하는 놀라운 교회가 되었습니다. 전 세계에서 선교사 파송 규모가 미국 다음의 2위가 되었고 선교라는 말만 들어도 가슴이 뛰는 아름다운 한국 성도들입니다. 그러나 과정의 복인 물질에 붙잡힌 교회와 성도들이 양산되면서 복음과 선교에 진이 빠지기 시작했습니다. 지금은 어느덧 소금이 맛을 잃으면 세상에 밟혀 버린다는 경고가 한국교회에 임해 버렸습니다.

보이기에는 암울한 면이 있지만 우리가 가진 한류를 비롯한 과정의 복을 최종적인 축복인 복음을 위해 쓰는 길이 열려 있습니다. 이스라엘은 제사장 나라의 촛대를 놓쳤지만 한국교회는 세계 선교의 빛을 비추는 사명을 계속 감당하기를 기도합니다(7절).

♦ 시편 68편 성경칼럼

1절 | 하나님이 일어나시니 원수들은 흩어지며 주를 미워하는 자들은 주 앞에서 도망하리이다

10절 | 주의 회중을 그 가운데에 살게 하셨나이다 하나님이여 주께서 가난한 자를 위하여 주의 은택을 준비하셨나이다

"성공 하세요, 승리 하세요"

세상 사람들이 가장 좋아하는 인사가 있다면 성공 하세요일 것입니다. 그러나 기독교인들이 이 인사를 하는 경우는 드뭅니다. 대신 승리 하세요라는 인사를 하는데 무언가 묵직한 메시지가 담겨 있다는 느낌이 옵니다. 성공이란 이미지는 세속적인 성취를 나타내지만 승리라는 말 속에는 영적 결과를 얻었다는 자부심이 들어 있습니다. 세상 성공은 자신의 역할이 중요하다는 요소가 있지만 승리는 자신보다 하나님이 함께 한다는 전제가 있을 때 이루어집니다.

그러므로 승리 하세요라는 인사 속에는 '주님이 함께 하심으로 승리할

것입니다'라는 부제를 붙일 수 있습니다. 영적 전쟁을 피할 수 없는 그리스도인은 주님과 동행할 때 영적 승리를 가져옵니다. 잠시의 세상적인 성공의 결과보다 영원 속에서의 영적 승리가 소중하기에 이를 기원하는 마음으로 승리 하세요라고 인사를 하는 것입니다.

다윗이 치렀던 전쟁은 단순한 세속적인 전쟁이 아니라 성전(거룩한 전쟁)이라는 것을 염두에 둘 때 구약을 바르게 해석할 수 있습니다. 전쟁의 승패가 사람에 의하여 나는 것이 아니라 하나님의 뜻과 섭리에 의하여 나기 때문입니다. 신약성도인 우리들도 영육간의 전쟁을 치르고 있는데 하나님과의 관계에 의하여 그 결과가 나옵니다. 인류 역사에서 악의 세력이 설치지 않는 시기는 없었습니다. 아니, 악인들이 대세를 잡고 의인들을 짓누르고 승리를 가져갔다는 분석이 옳을 것입니다.

그렇다면 세월이 갈수록 악의 세력이 득세하고 의인들은 멸절되어야 할 터인데 정말 그렇습니까? 결과는 정반대로 나타났습니다. 하나님을 대적하는 적그리스도의 무리들은 잠시 반짝한 후에는 초(밀)가 녹음같이 순식간에 멸망으로 가버렸습니다(2절). 반대로 상한 갈대처럼 겉보기에 처참한 모습이었던 남은 자들의 신앙은 살아서 영광을 돌리고 있습니다(롬 11:4, 사 10:20-22). 다윗이 하나님 공의의 엄위함을 알고 환경에 상관없이 승리를 확신하는 것은 신약성도에게 예표가 됩니다. 우리가 예수님이 사단의 머리를 깨뜨린 십자가의 승리를 가져다 쓰는 것과 같다는 것입니다. 이는 하나님께서 아담이 타락한 후에 바로 언약하신 승리의 보장입니다.

(창 3:15) "내가 너로 여자와 원수가 되게 하고 네 후손도 여자의 후손과 원수가 되게 하리니 여자의 후손은 네 머리를 상하게 할 것이요 너는 그의 발꿈치를 상하게 할 것이니라 하시고"

미래에 보장된 승리의 약속을 예수님의 이름으로 선취하여 쓰는 특권을 가진 자가 바로 우리 그리스도인입니다. 기댈 곳 없는 고아와 과부도(5절), 고독하고 외로워도(6절), 곤핍하여 가난한 자(9-10절)도 주님의 은택은 보장됩니다. 우리는 인생사의 크고 작은 구원을 통하여 하나님을 경험하게 하시므로 영생의 확신으로 나아가게 됩니다(20절).

♦ 시편 69편 성경칼럼

4절 | 까닭 없이 나를 미워하는 자가 나의 머리털보다 많고 부당하게 나의 원수가 되어 나를 끊으려 하는 자가 강하였으니 내가 빼앗지 아니한 것도 물어 주게 되었나이다

32절 | 곤고한 자가 이를 보고 기뻐하나니 하나님을 찾는 너희들아 너희 마음을 소생하게 할지어다

"억울한 일은 당하지 말고 살아야지"

인생을 얼마를 살았든지 억울한 일을 당하지 않고 산 사람은 없을 것입니다. 힘이 없어 강자에게 약탈당한 일, 누명을 쓰고 신상에 속박이 오고 명예를 잃는 경우, 나의 잘못이 아닌 타인의 영향으로 다양한 피해를 입는 일 등입니다. 한걸음 더 나아가서 정신적이고 영적인 영향을 받아 피폐해지는 일들도 있습니다. 가장 해석하기 어려운 억울함은 역경과 고통의 원인도 알지 못하고 당하는 경우입니다. 그것이 단시간에 해결되면 다행인데 언제 끝날지도 모를 때는 억울함의 끝판 왕입니다.

69편은 22편과 함께 신약에서 가장 많이 인용된 시편입니다. 다윗의 시로 알려져 있는데 그가 어떤 배경을 가지고 저작했는지는 여러 설이 있습니다. 하지만 분명한 것은 최고의 표현을 동원하고도 부족할 정도의 억울

한 마음을 토로하고 있다는 사실입니다. 아들과 가족과 친구와 신하와 백성들의 배신과 반역으로 그의 심령은 산산이 찢겨 버리고 말았다고 탄원합니다. 물들이 영혼까지 흘러들었다(2절)는 것은 물에 빠진 자가 목구멍까지 물이 들어와 숨도 못 쉬는 마지막 단계가 되었다는 절규입니다. 설 곳이 없는 깊은 수렁에 빠졌다(3절)는 것은 늪에 빠진 자가 몸부림칠수록 더 악화되는 위협을 뜻합니다. 무고히 자신을 미워하는 자가 머리털보다 많다(4절)는 것은 원수 속에 포위되어 외톨이가 된 상태를 보여줍니다.

다윗은 자신의 위태로운 처지에 대한 탄원의 시로 썼지만 이 시편의 내용을 예수님은 인용하십니다. 철저히 인간들에게 배척당하시는 메시야의 비통한 모습을 그림자로 보여 준다고 볼 수 있습니다. 다윗은 자신의 죄 때문에 오는 대가로서의 고난을 고백(5절)하지만 예수님은 죄가 없으신 하나님입니다. 다윗의 억울함과는 비교가 안 되는 최고의 억울한 고난과 죽음을 받으셨습니다.

구속의 비밀을 눈치 챈 다윗이 자신의 억울함을 넘어 회개를 하고 이어서 하나님의 집을 향한 열성으로 전환되는 이유는 예수님 때문입니다. 다윗은 '주의 집을 위하는 열성(9절)' 때문에 불의한 자들로부터 불이익과 핍박을 받았고 예수님께서는 성전 청결 사건에 이 구절을 인용하셨습니다(요 2:13-16).

(요 2:17) "제자들이 성경 말씀에 주의 전을 사모하는 열심이 나를 삼키리라 한 것을 기억하더라"

전반부의 슬프고 암울한 분위기와는 다르게 이 시의 후반부는 감사와 기쁨이 우렁차게 일어납니다. 하나님과 하나님의 사람들을 대적하는 자들이 당하는 저주의 내용은 처참합니다. 생존을 위한 밥상을 뺏기고 삶의 도처에 저주가 임하고 그들의 토지는 황폐화됩니다(22-25절). 이 모든 것보다 가장 무서운 저주는 생명책에서 도말되는(지워지는) 지옥의 선고입니다(28절). 다윗이 '황소를 드림보다 여호와를 기뻐하는 것'이 좋다는 것은 하나님보다 더 좋은 것은 있을 수 없다는 지고의 신앙고백입니다(31절). 결론은 하나님을 진정으로 섬기는 자는 과정에서 억울함은 있을지언정 최종 억울함은 없다는 것입니다. 후손들에게까지 대대로 상속되는 하나님 사랑의 축복을 누리시길 바랍니다(36절).

♦ 시편 70편 성경칼럼

3절 | 아하, 아하 하는 자들이 자기 수치로 말미암아 뒤로 물러가게 하소서
4절 | 주를 찾는 모든 자들이 주로 말미암아 기뻐하고 즐거워하게 하시며 주의 구원을 사랑하는 자들이 항상 말하기를 하나님은 위대하시다 하게 하소서

"저 사람 끈기 하나는 알아줄 만 해"

일단 칭찬으로 들리지만 묘한 뉘앙스가 풍기는 멘트입니다. 일을 할 때 속전속결로 완수하는 실력은 좀 부족하다는 평가이기도 합니다. 사람의 성격과 기질은 선과 악으로 판단하기보다 장점과 단점 차원에서 보아야 합니다. 저는 4가지 정도의 성격 테스트를 배워 보았는데 모두 이 말을 전제로 하고 있습니다. 정리를 잘 안하고 지저분한 사람이 인간성이 착한 경우가 많습니다. 인성이 참 곱고 양심적인 좋은 사람이 우유부단한 단점을 가져 자기 삶을 책임지지 못하는 수도 종종 봅니다.

70편은 5절의 짧은 시입니다. 한숨에 읽으면서 떠오르는 이미지가 저자의 성격이 급하다는 생각이 듭니다. 1절의 시작과 마지막 5절이 속히 이루어달라는 강청을 하나님께 감히 드리고 있기 때문입니다. 자칫 이 시편만

보면 우리의 기도도 이렇게 하면 되겠다고 생각할 수도 있을 것입니다. 그러나 혹시 이 짧은 시편의 내용이 아주 익숙하다는 느낌이 확 오지 않습니까? 그 이유는 바로 우리가 시편 40편을 지나왔기 때문입니다. 40편의 13절에서 17절까지의 내용과 거의 똑같습니다.

이 시는 표제문에 나온 대로 언약궤 앞에서 소제를 드리는 '기념식에서 부르는 노래'입니다. 40편의 마지막 부분을 발췌하여 압축한 간곡한 탄원의 기도를 드리는 것이라고 볼 수 있습니다. 40편의 앞부분의 내용은 70편과는 다르게 기다리고 견디고 인내하는 기도자의 모습으로 나옵니다. 다윗이 급한 성격으로 하나님을 찾은 것만이 아니라 끈기의 사람으로 하나님을 향하여 있었다는 것을 능히 알 수 있습니다.

원수들을 속히 물리쳐 주시고 구원의 기쁨을 누리고자 하는 다윗의 소원은 개인만을 위한 탄원이 아니었습니다. 주를 찾는 모든 자들을 위한 공동체적 문제에 깊은 관심을 보이고 있습니다. 4절의 기도를 통하여 신자가 하나님을 바라고 구하는 자세를 배우게 됩니다. 주를 찾는 자는 기쁨을 얻게 되고 주의 구원을 사모하는 자는 하나님의 광대하심을 알고 고백하게 된다는 사실입니다.

이것을 적용하면 기쁨이 없는 자는 주님을 찾으면 되고 하나님을 경험하지 못한 사람은 구원에 대하여 간절함을 가지면 된다는 것입니다. 다윗이 고난 가운데에서도 소망을 붙든 것처럼 우리도 낮은 마음으로 주님을 갈망하는 신자가 되기를 원합니다(5절). 기질과 성격에 따라 쓰임 받는 것과 함께 믿는 자세를 점검하는 은혜를 받게 하심을 감사합니다.

♦ 시편 71편 성경칼럼

6절 | 내가 모태에서부터 주를 의지하였으며 나의 어머니의 배에서부터 주께서 나를 택하셨사오니 나는 항상 주를 찬송하리이다

18절 | 하나님이여 내가 늙어 백발이 될 때에도 나를 버리지 마시며 내가 주의 힘을 후대에 전하고 주의 능력을 장래의 모든 사람에게 전하기까지 나를 버리지 마소서

"경험한 것으로 경험하지 못한 것을 확신하는 것"

나이는 많고 몸은 허약해졌고 당장 고난의 압박은 엄청난 상태라면 어쩌시렵니까? 일반적으로 쇠퇴기에 처한 노년은 소망을 잃고 힘이 빠지기 쉽습니다. 그러나 진정한 하나님의 사람이 노년을 맞이하면 이 개념이 달라집니다. 성경은 믿음이 있고 공의의 길을 가는 노인의 가치는 영화롭다고 평가합니다.

(잠 16:31) "백발은 영화의 면류관이라 공의로운 길에서 얻으리라"

여호수아의 절친이며 소중한 협력자인 갈렙의 85세 때의 외침입니다.

(수 14:12) "그 날에 여호와께서 말씀하신 이 산지를 지금 내게 주소서 당신도 그 날에 들으셨거니와 그 곳에는 아낙 사람이 있고 그 성읍들은 크고 견고할지라도 여호와께서 나와 함께 하시면 내가 여호와께서 말씀하신 대로 그들을 쫓아내리이다 하니"

하나님의 사람인 모세는 120살에 하나님의 부름을 받았는데 육체에 힘이 빠져 죽은 것이 아님을 알리고 있습니다.

(신 34:7) "모세가 죽을 때 나이 백이십 세였으나 그의 눈이 흐리지 아니하였고 기력이 쇠하지 아니하였더라"

오직 메시야를 평생 기다린 안나의 경건한 소망은 아기 예수님을 만나게 됩니다.

(눅 2:37) "과부가 되고 팔십사 세가 되었더라 이 사람이 성전을 떠나지 아니하고 주야로 금식하며 기도함으로 섬기더니"

현재 우리 곁에 있는 김형석 교수는 104세이지만 건강한 몸과 정신과 지혜를 가지고 하나님과 국민을 섬기고 있는 것을 보게 됩니다. 지금까지 예를 든 사람의 특징은 하나님을 경험한 신앙의 담대한 간증이 소망의 미래를 확신하며 나온 점이 공통점입니다.

하나님과 함께 한 지나온 세월을 돌이켜보니 지금의 환경에 상관없이 극복의 소망을 갖게 되는 것입니다. 심지어는 자신이 전혀 의식할 수 없었던 모태에서마저 하나님을 의지하였다고 고백합니다(6절). 의식이 있었던 세월의 경험이 사람이 닿지 못하는 미래와 과거의 무의식 세계까지 하나님의 은총을 확신하게 된 것입니다. 하나님이 도우셨던 은혜의 때를 기억하는 것은 이토록 큰 능력이 있습니다.

71편의 기자는 어려서부터 참으로 신뢰할 간증(5, 17절)을 주신 하나님에 대한 고백을 하며 간청과 감사로 나아가고 있습니다(10-14절). 나이가 들어 백발이 되어도 더욱 힘차고 노련하게 주의 능력을 전하는 열정을 보입니다(15, 16, 18절). 이 세상을 아무리 둘러보아도 하나님과 비교할 대상은 전혀 없음을 노래합니다(19-21절). 가진바 최고의 정성인 비파와 수금을 가지고 주님의 성실과 거룩을 찬양합니다(22절). 입술의 큰소리와 혀의 읊조리는 작은 소리와 영혼의 즐거움이 어우러져 구속으로 주어진 하나님의 의를 기뻐하고 있습니다(23-24절). 어떤 조건이라도 주의 일을 못할 사람은 아무도 없다는 것을 보여주는 오늘의 시편입니다. 하나님으로부터 오는 인생의 강건함과 경건함과 행복함을 누리시기를 원합니다.

♦ 시편 72편 성경칼럼

1절 | 하나님이여 주의 판단력을 왕에게 주시고 주의 공의를 왕의 아들에게 주소서
14절 | 그들의 생명을 압박과 강포에서 구원하리니 그들의 피가 그의 눈 앞에서 존귀히 여김을 받으리로다

"면후흑심"

얼굴은 두꺼워서 선하게 보이는데 마음은 시커멓게 악이 차 있다는 뜻입니다. 통치자들의 위선을 표현할 때 얼마나 적당한 정의인지 아는 분은 아실 것입니다. 이종오의 '후흑론'에 나오는 것으로 역사 속에서 권력자들은 거의 다 이 부류에 속한다고 결론을 내립니다. 제왕학과 통치술에 대한 저술들(군주론, 제왕학, 정관정요, 국가론, 논어, 도덕경, 손자병법, 경국대전 등)의 대부분은 인간의 악함에 대한 대응을 전제로 합니다.

그러나 그보다 먼저 확인되어야 할 것은 권력을 추구하며 획득한 인간의 악한 욕망입니다. 권력은 마약보다도 더 자극적이고 중독성이 있어서 한번 맛보면 브레이크가 없는 기관차와 같이 더 큰 힘을 향해 가속이 붙습니다. 아주 작은 권력인 초등학교 분단장만 되어도 어깨에 뽕이 들어갈 정도입니다. 저수지 관리자가 된 '종술'이 완장을 차고 휘두르는 권력의 횡포를 그린 윤흥길의 소설 '완장'의 이야기는 멀리 있는 이야기가 아닙니다. 가능성은 희박하지만 국민들이 의로우면서도 착한 천재 정치가를 만나는 것이 얼마나 큰 축복인지를 알 수 있습니다.

시편 72편은 시편 제2권의 마지막으로 이른바 '제왕시' 5개 중의 하나입니다. 이 시들은 주로 왕위에 오를 때와 희생 제사를 드릴 때와 하나님 앞에서 언약을 갱신할 때 불리어졌습니다. 왕의 선한 통치를 교훈하는 것

이지만 이스라엘의 왕이신 하나님의 다스림을 간구하는 것이라고 볼 수 있습니다. 나아가 궁극적으로는 이스라엘을 최종적으로 회복하실 메시야의 통치에 대한 소망을 고대하는 시입니다(5절). 수많은 통치의 원리와 기술들이 있겠지만 성경에서 가르치는 하나님의 위임통치의 교훈은 꼭 배워야 합니다. 그 이유는 나라의 지도자들을 위하여 어떤 내용으로 기도할 것인지를 알 수 있고 또 하나는 크던 작던 내가 가진 직분의 권한을 잘 사용하기 위해서입니다.

첫째, 주님의 판단력을 구하여 받아야 합니다(1절). 여기서의 판단력이란 통치적 지혜라고 볼 수 있는데 솔로몬이 구한 백성을 정의롭게 잘 다스리는 것을 의미합니다(왕상 3:4~12). 둘째, 주님의 의를 구하여 가져야 합니다(1절). 여기서의 의란 공의를 말하는데 공평한 통치를 통하여 율법의 기준에 맞는 옳은 행실을 맺게 해야 함을 뜻합니다. 셋째, 약자를 위한 권력의 책임을 다하여야 합니다(2, 4, 12~14절). 권력을 가진 정치가가 재물에 욕심을 가지고 부자와 짝이 되어 약탈의 정치를 한다면 그 나라는 망하게 되어 있습니다. 넷째, 권력은 나라의 안보과 백성의 안전을 위한 평강에 책임을 다해야 합니다(3절). 여기서의 평강은 경제적인 것과 정신적인 것과 영적 측면까지 포함된 개념입니다

이의 성취는 다른 것으로 오는 것이 아니라 공의를 행할 때 오는 것이라고 말씀합니다. 가난한 자의 억울함을 풀어주고 착취당한 궁핍한 자의 후손을 구해주고 권력에 압박당한 자를 살리는 것이 구체적 공의를 행하는 것입니다(12-14절). 현실적으로 이상적인 정치의 실현이 요원해 보일 수 있지만 주님의 통치를 받는 우리는 선취적으로 영광의 찬양을 드릴 수 있습니다. 마지막(17-19절)의 찬란한 영광송은 언약을 받은 자만이 드릴 수 있기 때문입니다.

12절 | 볼지어다 이들은 악인들이라도 항상 평안하고 재물은 더욱 불어나도다
25절 | 하늘에서는 주 외에 누가 내게 있으리요 땅에서는 주 밖에 내가 사모할 이 없나이다

"배고픈 것은 견딜 수 있지만 배 아픈 것은 참을 수 없다"

대놓고 표현하기는 어렵지만 인간 근처에서 늘 어른거리는 솔직한 감정의 실상입니다. 이 말을 역으로 적용하면 저 사람이 잘될 때 나도 기분이 좋으면 저 사람과 나는 사랑하는 한편이라고 판단하면 됩니다. 만약 그런 사람이 거의 없으면 내 편은 없는 것이고 나의 상태는 관계성품에서 정상이 아닐 수도 있다는 진단을 내릴 수 있습니다. 신앙의 성품에서 마지막까지 숙제로 남는 것이 질투의 감정입니다. 이 질투의 영역은 두 갈래로 나누어지는데 같은 동류 소속의 집단에서 일어나는 질투와 반대 그룹의 형통을 시기하는 문제로 나눌 수 있습니다.

73편에서는 두 번째에 속한 '악인의 번영에 대한 신앙적 해답'을 주제로 하고 있습니다. 저자인 아삽은 다윗 당시의 성전 찬양대의 수석 지휘자이었습니다(대상 16:4~6). 그는 자신이 정결한 삶을 살았음에도 고난을 당하고 악인들은 악행을 저질러도 형통함을 누리는 것이 너무 견디기 힘들었습니다.

먼저 1절에서 하나님께서 정결한 그의 백성에게 선을 행하신다는 결론을 선언합니다. 이 궁극적 결론을 알고 있음에도 불구하고 2절부터 솔직한 인간 심성의 기류를 밝히고 있습니다. 악인의 번영에 대한 충격은 근원적인 신앙의 회의에까지 이르렀음을 토로합니다(2절). 악인들은 사람들이 겪어야 하는 질병에도 안 걸리고 재난도 피해가고 죽을 때에도 고통이 없는

실상을 보며 분노가 일어납니다. 사는 동안 그들의 산업은 날로 번창하고 부귀영화를 누리며 육체의 욕망을 즐기고 사는 모습에 불평이 나오지 않을 수가 없습니다(4~5절). 그들이 얼마나 교만한지 적극적으로 의인들을 압제하고 폭행하며 심지어는 하나님을 무시하고 모독하는 패턴으로 치달아 갑니다(6절).

시인은 악인들의 이런 방자한 태도의 이유가 삶의 번성과 평안과 안락에 근거한다고 생각합니다. 그 얕은 생각에서 속히 그들의 거만을 심판하시고 본보기를 보여 달라고 요청합니다. 현재 우리가 처한 악인이 횡포를 부리는 환경도 충분히 아삽과 같은 감정과 판단을 할 수 있습니다. 그러나 이 상태의 계속적 진행으로 73편은 끝나지 않습니다. 저들의 조속한 심판의 보류는 오히려 하나님의 저주임을 성경은 말씀합니다. 죄악 속에 방치된 인간은 하나님의 유기라는 진노를 받고 있는 것입니다

(롬 1:28) "또한 그들이 마음에 하나님 두기를 싫어하매 하나님께서 그들을 그 상실한 마음대로 내버려 두사 합당하지 못한 일을 하게 하셨으니"

사단의 논리적인 설득력과 반박할 수 없는 실증에 대처하기 위해서는 인간적 고뇌의 밑바닥까지 내려가 보는 과정이 있어야 함을 보여 주는 것이 14절까지입니다. 사람에게 자신의 감정을 나타내지 않은(15절) 아삽은 반전을 이루는 깨달음을 선포합니다. 성소에 들어가서(17절) 하나님의 영광의 은혜를 받으면서 악인의 영적 처참함을 보게 됩니다(18~20절). 방황의 골짜기가 깊었던 만큼(21~22절) 이제 하나님을 향한 가장 위대한 사랑의 고백이 터져 나옵니다(23~26절). 우리도 금생에서나 내세에서나 사랑할 분은 오직 주님 외에는 없습니다.

♦ 시편 74편 성경칼럼

1절	하나님이여 주께서 어찌하여 우리를 영원히 버리시나이까 어찌하여 주께서 기르시는 양을 향하여 진노의 연기를 뿜으시나이까
7절	주의 성소를 불사르며 주의 이름이 계신 곳을 더럽혀 땅에 엎었나이다

"기도드리는 동시에 비관적일 수는 없다"

시편의 반을 지나오면서 퍼뜩 떠오른 단상입니다. 시편을 구분하는 내용 중에 유달리 '비탄시'가 많습니다. 그런데 이 비탄시에 첨가되는 또 하나의 구분이 있는데 바로 '지혜시'입니다. 비탄에서 끝나는 것이 아니라 지혜를 주고 결국 교훈을 나타내는 시로 나아간다는 뜻입니다. 비탄과 탄원을 통하여 인간적인 호소를 하고 감정의 정화를 거쳐 하나님 은혜의 손길을 소망하게 되는 시가 되어갑니다. 만약 시인이 오직 하나님만이 해결할 수 있다는 결론을 모르다면 비탄의 과정도 거치지 않았을 것입니다. 그래서 인간의 실상에서의 비관도 있고 영적 존재로서의 기도도 드려지는데 수학적 용어로 표현하자면 비관은 기도 안의 부분집합으로 보면 될 것입니다.

이런 서론을 쓰는 이유는 74편에 나오는 현실적 고통의 내용이 최대 절망을 나타내고 있기 때문입니다. 아삽의 시라는 표제문은 아삽이라는 한 명의 인물이 썼다는 것이 아니라 그의 후손들이 정리했다는 성격이 있습니다. 본 시편에 나오는 내용 중에 다윗 시대에 일어난 사건이 아닌 것이 나와 있어서입니다. 이스라엘 백성들이 가장 중요하게 여기는 세 가지는 율법과 성전과 선행입니다. 이 중에 성전이 훼파되고 모독당하는 것이 있는 것으로 보아 느브갓네살 왕이 유다를 정복한 시기를 배경으로 하고 있습니다.

1절의 하나님이 자신들을 영원히 버리고 진노하신다는 것은 마치 하늘이 무너지고 땅이 꺼지는 것과 같다는 뜻입니다. 원수들이 성전에서 악을 행하고 조각품을 도끼와 철퇴로 부수고 기물을 불태웠습니다(6-7절). 지성소마저 유린당하고 유대인의 종교 행정 교육의 중심인 회당마저 진멸했습니다(8절). 이 와중에 하나님의 표적은 전혀 없었고 선지자의 예언도 사라져 끝을 모르는 암흑상태가 되었습니다(9-10절).

개인적 고난과 더불어 오는 민족적 환란은 절망이지만 더 큰 절대절망은 하나님의 자기 백성을 향한 외면입니다. 이 절대 위기에서 벗어날 수 있는 길은 절대적인 하나님의 은혜밖에 없음을 간구하고 있습니다. 첫째, 구원의 하나님을 바라보았습니다(12절). 조상들에게 베풀었던 출애굽과 광야의 은택을 바라보며 신앙고백을 하고 있습니다(13-15절). 둘째, 창조의 하나님을 높이고 있습니다. 낮과 밤, 빛과 해, 땅의 경계를 정하시고 통치하시고 섭리하시는 만왕의 왕 되시는 하나님의 주권을 찬양합니다. 창조주 하나님 앞에서는 사단 마귀(용, 리워야단)도 하나의 미물일 뿐입니다(13-14절).

셋째, 언약의 하나님을 바라보고 있습니다. 연약한 인생들에게 전능하신 하나님이 맺으신 언약은 일점일획도 변함없이 다 성취되었습니다. 이후에 예수님의 새 언약도 정확하게 이루어졌고 미래의 재림의 약속도 반드시 이행될 것입니다. '믿음의 기도는 만사를 변화 시킨다'는 명언은 어느 시대이건 진리입니다.

♦ 시편 75편 성경칼럼

2절 | 주의 말씀이 내가 정한 기약이 이르면 내가 바르게 심판하리니

8절 | 여호와의 손에 잔이 있어 술 거품이 일어나는도다 속에 섞은 것이 가득한 그 잔을 하나님이 쏟아 내시나니 실로 그 찌꺼기까지도 땅의 모든 악인이 기울여 마시리로다

"다섯까지 센다. 하나, 둘, 셋.."

어디선가 들어본 말입니다. 학교 규율 선생님에게서, 군대 상관에게서, 공처가가 아내에게서... 마지막 것은 유머가 섞였지만 본뜻은 내가 시키는 걸 어느 때까지 안하면 반드시 징벌하겠다는 경고입니다. 75편의 주제는 74편 22절에서 부르짖는 간구에 대한 응답이라고 볼 수 있습니다.

(시 74:22) "하나님이여 일어나 주의 원통함을 푸시고 우매한 자가 종일 주를 비방하는 것을 기억하소서"

악인의 형통함을 보고 의아해 하며 고통을 겪는 의인에게 하나님의 심판의 확실성과 급박성을 응답하고 계십니다. 1절의 주의 이름이 가깝다는 것은 하나님의 심판이 임박했다는 뜻입니다. 하나님이 직접 하신 말씀을 인용하여 정한 기약이 이르면 바르게 판단하신다고 하십니다(2절). 이 뜻은 하나님께서 악인들을 징벌하시기로 작정하신 시점이 되면 확실하게 심판하신다는 절대 의지를 선포하는 것입니다. 역사 속에서 크고 작은 심판이 이루어지는데 인간 측면에서 볼 때는 미루어진다고 느껴질 때가 있습니다.

이것을 보고 하나님이 우유부단하다는 생각을 해서는 안 됩니다. 심판을 늦추시는 것은 오래 참으심의 자비를 보여 주시는 것이며(벧후 3:9) 죄인들에게 회개의 기회를 주시는 것이며(딤전 2:4) 의인의 수준을 높이기 위한 연단의 의미도 있습니다(빌 1:10~11). 확실한 것은 하나님의 합당한 시기에 정한 기약에 따라 철저한 심판이 이르게 된다는 사실입니다. 땅의 기둥(기초)을 세우신 하나님의 전능성은 세상과 인간에게 절대 주권자가 되시기에 절대 심판자도 되십니다(3절).

심판받는 악인들의 모습은 오만함과 교만한 말을 하는 것이 특징입니다

(4-5절). 악인들은 뿔 달린 짐승이 자신의 뿔을 쳐들고 힘을 과시하며 자랑스럽게 다니는 것과 유사합니다. 포위한 군사의 힘을 믿고 하나님도 자신들을 이기지 못할 것이라고 참람한 말을 한 '랍사게'가 연상됩니다(왕하 19:10~11). 그 결과 랍사게의 무리들은 하나님의 엄중한 징벌을 받아 완전 전멸당하고 맙니다(왕하 19:35~37). 오직 재판장이신 하나님만이 개인이나 국가를 높이거나 낮출 수 있음을 명확히 선포합니다(6~7절).

8절에 나오는 악인들의 심판은 마치 영화처럼 기자가 눈앞에서 목격한 것처럼 확실성을 가지고 묘사합니다. 진노의 잔에 술거품 나는 포도주를 담아 찌꺼기까지 마시게 한다는 것은 완전한 심판이 이루어지고 악인 누구도 피할 수 없다는 뜻입니다. 마치 독한 폭탄주를 먹고 한방에 취해 뻗어 버리는 것이 연상 됩니다. 신구약을 막론하고 성경의 심판 광경의 특징은 하나님의 자비가 전혀 없는 모습입니다. 그 이유를 굳이 유추하자면 심판의 때에는 회개의 시간이 주어지지 않는다는 뜻이기도 합니다. 모세와 선지자(성경)에게 듣지 아니하면 다른 방법이 없다는 예수님의 말씀과 일치합니다(눅 16:28~31). 악인의 뿔은 멸절되고 하나님의 영광을 높이는 의인의 뿔이 높이 들리는(10절) 마지막 심판의 날을 준비하며 사는 신자가 되십니다.

♦ 시편 76편 성경칼럼

9절 | 곧 하나님이 땅의 모든 온유한 자를 구원하시려고 심판하러 일어나신 때에로다 (셀라)

11절 | 너희는 여호와 너희 하나님께 서원하고 갚으라 사방에 있는 모든 사람도 마땅히 경외할 이에게 예물을 드릴지로다

"사랑의 하나님, 공의의 하나님"

손자를 너무 귀여워하면 할아버지 수염을 잡고 올라간다는 옛말이 있습니다. 윗사람이 너무 친절하게 잘해 주면 처음에는 감동하지만 점차 가볍게 대하고 나중에는 무례하여 함부로 한다는 이야기입니다. 인간관계 속에서 무조건 애정을 많이 주는 할아버지와 그 사랑을 당연시하는 철부지 손자와의 비유는 영적으로 유효합니다. 하나님의 백성이고 자녀로서 최고의 사랑을 받은 신자가 하나님을 어떻게 대하는지와 묘하게 닮아 있습니다. 하나님께서 그의 자녀들을 대하시는 사랑의 깊이는 감히 필설로 표현 못할 정도입니다(롬 11:33).

하나님이신 예수님이 육체로 오셔서 나를 구원하시려고 십자가에 대속의 죽음을 당하신 그 사랑은 그 무엇과도 비교 될 수 없습니다. 그 결과로 오는 사죄의 은총과 영생의 복은 하나님 사랑의 결과입니다.

(요 3:17) "하나님이 그 아들을 세상에 보내신 것은 세상을 심판하려 하심이 아니요 그로 말미암아 세상이 구원을 받게 하려 하심이라"

이 절대적이고 무조건적인 사랑을 헬라어로 아가페라고 하는데 쾌락적 사랑(에로스)과 친족의 사랑(스톨게)과 우정(필리아)과는 차원이 다른 것입니다.

여기에서 문제가 생기기 시작합니다. 다른 사랑은 알지만 인간계에서 경험할 수 없는 아가페 사랑을 받은 신자가 하나님 사랑의 가치를 가벼이 여기고 방자하게 행할 가능성이 생기게 됩니다. 믿지 않는 자들은 당연히 그럴 수도 있습니다.

(마 7:6) "거룩한 것을 개에게 주지 말며 너희 진주를 돼지 앞에 던지지 말라 그들이 그것을 발로 밟고 돌이켜 너희를 찢어 상하게 할까 염려하라"

그러나 신자들이 하나님과 진리를 대하는 태도는 달라야 합니다. 여기에서 신구약 성경이 계시하는 신자가 하나님을 올바르게 대하는 용어가 등장합니다. '경외(경배)'입니다(7, 11절). 영어로는 두려움(fear)으로 번역되지만 히브리 원어(이르아)로 해석하면 '무거움과 존경심을 갖춘 경의'라고 볼 수 있습니다. 성경에는 하나님의 무조건적인 사랑만 생각하고 하나님께 버릇없이 나가면 절대 안 된다는 사례가 너무나 많습니다. 심지어 구원의 확신도 자신만만해 하면 교만에 빠질 수 있습니다.

(빌 2:12) "..항상 복종하여 두렵고 떨림으로 너희 구원을 이루라"

76편은 앗수르와의 전쟁을 천사에 의하여 완전한 승리를 거둔 것을 기념하면서 쓴 것이 배경입니다(3-7절). 공의와 엄위의 하나님 심판을 목격하고 오직 하나님만 경외하며 나아가도록 선포하며 교훈합니다(8-11절). 엄청난 승리의 기쁨만 생각하고 두려움을 가지지 못한 승리는 아주 위험함을 보여줍니다. 현대 교인들이 예수님을 믿고 교회는 다니는데 경외하는 신앙이 아니라 자기 기분대로 방자하게 행한다면 큰일이라는 경각심을 갖게 합니다. 예배가 경배가 아니라 자기 환경에 따라 이기적 목적으로 드리면 문제가 발생합니다. 하나님 수염을 붙잡고 행패부리는 못된 손자 같은 신자는 없었으면 좋겠습니다.

♦ 시편 77편 성경칼럼

2절 | 나의 환난 날에 내가 주를 찾았으며 밤에는 내 손을 들고 거두지 아니하였나니 내 영혼이 위로 받기를 거절하였도다

11절 | 곧 여호와의 일들을 기억하며 주께서 옛적에 행하신 기이한 일을 기억하리이다

"위로와 기쁨"

간결하지만 강한 의미를 담고 있습니다. 사랑의 속성 중의 핵심을 담고 있습니다. 기쁨만 있는 사랑은 있을 리가 없고 위로가 있는 사랑이 오래 갈 수 있고 진정한 가치가 있습니다. 사람이 사랑에 목말라 하며 사랑을 하고 싶다는 마음을 다른 말로 표현하자면 '위로를 받고 싶고 위로를 주고 싶다'는 것입니다. 가장 이상적인 것은 일방적인 위로가 아닌 쌍방 간의 충분한 위로의 교환이 있는 사랑입니다. 그러나 말 그대로 이상일 뿐이지 그런 사랑과 위로는 사람 사이에는 일어나기 어렵고 장기간에 걸쳐서는 거의 불가능합니다.

오늘 3절에 시편 기자가 '위로받기를 거절했다'는 것은 인간 차원에서 오는 위로는 진정한 것이 못 된다는 의미입니다. 성경은 진정한 위로는 위로부터 온다는 것을 말씀합니다.

(사 66:13~14) "어머니가 자식을 위로함 같이 내가 너희를 위로할 것인즉 너희가 예루살렘에서 위로를 받으리니 너희가 이를 보고 마음이 기뻐서 너희 뼈가 연한 풀의 무성함 같으리라"

신약에서는 하나님을 직접적으로 모든 위로의 하나님으로 부르고 있습니다.

(고후 1:3~4) "찬송하리로다 그는 우리 주 예수 그리스도의 하나님이시요 자비의 아버지시요 모든 위로의 하나님이시며"

본 시편에는 인간의 심각함과 절박함을 탄원하는 애가와 주님께서 베푸신 영광을 기뻐하는 찬가가 연결되어 있습니다. 내용을 자세히 묵상하면 애가라고 해서 모두 절망이 아니고 찬가는 하나님의 위로가 주된 메시지임을 알 수 있습니다. 개인적인 환란과 국가적 위기의 순간에 부르짖는 내용이 절실합니다. 밤을 새우며 쉬지 않고 손을 들고 기도하는 것은 죽음을 각오한다는 것이고 다른 길은 없다는 뜻입니다(2, 4절). 그 심령의 상함이 마치 엄마에게 버림받은 아이 같습니다(7-9절). 불신의 사람이라면 이쯤에서 절망하고 포기하고 끝날 지경이지만 하나님의 사람에게는 소망이 남아 있습니다.

시인이 보여주듯이 그리스도인의 영적 전환의 역전 원리는 항상 하나님의 말씀에 있습니다. 그가 말씀을 듣고 믿었던 여호와께서 이루신 옛적 기사를 깊이 생각한 것입니다(11-13절). 핵심적으로 홍해 바다가 갈라지는 기사를 통해 불가능이 없으신 하나님을 찬양하고 나아갑니다(16-19절). 그 기적 속에 모세와 아론의 인도함이 목자 되시는 하나님의 자비하신 인도의 손길이었음을 고백합니다(20절). 결국 환란 당하여 부르짖는 시인에게 사랑의 또 다른 말인 위로와 기쁨이 임했습니다.

아무리 어려워도 낙심치 말고 말씀 속에서 역사하시는 하나님의 위로를 충만히 받읍시다((12절). 그리고 다음 단계인 성숙한 신자로서 위로가 절실한 자에게 주님께 받은 위로를 나누어 주는 실천을 해 보십시다.

(고후 1:4) "우리의 모든 환난 중에서 우리를 위로하사 우리로 하여금 하나님께 받는 위로로써 모든 환난 중에 있는 자들을 능히 위로하게 하시는 이시로다"

♦ 시편 78편 성경칼럼

11절 | 여호와께서 행하신 것과 그들에게 보이신 그의 기이한 일을 잊었도다
37절 | 이는 하나님께 향하는 그들의 마음이 정함이 없으며 그의 언약에 성실하지 아니하였음이로다

"역사를 잊은 민족에게 미래는 없다"

유명한 이 말을 누가 했는지는 불확실하지만 여러 사람이 말했다는 것은 이치에 맞고 증명이 되었다는 것입니다. 역사는 반복되는 특징을 가지

고 있기에 과거의 잘못에 대한 교훈을 가지고 있으면 시행착오를 피할 수 있습니다. 이 말은 크게는 민족 역사이지만 개인에게 있어서는 지나온 세월(과거)에 대한 성찰을 꼭 해야 한다는 지혜입니다. 영적으로는 기독교 신자가 이단의 유혹에 넘어가지 않기 위해서 기독교 교회사와 교리사를 배우면 유익합니다. 이 시대의 이단들의 교리와 행태는 이미 과거에 나타났던 이단들과 포장은 다르지만 아주 유사합니다. 대부분의 이단 집단들이 1세기를 넘기지 못하고 진멸된 것을 알면 그 허망함을 눈치 채고 영적 분별을 할 수 있게 됩니다.

매우 긴 편에 속하는 78편의 주제는 역사 속에 계시된 하나님의 구원과 심판입니다. 주제의 성격상 당연히 길 수 밖에 없고 교육적 목적을 위하여 체계적인 구조로 쓰여 졌습니다. 역사적 사건으로는 두 가지가 등장하는데 광야 사건들(12-32절)과 애굽으로부터 가나안까지의 사건들(40-64절)입니다. 이 두 기사의 전개 패턴은 똑 같은데 순서를 나열하면 〈자비로운 하나님의 은총〉과 〈인간의 반역〉에 이어 〈하나님의 진노와 벌〉의 순서로 되어 있습니다. 두 기사 각기 그 결과를 기록하는데(33-39절, 65-72절) 외적으로는 이스라엘의 반역과 하나님의 진노와 형벌로서 행위 측면의 역사를 보여 줍니다. 하지만 내적으로 보면 역사의 교훈을 주시고 새로운 선택을 하시는 하나님을 계시하심을 알 수 있습니다(65-66절).

여기서 깊이 성찰하고 몸부림쳐야 할 문제가 있다면 이스라엘과 우리는 전혀 다른 유형의 사람들이 아니라는 사실입니다. 이스라엘이 하나님의 초자연적인 능력과 기사를 경험하고도 여전히 범죄 한 것이 팩트(사실)라면 우리도 그 길을 실제적으로 가고 있다는 상황인식을 해야 한다는 뜻입니다. 그렇다면 왜 이스라엘이 이처럼 범죄 했는지를 안다면 우리는 그 길을 가지 않을 수도 있을 것입니다. 그들의 타락 원인은 바른 하나님의 말씀을 삶의 기준으로 여기지 않았기 때문입니다. 하나님의 말씀과 선지자의 교훈에 귀를 기울이지 않았습니다(1-6절). 정직함을 버리고 하나님이 하신 행사를 망각하고 말씀을 준행하기를 거절했습니다(8, 10-11절). 죄는 가속도가 붙어서 계속 짓게 되어 있고 탐심은 드디어 하나님을 시험하는 망령된 단계에 이르게 됩니다(17-18절).

남은 단계는 단 하나, 하나님을 대적하며 하나님 자리에 스스로 올라 자신이 하나님 흉내까지 내게 됩니다(19-20절). 만나, 반석의 생수, 고기를 먹이시고 불과 구름기둥의 보호와 인도는 하나님의 은혜였지만(23-29절) 그들은 여전히 패역했고 죽기 전에 한 회개까지 거짓이었습니다(31-37절). 하나님의 은혜에 대한 감사를 잊은 백성(42절)은 그 허전함을 메꾸고자 우상숭배(58절)로 나아가게 되어 있습니다.

구제 불능의 이스라엘의 구속의 역사가 이처럼 비극적으로 막을 내리는 것처럼 보이는데 갑자기 다윗이 등장합니다(68-72절). 육신적으로 보잘 것 없는 막내 목동이 다윗 왕국의 초석을 놓게 됩니다. 다윗은 구약에서 예수님의 모형으로 이스라엘의 육신적인 메시야 역할을 합니다. 이 땅에 왜 예수님이 꼭 오셔야만 했는지를 저절로 깨달아지는 시편 78편입니다. 역사(과거)를 성찰하여 신실한 하나님의 일군으로 정진하기를 소원합니다.

♦ 시편 79편 성경칼럼

1절 | 하나님이여 이방 나라들이 주의 기업의 땅에 들어와서 주의 성전을 더럽히고 예루살렘이 돌무더기가 되게 하였나이다

13절 | 우리는 주의 백성이요 주의 목장의 양이니 우리는 영원히 주께 감사하며 주의 영예를 대대에 전하리이다

"챔피언이 되는 것보다 지키는 것이 더 어렵다"

스포츠에서 최고의 재능과 노력으로 챔피언이 된 선수에게 주는 말입니다. 수성(지키는 것)이 어려운 이유는 목표를 이룬 뒤에는 이전의 도전자의 치열한 자세를 잊고 부귀를 누리며 방심하기 때문입니다. 그러면 이 부분에 있어서 영적 세계는 어떠할까요? 성경의 인물 중에서 믿음으로 출발했다가 육신으로 끝나는 수많은 사례가 있습니다. 민족적으로 이스라엘이 대표적인 실패이고 인물로는 가인, 에서, 사울, 가룟 유다, 데마 등등입니다.

한편으로는 믿음의 구원은 하나님이 주도적으로 하신 사역이기에 끝까지 보장될 것이라는 약속입니다.

(빌 1:6) "너희 안에서 착한 일을 시작하신 이가 그리스도 예수의 날까지 이루실 줄을 우리는 확신하노라"

예수님이 목자시고 신자는 그의 양이니 끝까지 책임지신다는 언약입니다.

(요 10:28) "내가 그들에게 영생을 주노니 영원히 멸망하지 아니할 것이요 또 그들을 내 손에서 빼앗을 자가 없느니라"

본시를 비롯한 구약의 수많은 내용에서 하나님께 버림받고 비통해 하는 애가를 보게 됩니다. 이 애가의 참혹한 표현을 대할 때마다 신앙의 본질에 대한 질문이 나옵니다. 이스라엘에게 주어진 패역에 대한 징벌이 신약성도들과 어떻게 구별되느냐의 해답이 구하게 됩니다. 첫째, 구약과 신약의 하나님은 다른 분이 아니라 한 분이시며 사랑의 하나님이심도 동일합니다. 둘째, 구약의 하나님은 사랑의 속성 중의 공의로서 이스라엘 백성들을 치리하심을 알 수 있고 신약에서는 예수님의 대속을 입은 그리스도 안에 있는 성도들로 긍휼을 입고 있는 점이 다릅니다.

셋째, 신구약을 막론하고 하나님의 뜻인 근본적인 계명과 믿음을 저버린 자는 징계와 심판을 받는 것은 동일합니다. 구약은 행위로서 구별되고 신약은 믿음으로 진위가 가려집니다. 구약의 백성들이 결정적으로 징벌 받는 기준은 교만과 우상 숭배이며 신약의 성도들은 믿음의 실족이 버림받는 기준이 됩니다. 믿음이란 신뢰라는 뜻인데 결국은 지속적인 확신을 가져야 된다는 뜻입니다. 이 지속적인 확신을 가지기 위해서는 하나님을 경험해야 합니다. 그러기 위해서는 하나님이 하신 일을 성경을 통하여 알고 믿는 수밖에 없습니다.

79편의 구조가 바로 이 단계를 정확히 보여 줍니다. 비참한 현실에 대한 불평(1-4절)과 구원의 시기에 대한 질문(5-7절)이 애가의 성격을 띠고 나옵니다. 이제 하나님의 긍휼이 아니면 다른 방법이 없음을 알고 회복의 근거를 하나님의 영광에 호소합니다(8-10절). 주의 이름을 위해서라도, 이방의 조소가 주님에게로 향하지 않기 위해서라도 불쌍히 여겨 달라고 탄원합니다. 주님이 기르시는 양(13절)이기에 예전의 구원 역사처럼 징계하시되 버리지 않으신다는 굳건한 믿음을 고백하고 있습니다(11-13절). 믿음의 속성인 지속적인 확신에 거하시는 알곡신자로 영글어가기를 원합니다.

♦ 시편 80편 성경칼럼

2절 | 에브라임과 베냐민과 므낫세 앞에서 주의 능력을 나타내사 우리를 구원하러 오소서

19절 | 만군의 하나님 여호와여 우리를 돌이켜 주시고 주의 얼굴의 광채를 우리에게 비추소서 우리가 구원을 얻으리이다

"그래, 그러면 가만히 놔 둘께"

어떤 관계에서 이 말을 하거나 듣는 순간 그 사이는 끝입니다. 별로 주고 받을 것이 없는 사이는 흘러 보낼 수 있지만 절대 도움이 필요한 관계에서는 극약을 먹는 것과 같은 대미지가 옵니다. 이는 강한 보호자가 약한 피보호자를 포기하고 버리겠다는 뜻이기 때문입니다. 그런데 80편에서 이스라엘과 하나님과의 관계에서 이 말이 등장합니다. 이스라엘 백성들은 포도나무요 그 국가는 포도밭인데 그 담을 주님이 허셨다고 합니다(12절).

'헐린 담 안의 포도나무', 마치 껍질이 깎여진 과일이 금방 상해버리는 것과 같은 아찔한 그림이 떠오릅니다. 보호 장치가 없는 자에 대한 비참함의 극적 표현입니다. 담이 없으니 누구나 들어와서 열매를 따 가고 동물들이 와서 훼손하고 결국 앙상한 가지는 불타 버립니다(12-13, 16절). 그런데 이 포도밭의 출발은 원래 하나님의 축복으로 시작되었습니다. 애굽에서 가져다가 심겨진 포도나무는 이스라엘 온 땅에 충만히 열매가 맺혀지고 풍성함을 주는 축복의 상징이었습니다(8-11절).

하나님께서 선택하신 극상품 포도나무가 아무 쓸모없는 들 포도나무가 된 이유는 무엇일까요?

두 말할 필요도 없이 하나님에 대한 불신앙과 불순종입니다. 그것도 아주 지독하고 끈질기게 주의 종들에게 한 것이 구약 역사이고 마지막에는 주인(하나님)의 아들(예수님)까지 죽이는 것이 신약의 시작입니다(눅 20:11~15). 구약 역사가 보여 주는 반면교사로서의 역할은 우리에게 경계를 주고 지혜도 가르칩니다. 불신앙과 불순종의 척도에 의한 남유다와 북이스라엘의 구별이 그것입니다.

80편은 북 이스라엘의 멸망에 대한 주제를 배경으로 하고 있는데 요셉(1절)과 세 지파(2절)의 등장이 그 근거가 됩니다. 솔로몬 이후 두 왕국으로 분열되는데 그 위세는 엄청난 차이가 납니다. 남 유다(르호보암)는 유다 지파와 베냐민 지파의 일부 가담으로 시작됩니다. 북 이스라엘(여로보암)은 가장 큰 지파인 에브라임 지파를 중심으로 열 지파와 베냐민 지파의 일부가 들어갑니다. 일단 지파로서의 숫자는 1.5 대 10.5로서 북이스라엘이 압도적 대세를 잡고 출발됩니다.

영적 정통성은 남유다에게 있지만 사람의 시각으로는 북이스라엘의 전력에 마음과 소속을 뺏기게 되었습니다. 이는 하나님을 의지하는 지표에서 현저한 차이가 나고 멸망의 시기에서 차이가 나게 됩니다. 선한 왕을 거의 배출하지 못한 북이스라엘은 B.C.722년 앗수르에 망하고 약간의 선한 왕을 가졌던 남유다는 136년 늦은 B.C.586년 바벨론에 의하여 멸망합니다. 이는 개인이나 국가나 약한 자가 하나님을 더욱 의지한다는 점에서 보편적인 증거가 됩니다. 유일한 소망이 하나님 외에는 없는 기자는 이제 하나님의 이름을 간절하게 바꿔 부르며(3, 7, 19절) 주님의 얼굴 빛(1, 3, 7, 19절)을 구하고 있습니다. '바닥에서 살아도 하늘을 본다'라는 말을 실감하는 80편입니다.

♦ 시편 81편 성경칼럼

10절 | 나는 너를 애굽 땅에서 인도하여 낸 여호와 네 하나님이니 네 입을 크게 열라 내가 채우리라 하였으나

16절 | 또 내가 기름진 밀을 그들에게 먹이며 반석에서 나오는 꿀로 너를 만족하게 하리라 하셨도다

"자주 못 만나다보니 헤어지게 됐어요"

톱스타 연예인 커플이 헤어진 이유를 묻는 기자의 질문에 많이 등장하는 대답입니다. 일부는 말 못할 사정이나 계약 연애의 기간이 끝나서 헤어

지는 경우도 있지만 대부분은 위의 말 그대로입니다. 사람간의 관계는 자주 만나는 관계만이 오래 갑니다. 그 자주 만나는 만남의 내용이 신선함을 잃으면 타성에 젖기도 하지만 쌓인 정 때문에 헤어지기 어려운 관계가 형성됩니다. 인간의 이러한 한계를 너무나 잘 아시는 하나님께서는 자기를 경외하는 자에게 크고 작은 여러 이벤트를 허락하셨습니다.

구약을 읽다가 날과 절기에 대한 규례와 풍습을 만나면 이해가 어렵고 나와 별로 상관이 없다고 넘기기가 쉽습니다. 실제적으로 신약의 성도들은 이 부분을 준수하는 부분에서 자유 함을 얻는 것이 마땅합니다.

(갈 4:10~11) "너희가 날과 달과 절기와 해를 삼가 지키니 내가 너희를 위하여 수고한 것이 헛될까 두려워하노라"

구약의 사건과 제도와 절기는 예수님의 대속의 그림자이기에 실체이신 주님의 십자가와 부활 이후에는 지키지 말아야 합니다. 이를 불순종한다면 구속신앙을 무시하는 것이라고 바울은 정리하고 있습니다.

그러면 우리가 성경을 맷돌이라고 비유하고 그 맷돌의 아래쪽으로 중요하게 여기는 구약을 무엇 때문에 읽고 배워야 할까요? 구약과 신약의 연속성과 비연속성을 통찰하는 지혜를 얻기 위해서입니다. 날과 달과 절기와 해에 관한 것을 예를 들어 보겠습니다. 바울의 정리처럼 신약성도인 우리는 시간 절기에 대한 규례를 물리적으로 지킬 필요도 없고 지키면 복음을 훼손하는 것이기에 비연속성이 적용됩니다.

그러나 여기에 중요한 연속성이 등장합니다. 시간 절기를 정하고 명령하신 하나님의 뜻과 목적과 효과는 연속성을 가지고 배우고 실천해야 한다는 뜻입니다. 구약의 백성들에게 매일 아침저녁 소제를 드리게 하고 매주 안식일을 엄수하고 매월 초하루인 월삭과 보름인 월망을 지키게 하셨습니다(3

절). 매년 유월절을 비롯한 네 번의 큰 절기와 안식년(7년째)과 희년(50년째) 제도도 지키라고 명령하였습니다. 좀 복잡한 것 같은 이런 제도를 제정하신 이유를 하나님을 위해서라고 생각한다면 좁은 소견입니다. 이 제도는 크게는 하나님의 영광과 구원의 감사를 드리는 예식이고 이를 통하여 신자에게는 은혜를 상기하고 축제적인 기쁨을 주려는 목적이 있는 것입니다.

1-4절의 구원의 은총을 기뻐하는 찬양은 축제의 분위기가 물씬 풍깁니다. 최고의 악기인 목소리로 소리치고 비파와 수금이 연주되고 멀리 알리는 각뿔이 사용되고 감성을 자극하는 타악기인 소고를 두드립니다. 이 모든 광경을 종합해 보면 자원하여 참여하고 기쁨을 누리는 모습이 역력합니다. 인간은 하나님과의 만남에서 첫째는 자주 만나는 성실함과 둘째는 이벤트적인 축제의 기쁨을 함께 가져야 함을 보여줍니다. 모일 때 주어지는 하나님의 말씀을 통해(5-10절) 회개가 이루어지고 통회의 기도가 드려지고(10-12절) 하나님의 뜻을 실천하려는 의지가 생기게 됩니다(13~14절). 그 결과로서의 축복이 얼마나 달콤한지를 약속하고 계십니다(16절). 안 만나니 소원해져서 헤어지는 연인들처럼 우리와 하나님과의 관계는 절대 안 되도록 애써야 하겠습니다.

♦ 시편 82편 성경칼럼

3절 | 가난한 자와 고아를 위하여 판단하며 곤란한 자와 빈궁한 자에게 공의를 베풀지며

8절 | 하나님이여 일어나사 세상을 심판하소서 모든 나라가 주의 소유이기 때문이니이다

"권위와 힘에는 책임이 있다"

재판을 받아본 사람들은 재판정에서는 재판장이 왕이라는 말을 실감합니다. 이른바 일반 시민이 가장 두려워하는 공권력을 최후에 심판하는 곳도 사법부입니다. 입법부와 행정부가 다 중요하지만 사법부가 부패하면 그 나라는 망하는 길에 들어선 것입니다. 사법부에 공정이 사라지고 악인과 결탁한 판결이 난무한다면 약자가 원한을 품게 되어 민심이 흉흉해지고 천심이 심판을 하게 되어 있습니다.

세상의 모든 법은 성경을 모태로 하여 제정되었습니다. 재판관들은 하나님의 위임을 받은 자들이기에 두려워하며 재판하도록 명령하였습니다.

(신 1:17) "재판은 하나님께 속한 것인즉 너희는 재판할 때에 외모를 보지 말고 귀천을 차별 없이 듣고 사람의 낯을 두려워하지 말 것이며 스스로 결단하기 어려운 일이 있거든 내게로 돌리라 내가 들으리라 하였고"

악법을 물리치고 선한 법을 만들어도 이를 재판관들이 잘못 적용하여 심판하면 헛일이 됩니다. 그러하기에 권력자들로 표현되는 신들의 모임 멤버와 재판관들은 하나님의 심판을 받는다는 것을 선언합니다(1절). 악한 재판관들이 불공평한 재판을 하고 악인들의 낯을 언제까지 보겠느냐고 야단을 칩니다(2절). 이는 뇌물을 받고 어느 한 사람의 편을 들어준다는 뜻입니다. 약자인 가난한 자와 고아와 곤란한 자를 공정하게 대하지 않는 것은 마치 하나님께 그렇게 대하는 것이 되기에 반드시 심판하실 것이라고 말씀합니다. 이 사상은 성경 전체에 흐르는 공의와 사랑의 정신입니다.

(사 1:17) "선행을 배우며 정의를 구하며 학대 받는 자를 도와주며 고아를 위하여 신원하며 과부를 위하여 변호하라 하셨느니라"

또한 이것은 성도의 참된 경건의 증거이기도 합니다.

(약 1:27) "하나님 아버지 앞에서 정결하고 더러움이 없는 경건은 곧 고

아와 과부를 그 환난 중에 돌보고 또 자기를 지켜 세속에 물들지 아니하는 그것이니라"

하나님의 정의로운 요구와는 다르게 재판관들은 도덕적인 무지와 율법에 대한 무시로 인하여 어리석은 행동을 하게 됩니다(5절). 이는 말세로 갈수록 더욱 심해져서 아예 하나님을 거부하고 모독하기에 이르게 됩니다.

신이라고 불리 울 정도의 권력에 대한 책임을 다하지 못한 그들에게 하나님께서 친히 처참한 죽음의 심판을 내립니다(6-7절). 하나님의 통치하심은 이스라엘에 국한된 것이 아님을 분명히 하고 있습니다. 세상의 온 땅과 세계 모든 나라(열방)가 하나님의 주권 가운데 있음을 선포하고 있습니다(8절). 대부분의 나라 실상은 악한 권력자와 불의의 재판관과 가렴주구의 탐관오리들이 탐욕을 채우는 놀이터처럼 되어 있습니다. 하지만 약자들은 오래 견딜 수 없으므로 악이 오래 가도록 하늘은 침묵하지 않은 것을 역사는 증명합니다. 의인들의 기도가 반드시 응답되는 이유입니다(8절). 나라와 서민과 약자를 위하여 기도할 책임이 우리에게 주어졌습니다.

♦ 시편 83편 성경칼럼

1절 | 하나님이여 침묵하지 마소서 하나님이여 잠잠하지 마시고 조용하지 마소서
18절 | 여호와라 이름하신 주만 온 세계의 지존자로 알게 하소서

"입장을 바꿔 생각해 보기"

이 원리를 여러 관계에서 적용하면 막힌 문제들이 해결됩니다. 상대편의 입장에서 생각하고 판단하면 내가 양보할 것이 많고 너그러워질 수 있기 때문입니다. 이 원리를 획기적으로 이스라엘의 대적자들에게 대입해 보겠습니다. 성경을 읽으면서 이스라엘을 압살하려는 수많은 나라들을 만납

니다. 우리 입장에서는 심정적으로 이스라엘 편을 들고 대적자들을 악한 반대편으로 갈라치기를 하게 됩니다.

그러나 저들 입장으로 돌아가서 이스라엘을 본다면 과연 어떤 모습일까요? 주변의 강대국 입장에서 볼 때 이스라엘은 아주 작은 나라로서 우리나라의 경상북도 면적보다 약간 큽니다. 인구도, 군사력도 별 볼일 없는데 역사적으로 전쟁을 하면 신기하게 진적이 많습니다. 그런데 이스라엘은 그 이유를 여호와 하나님의 도움이라고 우기도 있습니다. 보기에는 마치 유치원생 같은데 전쟁을 하면 청년 같은 이웃나라를 거뜬히 이겨 버립니다. 이것은 강대국 입장에서 그냥 넘어갈 일이 아닙니다. 보기에는 한 숟가락 감이고 종교적으로도 양립할 수 없는데 마음대로 하지 못하니 연합이라는 방법을 취하게 됩니다.

83편에는 이스라엘의 적대국 10 나라(에돔, 이스마엘, 암몬, 모압, 하갈인, 그발, 아말렉, 블레셋, 두로, 앗시리아)의 동맹이 나오는데 외형적으로 이스라엘보다 못한 나라가 없습니다(5절). 저들의 입장에서 볼 때 청년 10명이 유치원생 1명을 죽이려고 대드는 것이니 그야말로 식은 죽 먹기가 아니겠습니까? 이 그림은 마치 이 세상의 악한 권력이 교회와 그리스도인을 보고 없애려는 것과 아주 흡사하다는 느낌이 듭니다. 저들이 볼 때에 한숨에 쓸어버릴 수도 있을 것 같은 교회의 외형적 모습이 정말 맞을까요?

이스라엘(야곱)이란 하나님과 겨루어 이김이란 뜻으로 시작되었지만 본뜻은 하나님께서 통치하시고 이기신다는 의미입니다. 광의적으로는 하나님의 소유라는 뜻입니다. 이 연속성으로 교회는 주님의 몸이요 신부라는 속성을 가지고 있으며 이 뜻은 주님과 연합된 일체입니다(엡 1:23). 대적자들은 외형적으로 판단하고 교회와 하나님과의 관계를 얕보지만 실상은 전혀 다른 것입니다. 다윗의 전쟁에 대한 위대한 고백을 저들이 알리가 없습니다.

(삼상 17:47) "또 여호와의 구원하심이 칼과 창에 있지 아니함을 이 무리에게 알게 하리라 전쟁은 여호와께 속한 것인즉 그가 너희를 우리 손에 넘기시리라"

시인은 하나님의 목장을 소유하려는 대적자들(12절)을 주님이 얼마나 쉽게 처리하시고 심판하시는지를 실감나게 표현합니다. '검불과 지푸라기와 삼림'이 불에 타버리고 광풍과 폭풍이 저들의 계획을 초토화시킵니다(13-15절). 대적자들이 수치를 당하며 뉘우쳐 주의 이름을 알고 돌아오도록 기도하는 기자는 우리의 모델이 되기에 충분합니다(16-17절). 오직 하나님만이 온 세상의 절대 높으신 지존자이십니다(18절).

♦ 시편 84편 성경칼럼

2절 | 내 영혼이 여호와의 궁정을 사모하여 쇠약함이여 내 마음과 육체가 살아 계시는 하나님께 부르짖나이다

11절 | 여호와 하나님은 해요 방패이시라 여호와께서 은혜와 영화를 주시며 정직하게 행하는 자에게 좋은 것을 아끼지 아니하실 것임이니이다

"지고지선의 복을 아십니까?"

최고로 좋은 복을 원하지 않는 사람은 없을 것입니다. 그러나 그 복이 어떤 것이냐를 대답하는 것은 가치관에 따라 다를 것입니다. 일반적으로는 전통적인 오복(수, 부, 강녕, 유호덕, 고종명)이 있을 것이고 비전과 사명과 자유의 성취에 가치를 둘 수도 있습니다. 그러면 일반인들과 그리스도인들의 복에 대한 차이는 무엇일까요? 가장 결정적인 차이는 복의 내용에 있다기보다 복을 받는 통로와 방법과 용도에서 다르게 나타납니다. 우리도 비

신자들이 추구하는 내용의 복을 거부하지는 않습니다. 부귀영화와 입신양명과 만수무강에 대한 기도를 하기 때문입니다. 그러나 그리스도인은 그 복을 하나님께 연결하여 생각합니다.

하나님께서 주셔야 하고 구하는 기도와 받는 자의 그릇의 준비가 되었을 때 받아야 하고 하나님의 영광을 위해서 사용하겠다고 설정합니다. 나아가서 설혹 물리적인 내용의 복이 오지 않더라도 하나님과 함께 하는 신앙의 체험이 있다면 흡족해하는 영적 성숙을 복의 내용에 포함시킵니다. 시편 84편은 인간이 하나님으로 말미암아 누릴 수 있는 최고의 복이 제시되어 있습니다. 시인은 하나님의 성전을 사모하며 나가는 자의 복에 대하여 고백하며 찬양합니다(2절).

주의 장막(1절)과 여호와의 궁정(2절)과 주의 제단(3절)과 주의 집(4절)으로 표현되는 모든 것은 성전을 가리킵니다. 이스라엘 백성에게 있어서 성전은 하나님이 거하시는 상징적 처소였습니다.

(왕상 8:13) "내가 참으로 주를 위하여 계실 성전을 건축하였사오니 주께서 영원히 계실 처소로소이다 하고"

그 중에서도 지성소 안에 안치된 법궤(증거궤)는 하나님께서 친히 임재하여 사람을 만나는 곳이었습니다.

(출 25:22)

"거기서 내가 너와 만나고 속죄소 위 곧 증거궤 위에 있는 두 그룹 사이에서 내가 이스라엘 자손을 위하여 네게 명령할 모든 일을 네게 이르리라"

구약 백성에게 있어서 성전에 마음을 두고 사는 것이 하나님을 가까이하는 최선의 방법이 되는 것입니다. 성전에 거하는 참새와 제비의 처지까지 부러워하며 성전을 온 힘 다해 그리워하며 열망하고 있습니다. 이스라엘 백성들이 성전을 향해 순례의 길을 가며 겪는 고통과 기쁨의 교차함은 시온의 대로를 가는 것처럼 하나님을 경험하는 과정입니다(5-7절). 세상에서 구하여 받는 것이 아닌 하나님께서 사모하는 자에게 주시는 것이 바로 '지고지선의 축복'입니다. 하나님께서 방패와 해가 되신다는 것은 보호와 활력을 주신다는 것입니다(11절).

은혜와 영화를 주신다는 것은 주님의 아름다운 속성을 경험한다는 뜻입니다. 정직하게 행하는 자에게 주어지는 좋은 것이란 삶에서 필요한 실제적인 것을 선하게 공급하신다는 의미입니다(11절). 초신자 시절 이 시편을 만나 단숨에 암송하며 설레어서 교회로 달려갔던 추억이 소환됩니다. 구약의 성전이 신약에 와서는 주님의 몸인 교회(성도)로 바뀌었는데 우리가 얼마나 사모하여 섬기고 있는지 점검해 보는 시간입니다.

♦ 시편 85편 성경칼럼

10절 | 인애와 진리가 같이 만나고 의와 화평이 서로 입맞추었으며
13절 | 의가 주의 앞에 앞서 가며 주의 길을 닦으리로다

"백 번 잘해 주다 한두 번 잘못 해주면 원수가 된다?"

힘의 균형으로서의 100대 2은 상대가 안 됩니다. 일반적인 관계에서 잘해 준 것(2)보다 잘못 해준 것(100)이 압도적일 때 원수가 됩니다. 그러나 이 등식이 안 통하는 관계가 있는데 가족 간의 관계입니다. 특별히 부모와 자녀와의 관계입니다. 부모의 압도적 사랑을 받은 자녀가 자기 입장에서 결정적인 섭섭함을 몇 번 당했다고 부모를 원수로 삼는 일이 있을 수 있습니다. 낳으시고 기르신 거대한 사랑은 어느새 사라지고 좁은 소견에서 나오는 감정이 지배 합니다. 이 사례는 아주 친한 친구 사이에서도 발생하는

데 인생의 비극중의 하나입니다.

우리가 구약을 읽다가 하나님의 진노의 심판을 대할 때 이와 같은 오류에 빠질 수 있습니다. 인간의 행위의 악함은 하나님께서 심판을 매일 하셔도 할 말이 없습니다. 그러나 심판의 실행은 아주 드물게 이루어지는데 구약성경은 주로 이를 기록하기에 우리가 볼 때 하나님께서 아주 자주 진노하시고 심판하시는 것처럼 느껴집니다. 비약적으로 표현하자면 인간의 죄악에 대한 하나님 진노의 심판은 99.99대 0.01밖에 임하지 않았다고 볼 수 있습니다. 수도 없이 긍휼과 자비를 베푸시다가 도저히 그냥 놔두면 안 될 때 사랑의 몽둥이를 드시는 것입니다.

죄를 사해 주신다는 표현 중에 모든 죄를 덮으신다(2절)는 내용을 만날 때 하나님의 심정을 알아채야 합니다. 예수님의 대속 사건 이후에는 하나님께서 아예 죄를 기억하지도 않으신다고 선언하셨습니다.

(히 10:17~18) "또 그들의 죄와 그들의 불법을 내가 다시 기억하지 아니하리라 하셨으니 이것들을 사하셨은즉 다시 죄를 위하여 제사 드릴 것이 없느니라"

이 사죄의 원리와 은총을 받고 전하는 것이 바로 복음인데 여기서 인간의 착각이 일어납니다. 부모로부터 온갖 사랑을 받은 자녀는 은혜를 잊지 않고 보답을 하는 것이 정상일 것입니다. 그러나 이런 효자는 눈을 씻고 찾아보아야 겨우 찾을 수 있는 현실입니다. 그렇다면 그리스도인이 하나님의 은혜를 진정한 감사로 갚는 확률은 과연 얼마나 될까요?

시편 85편은 바벨론의 포로에서 돌아온 기자가 은혜를 상기하고 회복을 구하는 내용입니다. 시행착오를 통한 성숙이 곳곳에 드러나 있습니다. 이제 긍휼을 받은 자로서 경외의 길을 가기로 결단합니다(9절). 진리로 긍휼(사랑)을 맞이하고 화평으로 의를 영접해야 함을 깨우쳐 고백합니다(10절). 하나님의 뜻인 의의 사람으로 주의 길을 예비하고자 하는 거룩한 소원을 서원하고 있습니다(13절). 우리가 좋아하는 하늘에서 주어지는 은사와 선물들(약 1:17)을 우리가 사는 이 땅에서 생산하기를 기도하고 있습니다. 땅과 하늘이 하나 되는 예수님의 사역에 동참하여 은혜를 갚는 성숙한 사람으로 나아가고 싶습니다.

♦ 시편 86편 성경칼럼

11절 | 여호와여 주의 도를 내게 가르치소서 내가 주의 진리에 행하오리니 일심으로 주의 이름을 경외하게 하소서

15절 | 그러나 주여 주는 긍휼히 여기시며 은혜를 베푸시며 노하기를 더디하시며 인자와 진실이 풍성하신 하나님이시오니

"자기가 한 말 지키기"

이 세상에서 가장 어려운 일 중의 하나입니다. 공인이나 선생일수록 이 말의 무게는 무거워지고 이 부분에 합격하면 온전한 사람이라고 합니다.

(약 3:1~2) "내 형제들아 너희는 선생 된 우리가 더 큰 심판을 받을 줄 알고 선생이 많이 되지 말라 우리가 다 실수가 많으니 만일 말에 실수가 없는 자라면 곧 온전한 사람이라 능히 온 몸도 굴레 씌우리라"

비신자들은 앞날의 행동을 선언하는 맹세의 말에 책임이 있다면 기독교인들에게는 이와 성격이 비슷한 서원이 있습니다. 서원은 함부로 해서는 안 되지만 서원을 잘하고 지키면 큰 유익이 됩니다. 약 30여 년 전 제가 섬기던 교회에 건축이 시작되었고 건축의 은혜를 위한 부흥회가 열렸습니다.

당시 최고로 유명한 부흥사를 모셨는데 마지막 날 건축헌금 작정서원을 시켰습니다. 당시의 한국교회의 문화는 건축헌금은 축복을 보장하는 마스터키 같은 것이었습니다. 작정하여 자신이 못하면 자식이 대를 이어서 하면 되니 부담 없이 하라고 하였습니다.

5억 원부터 시작되었는데 4명이 작정했습니다. 당시의 맨션아파트가 5천 만 원 정도였으니 5억 원은 지금의 50억 원 가치라고 보면 됩니다. 자, 이후에 어떻게 되었을까요? 4명중 한 명은 가난한 사람이었기에 작정한 헌금을 거의 못하고 있었지만 어느 정도 재정이 되는 세 사람은 다른 이유를 대고 교회를 떠나고 말았습니다. 이때의 서원의 힘든 사례를 경험하면서 저는 목회자로서 작정헌금을 교인들에게 시키지 않겠다는 원칙을 정했습니다. 지금까지 세 번의 건축과정(매입)이 있었는데 자원함과 기쁨으로, 자유롭게 각자의 믿음대로 동참하도록 한 이유입니다.

86편에서 특별하게 두드러진 다윗의 심령과 모습이 있습니다. 2절의 '나는 경건하오니'라는 말과 11절의 '내가 주의 진리에 행하오리니'라는 말입니다. 우리가 다 알고 있듯이 이 두 가지의 말을 당당하게 하나님께 할 사람이 누가 있겠습니까? 돌아볼수록 죄악이 그득해 주눅이 들고 진리의 삶에 실패해 하늘의 긍휼만 바라보는 일반 상태로는 이 말을 할 수 없을 것입니다. 다윗은 상대 비교적인 차원에서 이 말을 한 것이 아니라 하나님 존전에서 하였습니다. 즉 다윗의 중심은 자신의 영혼을 보존하기 위해 경건함과 진리에 사는 순종함의 의지를 드리며 서원한 것이라고 볼 수 있습니다.

말을 해놓고 절대 행할 수밖에 없도록 자기 속박을 하고 하나님의 도우심을 절대 의지하는 방법을 택한 것입니다. 이 길을 선택할 수밖에 없는 이유는 대적자들의 위협과 고난 가운데(1, 7, 14절) 하나님의 구원하심이 아니면 다른 길이 없었기 때문입니다. 우리가 그리스도인으로서 말과 서원을 신중하게 하는 것은 원칙입니다. 하지만 때로는 하나님 앞에 과감하게 자신을 던지는 기도와 서원이 믿음의 기적을 일으킬 수 있음을 목격합니다(15-17절).

♦ 시편 87편 성경칼럼

2절 | 여호와께서 야곱의 모든 거처보다 시온의 문들을 사랑하시는도다
4절 | 나는 라합과 바벨론이 나를 아는 자 중에 있다 말하리라 보라 블레셋과 두로와 구스여 이것들도 거기서 났다 하리로다

"예수님도 들어갈 수 없는 교회?"

어떤 차별적인 요소로 예배 출석을 제한할 때 나오는 말입니다. 백신 패스를 도입한 어떤 교회를 향하여 이 말이 나왔던 적이 있었습니다. 교회의 속성 중에 보편성(일반성)을 상실하면 이런 논란은 계속될 것입니다. 신약 교회는 어떤 조건이라도 신앙고백을 확실히 하는 사람의 출석을 막을 수 없습니다. 구약의 민족 교회인 이스라엘은 그 가입 조건이 할례와 율법 준수이듯이 신약 교회의 가입 조건은 예수님을 구주로 믿는 고백이기 때문입니다.

87편은 이 우주적 교회의 예언을 하고 있습니다. 우리는 신구약성경을 다 알고 있어서 세계 교회라는 하나님의 뜻을 알고 있지만 구약 백성들에게 세계 교회는 아주 생소한 개념입니다. 그러므로 이 시편은 간결하지만 난해성은 최고에 속합니다. 87편을 해석하는데 있어서의 핵심 단어는 '시온'입니다. 단어 자체로는 3번 나오지만 자세히 분석해 보면 의미상으로 11번 정도가 등장합니다. 시온은 물리적으로 예루살렘 남동쪽 기드론 골짜기 사이에 있는 언덕 같은 산입니다. 아브라함이 이삭을 번제로 바친 모리

아 산과 같은 곳이고 다윗 시대에 언약궤가 안치된 곳이고 솔로몬의 성전이 지어진 곳입니다.

예수님이 십자가에 달리신 골고다 언덕도 이 곳이며 솔로몬 시대 이후 이스라엘의 정치와 종교의 중심지입니다. 이런 배경에서 구약성경에는 예루살렘과 시온이 동의어처럼 쓰여 집니다. 1절에서 '그의 터전이 성산에 있다'고 했는데 이 성산이 시온이며 터전이란 말은 개역성경에 기지라고 번역되어 있고 본뜻은 모태(어미의 태 안)입니다. 즉 시온은 구약 백성뿐만 아니라 세계의 구원받는 백성의 모태가 된다는 것을 노래하고 있습니다.

2절에서 하나님께서 야곱의 모든 거처보다 이 시온의 문들을 더 사랑하신다는 것은 당연한 표현입니다. 물리적인 이스라엘 백성의 거주하는 땅보다 하나님의 통치의 상징 같은 시온의 도성이 사랑스럽고 영광스러운 곳입니다. 하나님의 통치가 이루어지는 곳의 영화로움은 신약 시대로 대입하면 교회입니다. 신약 교회를 주님의 몸(엡 1:22)이라고 하시고 주님의 신부(엡 5:23, 32)라고 한 것은 예수님과 동일하다는 선포입니다.

4절에 나오는 과거 이스라엘을 괴롭혔던 열방들(라합, 바벨론, 블레셋, 두로, 구스)이 시온성에서 났다고 하는 것은 엄청난 표현입니다. 구약의 시야를 벗어나 구원의 종말론적 시각을 가져야만 이해할 수 있는 섭리적 결론입니다. 이 복음의 영광이 시간과 공간을 건너 우리에게까지 왔고 우리는 등록되어(6절) 영적인 시온(이스라엘)의 백성이 되었습니다(롬 9-11장). 생명책에 등재된 우리가 거하는 영적인 시온의 도성은 하나님의 현현과 통치가 이루어지는 곳이며 찬양과 기쁨이 넘치는 곳입니다(7절). 이 신비롭지만 실재적인 경험을 얼마나 믿고 누리십니까?

♦ 시편 88편 성경칼럼

4절 | 나는 무덤에 내려가는 자 같이 인정되고 힘없는 용사와 같으며
13절 | 여호와여 오직 내가 주께 부르짖었사오니 아침에 나의 기도가 주의 앞에 이르리이다

"관종, 노이즈마케팅"

관종이란 관심 종자의 준말로서 관심을 받고 싶은 사람을 뜻합니다. 이를 경영의 기법으로 이용하는 것을 노이즈마케팅이라고 하는데 일부러 상품을 구설수(부정적인 소문)에 올려 알리는 방식입니다. 대중의 관심을 끌어야 존재할 수 있는 연예인이나 정치인들은 거의 알게 모르게 이 수법을 쓰고 있다고 보면 됩니다. '잊혀 지기보다는 죽는 것이 낫다'라는 말은 이런 측면에서 나온 말입니다. 크고 작은 관종의 기질을 가지고 있는 인간의 모습은 이 세상의 주고받음에서 그칩니다.

영적인 생활과 내세에 이르는 관종의 세계가 시편 88편에 등장합니다. '에스라인 헤만'이 저자인 이 시를 읽으면서 들어오는 모습이 바로 영적 관종과 노이즈마케팅의 이미지입니다. 하나님과의 기도에서 자신이 겪는 고통스런 상황을 최고의 표현을 통해 나타내고 있기 때문입니다. 고난의 지속성과 만성적인 고통의 극심함이 읽는 자들마저 탄식이 나올 정도로 적나라합니다. 아프고 쓰리고 희망도 사라져서 살았지만 죽은 시체와 별반 다름이 없다고 탄식합니다(5절).

영적으로 자신의 죄 때문임을 잘 알고 있지만 하나님이 주신 벌이라고 깨닫기에 고통의 무게는 더 가중 됩니다. 마치 욥이 자신의 가진 건강, 가족, 재물, 명예, 친구를 다 잃고 단독자로 하나님 앞에 선 것과 같은 모습입

니다. 인간에게 하나님이 없는 상태는 시체요 무덤입니다.

(욥 17:14~15) "무덤에게 너는 내 아버지라, 구더기에게 너는 내 어머니, 내 자매라 할지라도

나의 희망이 어디 있으며 나의 희망을 누가 보겠느냐"

기자는 자신의 처참한 상태를 복잡한 감정으로 토로한 후에 욥과 같은 질문 모드로 전환합니다. 질문은 태도에 따라 당돌한 이미지가 주어지지만 영적으로는 오히려 겸손의 상징입니다. 질문을 안 한다는 것은 대답을 알고 있다는 교만이고 어쩌면 자신이 하나님의 자리에 앉아 있다는 착각일 수도 있습니다. '헤만'은 절망 속에 멈춰 있지 아니하고 질문을 함으로서 기도의 돌파구를 엽니다. 내용상으로는 응답지 않으시는 하나님을 향한 항변처럼 보입니다(10~12, 14절).

그러나 이 과정에서 그는 자신의 고통과 절망이 불신자들과 차원이 다름을 알게 됩니다. 그에 대한 하나님의 관심은 절대 없어지지 않았다는 것입니다. 선택받은 자의 아픔을 함께 아파하시는 주님의 마음을 알아채고 있습니다. 영혼의 비참함을 알 때 영적 의사이신 주님을 찾고 지옥의 무덤 앞에서 구세주를 비로소 찾는 인간을 보게 됩니다. 인간 친구보다 영원한 친구가 되시는 예수님을 만날 때 심령의 고독은 마침표를 찍습니다. 새드 엔딩처럼 끝나는 이 시가 성경적 신앙의 깊은 행복을 열어 줍니다.

♦ 시편 89편 성경칼럼

8절 | 여호와 만군의 하나님이여 주와 같이 능력 있는 이가 누구리이까 여호와여 주의 성실하심이 주를 둘렀나이다

20절 | 내가 내 종 다윗을 찾아내어 나의 거룩한 기름을 그에게 부었도다

"엄친아, 엄친 딸"

'엄마 친구 아들과 딸'의 줄임말입니다. 엄마가 자기 자녀에게 자기 친구 자녀를 자랑하며 하는 말로 시작되었습니다. 집안 좋고 공부 잘하고 외모가 탁월한데 성격과 매너까지 다 갖추었으니 현실에서 찾기 어려운 사람을 의미합니다. 이와 같은 이유로 '사캐(사기 캐릭터)'라고 부르기도 합니다. 그런데 성경에는 이와는 비교할 수 없는 분이 나옵니다. 바로 하나님이십니다. 하나님께서는 전능하신 창조주이시며(11절) 인자하시고 진실하신 분이십니다(14절). 여기서 끝이 아니라 성실하신 분이어서 한번 하신 약속은 끝까지 꼭 지키시는 분이십니다(8절).

더욱 실감해야 하는 것은 그 놀라운 하나님께서 구원의 백성을 일일이 택하여 부르신다는 사실입니다. 하나님께서는 다윗과의 관계에서 다윗을 찾아냈다는 선언을 하십니다(20절). 어느 누구도 하나님이 택하여 찾아내고 부르지 아니하면 그 앞에 나갈 자가 없습니다. 나 하나를 소중히 보시고 인격적으로 찾아내어 언약을 주시는 주님을 진정 기뻐합니다. 하나님의 성실이 아니면 단 한 순간도 구원의 자녀로 살 수 없음을 고백합니다.

시편 89편은 하나님의 능력과 성품을 찬양하면서도 인간의 실존적 모습을 다루고 있습니다. 불변의 언약을 하시고 실행하시는 하나님과 계명을 어기고 범죄 하는 인간의 모습은 영적인 괴리감을 보여줍니다(30절). 실제적인 역사에서 이스라엘은 하나님을 배신했고 그 결과로 수치스런 멸망을 당하고 있는 것입니다. 영원할 것이라고 약속했던 육신적 다윗의 왕국은 사라지지만 영적 다윗계통 왕인 메시야가 도래한다는 언약은 진행됩니다(26-27절). 신약에 군중들이 그토록 목 놓아 외쳤던 '다윗의 자손 예수여'라는 외침이 예언되어 있습니다.

영적인 다윗 왕국의 우주적 통치는 예수님을 통하여 이루어졌고 그 반열에 어느덧 우리가 들어와 있는 것입니다. 구약의 언약 백성들은 불순종한다 할지라도 다윗과의 언약은 영원히 파기하지 않습니다(33-36절). 하나님의 성실하심이 구속의 역사에서 온전히 이루어지는 것이 예수님의 대속 사건입니다. 본시의 기자가 눈에 보이는 환경적 저주를 정확히 인식함과 함께 영원하시고 성실하신 하나님을 찬양하는 모습은 귀하고 아름답습니다.

시편의 3권을 마치면서 아멘 아멘을 복창하는 뜨거운 감격은 성실하신 하나님의 구속비밀을 아는 자만이 드릴 수 있는 경배입니다(52절). 우리는 엄친아와 엄친딸을 부러워 할 필요가 없는 '아버지 하나님의 성실함을 먹고사는 존귀한 존재'임이 명확합니다. 이스라엘은 불순종하여 징계를 받았지만(30절) 우리는 순종하여 복을 받는 길로 갈 것입니다.

♦ 시편 90편 성경칼럼

2절 | 산이 생기기 전, 땅과 세계도 주께서 조성하시기 전 곧 영원부터 영원까지 주는 하나님이시니이다
12절 | 우리에게 우리 날 계수함을 가르치사 지혜로운 마음을 얻게 하소서

"그리스도인과 비신자와의 결정적 차이?"

이 질문에 대한 대답은 신앙의 질에 따라 여러 가지가 나올 것입니다. 주일을 지키고 예배를 드리는 것으로 차이가 난다는 답이 우선적으로 나올 수 있습니다. 그러나 이것은 신앙의 겉모습으로 구별되는 것이기에 본질적 답에 이르지는 못 합니다. 또 한 가지는 구원의 확신을 가지고 영생의 생활을 하는 여부에 따라 구별할 수도 있습니다. 이것은 장기간의 검증을 통한 열매로만이 판단할 수 있는 것이기에 당장의 판단 기준으로 삼기에는 무리

가 있습니다.

그러면 단시간의 검증을 통한 구별점이 있다면 무엇일까요? 크게는 신앙 고백을 통한 점검입니다. 기독교의 믿는 내용의 핵심인 사도신경의 항목들을 진정으로 믿고 고백하면 그 사람은 그리스도인의 반열에 있다고 인정할 수 있습니다. 작게는 하나님(삼위일체)을 어떤 분으로 알고 믿느냐와 인간과 인생을 어떻게 인식하고 있느냐의 내용을 체크하면 됩니다. 하나님 앞에서의 나는 어떤 존재인지를 인식하는 것이 신앙입니다.

시편 90편은 모세가 쓴 유일한 시로 하나님에 대한 위대한 고백과 인생의 실존에 대한 깊은 통찰력을 설파하는 유명한 작품입니다. 하나님의 절대성과 인간의 허무성을 극명하게 대조시킵니다. 하나님의 광대하심과 영원성에 대조되어 나오는 인간의 왜소함과 유약성을 비유를 통해서 알기 쉽게 표현합니다. 하나님의 영원성과 전능성은 창조이전에도 존재하였지만(1-2, 4절) 인간이란 존재는 한낮 티끌이요 잠깐의 풀 같다고 비유합니다(3-5절). 하나님 없는 인생이란 허무하며 슬픔과 고통뿐임을 분명히 알고 고백하고 있습니다(6-9절).

모세는 가나안 정탐꾼들의 불신앙적인 보고를 받고 출애굽 1세대들은 여호수아와 갈렙을 빼고는 모두 광야에서 거꾸러질 것을 알았습니다. 그는 중보자적 책임을 통감하며 좌절하지만 한편으로는 하나님의 공의적인 심판에 대한 엄위하심을 생각하며 긍휼을 구하고 있습니다. 모세는 인간만 보면 구제불능의 실망뿐이지만 허무함에 계속 머물러 있지만은 아니합니다. 잠시 피다지는 풀의 꽃처럼 시드는 인생이 영원하신 하나님께 접붙임을 받을 수 있는 연결고리를 제시합니다.

12절의 우리의 날을 계수하는 지혜로운 마음을 얻게 된다면 하나님의 영원으로 전입되는 기쁨이 주어진다는 것입니다. 영원과 대조되는 인간의 허무한 시간에 하나님의 긍휼(13절)과 인자하심(14절)이 더해진다면 다른 세계가 열리는 것입니다. 물리적인 매일 아침이 허무한 것이었다면 주님의 손길이 스친 인생은 그 은총으로 만족이 임할 것입니다. 하나님 앞에서 우리의 날을 계수하며 매일 매일을 산다는 것은 영적인 역전이 일어나는 일입니다. 참된 그리스도인이란 하나님이 어떤 분인지를 아는 것과 사람이 어떤 처지인지를 정확히 아는 자입니다. 나아가 영원하신 하나님께 접붙임을 받은 것을 알고 그 은혜를 공급받는 자인 것입니다.

♦ 시편 91편 성경칼럼

11절 | 그가 너를 위하여 그의 천사들을 명령하사 네 모든 길에서 너를 지키게 하심이라

14절 | 하나님이 이르시되 그가 나를 사랑한즉 내가 그를 건지리라 그가 내 이름을 안즉 내가 그를 높이리라

"가출을 해본 적이 있습니까?"

청소년기의 가출은 두 종류가 있습니다. 반항하며 자기 자유를 위해서 하는 것과 집안이 안전하지 못해 부득불 하는 경우입니다. 어른이 되어서는 전자의 가출보다 후자의 가출이 우위를 차지합니다. 삶에서 안전이 얼마나 중요한 것인지 실감하며 어쩌면 최우선에 있음이 확인 됩니다. 작게는 가정의 안전이지만 크게는 사회와 국가적인 차원으로 확대 됩니다. 91편의 저자가 누구인지 나와 있지는 않지만 그 내용으로 보아 인생이 당할 수 있는 모든 종류의 위험과 환란을 체험한 사람임이 분명합니다.

46편과 유사한 내용과 구조를 가지고 있지만 감정의 굴곡이 없이 하나님께 대한 굳건한 신뢰를 확신하고 있습니다. 시인은 먼저 1절에서 하나님을 지존자(가장 높은 분)와 전능하신 분으로 일방적으로 선포합니다. 이어서 그 놀라운 하나님이 바로 자신과 인격적인 관련을 맺고 계신 분으로 확신하고 있습니다. 초월적인 하나님이 인간의 실존 속에 함께 할 수 있는 특별한 분임을 알고 고백합니다. 가장 높으신 전능의 하나님께서 미천한 인생에게 피난처와 요새가 되신다는 것은 믿음의 눈이 아니고는 볼 수가 없습니다.

하나님의 은밀한 곳과 그늘 아래 거하다는 것(1절)은 절대 안심할 수 있다는 뜻이며 이는 믿는 자의 엄청난 특권입니다. 이런 시인의 선언적 고백은 허공을 가르는 허무한 말이 아니라 하나님의 보호를 경험한 자로서의 간증이 담겨 있습니다. 사실 우리의 인생 곳곳에 지뢰처럼 깔려 있는 전 방위적 위험은 우리의 실력으로 방어하기가 불가능합니다. 사냥꾼의 올무에 언제 걸릴지 모르는 동물 같으며 극한 전염병이 언제 어디서 엄습할지 모릅니다(3절). 원수의 다양한 공포와 화살은 밤낮의 구별이 없이 닥칠 수 있기에 불안감에 떨 수밖에 없습니다(5-6절). 성도를 보호하시는 하나님의 신실한 방패가 아니면 우리의 지금, 여기는 없을지도 모릅니다.

하나님의 보호에 대한 믿음은 과거의 간증에서 미래의 안전보장으로 능히 전환됩니다. 12절과 13절의 내용은 메시야의 재림으로 인하여 완성될 완벽한 의로움을 보여줍니다. 우리는 주님이 광야에서 마귀에게 시험 당하실 때 이 말씀(12절)으로 물리친 것을 잘 압니다. 극악의 대표인 사자와 독사를 밟고 누르는 승리(13절)는 메시야의 그룹에 속한 자의 사역입니다(눅 10:17~20).

시인처럼 미래를 현재에 가져다 쓰는 지혜는 믿음의 속성(히 11:1)이며 신자의 능력입니다. 하나님의 이름을 알고 하나님을 사랑하고 하나님께 간구하는 자는 궁극적인 존귀와 축복이 제공됩니다(14-16절). 이 시는 인간적인 안전에 대한 노력을 하지 말라는 것이 아닙니다. 그 안전의 한계를 속히 눈치 채고 하나님의 안전 보장에 믿음을 구사하라는 메시지입니다. 예수님을 믿는 자의 독특한 안전을 체험하고 그 축복을 전파하는 이 시대의 다윗이 되기를 기도합니다.

♦ 시편 92편 성경칼럼

5절 | 여호와여 주께서 행하신 일이 어찌 그리 크신지요 주의 생각이 매우 깊으시니이다

14절 | 그는 늙어도 여전히 결실하며 진액이 풍족하고 빛이 청청하니

"교회에서의 짜장면 논쟁?"

더 정확히 표현하면 '주일에 짜장면을 사먹어도 되는가' 입니다. 지금 이 논쟁을 한다면 별걸 다한다고 하겠지만 40여 년 전이라면 이야기가 달라집니다. 당시에 저는 김포읍의 개척교회에 다니고 있었습니다. 청년 교사였던 저는 주일 일찍 일어나 서울에서 2시간이 걸리는 대중교통을 타고 교회에 도착합니다. 교회학교 1부와 낮 예배에 참석하고 오후에는 교회학교 2부 활동을 하고 밤 예배를 드리는 스케줄이었습니다.

문제는 교회에서 식사를 제공하지 않았기에 각자가 스스로 해결해야 하는 것이었습니다. 집이 가까운 교인들은 문제가 없었는데 저와 같은 청년들은 매식을 할 수밖에 없는 사정이 발생합니다. 가난한 청년 교사들에게 제가 주로 짜장면을 사 주었습니다. 그런데 이른바 보수적인 교인들이 구약의 안식일 율법을 들어 주일에 일도 멈추어야 하기에 돈도 쓰면 안 된다

는 문제제기를 한 것입니다. 이 짜장면 논쟁은 성경 말씀에서 주님이 결론을 내려 주신 것을 적용하여 마무리가 되었습니다.

(눅 6:4~5) "그가 하나님의 전에 들어가서 다만 제사장 외에는 먹어서는 안 되는 진설병을 먹고 함께 한 자들에게도 주지 아니하였느냐 또 이르시되 인자는 안식일의 주인이니라 하시더라"

주일에 하는 매식이 자기 쾌락을 위해서 하는 것이 아니라 주님의 일을 하기 위한 목적이라는 '중심의 원리'에 공감이 이루어졌던 것입니다. 이 에피소드를 소개하는 이유는 92편의 표제문이 '안식일의 찬송시'이기 때문입니다. 구약 백성들이 안식일에 부르는 이 찬양시의 내용이 우리가 주일을 어떻게 대하고 지킬 것인가의 원리를 제공합니다. 1-6절까지 지존하신 하나님을 향한 찬양의 이유와 방법과 시기와 악기를 보여줍니다.

우리가 주일을 단지 세상일을 중지하고 휴식하는 소극적 순종을 뛰어넘어 하나님의 경륜과 사랑을 깨닫고 기뻐하며 최선을 다하여 경배할 것을 권고합니다. 7-9절에서는 악인의 일시적 형통을 부러워하거나 시기하지 말고 담담하게 저들의 궁극적 멸망을 주님께 맡기고 견고한 신앙을 소유할 것을 말씀합니다. 오히려 우리가 집중할 것은 의인의 영원한 흥왕에 대한 생생한 약속입니다(10-15절. 에덴동산의 행복하고 풍성함을 고스란히 옮겨 놓은 것과 같이 시각적으로 그려집니다. 종려나무의 열매는 무려 100kg에서 200kg나 나가니 그 창성함의 규모가 최고임을 보여줍니다(12-13절).

의인의 상징인 모세와 다윗을 염두에 두고 늙어도 결실하며 행복하게 장수할 것을 말씀합니다(14절). 이 시는 안식일의 연속성인 신약의 주일에 어떤 중심으로 예배를 드리고 주님을 섬길 것인지를 결단하게 합니다. 나에게 행하신 하나님의 깊으신 생각과 놀라운 사역이 주일의 영광을 더욱 사모하게 합니다(4-5절). 주일은 주일이 오기 전부터 사모하고 준비해야 합니다.

♦ 시편 93편 성경칼럼

1절 | 여호와께서 다스리시니 스스로 권위를 입으셨도다 여호와께서 능력의 옷을 입으시며 띠를 띠셨으므로 세계도 견고히 서서 흔들리지 아니하는도다

4절 | 높이 계신 여호와의 능력은 많은 물 소리와 바다의 큰 파도보다 크니이다

"나를 나타내 주는 것은?"

보이지는 않지만 사람의 이마에 쓰여 진 문장이 있다면 '나를 좀 인정해 달라'는 말입니다. 이를 위해 외모와 패션과 소도구(차량, 시계, 가방, 집 등)를 준비합니다. 나아가 인맥과 지식과 언변을 갖추고 재력과 권력과 명예를 추구합니다. 겉으로의 치장은 가짜로 할 수 있지만 내적 실력인 인격과 사람의 존경을 받는 영향력은 쉽게 이룰 수 없습니다.

지금까지의 조건들이 세상의 기준이며 가치였다면 그리스도인의 나타냄(정체성)은 과연 무엇일까요? '하나님의 통치가 이루어지는 사람'입니다. 그리스도인이란 그리스도의 영이 있는 사람이란 뜻입니다(롬 8:9). 하나님의 다스리심을 받아들이고 순종하겠다는 방향을 정한 사람입니다. 십계명 중의 3계명이 하나님의 이름을 망령되이 일컫지 말라고 하므로 생긴 호칭이 바로 '아도나이'입니다. 나의 주님(My Lord)이란 뜻이며 하나님을 주인으로 받들고 다스리심을 받는다는 고백입니다.

우리의 정체성은 하나님의 통치를 얼마나 받고 있느냐로 판결이 나는 것이 분명합니다. 이 말은 반비례하여 사단 마귀의 통치(욕심, 살인, 거짓)를 얼마나 거부하고 벗어나는가의 씨름이기도 합니다(요 8~44). 93편은

하나님의 통치가 어떤 것이며 그 결과는 어떻게 이루어지는지를 노래합니다. 첫째, 하나님의 통치는 공간적으로 우주 만물에까지 이루어집니다(1절). 주님의 통치는 지구에만 머무는 것이 아니라 온 우주를 운행하시는 능력입니다. 우주를 코스모스(cosmos)라고 하는데 이는 질서라는 뜻으로 하나님의 전능하신 경륜과 섭리를 알려 줍니다.

둘째, 하나님의 다스림은 시간적으로 영원까지 미칩니다(2절). 하나님의 통치는 창조 시기인 태초 그 이전부터 시작되었고 이 세상 끝 날까지 계속될 것이며 영원한 왕국으로까지 계속됩니다(계 19:6). 주기도문의 마지막이 '나라와 권능과 능력이 영원히 아버지의 것입니다'로 마치는 것을 깊이 새겨야 합니다. 셋째, 하나님의 통치는 이 세상 어떤 통치자도 제압하는 권세입니다(3~4절). 세상 권세자의 위협이 아무리 큰물과 바다와 광풍일지라도 하나님의 능력과는 비교할 수 없는 미미한 것입니다.

역사 속에 일어났던 수많은 악한 통치자들을 꺾어 수치를 안겼던 하나님께서 교회와 성도를 압살하려는 권세자를 질그릇처럼 부수실 것을 우리는 알고 있습니다. 이제 우리에게 합당한 일은 주님의 증거인 말씀을 확신하고 주님의 집에서 거룩한 삶을 위해 정진하는 것입니다(5절). 나의 정체성은 주님의 통치를 받음으로 열매 맺는 하나님 나라의 의와 평강과 희락입니다(롬 14:17). 나의 마음이 확정되고 확정되었사오니 성령의 다스림을 받게 하소서!

♦ 시편 94편 성경칼럼

7절	말하기를 여호와가 보지 못하며 야곱의 하나님이 알아차리지 못하리라 하나이다
12절	여호와여 주로부터 징벌을 받으며 주의 법으로 교훈하심을 받는 자가 복이 있나니

"어리석음 경연대회(contest)"

역발상적인 힌트 속에 만든 문장입니다. 잘나고 잘하는 것을 지향하는 세상에 이런 대회는 절대 없을 것입니다. 그러나 우리 주변에, 아니 나의 생활에 수도 없이 벌어지는 일이 어리석음의 향연입니다. 음주운전 한방으로 수 백 억을 날린 야구선수도 있고 말 한마디로 고관대작이 쫓겨나는 일은 아주 빈번합니다. 개인적으로도 일상생활 속에서 다음에 일어날 일을 감안하지 않고 한 즉흥적 선택에 톡톡한 대가를 치르는 일은 수두룩합니다. 성경에 나오는 수많은 사람들의 이야기는 말 그대로 어리석음의 경연대회입니다.

팥죽 한 그릇에 장자의 명분을 판 에서, 시기심을 극복하지 못해 촛대를 뺏긴 사울, 인간적 시각을 버리지 못한 가룟 유다의 사례는 멀리 있는 이야기가 아니라 수시로 우리 마음속에 일어나는 그림입니다. 과연 이 경연대회의 대상은 누가 차지할까요? 개인적인 구별보다 성경의 정의를 살펴봅니다.

(시 14:1) "어리석은 자는 그의 마음에 이르기를 하나님이 없다 하는도다 그들은 부패하고 그 행실이 가증하니 선을 행하는 자가 없도다"

어리석음의 원천은 하나님이 없다고 하는 마음입니다. 여기에서 나오는 미련함과 무분별함과 바보 같은 판단이 악행으로 달려갑니다. 하나님이 없다고 정하니 버릇이 없어지고 경솔하게 행동하고 교만하게 됩니다. 그 다음에 나오는 순서는 양심이 마비되고 악한 열매를 자랑하며 악한 편당을 만들게 됩니다. 신약에서 어리석은 자의 정의는 주님이 내려 주십니다. 주님께서는 어리석은 부자 이야기(눅 12:19~20)도 하셨지만 근본적으로 말씀을 받아들이지 않는 자를 지적하셨습니다(눅 24:25-26). 바울 사도는 예수님의 생명과 부활을 거부하고 내세를 모르는 자를 어리석은 자라고 말씀합니다(고전 15:36).

94편에 나오는 하나님의 공의에 맞서는 악인의 불의는 어리석은 자들의 적나라한 실상을 보여줍니다. 낄낄거리며 오만하게 죄악을 행하는 것은 하나님에 대한 부인과 무지에서 나옵니다(3-4절). 주의 백성을 짓밟으며 약자들을 죽이는 행태를 저지르며 이를 하나님과 연결시켜 신성을 모독하고 있습니다(5-7, 20-21절).

이어서 시인이 의인을 향한 독특한 시각을 발견합니다. 의인의 반열에 속한 사람도 그 한계가 있기에 완전하지 못합니다(8-11절). 의인에게도 하나님의 징벌은 면제되지 않아 실행되지만 이 징계를 통해 교훈을 받기 때문에 복이 있다고 선언합니다. 이 과정에서 평안을 얻고(13절) 정직의 도를 따르며(15절) 하나님만이 도움과 위안이 되신다는 것을 고백하게 됩니다(16-19절). 악인의 어리석음과 의인의 지혜로움의 분기점은 어디일까요? 하나님의 살아계심과 심판을 알고 수시로 그 분 앞에 살고자 하는 중심이 있느냐 없느냐로 결정됩니다(22-23절).

♦ 시편 95편 성경칼럼

5절 | 바다도 그의 것이라 그가 만드셨고 육지도 그의 손이 지으셨도다
7절 | 그는 우리의 하나님이시요 우리는 그가 기르시는 백성이며 그의 손이 돌보시는 양이기 때문이라 너희가 오늘 그의 음성을 듣거든

"성경의 내용을 한 단어로 표현한다면?"

이런 질문을 받아 본적은 없지만 목회자로서 준비하는 차원에서 생각해 보았습니다. 중요도에 따라 다섯 순서까지 제시해 봅니다.

①구속(구원), ②구속, 창조(하나님), ③구속, 창조, 심판(영생), ④구속, 창조, 심판, 성화(순종),

⑤구속, 창조, 심판, 성화, 사역(능력)입니다. 얼마든지 다른 단어가 나올 수는 있겠지만 신학 수련을 하고 신앙의 연륜이 깊다면 동의할 수 있는 답일 것입니다.

성경이 구원에 대한 하나님의 뜻이라는 것은 인정할 수 있는데 두 번째가 창조라는 것에 대한 이유가 궁금할 것입니다. 그것은 하나님이 창조주가 아니면 우리의 믿는 모든 내용이 헛것이 되기 때문입니다. 십계명이 첫 번째로 주어졌을 때 안식일을 준수하는 이유를 천지 창조를 하신 하나님을 기억하는 것이라고 하였습니다(출 20:8~11). 두 번째로 주어진 십계명에서는 애굽에서의 구속을 기억하여 안식일을 지키라고 하셨으니(신 5:12~15) 창조신앙은 모든 신앙의 반석이라고 보아도 좋습니다.

심판은 인간의 구제불능의 죄악을 성경은 끊임없이 외치고 있으며 그에 따른 하나님의 긍휼을 보여 주기 때문입니다. 하나님의 은총에 반응하는 인간의 태도는 극히 악하여 이스라엘 백성들의 광야의 몰살로서 결론이 납니다. 이 구원과 창조와 심판의 세 가지 단어가 절묘하게 어우러진 시가 95편입니다. 1-5절까지 전능하신 창조와 절대 주권자로서의 하나님을 경배하며 찬양하고 있습니다. 우리를 육적으로 창조하셨을 뿐만 아니라 거듭난 영적 백성으로 창조하신 하나님께 순종의 무릎을 꿇는 것이 예배임을 선언합니다(6절). 창조주이시고 구속주이신 하나님과 우리의 관계를 기르시는 백성이고 돌보시는 양이라고 선포합니다(7절).

여기까지가 창조와 구속의 내용이었다면 그 이하에 나오는 장면은 심판을 자초하는 인간의 비극적 실존입니다. 당연히 주인 되시는 하나님의 음성을 듣고 순종하고 그 복락을 누려야 할 백성들의 패역을 그리고 있습니다. 하나님만이 하실 수 있는 기적을 경험하고 선지자를 통한 하나님의 말씀을 들은 인간의 반응을 역사적 사건을 예로 들고 있습니다. 출애굽기 17:1~7에 나오는 르비딤 사건은 불순종의 집합소 같습니다. 자기들 생각대로 되지 않자 들려오는 다툼과 원망과 불평이 하늘을 찌릅니다. 가장 고약한 것은 하나님의 살아계심을 분명히 알고 있는 자들의 하나님에 대한 시험입니다. 눈앞의 것에 매여 모세에게도 대들고 하나님의 존재도 시험하고 모독하는 모습(9절)은 우리에게 경고를 주기에 충분합니다.

성경은 하나님을 시험하지 말라고 분명히 명령합니다(신 6:19, 눅 4:12). 다만 자신의 신앙에 대한 시험 두 가지를 허락하셨는데 하나님이 기뻐하실 것이 무엇인지(엡 5:10)와 온전한 십일조의 축복을 시험하라(말 3:10)는 것뿐입니다. 창조와 구속을 감사하며 예배하는 것이 축복신앙의 정주행입니다. 반대로 르비딤의 새 이름인 므리바(다툼)와 맛사(시험)의 불순종은 저주의 심판으로 가는 급행선임을 보여줍니다(10~11절).

♦ 시편 96편 성경칼럼

5절 | 만국의 모든 신들은 우상들이지만 여호와께서는 하늘을 지으셨음이로다
10절 | 모든 나라 가운데서 이르기를 여호와께서 다스리시니 세계가 굳게 서고 흔들리지 않으리라 그가 만민을 공평하게 심판하시리라 할지로다

"수많은 우상을 넘어 하나님 앞에"

참된 기독교 신앙으로 가는 길에 우상숭배라는 막강한 장애물이 있습니다. 우상(헬, 에이돌)이란 1차적으로는 하나님외의 다른 신들과 그들을 나타내는 형상을 의미합니다. 신약은 이 개념을 확대하여 하나님 이외의 어

떤 것에 대한 궁극적인 신뢰를 가리킵니다. 특별히 탐심에 대하여는 콕 집어서 지적합니다.

(골 3:5) "그러므로 땅에 있는 지체를 죽이라 곧 음란과 부정과 사욕과 악한 정욕과 탐심이니 탐심은 우상 숭배니라"

저 같은 경우에는 하나님을 진정으로 만나기 전에 우상을 순례한 것이 기억납니다. 유교의 제사 문화와 기성 도덕률에 대한 벽을 뛰어 넘는 것이 만만치 않았습니다. 도교의 도인은 죽기 6개월 전에 살던 곳을 떠나 산속 깊이 들어가 혼자 세상을 하직하는 것이 멋져 보여서 매력을 느끼기도 하였습니다. 불교의 선승들과 문답을 하며 그 기본교리를 배우며 머리를 깎을까 하는 생각도 한 적이 있었습니다. 혈혈단신으로 서울에 올라와 그 힘들고 외롭던 10대 시절에 일련정종의 짜릿한 유혹도 받아 보았습니다. 남묘호랭계교 라는 주문을 많이 할수록 부귀영화가 온다고 하니 솔깃하긴 했지만 상식에 어긋나 입문하지 않았습니다. 지식의 최고봉인 철학에 대한 심취도 해보고 무신론의 대가와 밤을 새며 토론을 해 보기도 하였습니다.

다행히 이 여행은 이십대 초반에 끝이 났고 전능하신 하나님이 찾아 오셨습니다. 그리고 바로 깨달은 것이 이 모든 우상숭배의 공통점은 이기심과 탐심에 있다는 것을 성경을 만나면서 판별이 되었습니다. 96편의 기자는 세상의 모든 신들은 우상들이라고 단호하고 명쾌하게 선언합니다(4, 5절). 하나님은 창조주로서 하늘(우주)를 지으셨지만(5절) 다른 신들은 그 피조물 중의 어떤 미미한 것밖에 되지 않습니다. 우상중의 최고봉이 태양신인데 그냥 우기는 것뿐이지 감히 하나님과 비교 자체를 할 수 없습니다.

인간은 위대하시고 존귀와 위엄이 그 앞에 있으며 능력과 아름다움을 베푸시는 하나님께만 오직 경배를 드려야 합니다. 오직 하나님께만 영광을 돌리는 신앙을 가지고 진정한 고백을 할 때까지 시간이 걸리겠지만 곤고한 날이 오기 전에 이르러야 고생을 덜하고 살 수가 있습니다(전 12:1). 기자는 하나님을 섬기는 반열에 속한 자의 마땅히 해야 할 일을 제시하고 있습니다.

세상의 악한 쾌락의 노래를 끝내고 구원의 자녀로서 영적 찬양의 새 노래를 불러야 합니다(1절). 하나님의 구원과 기이한 행적의 복음 말씀을 전파함으로 영광을 돌려야 합니다(2-3절). 하나님께 예배하는데 있어서 최고의 예물과 최선의 정성을 다해야 함을 말씀합니다(8-9절). 하나님의 통치는 모든 민족과 온 인류에게 미치며 의와 진실하심의 심판은 반드시 이루어짐을 믿어야 합니다(10-13절). 썩어질 우상과 영원하신 하나님(롬 1:23)은 전혀 비교 대상이 아님에도 어리석은 자는 갈등하며 삽니다. 하나님의 통치를 받는 자의 지극한 복락을 누리는 길이 우리 앞에 열려 있습니다.

♦ 시편 97편 성경칼럼

2절 | 구름과 흑암이 그를 둘렀고 의와 공평이 그의 보좌의 기초로다
10절 | 여호와를 사랑하는 너희여 악을 미워하라 그가 그의 성도의 영혼을 보전하사 악인의 손에서 건지시느니라

"리액션(reaction)이 너무 좋아"

어떤 말이나 정보를 대할 때 나오는 반응이 만족스러울 때 나오는 멘트입니다. 자신의 말에 맞장구를 치거나 추임새를 알맞게 넣어주는 상대를 만나면 기분이 좋아지고 관계도 돈독해 집니다. 아부나 아첨이 아닌 진정한 리액션은 마음의 동기가 선할 때에만 나옵니다. 인생에서 가장 크고 중요한 리액션이 있다면 무엇일까요?

두 말 할 필요가 없이 하나님의 통치에 대한 반응입니다. 하나님의 속성 중의 핵심이 바로 통치(다스리심)입니다. 이는 인간을 창조하시고 하신 말씀에서 증명 됩니다. 하나님의 형상으로 창조되었다는 것은 다스림의 권세를 하나님께 위임받았다는 뜻입니다.

(창 1:26) "하나님이 이르시되 우리의 형상을 따라 우리의 모양대로 우리가 사람을 만들고 그들로 바다의 물고기와 하늘의 새와 가축과 온 땅과 땅에 기는 모든 것을 다스리게 하자 하시고"

하나님의 통치를 모르거나 거부하는 자는 악인의 길로 리액션을 하고 있다고 보면 됩니다. 하나님의 통치를 알고 순종하는 자는 의인의 길을 선택하는 리액션을 하고 있는 것입니다. 1절에 하나님의 통치를 기뻐하는 땅과 허다한 섬의 반응이 나옵니다. 1차적으로는 자연을 의미하지만 이것은 모든 만물과 모든 나라가 주님의 통치가운데 있음을 선포하는 것입니다. 세상의 통치와는 다르게 하나님의 통치의 기준(기초)은 의와 공평입니다(2절). 의는 옳다는 뜻이고 공평은 공정하다는 의미여서 성경은 이를 합쳐 공의라고 통칭합니다. 공의로우신 하나님의 통치를 거부하는 자들에게 임하는 심판의 성격을 정확하게 표현하고 있습니다.

첫째, '불이 그의 앞에서 나와 사방의 대적들을 불사르시는도다(3절)'라는 뜻은 하나님의 심판은 불가항력적이라는 것입니다. 심판의 불이 하늘에서 쏟아져 사를 때 피하여 살아날 대적은 단 한명도 없습니다(벧후 3:7, 계 6:16). 둘째, '그의 번개가 세계를 비추니 땅이 보고 떨었도다'(4절)라는 것은 심판이 번개처럼 신속하다는 의미입니다. 아직 우주적 심판이 이루어지지 않아 실감하지 못하겠지만 이는 회개의 기회를 주시는 하나님의 배려임을 알고(벧후 3:9) 악을 버리는 일에도 신속해야 할 것입니다. 셋째, '산들이 여호와의 앞 곧 온 땅의 주 앞에서 밀랍 같이 녹았도다'라는 것은 심판의 속성이 아주 강력하다는 뜻입니다. 강철이 아무리 강해도 용광로 안에서는 물과 같이 철철 녹아 버리듯이 세상의 악은 무너질 것입니다(벧후 3:10).

이런 악인에 대한 심판의 선포는 의인에 대한 영광된 반응을 나타내게 합니다(6절). 우상을 버리고 하나님만 섬기는 기쁨과 악을 미워하는 것으로 반응하게 합니다(7~10절). 더 적극적으로는 순종의 결과로 오는 열매를 통해 하나님 나라의 현재적 실현을 이루게 됩니다(11~12절). 빛과 기쁨의 사람인 그리스도인을 보고(12절) 이방인들이 하나님께 나아와서 영광을 돌리는 기적이 우리의 최종 목표임을 알게 됩니다(마 5:16). 하나님의 통치와 심판에 대한 리액션이 기대됩니다.

♦ 시편 98편 성경칼럼

1절 | 새 노래로 여호와께 찬송하라 그는 기이한 일을 행하사 그의 오른손과 거룩한 팔로 자기를 위하여 구원을 베푸셨음이로다

9절 | 그가 땅을 심판하러 임하실 것임이로다 그가 의로 세계를 판단하시며 공평으로 그의 백성을 심판하시리로다

"누구나 낙엽 지는 사연을 끌어안고 산다"

제가 쓴 시의 한 연이 생각났습니다. 사람은 꽃바람 날리던 시절만 있는 게 아니고 낙엽이 지듯이 좌절과 수치의 과거도 있다는 의미입니다. 우리는 과거를 까보자고 대들었을 때 당해낼 장사가 없다는 것을 잘 압니다. 근본적으로 죄인인 인간이 선하고 자랑스런 열매만 맺고 살 수 없다는 한계를 인정할 수밖에 없습니다. 죄와의 쟁투를 처절하게 겪는 인간의 실상을 보여주는 문학 작품이 많은 이유입니다. 죄와 벌, 실락원, 신곡, 까라마조프가의 형제들, 빙점, 주홍 글씨, 양들의 침묵, 사반의 십자가 등등 수많은

작품이 이 주제를 다루고 있습니다.

인간의 유약성과 악독성이 극에 이르렀을 때 드문 경우지만 절대자를 갈구하게 됩니다. 낙엽 지는 사연 속에서 주님을 만날 기회가 주어지는 역설의 은혜는 그리스도인들에게서 얼마든지 찾아볼 수 있습니다. 우리 하나님을 절대자와 주관자로 알고 믿고 찬양하는 것은 하나님께서는 오류가 없으시기 때문입니다. 과거와 현재와 미래라는 시간적으로나 나라와 세계와 우주 만물의 공간적으로도 하나님은 완전하십니다. 이 완전하심은 능력으로만이 아니라 언약을 주시고 성취하시는 면에서 성실하다는 뜻입니다.

무오류의 하나님과 오류투성이인 인간과의 교합은 논리적으로는 불가능하지만 대속의 원리가 있기에 이루어지게 됩니다. 나를 위해서 독생자가 죄를 감당하시고 죽으셨다는 대속의 원리는 모든 대항의 논리를 덮어 버립니다(사 53:6).

(고후 5:14) "그리스도의 사랑이 우리를 강권하시는도다 우리가 생각하건대 한 사람이 모든 사람을 대신하여 죽었은즉 모든 사람이 죽은 것이라"

95편에서 100편까지의 주제는 하나님께 경배하며 찬양하는 내용입니다. 본질적 죄인인 인간이 자연스럽게 하나님을 찬양하는 것은 절대 불가능합니다. 하나님께서 이전에 행하신 기이한 일을 경험하고 그 오른손과 거룩한 팔의 구원을 성경에서 목격해야 합니다(1절). 그보다 전제되어야 하는 것은 인간 자신의 전적 부패와 무능력을 아는 절망의 인식이 주어져야 합니다. 단 한가지의 길밖에 없을 때 비로소 하나님께 굴복하는 인간의 실존을 냉정하게 직시해야 합니다.

그러하기에 진정한 신자의 최선의 찬양은 귀하고 아름답고 능력이 있습니다. 바울과 실라의 합심기도와 소리높인 찬양은 지진을 일으키고 옥문이 부서지며 착고를 벗겨 버렸습니다(행 16:25-26). 우리의 찬양은 모든 피조 세계와 함께 최고의 악기를 동원하고 기쁨과 감사함으로 해야 합니다(4-8절). 나아가 미래에 이루어질 주님의 임재와 심판에 대한 확고한 신뢰를 찬양하는 것으로 나아가야 합니다(9절). 절망에서 찬양으로 가는 길 곳곳에 영안으로만 보이는 은혜가 선명하게 수놓아져 있습니다.

♦ 시편 99편 성경칼럼

6절 | 그의 제사장들 중에는 모세와 아론이 있고 그의 이름을 부르는 자들 중에는 사무엘이 있도다 그들이 여호와께 간구하매 응답하셨도다

4절 | 능력 있는 왕은 정의를 사랑하느니라 주께서 공의를 견고하게 세우시고 주께서 야곱에게 정의와 공의를 행하시나이다

"그래, 너를 어떻게 대하시더냐?"

방학에 친척 집에 다녀온 자녀에게 부모가 질문합니다. 유치원 다닐 나이만 되어도 누가 나를 얼마나 진정으로 좋아하는지 정확하게 느낍니다. 말 외의 비언어를 통해서 알고 본질적으로는 영적 감각을 가진 인간이기에 느낍니다. 어른이 되어 가면서 관계의 배신과 상처가 쌓여서 사람을 그리 믿지도 의지하지도 않는 상태로 갈 수밖에 없는 이유입니다. 사람이 하나님을 진정으로 가까이 하는데 어려움을 겪고 시간이 오래 걸리는 이유도 이런 선제적 감정 때문입니다.

하나님이 우리를 대하시는(통치하시는) 방식을 구약 성경에 계시된 대로 풀어보자면 공의(정의와 공평)와 인자(사랑과 긍휼)입니다. 이를 수학적으로 이해를 하자면 인자 속에 공의가 부분집합으로 들어가 있습니다. 인

자(헤세드)는 자비라고도 번역되는 구약의 용어이고 신약의 뜻으로는 사랑(아가페:조건 없는 사랑)입니다. 하나님이 어떤 분이신가를 계시하는 직접 표현이 바로 사랑입니다.

(요일 4:16) "하나님이 우리를 사랑하시는 사랑을 우리가 알고 믿었노니 하나님은 사랑이시라 사랑 안에 거하는 자는 하나님 안에 거하고 하나님도 그의 안에 거하시느니라"

그러면 구약에서 왜 인자보다 공의가 더 강조되었을까요? 공의를 포함한 사랑이 인간에게 필요하고 인간의 죄악 된 상태를 알려 주려는 목적이 있기 때문입니다. 아이를 키울 때 사랑하기 때문에 공의의 매를 드는 것을 생각하면 쉽게 이해가 됩니다. 하나님의 통치라는 말을 들을 때 거북한 감정이 있다면 언어의 오염 때문입니다. 이단들이 성경과 기독교의 위대한 단어들(신천지, 하나님의 교회, 다락방, 증인, 새 예루살렘, 왕국회관, 통일, 안식, 영생교 등등)을 도용하여 쓰기에 정통기독교인 우리들이 손해를 보는 것과 비슷합니다. 하나님의 통치를 받을 때 주어지는 복이 대단하지만 세상 통치자들의 악한 다스림이 연상되어 거부감이 들 수도 있다는 뜻입니다.

본래 신정국가인 이스라엘은 하나님이 왕이셨기에 세속적 왕을 구하면 아니 되는 것입니다(삼상 8:5). 이방 왕들의 영광과 위세를 부러워하며 왕을 구하는 백성들의 요청을 받아들이신 하나님의 허락은 신비에 속합니다. 경험을 통한 깨달음을 주시기 위함인지, 왕정시대의 실패를 통한 하나님의 섭리를 이루기 위함인지 신비의 영역에 맡길 수밖에 없습니다. 이스라엘의 세속적 왕권의 실패는 우리에게 거울이 되어 진정한 하나님의 통치를 사모하게 합니다(고전 10:6, 11). 더럽고 추한 인간이 하나님의 거룩한 통치를 받아 순종의 무리가 된다는 것이 얼마나 큰 기적인지 절감합니다(1~4절).

하나님의 거룩을 사모하여 경배하는 자들의 존재가 얼마나 존귀하고 영광스러운 것인지 확인합니다(5, 9절). 그 과정에서 인간 제사장들을 세워 기도하게 하시고 응답하신 하나님은 너무나 좋으신 분이십니다(6-7절). 인간이 행한 대로 갚기는 하셨으나 결국은 용서하시는 하나님의 자비와 긍휼에 감사의 눈물이 흐릅니다(8절). 사람에게 사랑받으려는 수고에서 자유해지고 성령으로 말미암아 부어 넘치는 사랑을 주시는 주님께 오늘도 담대히 나아갑니다.

(롬 5:5) "소망이 우리를 부끄럽게 하지 아니함은 우리에게 주신 성령으로 말미암아 하나님의 사랑이 우리 마음에 부은바 됨이니"

♦ 시편 100편 성경칼럼

2절 | 기쁨으로 여호와를 섬기며 노래하면서 그의 앞에 나아갈지어다
3절 | 여호와가 우리 하나님이신 줄 너희는 알지어다 그는 우리를 지으신 이요 우리는 그의 것이니 그의 백성이요 그의 기르시는 양이로다

"각본, 라이브, 편집?"

어떤 작품이나 프로그램을 보면서 이 세 가지 중에서 어떤 면이 중심일지 분석해 봅니다. 영화와 드라마는 각본과 편집으로 이루어짐이 확실합니다. 예능 프로그램은 이 세 가지가 성격에 따라 조합될 것입니다. 뉴스와 시사 프로그램은 라이브 위주로 보이지만 영향력 있는 세력이 목적에 따라 각본을 가지고 진행되는 경우가 비일 비재합니다. 이것을 크게는 우리의 인생에 대입해 볼 수 있고 작게는 공적예배와 생활예배에 비추어 볼 수 있습니다. 하나님을 믿고 섬기는 그리스도인의 삶은 어디서 어디까지가 라이브이고 각본이고 편집인지 신비한 호기심이 생깁니다. 칼럼이 좀 복잡하게 시작되었지만 본시의 주제가 이와 관련이 있습니다.

100편은 표제문이 '감사의 시'로 예배자들이 감사예물을 가지고 성전문과 뜰을 통과할 때 부르는 노래입니다. 우리들에게는 주일 낮 예배의 예배 초청의 말씀으로 익숙합니다. 예배에서 가장 중요한 요소는 하나님의 뜻에 따라서 드려야 하기에 각본에 의한 예배라고 보아야 합니다. 예배가 구약의 개념으로는 제사인데 제사의 성격은 완전히 인간의 수단을 차단하고 있습니다. 구약에서는 만약 하나님이 정해 주신 방법외의 다른 것을 가지고 나가면 죽는다는 것을 본보기로 보여 주시는 사건이 많습니다.

(민 3:4) "나답과 아비후는 시내 광야에서 여호와 앞에 다른 불을 드리다가 여호와 앞에서 죽어 자식이 없었으며 엘르아살과 이다말이 그의 아버지 아론 앞에서 제사장의 직분을 행하였더라"

신약 교회의 예배는 초대교회의 영광된 모습을 모델(각본)로 삼아 드려야 합니다. 은혜(카리스마)와 선포(케리그마)와 교육(디다케)과 교제(코이노니아)와 봉사(디아코니아)가 있는 예배가 초대교회의 모습입니다(행 2:42~47). 하나님이 정해 놓으신 각본을 따라 예배한다는 의미는 무엇일까요? 하나님께서는 오직 예수님만 통하여 하나님께로 나갈 수 있음을 알고 믿어야 한다는 것을 제사와 예배를 통하여 보여 주시는 것입니다. 그러면 구속의 은총을 받은 우리의 신앙의 역동성은 어디에 해당할까요? 제사와 예배로 나아가는 자들의 기쁨과 감사의 헌신입니다(1-2절).

자원하여 즐겁게 찬양하며 하나님을 섬기며 나아가는 이 역동적인 예배자의 모습은 각본이 아닌 라이브가 될 수 있습니다. 이 중에 억지로 끌려나오기도 하고 체면 때문에 의미 없이 제사하는 자도 있겠지만 그 자체도 라이브가 될 수 있습니다. 하나님이 나를 지으셨기에 경배하고 하나님이 미련한 양 같은 나를 기르시고 계시기에 감사하며 그 궁정에 들어가는 예배자가 되는 것입니다(3-4절).

마지막의 편집부분이 있다면 신앙의 막이 끝나고 영화의 구원이 이루어질 때 이루어질 은혜입니다. 선하시고 인자하신 하나님께서는 예수님의 대속으로 우리의 죄와 불법을 덮으시고 기억하지 아니하시겠다고 하였습니다(히 10:17). 우리의 작지만 선한 행실을 상주시겠다고 약속하신 것이 영적 편집이 아니겠습니까?(마 25:21) 주일은 주님께 영광 돌리는 날이며 예배자의 자세는 자원함과 기쁨으로 주님과 성도를 섬기는 것입니다.

♦ 시편 101편 성경칼럼

4절 | 사악한 마음이 내게서 떠날 것이니 악한 일을 내가 알지 아니하리로다
6절 | 내 눈이 이 땅의 충성된 자를 살펴 나와 함께 살게 하리니 완전한 길에 행하는 자가 나를 따르리로다

"결심과 맹세와 서원"

작심삼일의 경험은 누구나 있을 것입니다. 다짐하고 각오하여도 그 실천의 길은 험난한 것이 틀림없습니다. 그래서 등장한 것이 서약과 맹세입니다. 이는 어느 정도의 사회적, 법적 책임의 강제성을 동반하기에 실천 가능성이 높아집니다. 기독교인들은 예수님께서 함부로 맹세하지 말라고 분명히 명령하셨기에 조심해야 할 부분입니다(마 5:33~37). 그 문맥을 보면 맹세는 반드시 지켜야 함을 강조한 것이라고 볼 수 있습니다.

기독교인들은 맹세와 같은 성격인 서원을 하는데 이 둘의 차이가 무엇인지 알아야 합니다. 맹세는 자신의 마음과 의지와 세상 권세를 향하여 한다고 볼 수 있습니다. 서원도 자신의 마음과 결단에서 나온다는 점은 맹세와 같습니다. 하지만 그 과정의 성취는 하나님의 도우심이 없이는 결코 이룰 수 없음을 확인하고 선언한다는 점이 다르다고 볼 수 있습니다.

101편은 다윗이 통치 초기에 쓰여 진 것입니다. 하나님의 위임을 받은 대리 통치자로서 하나님의 기준과 원칙을 적용하지 않으면 안 된다는 절박함 속에서 서원을 하고 있습니다. 1절에서 하나님의 인자와 정의를 노래하며 시작하는데 이 뜻은 인자와 정의를 기도하며 묵상한다는 말과 동의어입니다. 하나님의 통치를 자신의 삶과 국가의 통치 속으로 이전되기를 간절히 소원하는 것입니다. 먼저 자신이 하나님의 기준에 따라 온전한 마음과 지혜로운 행동을 하겠다고 다짐합니다(2절). 이것은 자신의 힘으로는 불가능함을 절감하고 겉으로의 말로만이 아닌 정직함과 순전함으로 외치고 있습니다.

나아가서 다윗은 구체적인 항목에서 행동의 서원을 이어갑니다(3-4절). '비천한 것을 내 눈 앞에 두지 아니한다는 것'은 무익하고 무가치한 행동을 하지 않겠다는 뜻입니다. '배교자들의 행위를 내가 미워한다는 것'은 정도에 벗어난 유혹을 떨치고 진리의 순결을 지키겠다는 의미입니다. '사악한 마음이 내게서 떠날 것이니 악한 일을 내가 알지 않겠다는 것'은 악한 신하를 두지 않겠다는 의지입니다. 5절은 아부하는 자와 교만한 자와 탐욕스런 자를 쓰지 않겠다는 인사 원칙을 확인하는데 이는 주변에 어떤 사람을 두는가에 따라 통치의 성패가 좌우됨을 알고 있는 것입니다.

다윗은 신정국가의 통치에 함께 할 자의 기준을 충성에 두고 있습니다(6절). 이 충성은 일반적인 개념을 뛰어넘는 것으로 다윗 왕이 믿는 하나님에 대한 신실성을 함께 가진 자라야 한다는 의미입니다. 충성된 자의 반대편을 거짓말과 거짓 행동을 하는 자로 다시금 지적하는 것은 그들은 배신을 할 수 있기에 중용할 수 없다는 뜻입니다(7절). 신앙생활의 승리는 선한 의지를 드리며 변함없는 충성심이 먼저 있어야 합니다. 그와 함께 하나님의 도우심을 구하는 서원의 가치와 능력을 구사한다면 우리도 다윗의 지도자 반열을 쫓는 복을 받게 될 것입니다.

♦ 시편 102편 성경칼럼

9절 | 나는 재를 양식 같이 먹으며 나는 눈물 섞인 물을 마셨나이다
13절 | 주께서 일어나사 시온을 긍휼히 여기시리니 지금은 그에게 은혜를 베푸실 때라 정한 기한이 다가옴이니이다

"바닥에 떨어졌는데 깊은 지하가 있더라"

곤고함을 표현한 것으로 이와 비슷한 말로 삼중고라는 단어도 있습니다. 사업이 부도나서 경제적으로 망했는데 이혼하며 가족들이 흩어지니 건강도 잃어 기척할 힘도 없는 상태입니다. 잔인하지만 여기에 정신 공황이 생기고 하늘도 자신을 버린 것 같으니 오중고라고 볼 수 있습니다.

102편은 남유다가 바벨론에 멸망당하고 포로로 끌려간 자가 그 비통함을 아뢰며 기도하는 내용입니다. 저자가 누구인지는 확실치 않지만 바벨론 유배의 고통을 실제로 경험했으며 민족적 수난을 개인적 아픔으로 끌어안은 사람일 것입니다. 그가 개인의 곤고함과 망국민의 비통함을 호소한 내용으로 볼 때 적어도 오중고의 범위를 뛰어넘는 처지인 것은 확실합니다. 나라를 잃은 백성은 노예와 다름없어서 원수의 노리개 감입니다. 실제적인 역사에서 유대 민족 전체를 말살하려는 계획도 있었습니다(에 3:1~6).

1~11절에 나오는 절규는 비유법이 절묘해서 한번 읽어도 폐부를 찌르며 그 고통이 전달됩니다. 사는 날 자체가 무의미하고 육체가 숯처럼 타 버렸습니다(3절). 음식을 못 먹으니 마음도 몸도 시든 풀 같습니다(4~5절). 비루함과 부정함이 올빼미와 부엉이 같고 밤을 꼬박 새우는 지붕 위의 참새같이 외롭습니다(6-7절). 원수들의 조롱과 핍박은 극에 달하여 두려움과 불안에 눈물이 음식입니다(8-9절). 이 모든 고통과 재난은 그 원인이 불순종한 민

족에게 하나님께서 내리신 징벌임을 확인하는 것도 힘듭니다(10-11절).

우리가 하나님께서 징벌하신다는 말을 들을 때 생기는 오해를 해결할 필요가 있습니다. 이미 선지자들을 통한 불순종에 대한 경고를 받음으로 고난은 하나님의 섭리임을 생각해야 합니다. 그렇다면 역설적으로 고통을 폐하시고 다시 회복하실 것이라는 신앙도 하나님을 바라보며 품을 수 있게 됩니다. 하나님의 택하신 백성들은 바닥이나 깊은 지하에 있을지라도 회복의 섭리를 믿고 간청할 수 있는 것입니다.

이것이 12절부터의 반전의 근거가 됩니다. 고통에서 기쁨의 회복으로 섭리하시는 정한 기한이 있음을 예언한 선지자들이 등장합니다(12~16절). 여기에서 끝이 아니라 이 구원의 섭리는 장차 이방민족에게까지 미치게 된다는 사실을 선포하고 있습니다(15, 22절). 예수 그리스도의 구속사역은 인류 종말의 재림 심판으로 완성될 것입니다(사 2:2~4). 개인의 비탄함으로 시작하여 영존하시는 하나님을 찬양하며 이 시편은 마칩니다. 나의 어떤 환경에도 불구하고 신실하신 하나님을 얼마나 의지하는가의 시험지를 받았습니다.

♦ 시편 103편 성경칼럼

5절 | 좋은 것으로 네 소원을 만족하게 하사 네 청춘을 독수리 같이 새롭게 하시는도다

14절 | 이는 그가 우리의 체질을 아시며 우리가 단지 먼지뿐임을 기억하심이로다

"받은 복을 세어 보아라 크신 복을 네가 알리라"

찬송가 429장의 후렴 가사입니다. 세어 보라는 말은 잊지 말라는 뜻이

기도 합니다. 이와 반대로 그리스도인에게는 하나님이 망각의 은사를 주셨습니다. 잠을 잘 때 그 날 있었던 기억과 감정을 컴퓨터 메모리 정리하듯이 잊게 해주셔서 다음날 아침에 좋은 마음으로 새롭게 시작하게 하시는 것을 말합니다. 만약 이 망각이 없이 모든 기억을 끌어안고 살면 거의 다 정신병에 걸릴 것입니다. 그러하기에 우리는 자기 전에 반성과 자백의 기도를 하며 감정의 순화까지 기도하면 지혜로울 것입니다.

103편의 내용을 좋아하는 성도들이 많은 이유는 인간의 실상을 생생히 보여 주고 하나님의 자비를 손에 잡히듯이 착 안겨 주기 때문입니다. 하나님의 성호(거룩한 이름)를 송축하고 은택을 잊지 말라는 명령은 인간이 해야 할 근본 자세입니다(2절). 영혼과 내 속에 있는 의지와 양심과 이성과 감정의 전인적 실체를 다하여 해야 합니다(1절). 은택이란 우리를 향한 하나님의 자비하신 사역을 의미하는데 3절 이하에 자세히 열거합니다.

으뜸으로 등장하는 사죄의 은총은 매일 매순간 잊지 말고 감사해야 합니다. 이 은총이 얼마나 크고 위대한지는 8절에서 12절까지 눈물이 날 만큼 절절히 표현하고 있습니다. 모든 병을 고치시는 하나님을 바라보며 믿음을 가지고 굳세게 살아야 합니다(3절). 생명을 구속하시고 인자와 긍휼로 관을 씌우시고 좋은 것으로 소원을 만족케 하시며 힘센 독수리같이 새롭게 하십니다(4-5절).

하나님께서는 왜 이토록 우리에게 긍휼을 한없이 베푸실까요? 우리가 무슨 잘한 것이 있어서 그 대가로 은혜를 베푸시는 것일까요? 절대 아니라는 성경의 증언이 너무 많습니다. 하나님을 떠난 죄인 된 인간의 비참함을 피하지 말고 직면해야 합니다.

(사 1:6) "발바닥에서 머리까지 성한 곳이 없이 상한 것과 터진 것과 새

로 맞은 흔적뿐이거늘 그것을 짜며 싸매며 기름으로 부드럽게 함을 받지 못하였도다"

(욥 4:19~20) "하물며 흙집에 살며 티끌로 터를 삼고 하루살이 앞에서라도 무너질 자이겠느냐 아침과 저녁 사이에 부스러져 가루가 되며 영원히 사라지되 기억하는 자가 없으리라"

하루살이에게도 눌려 죽고 마는 인간의 절대 무능함과 가루와 흙먼지(14절)로 사라지는 육체의 결말을 보여줍니다. 본문 안에서도 인생의 부귀영화의 떠들썩함은 잠시 피었다지는 들풀의 꽃 같은 것이라고 일갈합니다(15절). 하나님을 떠난 자의 처참함과 대조되는 하나님을 경외하는 자녀의 영화로움은 하늘의 영광과 연결됩니다. 대대손손이 의를 유산으로 받고, 천사의 신비로운 수종을 받으며, 말씀을 행하는 능력과, 송축의 기쁨을 부여 받습니다(17-22절). 젊은 시절 이 시를 통 채로 암송하며 벅찬 설렘으로 하늘을 바라보던 사람이 저뿐이었겠습니까?

♦ 시편 104편 성경칼럼

1절	내 영혼아 여호와를 송축하라 여호와 나의 하나님이여 주는 심히 위대하시며 존귀와 권위로 옷 입으셨나이다
34절	나의 기도를 기쁘게 여기시기를 바라나니 나는 여호와로 말미암아 즐거워하리로다

"소설을 좋아하세요? 시를 좋아하세요?"

각자의 취향에 따라 대답이 나누어질 것입니다. 이야기를 통해 감동을 주는 것이 소설이라면 시는 독자가 해석하고 메시지를 찾는 묘미를 줍니다. 104편을 읽는 순간 창세기 1장과 무엇인가 관련되어 있다는 생각이 반짝 스칩니다. 창세기 기자는 창조의 기사를 논리적이고 도식적으로 서술했습니다. 반면 본시의 저자는 완성된 창조를 통으로 파악하여 다양하고 화려한 어휘를 구사하고 묘사합니다. 창세기가 서술적 문체였다면 본시는 시적인 표현을 통해 하나님의 창조와 보존의 섭리를 찬양합니다.

하나님의 전 우주적 왕 되심을 찬양하는 본시의 구조를 창세기 1장과 연결시켜 봅니다. 첫째 날-빛(2절):창 3-5절, 둘째 날-궁창(2-4절):창 6-8절, 셋째 날-육지와 바다의 구분(5-9, 14-17절):창 9-13절, 넷째 날-일월성신(19-23절):창 14-19절, 다섯째 날-물고기와 새(25-26절):창 20-23절, 여섯째 날-동물과 사람(21-24절):창 24-28절.

기자는 하나님의 창조와 함께 보존의 섭리를 감격적으로 찬양합니다. 보존의 섭리란 하나님이 지으신 피조계를 유지하시며 다스리시는 것을 뜻합니다. 낮과 밤의 기한을 정한 것이나(19-23절) 생명체의 생존과 죽음까지도(27-30절) 하나님의 뜻 가운데서 이루어진다는 것입니다. 이 부분에서 우리가 솔깃하기 쉬운 '시계의 태엽론'이라는 것이 있습니다. 철학적 이신론자들이 주장하는 것으로 처음에 태엽을 감은 시계가 태엽이 다 풀릴 때까지 저절로 돌아간다는 이론입니다. 이처럼 이 세상도 창조의 상태로 유지되어 하나님의 개입이 없다는 주장입니다. 이 논리는 예수님이 산상수훈의 말씀으로 정면으로 깨집니다.

(마 6:26) "공중의 새를 보라 심지도 않고 거두지도 않고 창고에 모아들이지도 아니하되 너희 하늘 아버지께서 기르시나니 너희는 이것들보다 귀하지 아니하냐"

모든 피조물과 인간은 절대적으로 하나님께 의존되어 있음을 잊지 말아야 합니다. 하나님은 방관자가 아니라 피조세계를 능동적으로 보존하시고 유지하시기에 성도는 하나님의 통치와 인도를 받으며 살아가야 합니다. 크게는 창조의 질서를 통한 달과 절기와 밤과 낮의 활동과 쉼을 통해 피조세계를 보존합니다(19-20절). 가까이는 모든 만물의 운행과 먹이심을 통해 아주 친밀하게 그 호흡을 붙잡고 계십니다(21-28절).

전지전능하신 하나님의 나를 향한 세밀하신 배려를 제대로 알면 즐거워하며 찬양하지 아니할 수 없습니다(31-33절). 기쁘게 기도를 받으시는 하나님의 성품을 알면 진실하게 기도를 드리게 됩니다(34절). 심판의 엄중함을 알면 죄인과 악인의 길을 절대 선택할 수 없습니다. 보존의 섭리는 우리들로 하여금 매순간의 범사를 주님 앞에서 살려는 의지를 샘솟게 합니다.

♦ 시편 105편 성경칼럼

7절 | 그는 여호와 우리 하나님이시라 그의 판단이 온 땅에 있도다
17절 | 그가 한 사람을 앞서 보내셨음이여 요셉이 종으로 팔렸도다

"실세"

'섭정, 비선, 권력설계자, 언더조직, 원탁회의, 딥스테이트, 코어..' 공식적 1인자는 아니지만 최고의 권력을 숨어서 행하는 것과 연관된 용어입니다. 정치의 계절에 터져 나오는 뉴스의 행간에 감각을 가지고 보면 알아챌 수도 있습니다. 세상 권력게임의 실력자는 그리 오래 가지 못하고 힘을 상실하고 교체됩니다. 그리스도인들은 역사의 주관자가 하나님이시라는 것을 모두 알고 받아들입니다. 세상의 권력은 주로 탐욕과 악독의 도구이지만 하나님의 역사 통치는 선하고 신실한 것이 특징입니다.

105편은 그 시작이 찬양과 감사로 시작하여 할렐루야로 마치기에 감사

시의 범주에 속합니다. 한편으로는 내용의 중심이 이스라엘 역사를 회고하면서 하나님의 신실하신 행사를 기록했기에 역사시로도 분류됩니다. 본시는 이스라엘의 초기 역사를 시대별로 언급하면서 언약의 체결과 성취를 확인하고 있습니다. 아브라함과 이삭과 야곱과 세우신 언약(7-15절)과 요셉의 애굽 이주(16-23절)가 나옵니다. 이어서 모세를 통한 열 재앙과 출애굽(24-38절)과 광야에서의 보호와 가나안 정착(39-45절)을 기록하고 있습니다.

저자가 이 내용 속에서 보여 주고 싶은 것은 하나님의 언약의 신실한 성취입니다. 아브라함에게서 시작된 하나님의 언약이 가나안 정복으로 이루어지기까지 그 모든 과정을 하나님의 성실하심으로 이루어졌다는 메시지를 주고 있습니다. 본시에서 하나님은 역사의 행위자이심을 선명하게 표현하고 있습니다. 그 땅에 기근을 들게 하시고(16절) 요셉을 보내시고(17절) 그 땅에서 자기 백성을 번성케 하시고(24절) 출애굽의 이적을 행하시고(28-36절) 가나안 땅을 주셨습니다(44절). 이 모든 역사의 행위자는 변함없이 하나님이심을 분명히 하며 반복과 순환이 아닌 '직선적 역사관을 보여줍니다.

하나님과 아브라함과의 언약적 성취는 가나안 입성과 정복이지만 그 언약의 본질적 성취는 바로 예수님 안에서 이루어집니다.

(마 1:1) "아브라함과 다윗의 자손 예수 그리스도의 계보라"

신약 시대 사도들은 아브라함의 언약을 예수님과 연결시켜 선포하고 있습니다.

(행 3:25) "너희는 선지자들의 자손이요 또 하나님이 너희 조상과 더불어 세우신 언약의 자손이라 아브라함에게 이르시기를 땅 위의 모든 족속이 너의 씨로 말미암아 복을 받으리라 하셨으니"

바울 사도는 구약에서 이루어진 언약의 성취가 신약 성도인 우리에게는 더욱 확실하게 이루어졌음을 선포하고 있습니다.

(롬 4:23~24) "그에게 의로 여겨졌다 기록된 것은 아브라함만 위한 것이 아니요 의로 여기심을 받을 우리도 위함이니 곧 예수 우리 주를 죽은 자 가운데서 살리신 이를 믿는 자니라"

우리는 세상 권력의 권모술수에 알게 모르게 당하며 살고 있는 것은 분명합니다. 그러나 너무나 정확한 사실인 하나님이 역사의 주권자이시고 행위자이심을 잊지 말아야 합니다. 하나님께서는 그 뜻을 이루기 위해서는 자연의 일반 원칙들도 초월하시고 심판하심을 믿을 수 있습니다(출 14:21~31, 수 6:15~21). 구속의 역사를 목격하며 은혜를 누리는 시인처럼 우리도 구원의 은총을 기뻐하며 마음껏 찬양하십시다(45절).

♦ 시편 106편 성경칼럼

8절 | 그러나 여호와께서는 자기의 이름을 위하여 그들을 구원하셨으니 그의 큰 권능을 만인이 알게 하려 하심이로다

43절 | 여호와께서 여러 번 그들을 건지시나 그들은 교묘하게 거역하며 자기 죄악으로 말미암아 낮아짐을 당하였도다

"선의를 악용하는 자"

악질 중의 악질을 꼽는다면 상위권에 들어갈 유형입니다. 좋은 뜻으로 배려하고 도와주었는데 악하고 교묘하게 배신한다면 정말 괘심하지 않겠습니까? 105편에 이어 106편도 하나님과 이스라엘의 역사를 담고 있습니다. 하나님의 자비하심을 무자비하게 배신하고 악하게 대항한 사례들을 적나라하게 기록하고 있습니다. 거듭된 반역의 역사에 하나님께서는 진노의 심판을 하지 않을 수 없습니다. 그러나 내용의 행간을 자세히 살펴보면 하나님의 자비에 근거한 소망을 간절히 구하고 있음을 발견합니다. 절망적인 국가의 상

황 속에서 허무한 운명에 비관하기보다 강한 희망을 기원하고 있습니다.

시작과 마지막 부분에 실린 찬양과 감사는 어떤 극단적 상황에서도 하나님의 사랑 앞에서 회개하고 은혜를 체험할 수 있다는 보장이 됩니다. 이런 하나님의 한없는 선의를 받는 자가 은혜와 용서만 믿고 죄를 고의적으로 반복한다면 악질의 인간이 됩니다. 이런 사유로 이스라엘이 저지른 역사적 죄악의 항목들(7-46절)이 꼼꼼히 기록되었고 우리도 자세히 살펴봐야 할 것입니다. 후대의 이스라엘인들이 자신들도 범죄 하여 사악을 행했다고 한 것처럼(6절) 우리도 죄악을 여전히 저지르고 있음이 분명하기 때문입니다.

제일 먼저 언급된 홍해에서 범한 죄에 대해 기술한 이유는 무엇일까요? 이스라엘이 현실적으로 겪은 이적 중 최대의 사건이기 때문입니다. 홍해의 기적은 하나님의 특별 권능이며 특별 임재의 표시였습니다. 인간 차원에서 하나님의 기이한 이적을 바르게 깨닫지 못하면 거역으로 갈 수밖에 없습니다. 바울은 홍해의 기적을 단체 구원의 성격을 가진 것이라고 정리해 주고 있습니다.

(고전 10:1~2) "형제들아 나는 너희가 알지 못하기를 원하지 아니하노니 우리 조상들이 다 구름 아래에 있고 바다 가운데로 지나며 모세에게 속하여 다 구름과 바다에서 세례를 받고"

13-33절까지는 광야 생활 속에서 계속해서 죄를 짓는 이스라엘의 모습을 보여줍니다. 광야에서의 음식에 대한 탐욕(13-15절), 모세와 아론의 권위에 대한 도전(16-18절), 악착같은 우상숭배의 탐심(19~23절), 약속의 땅에 대한 악평과 불신앙(24-27절), 이방 신에 대한 제사에의 참여(28~31절), 므리바에서의 갈증으로 인한 원망(32~33절)을 보여줍니다. 이런 6가지의 범죄의 근거는 과거의 구원에 대한 기억상실에서 기인하며 이는 하나

님의 구속을 무시하는 범죄입니다.

이방 풍속을 추종하는 문화는 이방의 우상을 숭배하는 방향으로 치달아 갑니다(34-39절). 이방 민족을 쫓아내지 못한 당연한 결과임을 알고 우리로서는 불신자와의 접촉을 조심해야 할 본보기가 됩니다. 이스라엘의 계속된 배신과 하나님의 자비의 충돌은 어떤 결말이 될지는 찬양으로 마감됨으로서 여운을 줍니다(47-48절). 할렐루야(여호와를 찬양하라).

♦ 시편 107편 성경칼럼

20절 | 그가 그의 말씀을 보내어 그들을 고치시고 위험한 지경에서 건지시는도다
43절 | 지혜 있는 자들은 이러한 일들을 지켜 보고 여호와의 인자하심을 깨달으리로다

"가장 값진 것?"

어느 시대, 어느 공간, 누구에게나 가장 값진 것은 무엇일까요? 이 질문에 가장 먼저 떠오르는 답은 금(Gold)입니다. 금보다 값이 비싸고 효용성이 있는 물질은 있으나 가치를 정하는 기준으로 으뜸입니다. 현대에 들어와서 이 금의 자리를 달러가 차지했지만 세계인들이 인정하고 실감하는 차원에서 금이라고 보는 것입니다. 보이는 세계에서 금이 왕좌를 차지했다면 보이지 않는 세계에서의 가장 귀한 것은 무엇일까요?

1절에 그 정답이 나오는데 하나님이십니다. 정확히 풀이하자면 참으로 선하고 인자하시고 영원하신 하나님입니다. 금을 귀하게 여기는 이유가 어느 시대나 어떤 공간에서나 누구에게든 인정받는다는 것이었습니다. 그러나 하나님의 영원하신 선함과 인자하심은 유한한 세계의 가치인 금과 비교

할 수 없습니다. 영원한 세계에서 바라보는 이 세상은 변치 않는 것이 하나도 없지만 하나님의 은혜는 영원히 변하지 않습니다. 찬송가 중에 '금보다 더 귀한 믿음'과 '금으로도 못가요 하나님 나라'라는 가사는 성경의 메시지에서 나왔습니다.

107편은 시편 제 5권의 시작으로 바벨론 포로 귀환이라는 배경에서 부르는 찬양시입니다. 대적의 손에서 속량 받은 자들을 사방 각지에서 모으시는 하나님을 기뻐하며 찬양하고 있습니다(1-3절). 이어서 나오는 내용에는 의외로 하나님의 자상한 설득이 등장합니다. 인간의 거역과 징벌을 너무나 많이 목격한 우리로서는 이 내용이 상당한 위로가 됩니다. 영원하신 하나님께서 이기심에 똘똘 뭉쳐 있는 인간들을 향하여서 다가오시는 모습이 생생하게 묘사되어 있습니다. 중간 중간에 4번에 걸쳐 나오는 이 구절이 그 증거가 됩니다. '여호와의 인자하심과 인생에게 행하신 기적으로 말미암아 그를 찬송할지로다(8, 15, 21, 31절)'

바로 나(인생)에게 행하신 하나님의 기적에 눈이 떠지는 순간 영적 지혜가 부어집니다. 결국 신앙의 싸움은 하나님의 말씀에 대한 반응과 자세임을 알 수 있습니다. 말씀 거역으로 흑암과 사망과 곤고와 갇힘과 근심과 고통이 옵니다(10-11절). 수고로 마음을 낮추고 근심 중에 부르짖게 하시는 것도 은혜임을 알아야 합니다(12-13절). 하나님의 응답과 도우심은 말씀을 보내시는 방법으로 이루어집니다(20절). 여기서의 '위경에서 건지신다'는 것은 '무덤과 파멸과 고통과 죄악' 등의 모든 문제에서 구출해 주신다는 뜻입니다.

나아가서 적극적으로는 좋은 것으로 만족하게 하시고(9절) 평온함으로 소원의 항구로 인도함을 받게 하십니다(29-30절). 세상의 변함과 인간의 배신 때문에 상처받고 낙심한 적이 있으십니까? 이제 영원히 변치 않으시는 하나님께서 보내주시는 말씀을 받고 그 기적을 누릴 수 있습니다(43절).

♦ 시편 108편 성경칼럼

6절 | 주께서 사랑하시는 자들을 건지시기 위하여 우리에게 응답하사 오른손으로 구원하소서

13절 | 우리가 하나님을 의지하고 용감히 행하리니 그는 우리의 대적들을 밟으실 자이심이로다

"뭘 믿고 까부는 거야, 믿는 구석이 있겠지"

큰소리치며 자신을 내세우는 사람을 향해 던지는 말입니다. 만용과 자신감의 차이는 가진 것과 믿는 것이 어떤 내용인가에 따라 갈라집니다. 상황이 극단적으로 안 좋음에도 불구하고 반드시 성공하고 승리한다는 자신감은 나쁜 것이 아닙니다. 그러나 결과가 실패와 패배로 나올 경우에는 만용을 부린 것으로 판정됩니다.

우리가 만나는 성경의 인물들 중에 자신감을 가지고 승리를 얻는 사람들이 많습니다. 골리앗 앞에 여호와의 이름으로 나가는 다윗, 사자 굴에 들어가는 것을 두려워하지 않는 다니엘, 아하수에로 왕 앞에 죽음을 무릅쓰고 나가는 에스더, 로마 황제 앞에 담대히 나가는 바울 사도(행 27:24)는 믿는 배경이 사람이나 본인이 아니라 바로 하나님이었습니다.

108편에 나오는 기자의 승리에 대한 자신감과 같습니다. 이 자신감은 하나님을 알면 알수록 높아지고 깊어지고 강해집니다. 우주 만물의 주인이신 하나님께서 바로 자신의 주인이시라는 사실을 확신하며 감격에 가득 차 있는

것을 보게 됩니다(4-6절). 인자와 진실로 통치하시는 하나님의 장엄하심을 찬양하고 있습니다. 시인은 인자 없는 진실이 아니고 진실 없는 인자도 아닌 온전한 인자와 진실로 온 우주를 다스리시는 하나님을 찬양하고 있습니다.

이스라엘의 구원과 회복의 역사를 지파와 지역(동서남북)을 구체적으로 열거하며 반드시 이루어진다고 노래합니다(7~10절). 유다 지파(다윗 왕국)에 의한 구원과 보존은 타 지파(므낫세, 에브라임)와 이방 민족(모압, 에돔, 블레셋)에까지 영향을 줄 것이라고 선포합니다. 하나님을 향한 찬양의 근거는 하나님의 능력과 성품입니다. 여기에 바로 하나님과 우리 사이에 인도함이라는 특별 관계가 찬양의 이유로 추가됩니다.

전쟁 승리의 힘과 성취는 하나님에게서 나옵니다. 하지만 이 전쟁은 하나님의 단독 수행이 아니라 언약백성과의 연합으로 이루어짐을 알려 주고 있습니다. 이 연합을 다른 말로 표현하면 순종하는 무리들이 인도함을 받는 것입니다. 11절의 '우리 군대'라는 말과 12절의 '우리를 도와'라는 말과 13절의 '용감히 행하리니'라는 문장은 선택받은 자의 역할을 보여 줍니다. 하나님의 능력과 성품에 근거한 우리들의 담대한 용기가 승리를 불러옵니다.

♦ 시편 109편 성경칼럼

5절 | 그들이 악으로 나의 선을 갚으며 미워함으로 나의 사랑을 갚았사오니
11절 | 고리대금하는 자가 그의 소유를 다 빼앗게 하시며 그가 수고한 것을 낯선 사람이 탈취하게 하시며

"부숴 버릴 거야"

돌이 아니라 사람을 부수겠다니 섬뜩합니다. 심은하가 순정을 다 바치

고 뒷바라지한 애인이 성공 후에 배신할 때 내뱉은 이 한 마디는 두고두고 회자되는 대사입니다. 드라마 청춘의 덫(1999년 방영)에 나온 것으로 젊은 세대도 복수하면 떠오르는 익숙한 장면입니다. 사랑이 크고 깊을수록 배신의 상처는 모질고 잊혀 지지 않습니다. 사랑의 배신보다는 덜하지만 생활 속에서 간사하고 야비하게 심정을 긁는 사람에게 소심한 복수심이 생길 때도 있습니다.

109편은 다윗이 영육의 곤욕과 수난 속에서 개인적인 비탄의 감정을 토로하는 마지막 저주시입니다. 악인들을 향하여 사랑하고 선을 베풀었으나 돌아오는 것은 무고한 모함과 미움과 공격이었음을 고하고 있습니다(2-5절). 이를 대하는 다윗의 태도는 하나님께 기도할 뿐입니다(4절). 그런데 6절부터 나오는 기도내용이 범상치 않습니다. 악인이 저주받고 망해야 하는 구체적 내용과 방법을 구하고 있기 때문입니다. 6절의 '악인이 그를 다스리게 하시며'라는 것은 악인의 죄를 더 악독한 자들이 심판하게 됨을 바라는 것입니다. 우리가 악인을 상대할 때 보복심에 불타올라 함께 악해지는 것을 조심하라는 경고가 담겨 있습니다. 악인을 악의 도구로 사용하시는 하나님의 섭리도 발견하여 사사로운 분풀이도 방지할 수 있게 됩니다.

하나님의 언약에서 떠나 죄에 거하는 자들에 대한 결과는 참혹합니다. 자신에게 관련된 저주에서 끝나는 것이 아니라 가족과 후손, 조상에까지 엄격한 심판이 임하는 것입니다. 자신의 악을 돌려받고 질병과 사고로 일찍 죽고 명예와 직분도 빼앗깁니다(6-8절). 특히 8절의 내용은 가룟 유다가 메시야를 죽인 살인자로 사도의 명예를 빼앗기고 자살하는 것으로 역사에 드러납니다.

(행 1:20) "시편에 기록하였으되 그의 거처를 황폐하게 하시며 거기 거하는 자가 없게 하소서 하였고 또 일렀으되 그의 직분을 타인이 취하게 하

소서 하였도다"

가룟 유다는 후대가 끊기고 이름이 악명으로 바뀐 자가 되고 말았습니다(13절). 저주하기를 좋아하더니 그 저주가 자기에게 임한 대표적 인물이 되었습니다(17절). 가룟 유다는 영광스러운 사도의 이름을 잃고 배신자의 대명사가 되었습니다. 이 시대에도 존귀한 그리스도인의 이름을 잃고 안티(Anti) 기독교인이 되는 자가 얼마나 많은지 안타깝습니다. 다윗이 은연중에 영적 대적자를 향하여 여러 말로 저주하였는데 역사에서 이루어진 점이 놀랍습니다.

구원의 하나님께 크게 감사하며 찬양하는 시인의 모습을 따라 하는 은혜가 임하기를 소원합니다(30-31절). 우리 앞에는 다윗의 길과 가룟 유다의 길이 함께 놓여 있다는 것을 알고 바른 선택을 해야 할 것입니다. 경건한 자의 기도의 마음과 입술은 능력을 발휘합니다.

♦ 시편 110편 성경칼럼

1절 | 여호와께서 내 주에게 말씀하시기를 내가 네 원수들로 네 발판이 되게 하기까지 너는 내 오른쪽에 앉아 있으라 하셨도다

4절 | 여호와는 맹세하고 변하지 아니하시리라 이르시기를 너는 멜기세덱의 서열을 따라 영원한 제사장이라 하셨도다

"내가 좋아하는 시편은? 최고로 가치 있는 시편은?"

시편에는 150편의 시가 있습니다. 그중에 각자 좋아하는 시편이 있을 터인데 어떤 시인지 떠올려 보시기 바랍니다. 그러면 시편 중에 구속사적으로나 의미상으로나 객관적으로 최고의 가치가 있는 시는 과연 어떤 것일까요? '메시야 시편'으로 불리 우는 110편은 꼭 들어갑니다. 본 시편은 예

수님은 물론 여러 사도들이 수없이 인용해 온 유명한 시로서 시편 속에 가장 빛나는 보석과 같습니다. 예수님의 왕으로서의 통치와 제사장직의 영원성을 예언하고 선포하고 있기 때문입니다.

메시야로서의 통치와 승리하심과 심판하심이 웅장하게 표현되어 있어 영원한 구원의 경륜에 놀라움을 느낄 수 있습니다. 1-3절까지의 내용만으로도 신약성경에서 17번이나 직접적으로 인용되었습니다. 1절은 예수님이 인용하셨습니다.

(마 22:44) "주께서 내 주께 이르시되 내가 네 원수를 네 발 아래에 둘 때까지 내 우편에 앉아 있으라 하셨도다 하였느냐"

이어서 해석하기를 다윗이 예수님을 주로 불렀다는 것을 말씀하셨습니다(마 22;45절).

땅과 하늘의 모든 권세를 받으신 왕이신 그리스도께서 모든 대적을 파멸시키실 것을 예언합니다(2절). 성도들은 예수님께 속한 왕의 군대로서 자원함과 성결함으로 새벽이슬처럼 주님을 따를 것입니다(3절). 시인은 4절에 신적 맹세를 동원하여 예수님의 제사장 직분을 선포합니다. '멜기세덱의 서열을 따라 영원한 제사장'이라는 뜻은 사람 출신(아론, 레위)의 제사직을 초월한 신적기원으로 주어진 영원한 제사장으로 구별한 것입니다(히 6-9장).

(히 7:28) "율법은 약점을 가진 사람들을 제사장으로 세웠거니와 율법 후에 하신 맹세의 말씀은 영원히 온전하게 되신 아들을 세우셨느니라"

완전한 제물이 되시고 동시에 제사장으로서 중보자가 되시는 예수님을 통해서만 죄와 사망을 벗어나 하나님께로 갈 수 있습니다. 왕과 제사장으로서 예수님을 노래하던 시인이 돌변하여 심판주로서의 주님을 선포합니다(5-7절). 성도들에게는 완전한 승리를 보장해 주고 불순종한 자식들은 완전한 멸망이 이를 것을 예언합니다. 심판주로서 주님의 신속성과 용맹성을 비유를 통하여 말씀합니다(6-7절).

(계 19:15~16) "그의 입에서 예리한 검이 나오니 그것으로 만국을 치겠고 친히 그들을 철장으로 다스리며 또 친히 하나님 곧 전능하신 이의 맹렬한 진노의 포도주 틀을 밟겠고 그 옷과 그 다리에 이름을 쓴 것이 있으니 만왕의 왕이요 만주의 주라 하였더라"

이 시편은 교회와 성도는 주님께 속한 십자가 군대로서 확신과 담대함을 가지고 힘차게 전투해야 할 것을 명령하고 있습니다. 본시는 예수님보다 1,000년 앞서서 사역한 다윗이 썼습니다. 영원성에 근거한 메시야 예언시는 우리에게 놀라운 신적 용기를 주기에 충분합니다.

♦ 시편 111편 성경칼럼

4절 | 그의 기적을 사람이 기억하게 하셨으니 여호와는 은혜로우시고 자비로우시도다

10절 | 여호와를 경외함이 지혜의 근본이라 그의 계명을 지키는 자는 다 훌륭한 지각을 가진 자이니 여호와를 찬양함이 영원히 계속되리로다

"은혜로운 간증, 기분 나쁜 간증"

간증을 들을 때 은혜를 받는 것이 마땅합니다. 그런데 가끔 듣고 나면 뭔가는 잘 모르겠지만 기분이 개운치 않을 때가 있습니다. 그 이유는 간증의 대부분이 자기가 잘 순종하고 실천해서 복을 받았다는 것일 때 일어납니다. 하나님의 은혜로 된 것이 아니라 인간의 잘남 때문에 잘 되었다면 그 간증은 세상의 자랑이야기와 별로 다름이 없습니다. 간증을 듣는 나는 부족해서 축복을 못 받은 것이라는 논리에 자책하기보다는 기분이 상하는 것입니다.

기독교의 간증이란 꼭 형통과 번영의 결과가 있어야만 되는 것이 아닙니다. 고통과 실패 가운데에서도 하나님을 경험한 흔적이 있고 믿음의 추억이 있다면 그 연약함도 이야기할 수 있는 것이 진정한 간증입니다. 바울 사도는 그의 연약함을 오히려 자랑하며 간증한 것을 볼 수 있습니다.

(갈 6:17) "이 후로는 누구든지 나를 괴롭게 하지 말라 내가 내 몸에 예수의 흔적을 지니고 있노라"

예수님을 위하여 살다가 생긴 상처의 흔적을 고백하는 것이 간증의 내용이 됨을 보여 줍니다.

111편은 할렐루야로 시작되는 찬양시의 형태로서 그 내용은 하나님이 행하신 기적과 볼 보심에 대한 감사의 간증임을 알아챌 수 있습니다. 우주 만물과 인간을 지으신 하나님의 크고 기이한 행사를 찬양합니다(2절). 1절 마지막에 '기리는 도다'라는 말은 창조의 신비를 즐겁게 열심히 조사하고 연구한다는 뜻입니다. 3절의 '그의 행하시는 일'이란 하나님의 섭리와 통치를 의미합니다. 존귀와 엄위와 의롭고 영원한 섭리 앞에 마음 속 깊은 곳에서 나오는 존경의 찬양을 드리고 있습니다.

4절의 그의 기적이란 하나님께서 베푸신 구속의 행위를 의미합니다. 유월절과 출애굽 사건은 이스라엘의 신앙 역사의 최대 사건으로 하나님의 은혜와 자비를 경험한 것입니다. 이 말씀은 신약 성도인 우리에게 있어서 그리스도의 구속을 기억하며 감사하라는 명령으로 나타납니다(고전 11:23~26). 하나님의 보호하심과 돌보심은 광야의 이스라엘 백성들에게 자상하고 성실하게 임했습니다(5절). 단지 먹을 것을 주셔서 감사하는 것이 아니라 언약을 진실하고 정의롭게 지키시는 주님을 기뻐합니다.

가나안 땅에 입성한 후에 이루어지는 '뭇 나라의 기업을 주심(6절)'은 우리에게 영적 기업을 허락해 주시는 것의 예표가 됩니다. 하나님의 주도로 이루어지는 신앙의 길을 온전히 갈 수 있는 우리의 의무는 무엇일까요? 첫째, 거룩하시고 지존하신 하나님의 언약을 절대 신뢰하는 것입니다(9절). 둘째, 하나님을 경외하는 근본적인 지혜를 구해야 합니다(10절). 우리의 간증은 나의 행위의 자랑이 아니라 주님의 은혜의 손길과 연단의 흔적을 기쁘게 증거 하는 것입니다.

♦ 시편 112편 성경칼럼

5절 | 은혜를 베풀며 꾸어 주는 자는 잘 되나니 그 일을 정의로 행하리로다
10절 | 악인은 이를 보고 한탄하여 이를 갈면서 소멸되리니 악인들의 욕망은 사라지리로다

"결국은 그렇게 되네"

이 말은 경건한 삶을 산 의인과 악행을 밥 먹듯이 저지르고 사는 악인에게 동일하게 사용됩니다. 우리가 신앙생활을 잘하는 것은 궁극적으로는 영생의 복을 받기 위한 것입니다. 그러면 육신을 가지고 이 땅에 사는 동안의 삶은 어떤 모습일지 자못 궁금할 수밖에 없습니다. 만약 그리스도인이 현세적인 복을 받지 못하고 고생과 핍박과 패배만 당하는 것이 전부라면 아찔하지 않겠습니까? 성경 전체의 메시지는 경건한 의인의 복을 내세와 현세에서 모두 증거 합니다. 의인의 축복은 시편의 시작인 1편에서 결론을 이미 내리고 출발하였습니다.

(시 1:3) “그는 시냇가에 심은 나무가 철을 따라 열매를 맺으며 그 잎사귀가 마르지 아니함 같으니 그가 하는 모든 일이 다 형통하리로다”

말씀을 순종하는 자가 누릴 능력과 신분에 대한 신명기의 약속은 아주

구체적입니다(신 28:1-14절).

(신 28:13) "여호와께서 너를 머리가 되고 꼬리가 되지 않게 하시며 위에만 있고 아래에 있지 않게 하시리니 오직 너는 내가 오늘 네게 명령하는 네 하나님 여호와의 명령을 듣고 지켜 행하며"

신약의 사도 요한은 영혼육의 전인적 축복을 기원하고 있습니다.

(요삼 1:2) "사랑하는 자여 네 영혼이 잘됨 같이 네가 범사에 잘되고 강건하기를 내가 간구하노라"

112편의 첫 머리에서 시인은 의인의 정의를 내리고 있습니다. 의인이란 하나님을 경외하는 사람입니다. 하나님을 경외하는 사람의 특징은 하나님의 계명을 즐거워하는 사람을 의미합니다(1절). 계명이란 1차적으로는 십계명을 가리키지만 포괄적으로는 하나님께서 인간에게 하신 모든 명령과 지시를 뜻합니다. 이 계명은 무겁고 지키기 어려운 것이 아니라 큰 기쁨이 된다는 사실도 말씀합니다(시 1:2, 119:35, 97).

(시 40:8) "나의 하나님이여 내가 주의 뜻 행하기를 즐기오니 주의 법이 나의 심중에 있나이다 하였나이다"

마음에 말씀을 받아 묵상하는 사람은 즐거워하며 경건한 의인의 길을 가게 된다는 것입니다. 본시는 의인이 받는 복을 크게 두 가지로 설명합니다. 첫째, 의인의 가정과 후손이 받는 강성함과 부유의 복입니다(2-3절, 시 37:25). 재물과 사회적 지위가 부여되는데 이의 근원이 바로 영적이고 도덕적인 가치에 있음을 보여주고 있습니다. 의인의 재물과 지위는 하나님의 의를 더욱 빛나게 하는데 사용되기 때문입니다. 둘째, 의인이 사회적으로 받는 축복과 영향력에 대하여 말씀합니다(4-9절). 하나님의 의로움의 성품을 본받는 의인들은 빈궁한 자를 돌보고 괴로운 자들을 위로하는 덕행을 하게 됩니다.

세상의 자선 사업가들은 자신의 이름을 높이지만 하나님을 경외하는 의인은 그 영광을 하나님께 돌리도록 되어 있습니다. 이는 의인이 혹시 모든 것을 잃는 경우가 와도 주저앉지 않고 견고한 신앙을 지킬 수 있는 저력으로 작용됩니다. 10절의 악인의 결국은 절멸뿐이라는 것과 5절의 선한 끝은 반드시 있다는 결론은 우리에게 새 힘을 주기에 충분합니다.

♦ 시편 113편 성경칼럼

2절 | 이제부터 영원까지 여호와의 이름을 찬송할지로다
3절 | 해 돋는 데에서부터 해 지는 데에까지 여호와의 이름이 찬양을 받으시리로다

"투 잡(two job)을 뛰다"

두 가지 직업을 가지고 있다는 뜻입니다. 근래 들어 현대인들이 여러 이유로 2-3가지의 일을 하는 사람이 많아지고 있습니다. 취미와 보람을 위하여 일을 하면 바람직하지만 경제적 이유일 경우에는 피곤한 인생이 아닐 수 없습니다. 이 칼럼을 보시는 분들은 인생 전체에서 투 잡을 하고 있는 분임이 분명합니다. 육적인 일상생활과 영적인 신앙생활입니다. 가정과 직장과 사업을 한 묶음으로 보는 육적생활과 교회와 사역과 내세를 위한 영적 신앙생활입니다.

이 두 분야가 어느 것이 본업이고 부업인지 구분하는 것은 사람마다 다를 것입니다. 영원 속에서 하나님의 뜻을 순종하여 열매를 맺고자 하면 신앙생활이 본업이 될 것입니다. 그러나 신앙은 인생의 한 부분이고 나의 행복을 위한 액세서리라고 생각하는 사람은 육적생활 위주로 본업 패턴이 돌아갈 것입니다.

여기서 이 둘의 관계를 정리한 '영역주권사상'이 등장합니다. 아브라함 카이퍼, 막스 베버, 존 칼빈 등이 이에 대한 이론과 실천에 몸부림친 인물입니다. 이 사상은 육적생활과 영적생활을 이원론으로 나누지 않고 하나로 보는 것입니다. 즉 자기의 생업의 현장이 신앙생활의 영역으로 알기에 하나님 나라의 사역이 됩니다. 이렇게 하면 이중적이고 위선적인 신앙인이 아닌 믿는 내용대로 실천하는 빛과 소금의 그리스도인이 될 수 있습니다. 비기독교 문화권에서는 이를 적용하는데 많은 장애물과 핍박이 있다는 것을 각오해야 합니다.

113편에 나오는 찬양에 대한 주제는 이 문제에 연결되어 있습니다. 성경에서 찬양이 나오면 그 범위가 1차적인 물리적 찬양만 의미하는 것이 아닙니다. 예배의 영역에 생활의 산제사(롬 12:1-2)가 들어가듯이 하나님을 찬양하는 것은 하나님의 뜻을 행하는 것이 포함되기 때문입니다. 그런 의미에서 본시는 찬양을 하는 사람과 그 시간과 공간이 무엇인지 선언하고 있습니다. 1절의 찬양하는 자가 여호와의 종이어야 한다는 것은 모든 그리스도인은 찬양자가 되라는 명령입니다.

2절의 '이제부터 영원까지 찬양하라'는 것은 그리스도인들의 근본적이고 영원한 사명이 찬양임을 강조합니다(사 43:21). 3절의 '해 돋는 데에서부터 해지는 데에까지 찬양하라'는 것은 전 세계 어디서나 찬양을 해야 함을 명령합니다. 하나님을 찬양해야 하는 이유는 지존하신 하나님의 능력(4-5절)과 자비하심(6-8절)을 입었기 때문입니다. 하나님께서 베풀어 주신 은혜를 찬양하며 기뻐하는 자는 석녀이었던 사라와 라헬과 한나의 뼈저린 기도가 응답된 것과 같은 체험을 할 것입니다(9절). 나를 위해 낮추어서 오신 주님을 겸손하게 찬양합니다. 할렐루야!

♦ 시편 114편 성경칼럼

1절	이스라엘이 애굽에서 나오며 야곱의 집안이 언어가 다른 민족에게서 나올 때에
8절	그가 반석을 쳐서 못물이 되게 하시며 차돌로 샘물이 되게 하셨도다

"작가를 보고 출연을 결정 했어요"

제작발표회나 시사회에서 주연 배우가 출연 동기를 이야기할 때 나오는 말입니다. 이야기(각본)가 어떤 것이냐에 따라 흥행이 좌우되고 작가의 실력에 따라 이야기의 흥미가 나오게 되어 있습니다. 사람이 무슨 일을 하게 될 때에는 시작부터 끝까지 과정이 있습니다. 하물며 하나님께서 우리를 구원하시는 일에 대한 과정은 당연히 있습니다. 구약에 하나님이 이스라엘을 구원하시는 과정이 세세히 나와 있는데 이것은 우리를 구원하시는 과정을 보여 주는 것입니다. 어느 날 갑자기 하나님이 우리를 즉흥적으로 구원하신 것이 아니기에 구약의 역사는 매우 중요합니다.

114편에서는 이스라엘의 출애굽으로부터 약속의 땅 가나안에 들어가기까지를 찬양하고 있습니다. 언약 백성인 이스라엘을 향한 하나님의 권능과 인자하심을 상기하고 있습니다. 전반부(1-4절)는 이스라엘에 임한 하나님의 능력을 드러내며 후반부(5-8절)는 자연계가 창조주의 뜻을 순종하는 것을 보여줍니다. 원수인 애굽에서의 400년 노예생활에서 빼내신 사건은 경이로운 구원사건입니다(1절). 우리도 주님의 대속으로 대적 사단으로부터 벗어난 구원을 받은 백성입니다.

(엡 4:22) "너희는 유혹의 욕심을 따라 썩어져 가는 구습을 따르는 옛 사람을 벗어 버리고"

2절의 유다와 이스라엘의 소유 확인은 하나님 백성의 구원 후의 소속을 분명히 합니다. 하나님의 성소와 영토가 되었다는 것은 신약적인 표현으로는 우리가 그리스도의 교회가 되었다는 뜻과 같습니다. 우리는 하나님의 피로 산 바로 그 교회입니다.

(행 20:28) "여러분은 자기를 위하여 또는 온 양 떼를 위하여 삼가라 성령이 그들 가운데 여러분을 감독자로 삼고 하나님이 자기 피로 사신 교회를 보살피게 하셨느니라"

8절의 못물과 샘물을 공급해 주신 가데스의 기적(민 20:21)은 영적 생명수를 주시는 주님을 예표하고 있습니다.

(요 7:38) "나를 믿는 자는 성경에 이름과 같이 그 배에서 생수의 강이 흘러나오리라 하시니"

영육의 모든 필요를 채우시고 인도하시는 주님의 사랑을 깊이 새기게 됩니다.

시인은 구원에 대한 놀라움을 무생물인 바다와 강과 산들이 찬양하고 있다고 생동감 있게 재현합니다(3-7절). 자연계를 활유법으로 친근하게 표현하면서 하나님의 뜻에 민감하지 못한 자들을 우회적으로 책망하고 있습니다. 예수님께서 사명에 침묵하는 세대를 향하여 책망하신 장면이 떠오릅니다.

(눅 19:40) "대답하여 이르시되 내가 너희에게 말하노니 만일 이 사람들이 침묵하면 돌들이 소리 지르리라 하시니라"

우리 모두 하나님이 쓰신 구원의 각본에 찬양의 주연배우 역할을 하는 신앙생활이 되길 소원합니다.

♦ 시편 115편 성경칼럼

13절 | 높은 사람이나 낮은 사람을 막론하고 여호와를 경외하는 자들에게 복을 주시리로다

17절 | 죽은 자들은 여호와를 찬양하지 못하나니 적막한 데로 내려가는 자들은 아무도 찬양하지 못하리로다

"성한 동아줄, 썩은 동아줄"

호랑이가 썩은 동아줄을 잡고 하늘을 오르려다 떨어진 민담인 '해님 달님이 된 오누이'에서 나온 말입니다. 이른바 썩은 동아줄은 잘못된 선택을 했을 때 큰 낭패를 당하는 것을 비유합니다. 사회생활이나 인간관계에서 줄을 잘못 섰을 때 사용되기도 합니다. 반대로 성한 동아줄은 올바른 선택과 든든한 후원자를 상징한다고 볼 수 있습니다. 관건은 이 둘의 차이를 알고 분별할 수 있는 지혜를 갖는다는 것이 쉽지 않다는데 있습니다. 육적인 세계에서도 쉽지 않은데 영적인 세계가 만만할 리가 없습니다. 영적인 세계의 최악의 썩은 동아줄은 두말 할 필요도 없이 우상숭배입니다.

115편에서는 이 우상의 정체와 능력에 대하여 정확하게 정의를 내립니다. 귀중한 금과 은으로 만들었지만 무생물인 우상의 능력은 당연히 전무합니다(4절). 이목구비와 손과 발과 목구멍이 그 역할을 하지 못하는 형상 앞에 빌고 있으니 한심하기 그지없습니다(5-8절). 문명이 발달되면서 인간이 만든 보이는 우상은 궁전이나 탑이나 빌딩이나 예술품이나 외모 등으로 바뀌게 됩니다. 나아가 보이진 않지만 인간의 마음을 사로잡는 강력한 우상인 돈과 권력과 명예와 쾌락과 인기와 종교가 위력을 발휘합니다.

권력자들은 자기만족과 인정 욕구를 위한 과시와 통치력의 위협 목적으

로 보이는 우상을 만들기도 합니다. 우상에게 속는 인간의 비극은 하나님의 영광을 잃은 타락의 후유증입니다. 하나님 다음으로 영광스러운 인간이 하위 가치인 피조물의 형상에게 지배당하는 것은 창조주 하나님을 모독하는 것입니다.

(롬 1:23) "썩어지지 아니하는 하나님의 영광을 썩어질 사람과 새와 짐승과 기어 다니는 동물 모양의 우상으로 바꾸었느니라"

두 번째로 조심할 우상은 인간 우상입니다(1절). 기자는 오직 하나님께만 영광을 돌려야 하는 인간의 본분을 잊지 말고 사람에게 영광을 돌리면 안 된다고 강조 합니다. 인간의 한계중의 하나가 영적으로 두 가지를 한꺼번에 할 수 없다는 점입니다. 하나님도 믿고 우상에게도 절할 수 있게 창조되지 않았습니다.

(고후 6:14~15) "너희는 믿지 않는 자와 멍에를 함께 메지 말라 의와 불법이 어찌 함께 하며 빛과 어둠이 어찌 사귀며 그리스도와 벨리알이 어찌 조화되며 믿는 자와 믿지 않는 자가 어찌 상관하며"

우리가 여기서 조심할 것은 우상은 그 자체가 아무 능력이 없지만 영물인 사람이 숭배하는 순간 사단이 지배력을 발휘하여 악영향을 끼친다는 것을 알아야 합니다. 사소하게 생각하여 보는 오늘의 운세나 타로점이나 풍수지리나 택일미신이나 징크스 등도 경건한 그리스도인은 금해야 합니다(살전 5:22). 오직 여호와만 의지하라는 명령은 주님만이 방패와 도움이 되신다는 절대 신뢰를 가지라는 뜻입니다(9-11절). 창조주 하나님께로부터 경외하는 자들에게 부어지는 자손대대의 번창의 복을 누리기를 소원합니다(12-16절). 죽은 후 적막한 곳(지옥)으로 내려간 자는 절대 찬양할 수 없습니다(17절). 경건한 삶을 사모하는 우리는 살아있는 지금 이 순간이 바로 찬양의 기회입니다(18절).

♦ 시편 114편 성경칼럼

12절 | 내게 주신 모든 은혜를 내가 여호와께 무엇으로 보답할까
18절 | 내가 여호와께 서원한 것을 그의 모든 백성이 보는 앞에서 내가 지키리로다

"받아서 맛이 아니라 그 마음이 예쁘잖아"

모든 것을 갖춘 유력자가 가난한 사람에게 많은 시혜를 베푼 후에 자그마한 선물을 받고 하는 말입니다. 유력자에게 있어서 그 자그마한 선물 자체는 별 소용이 없지만 그것을 준 사람의 마음은 귀한 것입니다. 어린 시절 아버지가 무얼 사오라고 심부름을 시킬 때 딱 맞게 돈을 주는 경우는 거의 없었습니다. 왜 그러시는지 어른이 되어서 자식을 낳아 기르면 알게 됩니다. 자녀에게 거스름돈이라는 보너스를 주기 위해서이고 깊이 생각하면 심부름도 일부러 만드셨다는 것을 알게 됩니다. 육신적 아버지의 마음도 이럴 질대 하늘 아버지의 자비하심은 이루 말할 수 없습니다.

(마 7:11) "너희가 악한 자라도 좋은 것으로 자식에게 줄 줄 알거든 하물며 하늘에 계신 너희 아버지께서 구하는 자에게 좋은 것으로 주시지 않겠느냐"

누가복음에서는 똑같은 문장에서 좋은 것을 성령님이라고 말씀하셨는데 정말 놀랍습니다(눅 11:13). 하나님께서는 우리에게 용돈 차원의 후의를 베푸신 것이 아님을 알 수 있습니다. 시인이 116편에서 경험하고 고백한 하나님의 은혜와 자비하심은 필설로 표현할 수 없을 정도로 엄청납니다. 지옥 같은 극한적 고통의 때에 하나님께 기도했는데 건져 주시고 구원해 주셨다는 것입니다(2-4절).

인간의 악함 중의 대표적인 것은 다른 선택이 있을 때 주님 앞에 항복하며 기도하지 않는다는 점입니다. 이것을 너무나 잘 알고 있는 기자는 응답

의 은혜를 입고 나서 기도를 절대 멈추지 않겠다는 결단과 서원을 합니다(2절). 마치 아빠에게 용돈을 받아든 아이가 두 손을 앞으로 모으고 '고맙습니다'하고 속으로는 '또 심부름 시켜 주세요' 하는 태도와 흡사합니다. 기도를 결심하는 것과 함께 나오는 결단이 하나님과 동행하는 삶을 구하며 의뢰하는 것입니다. 하나님과 함께 할 때 기쁨과 형통과 평안이 주어진다는 것을 너무나 잘 알고 있습니다(5-10절).

그의 서원은 더욱 진전되어 하나님의 일에 참여하는 것으로 나아갑니다. '구원의 잔을 들고 여호와의 이름을 부른다'는 것은 주님의 고난에 참여하는 것이고 외부적으로는 주님의 복음을 전하겠다는 각오입니다(13-14절). 신약성도인 우리들에게 맡겨진 사명과 같습니다.

(골 1:24) "나는 이제 너희를 위하여 받는 괴로움을 기뻐하고 그리스도의 남은 고난을 그의 몸된 교회를 위하여 내 육체에 채우노라"

한국의 성도는 숫자가 많으므로 군중속의 고독이라는 말처럼 구원받은 한 영혼의 가치를 평가절하하고 있습니다. 이슬람교를 국교로 하는 나라의 그리스도인 한 명은 수만 분의 1의 경쟁을 뚫고 구원받은 것입니다. 나의 구원과 내가 전도한 영혼의 가치를 얼마나 존귀한 것인지 깊이 성찰해 봅니다. 15절은 주변에 영육 간에 죽을듯하면서도 살아 있는 자들이 복음을 듣기 위한 기회를 갖기 위해서 생존하고 있음을 보여 줍니다. '내게 주신 모든 은혜를 내가 하나님께 어떻게 보답할까(12절)' 내가 대답할 시간입니다.

♦ 시편 117편 성경칼럼

1절 | 너희 모든 나라들아 여호와를 찬양하며 너희 모든 백성들아 그를 찬송할지어다

2절 | 우리에게 향하신 여호와의 인자하심이 크시고 여호와의 진실하심이 영원함

이로다 할렐루야

"경천동지, 청천벽력, 혁명, 전향"

예상치 못한 일이나 큰 변혁이 일어날 때 사용되는 말들입니다. 이 상황이 오면 일상이 깨지고 생활의 자세에 대전환을 요구받게 됩니다. 대부분의 사람들은 현상유지를 선호하고 큰 변화를 싫어하는 성향을 가졌기에 이 단어들은 거부감을 줍니다. 어떤 체제나 사회이든지 '경로의존 법칙'이 있어서 굳어진 환경에서 이익을 나누며 살게 되어 있기 때문입니다. 일단 들어선 방향과 경로는 이토록 바꾸기가 어렵고 기득권의 반항은 거세게 마련입니다. 구약을 읽으면서 이스라엘 백성들이 왜 그토록 하나님의 뜻을 순종하지 않았는지 분석할 수 있는 열쇠가 경로의존 법칙입니다. 율법은 하나님의 뜻을 알고 순종하라고 주어졌습니다. 하지만 정치와 종교의 권력자들과 그 부역자들은 율법을 종교화해서 이익을 나누는 방향의 경로를 타 버렸습니다.

선민의식으로 똘똘 뭉친 카르텔은 이방인을 향하여 우월함을 뽐내며 심지어는 이방인을 짐승으로 부르며 구원의 문을 닫기에 열심이었습니다. 이스라엘의 선민의식으로 인한 종교의 벽은 평범한 방법으로 깨질 성질의 것이 아님이 분명합니다. 하나님께서는 이스라엘에게 혁명적 충격요법으로 이방인의 구원을 알려 주십니다. 율법의 규례로는 이방인들이 율법에 대한 서약과 할례 시행으로 이스라엘에 합류할 수 있게 하십니다(출 12:48). 또한 하나님의 우주적이고 세계적 통치를 말씀하시는 수많은 내용은 이방인들에 대한 구원의 개방을 뜻하는 메시지입니다.

117편은 깜짝 놀랄 만큼 2절로 된 성경 전체에서 가장 짧은 장입니다. 3절로 된 131편과 133편이 있지만 2절로 된 유일한 시입니다. 그러나 그 내용은 청천벽력과 같고 혁명적인 메시지를 선포하고 있습니다. '너희 모든 나라들아 여호와를 찬양하며'로 시작되기 때문입니다. 모든 나라와 모든 백성들이 하나님을 찬양하라는 명령은 모든 자들이 구원받는다는 전제가 있습니다.

이스라엘이 편협하고 배타적인 혈통적 집단이 아니라 만민에게 영적 제사장 역할을 맡기신 것을 알게 하신 것입니다. 이는 구원의 경륜 속에서 그리스도의 구속으로 모든 민족이 하나님을 경배하는 성취를 이루게 됩니다. 이 시가 메시야적 찬양시와 예배 때에 불리어지는 성전시로 지칭되는 이유입니다.

(롬 3:29) "하나님은 다만 유대인의 하나님이시냐 또한 이방인의 하나님은 아니시냐 진실로 이방인의 하나님도 되시느니라"

우리는 육적으로는 이방인의 범주에 속하지만 영적인 이스라엘의 백성이 되었고 구원을 확증 받았습니다(롬 3:23-25). 마지막 때에 육적 이스라엘과 땅 끝의 백성들의 구원에 우리가 어떤 역할을 할지는 잘 모릅니다. 하지만 분명한 것은 고정관념을 깨고 명령을 기다리는 군사처럼 준비를 하고 있어야 할 것은 틀림없습니다. "우리에게 향하신 하나님의 인자하심과 진실하심이 크고 영원하시도다(2절)"

♦ 시편 118편 성경칼럼

6절 | 여호와는 내 편이시라 내가 두려워하지 아니하리니 사람이 내게 어찌할까
26절 | 여호와의 이름으로 오는 자가 복이 있음이여 우리가 여호와의 집에서 너희를 축복하였도다

"산이 높으면 골짜기도 깊다"

자연을 관찰하면 나오는 자연스런 광경입니다. 산과 골짜기가 정비례하고 하나이듯이 인생에도 고난과 영광이 하나로 묶이는 경우가 많습니다. 극한 고난을 극복한 스토리가 있는 신앙인의 간증은 힘이 있고 설득력이 있습니다. 인간이 하나님께서 내편이 되신다는 결론을 내기까지는 체험신앙을 가지지 않고서는 불가능합니다.

118편 기자는 그가 겪은 온갖 고난에 대한 회고를 합니다. 그는 많은 사람들로부터 미움과 배신을 당했습니다(7절). 여러 나라의 적들과 고관들이 조직적으로 포위하고 온갖 방법으로 공격했음을 회고합니다(8-13절). 이 고난에 대한 회상은 하나님만 바라보며 신앙의 타락을 방지하는데 큰 역할을 하게 됩니다(14-16절). 그는 하나님께로부터 온 징계를 깨달았다고 특별한 고백을 합니다. 그 징벌이 얼마나 힘들었는지 죽음 직전까지 갔었다고 합니다(18절). 이 모든 고난의 골짜기에서 건져 올린 위대한 고백이 바로 하나님과 자신이 한편이라는 자의식입니다.

하나님과 한편이라는 것이 정해졌을 때 주어지는 복이 거룩의 참여와 증진입니다. 극한 고난이 없었다면 하나님과 한편임을 체험할 수 없었을 것이고 거룩을 향한 사모함은 생각지도 못했을 것입니다. 바울 사도도 복음을 위한 여정 속에서 하나님의 오묘한 섭리를 간증합니다.

(고후 6:9) “무명한 자 같으나 유명한 자요 죽은 자 같으나 보라 우리가 살아 있고 징계를 받는 자 같으나 죽임을 당하지 아니하고”

이어지는 19절부터의 내용을 읽다보면 어디선가 보았던 익숙한 말씀이 등장합니다. 바로 신약성경 복음서에 인용된 주님의 수난과 영광에 대한 예언이 나오기 때문입니다. 다윗으로 보이는 기자가 자신의 고난과 구원과 인도를 메시야의 사역 예언으로 영감을 받아 기록하고 있습니다. 구원의 모퉁이 돌이 되기 위해 버림을 받아야 하는 그리스도를 전하고 있습니다(22절, 마 21:42). 예루살렘 입성 때 종려나무 가지를 흔들고 메시야를 환호하는 백성들의 모습을 미리 보고 노래합니다(26절, 마 21:9).

다윗이 자신의 주관적 신앙의 체험이 보화처럼 쌓여서 하나님의 구원을 선포하는 것(15, 17절)은 우리에게 큰 지혜를 줍니다. 이스라엘 백성들은 홍해 사건이 구원의 큰 간증이고 초대교인들은 주님의 부활이 승리와 전도의 능력이었습니다. 사도들과 같이 우리의 크고 작은 신앙의 체험은 주님의 구원을 '보고 듣고 만진 것(요일 1:1)'이기에 놀라운 능력으로 분출될 수 있습니다. 불교와 유교의 경전 내용은 창시자의 깨달음과 그 교훈이지만 기독교의 신앙은 우리 중에 이루어진 하나님의 사실적 역사입니다(눅 1:1). 더욱 깊어지는 하나님과의 사귐이 있기를 기도합니다.

♦ 시 119편 1-44절 성경칼럼

1절 | 행위가 온전하여 여호와의 율법을 따라 행하는 자들은 복이 있음이여
11절 | 내가 주께 범죄 하지 아니하려 하여 주의 말씀을 내 마음에 두었나이다

"좋아하는 성경책은 어디인가요?"

초신자나 신앙의 깊이가 없는 자가 성경을 좋아하는 경우는 드물지만 넌센스 퀴즈로 물어보는 것입니다. 시편이라는 대답이 나왔는데 그 이유가 재미있습니다. 예배 시간에 성경 본문을 찾을 때 딱 가운데 펼치면 시편이 나오기 때문이라는 것입니다. 지금처럼 영상화면이 예배도구로 사용되지 않았던 시절의 이야기입니다. 성경에 대해 무식한 표시가 전혀 안 나니 성경 본문이 시편일 때는 안심이 되는 것입니다. 이 순수하고 귀여운 모습을 하나님께서 보시며 미소를 지을 것이라 상상됩니다.

제가 실험을 해보니 많은 경우 시편 119편이 나왔습니다. 말씀의 보물지도가 119편인데 하나님께서는 우리가 보물을 아주 쉽게 찾도록 해 주셨습니다. 176절로 되어있는 성경의 가장 긴장인 119편은 시 문학의 백미로 불립니다. 탁월하고 찬란하게 빛나는 명구들이 하나님을 향한 경건하고 열심 있는 갈망을 드러냅니다. 신자의 여러 가지 내면적 울림이 고백되고 하나님과 교제하려는 경건한 열정이 사무칩니다.

이 시의 구조는 알파벳 시의 형태로 되어 있고 팔진법 시로 지어졌습니다. 히브리어의 알파벳은 22개인데 첫 연을 알파벳의 순서로 시작하고 8단락의 첫 문자가 한 알파벳으로 지어졌다는 의미입니다. 즉 22×8=176절이 되었습니다. 하나님의 뜻은 신약에서는 말씀으로 대표되고 구약에서는 율법으로 부릅니다. 119편에서는 이 율법에 대한 동의어로 9가지가 등장하는데 엄격한 구별은 어렵지만 의미상의 차이를 파악하는 것은 유익합니다(괄호 안은 히브리어입니다).

1.율법(토라)-광의적인 면에서의 하나님의 법도, 2.증거(에두트)-하나님이 친히 선포하시고 확증하신다는 측면을 강조, 3.판단, 규례(미쉬파트)-법정적,선고적 측면을 강조, 4.율례(호크)-하나님이 제정하신 입법이라는 측면을 강조, 5.말씀(다바르)-하나님이 직접 하신 말씀임을 강조, 6.법도(피쿠드)-인간 행동에 대한 규제의 측면을 강조, 7.계명(미츠와)-준수해야 할 책임성을 강조, 8.약속(미므라)-언약, 말씀 등 여러 의미로 사용, 9.길(데레크)-행동영역을 강조.

이 정리가 좀 복잡한 것처럼 보이지만 하나님 나라의 풍성과 자상함의 측면으로 보면 또 다른 은혜가 됩니다. 성경통독을 할 때마다 119편이 방대해서 늘 새로운 발견과 은혜를 누리지만 오늘 범위에서 눈에 들어오는 구절은 11절과 24절입니다. 주의 말씀이 마음에 들어올 때 그토록 힘들고 실패했던 죄와의 전쟁을 이길 수 있다는 것입니다(11절). 주의 말씀의 깊이를 더해 갈 때 세상이 줄 수 없는 즐거움과 지혜(충고자)를 소유하게 됩니다(24절). 말씀묵상을 통한 영혼의 정화와 율례를 준행할 때 오는 승리로 하나님을 뜨겁게 사랑하는 길로 나아가십시다(1, 40절).

♦ 시 119편 45-88절 성경칼럼

56절 | 내 소유는 이것이니 곧 주의 법도들을 지킨 것이니이다
72절 | 주의 입의 법이 내게는 천천 금은보다 좋으니이다

"겉 재산, 속 재산"

고위 공직자들은 정기적으로 재산등록을 하고 공개하도록 되어 있습니다. 공개되는 것이 겉 재산이라면 공직자의 전부는 아니겠지만 숨겨진 속 재산이 있으리라는 것을 압니다. 금고가 많이 팔리고 은행에서는 5만 원 권 출금을 제한하고 있는 실정입니다. 안정이 깨지고 비상 상황을 대비할 때 일어나는 현상입니다. 개인금고 속의 현금과 황금과 무기명 채권과 달러화와 코인 등은 공개되지 않은 속 재산이라고 볼 수 있습니다. 이 세상의 유사하나님 역할을 하는 돈은 권력과 성과 더불어 3대 우상입니다. 명예와 쾌락을 제공해 주고 행복의 구성 요소인 고급 물품을 치장하고 산해진미를 즐길 수 있게 하는 것이 소유(재물)입니다. 돈은 최고의 지성인들도 턱짓 하나로 부릴 수 있는 마력 때문에 무소불위한 위치에 올라가 있습니다.

그러나 성경은 돈에 대한 정체와 한계를 냉정하게 선언합니다. 하나님 없는 돈은 일만 악의 뿌리이고 사람을 찌르는 독이라고 하며 영원한 복(영생)을 누리지 못하게 하는 장벽임을 선포합니다..

(딤전 6:10) "돈을 사랑함이 일만 악의 뿌리가 되나니 이것을 탐내는 자들은 미혹을 받아 믿음에서 떠나 많은 근심으로써 자기를 찔렀도다"

(마 19:24) "다시 너희에게 말하노니 낙타가 바늘귀로 들어가는 것이 부자가 하나님의 나라에 들어가는 것보다 쉬우니라 하시니"

그러면 경건한 그리스도인들의 진정한 재산(소유)은 무엇일까요? 이에 대한 명쾌한 대답이 오늘 범위에 나와 있습니다. 주의 법도를 지킨 열매가 하나님의 사람이 가진 소유 재산입니다(56절). 55절에 '밤에 지킨 것'이라고 했는데 이는 고통과 근심의 때에 말씀대로 산 것을 뜻합니다. 가장 귀하게 주어지는 소유는 주의 법도를 사랑하여 자원하여 즐겁게 지키는 것입니다(47절).

인격적인 하나님이시기에 할 수 없어서 억지로 주의 법을 지키는 자보다 자원함과 기쁨으로 넘치게 섬기는 자를 받으시는 것입니다. 이 원리는 신약 성도들이 연보를 드릴 때의 태도를 바울이 권면한 내용과 같습니다.

(고후 9:7) "각각 그 마음에 정한 대로 할 것이요 인색함으로나 억지로 하지 말지니 하나님은 즐겨 내는 자를 사랑하시느니라"

세상 사람들은 세상의 기업이 주어지지만 하나님의 사람들은 하나님의 말씀을 지키는 것이 분깃(기업)이 됩니다(57절). 이 정의를 알 때 우리 소유의 개념이 확립되고 모든 금은보화보다 귀한 말씀을 지키는 길로 굳세게 갈 수 있습니다(71-72절). 세상일에 노력과 열심을 다했는데도 지독한 불행에 싸여 있습니까? 말씀 한 구절에 생명을 걸고 순종하려는 결단을 한다면 이전과 다른 인생길이 분명히 열릴 것입니다.

♦ 시 119편 89-132절 성경칼럼

98절 | 주의 계명들이 항상 나와 함께 하므로 그것들이 나를 원수보다 지혜롭게 하나이다
105절 | 주의 말씀은 내 발에 등이요 내 길에 빛이니이다

"내일 아침 동쪽에서 해가 뜰 것을 믿습니까?"

이런 질문을 받는다면 대답하기보다 질문한 사람을 이상한 눈으로 쳐다볼 것입니다. 아무리 의심이 많은 사람일지라도 정신병자가 아닌 한 해가 뜨고 지는 것을 믿지 않을 사람은 없습니다. 이 세상에서도 상품이나 기술에서 표준(기준, standad)이 정해지면 후발 주자들은 그에 따라 가야만 합니다. 해의 이야기만이 아니라 우주만물의 모든 운행은 창조주이신 하나님이 정해 놓으신 원리와 표준에 따라 이루어집니다. 하늘이 무너지고 땅이 꺼지지 않는다는 하나님께서 정해주신 약속이 있기에 인간은 안심하고 사는 것입니다.

우리가 평범하게 보았던 천지와 만물이 주의 종으로서 기준이 따라 순종하고 있다고 선언합니다(89-91절). 성경을 다른 말로 정경(Canon)이라고 하는데 이는 표준이라는 뜻입니다. 인생을 비롯한 천지 만물에 대한 하나님의 표준(뜻과 기준)이 나타나 있기 때문입니다. 절대기준을 벗어난 만물의 생존이 없듯이 성경을 떠난 인간은 생존할 수 없고 무의미함을 알아야 합니다. 영원하고 불변하신 하나님을 타락하여 무지한 인간이 알 수 있고 믿을 수 있는 길은 오직 말씀으로만 가능합니다.

(벧전 1:25) "오직 주의 말씀은 세세토록 있도다 하였으니 너희에게 전한 복음이 곧 이 말씀이니라"

만약에 우리가 구원에 대한 근거를 자신의 지식이나 깨달음이나 환상이나 경험에 근거한다면 환난이 올 때 모래위의 집처럼 허무하게 무너질 것입니다(92-94절). 말씀의 통치는 온 우주에 미치고 시간적으로는 영원대대에 이릅니다(96, 89-90절). 그러므로 말씀의 권위는 절대적이며 시공을 초월하는 유일한 표준임을 잊지 말아야 합니다. 차운전을 할 때 경로이탈을 하면 손해 보고 애써서 다시 찾아 갈 수 있지만 인생길은 성경(예수님)을 떠나면 구제가 아주 힘듭니다. 교회를 오래 다녀도 말씀과 동행하는 신앙을 갖지 못하면 자기 생각대로 응석부리고 다투는 육적 어린아이와 같은 모습으로 머무는 이유가 여기에 있습니다.

(고전 3:3) "너희는 아직도 육신에 속한 자로다 너희 가운데 시기와 분쟁이 있으니 어찌 육신에 속하여 사람을 따라 행함이 아니리요"

그러면 하나님을 경외하는 자로서 말씀을 사모하고 지키려고 씨름하는 자의 복은 무엇일까요?(97절) 오늘 범위에서만 찾아도 황홀할 정도로 넘치는 축복을 약속합니다. 원수들을 제압하는 지혜자가 됩니다(98절). 세상의 어떤 스승과 노인보다 뛰어난 명철함을 갖춘 지도자가 됩니다(99-100절). 악한 길을 가지 않으며 실수를 하지 않는 능력과 의로움이 주어집니다(101-102절).

말씀과 동행하고 묵상하고 지키면 영혼이 기름지고 성품을 성숙시키기에 그 기쁨은 그 어떤 보화와 꿀보다도 탁월합니다(103-104절). 이 복은 추상적인 복의 개념이 아니라 실제적이고 구체적인 모습으로 각 개인마다 적용됩니다. 말씀은 길을 비추는 빛이 되고 한 번 내딛는 발걸음마다 등이 되기 때문입니다(105절). 말씀을 읽고 묵상하기로 정하고 맹세(106절)한 우리의 실천이 정말 고마와지는 시간입니다.

138절 | 주께서 명령하신 증거들은 의롭고 지극히 성실하니이다
169절 | 여호와여 나의 부르짖음이 주의 앞에 이르게 하시고 주의 말씀대로 나를 깨닫게 하소서

"구슬이 서 말이라도 꿰어야 보배"

구슬(진주, 재료)이 서 말이라는 것은 아주 귀한 것을 많이 가졌다는 뜻입니다. 하지만 이를 꿰지(사용하지) 않으면 아무 소용이 없다는 속담입니다. 우리 주변에 어떤 사람을 두고 재주가 아깝다고 하는 말과 비슷한 맥락입니다. 재주(재능)에 노력을 더하지 않아 세상을 비관하며 사그라지는 사람이 얼마나 많은지요? 우리 앞에 놓여 진 성경말씀은 어떤 보화나 재주로도 절대 비교할 수 없는 진리입니다.

말씀을 내 것으로 만드는 사람이 드문 이유와 함께 말씀의 능력을 누릴 수 있는 길은 무엇인지 살펴봅니다. 첫째, 말씀의 무오성(오류가 없음)에 대한 믿음 부족을 주목해야 합니다. 모든 성경은 하나님의 감동으로 되었으며(딤후 3:16) 완전하고 확실하며 지혜롭게 하고 정직하며 순결합니다(시 19:7~9). 의롭고 성실하며(138절) 진리의 강령으로 영원하다(160절)고 선언합니다.

둘째, 말씀을 내 것으로 만들려는 몸부림이 없어서입니다. 이 노력의 첫 번째가 기도이고 기도의 내용은 말씀에 근거해야 합니다. 119편의 내용을 분석하면 말씀의 권위와 능력을 전하고 이에 근거한 간절한 기도가 잇따르는 것을 알 수 있습니다. 말씀을 가까이 하면 기도할 마음이 생기고 기도하면 말씀을 깨닫고 실천할 수 있는 능력이 부여됩니다(169절).

셋째, 말씀과 기도의 생활화(습관)에 실패하기 때문입니다. 사람의 기억력의 한계가 8시간에서 2일간이라는 교육학의 원리가 있습니다. 암기는 8시간 안에 복습이 중요하고 은혜의 기억은 2일을 넘기면 희미해진다는 것을 새겨야 합니다. 기자는 새벽 이전부터 말씀을 읊조리고(147-148절) 하루에 7번씩 찬양한다고 고백합니다(164절). 신약에서도 예수님과 사도들이 이를 실천했습니다.

(히 3:13) "오직 오늘이라 일컫는 동안에 매일 피차 권면하여 너희 중에 누구든지 죄의 유혹으로 완고하게 되지 않도록 하라"

넷째, 말씀의 교제권 구축이 없어서입니다. 악인들 속에 들어가 있는 사람이 선한 일을 할 가능성은 희박합니다. 반대로 선한 길을 가려면 의인들의 교제권에 거해야 하며 특별히 말씀을 교제하는 일에 열심을 내야 합니다.

(전 4:12) "한 사람이면 패하겠거니와 두 사람이면 맞설 수 있나니 세 겹 줄은 쉽게 끊어지지 아니하느니라"

무엇보다 중요한 것은 말씀을 사랑하는 방향을 정하고 가야 합니다. 사랑의 가장 큰 속성이 관심이듯이 간절하고 진실한 마음으로 말씀을 대하는 것이 하나님을 뵙는 것입니다(159,167절). 119편에서 각자 찾으신 말씀의 보물을 영육의 현장에서 아름답고 능력 있게 사용하시기 원합니다.

♦ 시편 120편 성경칼럼

2절 | 여호와여 거짓된 입술과 속이는 혀에서 내 생명을 건져 주소서
6절 | 내가 화평을 미워하는 자들과 함께 오래 거주하였도다

"최고의 저주는 무엇일까요?"

이 질문 역시 각자의 경험과 환경에 따라 다른 대답이 나올 것입니다. 질병과 가난의 현실적 벽일 수도 있고 불안과 외로움 등의 정신적 황폐일 수도 있습니다. 영적으로는 여러 모습에 사로잡히는 귀신들린 상태의 절망적인 저주도 있을 것입니다. 죽을 때 사라지는 저주는 성숙한 신앙인이라면 주님께 맡기고 살면 됩니다. 문제는 살아 있는 신앙생활의 불화 관계는 매 순간의 현실이기에 참으로 극복하기 힘듭니다.

말이 불화이지 과장하면 전쟁의 상태입니다. 전쟁이란 생활의 모든 터가 흔들리고 깨지는 것이기에 인생에서 꼭 피해야 할 상태입니다. 마태복음 5장의 8복 중에서 가장 소원하는 복이 화평의 복이라는 성도들을 대상으로 한 앙케트 결과가 이를 증명합니다. 120편의 저자로 보이는 다윗은 두 종류의 적들로부터 공격을 받은 것을 알 수 있습니다.

하나는 '간사한 공격'입니다. 거짓과 계략과 모함과 위장이 난무하는 간사하고 야비한 공격은 인간적으로 분노가 일어나지 않을 재간이 없습니다(2-3절). 이 사례는 이 시대에도 의인을 향한 사단의 하수인들이 끊임없이 시도하는 역사입니다. 또 하나는 '포악한 공격'입니다. 이 종류의 대표적인 발생이 바로 전쟁입니다. 전쟁은 죽기 아니면 살기이기에 인간의 도덕성을 저버리게 되고 수단방법을 가리지 않습니다. 5절의 메섹과 게달을 비유로 든 것은 역사적으로 호전적인 전쟁광들에 대한 거울입니다.

다윗이 화평을 거부하는 자들과 함께 거한 것을 한탄하는 내용은 그만의 고민이 아닙니다. 인간이 사는 어느 곳도 선함과 평화만 존재하는 곳은 없기 때문입니다. 지금 우리도 육신적 적과 영적 적들의 도전과 공격에 노출되어 있음이 틀림없습니다. 다윗의 평화를 구하는 탄원의 기도는 바로 우리의 기도가 되는 이유입니다.

이 시의 마지막은 응답과 화평으로 결말 되어 지지는 않습니다(7절). 하지만 영적인 다윗의 왕국은 메시야 예수님의 사역 성취로 구속사가 완성됩니다. 그 구속사의 결과는 죄인과 하나님과의 화평이고 유대인과 이방인과의 화목입니다(엡 2:11-14). 이 진리는 우리의 일상생활과 신앙생활에서 화평의 원리로서 적용됩니다(마 5:23-24). 나를 해치려는 원수들이 득실거리는 것이 현실인 만큼 다윗처럼 우리의 화평을 구하는 기도는 필수입니다(1절).

♦ 시편 121편 성경칼럼

1절 | 내가 산을 향하여 눈을 들리라 나의 도움이 어디서 올까
5절 | 여호와는 너를 지키시는 이시라 여호와께서 네 오른쪽에서 네 그늘이 되시나니

"작전 실패, 경계 실패"

전쟁을 하는 장수에게 작전은 가장 중요합니다. 이 작전보다 우위에 경계를 두는 것은 논란이 되겠지만 그만큼 경계의 중요성을 강조한 말입니다. 경계에 실패하는 순간 적의 기습으로 아예 전투시작도 못하고 전멸할 수 있기 때문입니다. 121편에서 하나님께서는 우리를 지키시고 보호하신다고 나오는데 직설적으로 표현하자면 경계병이라는 뜻입니다. 인간의 경계는 뚫리는 일이 흔하지만 하나님의 경계는 완벽합니다. 군대 생활을 하신 분들은 다 아시겠지만 경계를 서는 보초는 이상 징후가 있을 때 외치고 보고하는 것이 임무입니다.

그러나 하나님의 우리를 향한 경계는 그 범위가 엄청납니다. 첫째, 시간적으로 풀타임(Full time)입니다. 하나님은 한 순간의 방심이나 실수도 없이 자기 백성을 돌보시고 지키십니다. 이 내용을 의인화하여 졸지도 아니하시고 주무시시지도 아니하시는 분이라고 표현합니다(4절). 불꽃같은 눈

으로 성도들을 돌보시고 모든 위협으로부터 온전히 보호하십니다. 이 진리는 하나님께서 성도를 지키시다가 중단하시는 일이 없기에 어떤 경우에도 구원에서 탈락하지 않는다는 성도의 견인 교리로 정립하게 됩니다.

둘째, 하나님의 보호와 안전은 전방위(omnidirectional)적으로 이루어집니다. 사람의 시각의 각도가 120도 정도라면 하나님의 감찰하심은 전 방향적이라는 뜻입니다. 사람이 가장 당황할 때가 예상치 못한 위험을 당할 때인데 하나님의 보호와 방어는 이 모든 것에 완벽합니다(5절). 저의 경우는 운전을 할 때와 아이를 키울 때 무소부재하신 하나님의 임재와 보호를 체험했습니다.

셋째, 하나님의 보호는 영혼의 지킴으로 절정을 이루십니다. 낮의 해와 밤의 달이 의미하는 자연의 위협(6절)으로부터 지키시는데 이것으로 그치는 것이 아닙니다. 인생의 크고 작은 환난을 면케 해 주시는 것은 물론이고 영혼의 안전을 보장해 주십니다(7절). 만약 기독교의 구원이 이 세상의 문제와 내세 중에 하나에만 해당되는 것이라면 타종교와 별로 차별이 안 될 것입니다. 성도의 내적 생명과 외적 생명의 모든 출입을 지키시는 하나님의 은혜는 아무리 감사해도 부족함을 느낍니다(8절).

(마 10:29~30) "참새 두 마리가 한 앗사리온에 팔리지 않느냐 그러나 너희 아버지께서 허락하지 아니하시면 그 하나도 땅에 떨어지지 아니하리라 너희에게는 머리털까지 다 세신 바 되었나니"

1절의 하나님의 산을 향하여 눈을 들고 전심으로 도움을 구하는 시인의 기도가 나의 기도가 됩니다. 천지를 만드신 전능하신 하나님의 도움이 영원히 우리와 함께 할 것을 믿습니다. 인간의 도움이 얼마나 허무한지를 겪었기에 더욱 간절합니다.

♦ 시편 122편 성경칼럼

3절 | 예루살렘아 너는 잘 짜여진 성읍과 같이 건설되었도다
7절 | 네 성 안에는 평안이 있고 네 궁중에는 형통함이 있을지어다

"뭔 재미로 교회를 다녀?"

세상 사람들이 기독교인들을 향해 비꼬듯이 던지는 말입니다. 고백하자면 저의 청년 시절 전도하던 친구에게 제가 한 말이기도 합니다. 이 말을 들은 친구의 당황하며 얼굴을 붉히는 모습이 눈에 선합니다. 무언가 더 설명을 하고 싶지만 저의 완악한 기세에 입을 닫아 버립니다. 이제 제가 그리스도인이 되어 미신자에게 그런 반응을 받으며 전도하는 역전이 이루어졌습니다. 그러면 여기서 따져 볼 주제가 생깁니다. 정말 교회를 다니는(예수 믿는) 재미가 무엇인가입니다.

청년 시절에 제가 내뱉은 기독교인들에 대한 평가는 세상 기준의 재미를 기준으로 한 말입니다. 실리, 실용주의 문화 속에서 재물과 쾌락을 목표로 하며 보이는 이 세상만 알고 사는 사람들에게 하나님 나라의 재미가 보일리가 없습니다. 그들의 눈에 보이는 겉으로의 기독교인들은 무기력한 이상주의자로 보일 수도 있고 말과 행동이 다른 위선자로 보이기가 아주 쉽습니다. 우리의 이런 모습에 대하여 아무리 변명을 하고 고치려 해도 힘들다는 것을 인정합니다.

세상은 본질적으로 교회와 성도들에게 호의적이지 않다는 전제를 알고 대하여야 합니다.

(요 15:19) "너희가 세상에 속하였으면 세상이 자기의 것을 사랑할 것이나 너희는 세상에 속한 자가 아니요 도리어 내가 너희를 세상에서 택하였

기 때문에 세상이 너희를 미워하느니라"

그리스도인은 세상 평가에 눈치를 보는 것보다 하나님이 주시는 참된 재미를 누리는 것에 더 집중을 해야 된다는 의미입니다.

122편은 이스라엘 백성들이 절기를 맞아 예루살렘 입성을 하면서 부르는 노래로 지어졌습니다. 다윗의 역동적인 반응으로 시작되는 이 시는 예루살렘 입성의 권함을 받은 기쁨을 분출합니다(1절). 하나님의 도성에 함께 가자는 권함에 기뻐 동참하는 모습은 평범한 모습이 아닙니다. 현재 한국교회의 환경에서 누가 와서 교회를 가자고 하면 기뻐 달려가는 사람이 얼마나 있겠는가를 대조해 보면 이해가 됩니다. 예배의 사모함을 잃고 봉사에 매너리즘(타성)에 빠져 기진해 있고 외부의 교회 혐오 프레임까지 덮쳐 교회를 멀리하는 세태가 되어 버렸습니다. 구약의 교회와 같은 예루살렘 성에 가서 누리는 복을 안다면 다시 교회에 와서 은혜를 받는 축복을 회복할 것입니다.

예루살렘 성이 잘 짜여진(조밀한) 성읍으로 건설되었다는 것은 큰 의미가 있는 메시지입니다(3절). 이 뜻은 육적으로는 훌륭한 도시적 기능을 의미하지만 영적으로는 하나님이 주시는 세밀하고 다양한 기쁨이 있다는 것입니다. 구약적 표현으로는 평강과 형통의 축복을 공동체와 함께 누리는 것입니다(6-8절). 신약적 표현으로는 성령님과 함께 하는 삶을 사는 것입니다. 세상은 취하고 즐기고 잊고 빼앗는 재미이지만 우리는 성령님 안에 있는 거룩한 아름다움의 재미를 누리는 것입니다.

(16:13) "그러나 진리의 성령이 오시면 그가 너희를 모든 진리 가운데로 인도하시리니 그가 스스로 말하지 않고 오직 들은 것을 말하며 장래 일을 너희에게 알리시리라"

♦ 시편 123편 성경칼럼

1절 | 하늘에 계시는 주여 내가 눈을 들어 주께 향하나이다
2절 | 상전의 손을 바라보는 종들의 눈 같이, 여주인의 손을 바라보는 여종의 눈 같이 우리의 눈이 여호와 우리 하나님을 바라보며 우리에게 은혜 베풀어 주시기를 기다리나이다

"손가락 하나 까딱할 힘도, 마음도 없다"

전자는 임종 직전의 상태이고 후자는 우울증 증세가 심할 때 오는 절망적인 모습을 표현한 것입니다. 본시는 저자 미상의 짧은 시이지만 견디기 어려운 상황을 절절하게 나타내주고 있습니다. 역사적 배경에 대해서는 여러 설이 있지만 민족적이고 개인적으로 다가온 불의와 학정에 고통당하는 자의 모습을 능히 짐작하게 합니다. 하나님의 사람들이 세상 사람들과 다른 것이 있다면 결정적인 위기의 순간에서 하나님을 바라본다는 점입니다.

땅에서는 소망이 끊어졌을지라도 하늘은 열려 있음을 우리는 압니다(1절). 기도문의 첫 시작이 '하늘에 계신 우리 아버지'라고 한 것은 초월적이고 전능하신 하나님과의 관계를 확인할 때 비로소 기도자가 될 수 있다는 것을 의미합니다. 하나님을 찾고 기도하는 자가 해야 할 일은 영적인 눈을 들어 하나님의 신호를 알아채는 것입니다. 그 눈의 애절함이 얼마나 예민해야 할 것을 비유한 것이 2절입니다. 종(여종)이 상전(여주인)의 손을 주시하고 있다는 뜻은 주인의 자그마한 동작 하나에도 즉시 반응한다는 의미입니다.

이 상황을 우리에게 대입하자면 고통의 시간에 오직 하나님만을 인내하고 바라보며 고대하는 순종의 눈을 가져야 함을 뜻합니다. 이 상황을 정리하자면 신자는 하나님과의 관계에서 절대 의존적 긍휼을 기다리며 사는 존

재라는 사실입니다. 역설적으로 우리가 당하는 심한 멸시는 오직 하나님께만 눈을 들라는 환경의 조성일수도 있습니다(3절). 그 이유가 4절에 등장합니다. 하나님의 백성을 핍박하고 멸시하는 자들이 어떤 자들인지를 보여줍니다(4절). 안일한 자란 평안한 사람을 의미하는데 모든 것이 부요해서 하나님께 눈을 감은 자를 말합니다. 세상에서는 부자이지만 영적인 세계에서는 심각한 저주를 받은 사람입니다.

저들의 눈에는 하나님의 백성(그리스도인)들이 우습고 불쾌하여 업신여기고 조소하며 깔볼 수밖에 없는 것입니다. 또한 교만한 자란 하나님을 모르니 결국 자기중심으로 생각하여 힘없는 약자들을 무시하는 길을 갈 수밖에 없습니다. 하나님의 형상인 인간에 대한 영적인 눈을 가지지 못한 자의 비극입니다.

(약 3:9) "이것으로 우리가 주 아버지를 찬송하고 또 이것으로 하나님의 형상대로 지음을 받은 사람을 저주하나니"

보이는 인간이 아무리 하찮게 보여도 무시하고 멸시하면 그것은 하나님을 멸시하는 것이기에 그 보응을 받게 됩니다. 어려움을 이기는 것이 얼마나 힘든지는 알지만 하나님만 바라보라는 사인을 받는다면 그 환경은 복으로 변합니다. 혹시 곤경에 처했다고 생각되십니까? 눈을 들어 하나님을 바라보는 자의 역설적인 복을 누리시기 원합니다.

♦ 시편 124편 성경칼럼

6절 | 우리를 내주어 그들의 이에 씹히지 아니하게 하신 여호와를 찬송할지로다
8절 | 우리의 도움은 천지를 지으신 여호와의 이름에 있도다

"지금 알고 있는 걸 그때도 알았더라면.."

유명한 시의 제목입니다. 시간을 거슬러 올라가 후회하지 않을 삶을 살고픈 마음을 담고 있습니다. 작게는 개인경험의 교훈이고 크게는 역사 속에서의 결정적 사건을 상기하는 것이라고 볼 수 있습니다. 124편은 특이한 반복법과 부정문을 사용함으로서 독자들의 상상력을 기대하는 분위기가 돋보입니다. 어떤 사건의 그때에 하나님께서 함께 하시지 아니했다면 정말 아찔했다는 회고를 하고 있습니다.

다윗은 수많은 전쟁 중에서 크고 강한 적과의 절대 절명의 위기를 승리케 하신 하나님께 감사하고 있습니다. 하나님의 인도가 아니면 산채로 삼켜 버릴 수도 있었고(3절) 격류의 험한 위용에 영혼이 잠겼을 것(4절)이라고 회고합니다. 적들의 사나운 야수 같은 이빨에 씹어 삼키 우는 위기에서의 구원을 찬송하고 있습니다(6절). 위험의 탐지가 없는 새가 사냥꾼의 올무에서 구출받은 것처럼 하나님의 전적인 구원을 기뻐하고 있습니다(7절). 벗어나고 끊어져서 구원되는 것은 자신에게서 나온 것이 아님을 보여줍니다(7절).

하나님께서 역사하시지 않았다면 그 백성은 멸망할 수밖에 없다는 것을 철저히 고백합니다. 자, 그러면 하나님께서는 왜 이렇게 강한 임팩트(충격)를 주는 구원과 승리를 조성하실까요? 가장 우선적인 것은 강한 충격이 아니면 쉽게 잊는 인간의 한계와 인간의 질긴 패역함 때문입니다. 이스라엘에게 행하신 출애굽과 가나안 입성의 기적을 쉽게 잊고 불평하는 구약역사를 보면 금방 이해가 됩니다.

나아가 구원의 사역이 하나님께 속한 것이라는 것을 알게 하기 위해서입니다. 8절에서 도움은 천지를 지으신 여호와의 이름에 있다고 한 것을 주목해야 합니다. 즉 구원 사역은 창조와 밀접한 관계가 있고 창조보다 앞선 구원의 예정이 있었음을 알 수 있습니다.

(엡 1:4) "곧 창세전에 그리스도 안에서 우리를 택하사 우리로 사랑 안에서 그 앞에 거룩하고 흠이 없게 하시려고"

하나님의 놀라우신 사랑과 권능이 그의 백성들을 지키시고 있음을 꼭 알게 하시려는 깊은 뜻이 있는 것입니다. 우리는 사는 동안에 다양한 환경을 겪습니다. 평범함 속에서의 생활도, 감당할 수 없는 절망적 상황도 모두 하나님이 함께 하십니다. 인간 잔꾀의 임시방편보다 전능하신 하나님의 도우심을 구하는 기도의 위대성을 적용하게 됩니다. 항상 기뻐하고 범사에 감사하고 쉬지 말고 기도하는 하나님의 뜻을 행하기를 힘쓰겠습니다(살전 5:16~18).

♦ 시편 125편 성경칼럼

3절 | 악인의 규가 의인들의 땅에서는 그 권세를 누리지 못하리니 이는 의인들로 하여금 죄악에 손을 대지 아니하게 함이로다

5절 | 자기의 굽은 길로 치우치는 자들은 여호와께서 죄를 범하는 자들과 함께 다니게 하시리로다 이스라엘에게는 평강이 있을지어다

"악인이 의인을 이기지 못하는 이유"

짧은 시간 속에서 보면 이 말은 맞지 않습니다. 악인의 권세가 의인을 괴롭히고 악인이 의인을 이기는 일은 우리 눈앞에 흔하게 일어납니다. 그러나 긴 시간 속에서 역사를 통찰하면 이 말은 진리입니다. 이것은 하나님께서 정해 놓으신 원칙으로 변하지 않습니다. 우리는 하나님께서 성도들에게 힘든 핍박을 아예 차단해 놓으셨으면 하는 마음이 간절합니다.

그러나 역으로 생각해 보면 성도가 당하는 잠시의 핍박은 의인으로 연단시키고 하나님만을 소망하게 하는 깊은 은혜임을 알 수 있습니다.

(롬 5:3-4) “다만 이뿐 아니라 우리가 환난 중에도 즐거워하나니 이는 환난은 인내를, 인내는 연단을, 연단은 소망을 이루는 줄 앎이로다”

악인이 의인을 이기지 못하는 이유를 성찰해 봅니다. 첫 번째 이유는 의인들이 유혹에 넘어져 죄를 범하지 않게 하기 위함입니다(3절). 고난이 너무 길게 지속된다면 성도들이 시험에 빠져 죄악에 손을 댈 수 있기 때문에 적시에 악인들을 치리하신다는 것입니다. 두 번째는 성도들의 연약함을 너무 잘 아시기에 피할 길을 주시고 역경을 극복할 수 있는 힘을 주시는 면이 있습니다(고전 10:13).

125편은 하나님을 신뢰하는 자의 안전한 삶을 노래합니다. 그 안전함의 극적인 표현이 시온산이 흔들리지 아니하고 영원함같다고 합니다(1절). 육적인 산도 탄탄한데 하나님의 임재의 상징인 시온산의 안전은 완전 보장된 것입니다. 여기에 예루살렘 성을 둘러싸고 있는 산과 언덕의 보호처럼 백성들을 향한 하나님의 안전은 불변하다고 찬양합니다. 악인의 권세가 의인들의 땅(기업)에서는 위력을 발휘하지 못하게 하십니다(3절).

의인이 악인들과 함께 하는 죄악에 손을 대지 않도록 하시는 하나님의 예방조치를 눈치 채는 사람은 복된 성도가 됩니다. 이 복은 눈치 없이 죄악을 짓는 자와 함께 하지 않는 선택을 하게 만듭니다. 5절에 나와 있는 악인들과 도매금으로 멸망당하는 길을 가지 않아야 하기 때문입니다. 말씀에 벗어난 굽은 길의 저주를 갈 것인가? 의인으로서의 정직한 바른 길의 축복을 갈 것인가? 하나님이 선대하시는(4절) 후자의 영역에 늘 거하시기를 소원합니다.

♦ 시편 126편 성경칼럼

1절 | 여호와께서 시온의 포로를 돌려보내실 때에 우리는 꿈꾸는 것 같았도다
6절 | 울며 씨를 뿌리러 나가는 자는 반드시 기쁨으로 그 곡식 단을 가지고 돌아오리로다

"판타스틱"

패션 디자이너인 앙드레 김이 환상적인 아름다움을 리액션으로 표현할 때 사용한 것이 연상됩니다. 소원이 이루어졌을 때나 예상치 못한 일이 일어났을 때 '꿈이야 생시야' 하며 소리치고 볼을 꼬집는 것은 이보다 더 극적인 표현입니다. 1절에 '꿈꾸는 것 같았도다'라는 표현이 나오는데 이스라엘에게 얼마나 크고 좋은 일인지를 알 수 있습니다.

B.C.586년 남유다가 바벨론에 망하고 포로로 끌려가서 모진 고난을 받다가 70년 만에 해방을 맞이한 것입니다. 우리나라 일제 강점기가 36년이니 그들의 70년은 대를 이어 망국의 한을 씹으며 노예생활을 한 것입니다. 월드컵에서 우리나라가 1승을 할 때에 그 기쁨에 온 나라가 들끓고 들썩거린 것을 기억합니다. 그에 비교할 수 없는 나라를 회복한 감격은 도저히 믿기지 아니한 꿈같다고 한 것입니다. 얼마나 좋은지 입에는 웃음이 가득차고 그 혀는 찬양이 넘쳐났다고 표현합니다(2절). 과장하면 모르는 사람이 볼 때 실성한(미친) 사람 같았다는 것입니다.

여기에서 꼭 주목해야 하는 내용이 2절 후반에 나옵니다. '여호와께서 이 큰 일을 행하셨다'는 것입니다. 객관적인 역사의 기록은 분명히 하나님이 이스라엘을 해방하셨다고 되어 있지 않습니다. 이른바 바벨론 왕인 고레스 칙령에 의해 이루어진 사건입니다. 자기 나라의 복잡한 정치적 해법

으로 이루어진 과정에서 이스라엘에게 주어진 결과물이었습니다. 사람의 눈에는 고레스라는 인물이 주도자였지만 성경은 하나님께서 하신 큰일이라고 선포합니다.

고레스는 하나님이 쓰신 도구(목자, 기름부은 자)였다고 분명히 합니다(사 44:28, 45:1). 같은 맥락으로 출애굽 당시의 애굽 왕 바로를 그릇으로 사용하시는 하나님의 섭리가 있습니다.

(롬 9:17) "성경이 바로에게 이르시되 내가 이 일을 위하여 너를 세웠으니 곧 너로 말미암아 내 능력을 보이고 내 이름이 온 땅에 전파되게 하려 함이라 하셨으니"

악인들마저 필요에 따라 도구로 사용하시는 하나님의 깊은 경륜을 감탄하지 않을 수 없습니다.

선한 도구인 모세를 통해 출애굽을 이루시고 스룹바벨을 도구로 하여 이스라엘의 해방을 이루시지만 주권자는 하나님입니다. 구약의 이 이야기는 예수 그리스도의 구속의 핵심을 보여주는 강력한 메시지입니다. 죄와 죽음으로부터의 절대절망에 빠져 있는 인간에게 예수님의 구속 사건은 인간 내부에서가 아닌 외부(하나님 나라)에서 온 것입니다. 이 구원의 소식이 실체라면 민족적 차원인 출애굽이나 이스라엘의 해방은 그림자 수준으로 볼 수 있습니다.

예수 그리스도의 구속 사건은 모든 인류에게 복된 소식이기에 그 명칭이 복음입니다. 우리는 하나님께서 최선의 모든 것을 동원하여 이루신 복음을 전하는 자로 부름 받았습니다. 피와 땀과 눈물로 이 사역에 동참하는 자는 반드시 그 결실을 얻는다는 보장의 약속은 새 힘을 얻게 합니다(5-6절).

♦ 시편 127편 성경칼럼

1절 | 여호와께서 집을 세우지 아니하시면 세우는 자의 수고가 헛되며 여호와께서 성을 지키지 아니하시면 파수꾼의 깨어 있음이 헛되도다

2절 | 너희가 일찍이 일어나고 늦게 누우며 수고의 떡을 먹음이 헛되도다 그러므로 여호와께서 그의 사랑하시는 자에게는 잠을 주시는도다

"그리스도인의 최대의 적은?"

수많은 대답이 나오겠지만 정답 중의 하나는 '귀찮니즘(게으름)'입니다. 신자를 실족시키기 위한 방책을 토론하는 마귀 연석회의에서 최종 채택된 묘책이기도 합니다. 신앙의 갈망도 갖게 하고 봉사의 열심을 내도록 놔두되 오늘 할일을 다음으로 미루게 하면 된다는 전략입니다. 이른바 내일로 미루는 게으름의 습관만 신자에게 심어주면 마귀의 손아귀에서 주무를 수 있다는 것을 너무나 잘 알고 있습니다.

일반적인 경우인 공부와 직장생활과 사업을 하는 사람도 게으르면 더 따질 것 없이 끝입니다. 이토록 영육 간에 열심과 수고의 가치는 드높은데 본문에서 그것이 헛되다고 하는 이유는 무엇일까요?(1절) 곧바로 대답을 하고 있는데 하나님 없는 수고와 경계함이 헛되다는 것입니다. 인간적인 수고 자체로만 성공하려고 하고 안전하다고 생각하는 어리석음을 지적합니다. 그렇다면 신자의 올바른 노동관은 무엇일까요? 열심히 수고하면서 하나님의 선하심을 절대적으로 의뢰하고 결과를 맡기는 것입니다. 일찍 일어나 늦게 잠자리에 들면서 뼈 빠지게 수고를 해도 하나님과 관계가 없는 삶의 허무함을 일깨우고 있습니다(2절).

온갖 부귀영화와 권세와 최고의 지혜를 가진 솔로몬이 이 시를 쓰면서

주는 명철은 진정 소중한 것이 무엇인가에 대한 성찰입니다. 하나님의 사랑을 받아야만 잠을 잘 수 있다는 고백(2절)은 근본적인 것에 대한 귀중함을 깨닫게 합니다. 이 잠은 육적인 건강을 의미하고 영적으로는 평안과 안식을 뜻합니다. 평안이 없는 부귀는 버려진 돌과 같고 안식이 없는 영화는 스쳐가는 바람과 같습니다. 자기중심으로 지은 아성에 싸여 붕괴를 걱정하고 함락을 불안 해 하는 것과 하나님의 안전보장을 받고 평안함을 누리는 것의 차이는 너무 큽니다.

3절부터 이어지는 자식에 대한 축복은 우리가 생각하는 다복의 성격을 뛰어넘는 표현입니다. 구약 시대의 아들이란 대를 이을 대상을 의미합니다. 육적인 면에서는 전쟁 등의 위기가 닥쳤을 때 자식이 많으므로 도울 강성한 힘을 말합니다. 그러나 이보다 더 중요한 메시지는 영적 기업에 대한 풍성함을 누리고 상속되는 축복을 의미합니다.

영적자녀는 신약적인 기업이고 신자의 중생과 성장과 재생산이 풍성하다면 화살 통에 가득 찬 화살을 가진 천하무적의 신자가 되는 것입니다(5절). 독신자였던 바울 사도의 고백이 이를 증명합니다.

(살전 2:19~20) "우리의 소망이나 기쁨이나 자랑의 면류관이 무엇이냐 그가 강림하실 때 우리 주 예수 앞에 너희가 아니냐 너희는 우리의 영광이요 기쁨이니라"

이 시편은 많은 성도들이 좋아하는 시편인데 그 내용의 능력까지 소유하시기 바랍니다.

♦ 시편 128편 성경칼럼

2절 | 네가 네 손이 수고한 대로 먹을 것이라 네가 복되고 형통하리로다

5절 | 여호와께서 시온에서 네게 복을 주실지어다 너는 평생에 예루살렘의 번영을 보며

"상대평가, 절대평가"

이 세상의 시험, 취직 사업 등 경쟁 구도 속에서는 상대평가를 할 수밖에 없습니다. 제한된 선발을 해야 하고 엘리트 훈련을 위해서는 비교 우위의 변별력에 기대게 됩니다. 이 여파로 상대적 열등감이 조성되고 처진 대상(loser)은 불행하다고 느낍니다. 세상은 우등생 위주(best)의 경쟁 구도로 되어 있습니다. 이와 다르게 하나님의 나라의 특징은 한명 한명이 각자의 개성을 가진(only) 존귀함을 누리도록 되어 있습니다. 이것을 잘 모르는 신자들이 교회에 와서도 세상 기준의 잘난 사람에게 주눅이 들어 신앙의 기쁨을 잃는 경우를 보게 됩니다. 같은 레벨(급)이라고 생각했던 신자가 그럴듯한 복을 받으면 시기질투를 하며 못 견디는 것도 같은 맥락입니다.

128편은 하나님의 백성들이 받는 복에 대한 찬양입니다. 복을 받는 사람의 정의를 매우 단순하게 선포합니다(1절). 하나님을 경외한다는 것은 두려워하며 존경하는 사랑을 한다는 뜻입니다. 그 도에 행한다는 것은 말씀을 듣고 지킨다는 의미입니다. 이 부분에 대하여 예수님께서 제자들에게 오해가 없도록 분명히 말씀하셨습니다.

(눅 11:28) "예수께서 이르시되 오히려 하나님의 말씀을 듣고 지키는 자가 복이 있느니라 하시니라"

진리를 듣기만 하는 자가 아니라 진실하게 실천하는 자가 복된 자입니다.

1절에서 그냥 넘기면 안 될 주목할 문장이 나오는데 '행하는 자마다'입니다. '자마다'라는 것은 절대평가를 한다는 것입니다. '도(말씀)를 행하는

자'라면 커트라인이나 비교가 없이 모두 다 복을 주신다고 하십니다. 모든 성도가 하나님을 경외하며 말씀을 지키면 상대평가로 탈락시키지 않고 모두 복을 받을 수 있는 것입니다.

복의 내용은 개인적인 노동의 축복을 받는 것으로 출발합니다. 상식적으로 손이 수고한 것을 받는 것은 당연한데 그렇지 않은 경우가 너무나 많습니다. 하나님께서 지켜 주시지 않으면 원수가 수확을 먹어버릴 것이기 때문입니다(레 16:15~16). 두 번째 단계는 가정과 자녀의 축복으로 나아갑니다(3-4절). 결실한 포도나무와 같은 아내는 덕스럽고 건강한 출산능력을 비유한 것입니다. 어린 감람나무 같은 자녀는 기쁨과 활력이 있어 가문의 번성함을 이어 간다는 뜻입니다.

이 복의 범위는 더욱 넓혀져서 국가의 번영으로 나아갑니다(5절). 시온과 예루살렘은 하나님의 임재와 강복의 의미로 쓰여 지는데 신자의 개인적인 복과 불가분의 관계가 있음을 보여줍니다. 교회와 국가의 혼돈이 극심한 이때에 우리의 기도 내용을 점검하게 합니다.

♦ 시편 129편 성경칼럼

2절 | 그들이 내가 어릴 때부터 여러 번 나를 괴롭혔으나 나를 이기지 못하였도다
5절 | 무릇 시온을 미워하는 자들은 수치를 당하여 물러갈지어다

"니 아버지 뭐 하시노?"

영화 '친구'에서 동수(장동건)와 준석(유오성)의 담임선생인 배우 김광규의 유명한 대사입니다. 이 말은 이후에 아버지의 직업과 능력에 따라 차별받는 사회의 부조리함을 풍자하는 말로 자리 잡았습니다. 조선 왕조가 끝

나고 양반과 상놈의 계급사회는 끝났지만 이어진 자본주의의 경제적 계급의 갈등은 영원한 숙제로 남아 있습니다. 아버지의 직업을 묻는 의도는 아들의 진짜 힘을 파악하고자 하는 것입니다. 아버지와 아들은 한편이기에 아버지의 힘이 강하면 혹시 자신에게 피해 또는 혜택이 올 수도 있다는 숨은 의도가 있습니다.

129편에서 시인은 이스라엘을 인격화하여 '화자(나의, 나를)'로 묘사합니다(1, 2절). 이스라엘은 건국 초기(어릴 때)부터 주위의 열방으로부터 수많은 수모와 박해를 받아왔습니다. 다윗의 통치 기간 동안을 제외하고는 파란만장한 박해의 역사를 가지고 있습니다. 외부의 원수에게서만이 아니라 내부의 적에게서도 맹렬한 공격을 받고 있었습니다.

그러나 결국에는 이스라엘의 승리이었습니다(2절). 그 승리의 근원이 바로 이스라엘과 하나님은 한편이고 아버지와 아들 관계였다는 것입니다. 보이지 아니하는 하나님의 능력을 모르는 주변의 강대국들은 이스라엘을 얕봤지만 실상은 정반대였습니다. 외세의 침략에 이스라엘 백성들이 당한 잔인한 수난은 은유법(등에 밭고랑)을 통하여 강조됩니다(3절).

이 고통이 지속되었다면 한계에 다다른 인간은 절망하였겠지만 하나님의 구원과 회복은 적시에 이루어집니다. 원수들에 대한 하나님의 손대심이 이루어지는 순간의 묘사는 아주 극적입니다. 소의 멍에를 끌러 내듯이 적들을 격퇴시키시고(4절) 지붕의 풀이 자라기 전에 말려 버리듯이 파멸시킵니다(6절). 추수군의 손아귀에 들린 벼의 줄기처럼 순식간에 비참과 수치의 나락으로 떨어지게 됩니다(7절). 아무도 인사하지도, 돌아보지도 아니하는 악인들의 고독하고 비참한 최후의 모습을 그리고 있습니다(8절).

이스라엘의 전체 역사는 굴곡이 있었지만 예수님이 성취한 구원 역사는 완벽한 승리였습니다. 신약 성도들은 기도를 할 때 하나님을 아버지라고 부르는 특권이 있습니다. 세상의 막강한 금수저와 비교할 수 없는 '영(성령)수저'를 물고 태어난 그리스도인의 권세는 막강합니다. 악의 줄을 끊어 주시고 놀라운 보살핌으로 승리하게 하시는 하나님이 바로 나의 아버지이십니다. 이제 누가 니 아버지는 뭐 하시노? 라고 묻는다면 '천지를 소유하신 하나님이 내 아버지'라고 대답하겠습니다. 시온(교회와 성도)을 미워하는 자는 수치를 당하고 사라진다는 약속(5절)을 믿고 담대하게 살겠습니다.

♦ 시편 130편 성경칼럼

5절 | 나 곧 내 영혼은 여호와를 기다리며 나는 주의 말씀을 바라는도다
6절 | 파수꾼이 아침을 기다림보다 내 영혼이 주를 더 기다리나니 참으로 파수꾼이 아침을 기다림보다 더하도다

"상사상견지빙몽(그리워라, 만날 길은 꿈속밖에 없는데..)"

황진이의 시조 '상사몽'의 첫 연입니다. 현실에서 만날 수 없는 님을 꿈속에서라도 보고픈 사무치는 그리움을 노래합니다. 연인과는 뜨거운 그리움이고 가족 간에는 애틋한 그리움이고 친구와는 정다운 그리움입니다. 인간에게 있어서 이 그리움은 행복감을 주기도 하지만 한스러움에 눈물을 짓게도 합니다. 우리는 사람에 대한 그리움과 함께 성취에 대한 그리움을 가지고 있는데 이를 소원과 소망이라고 부릅니다.

학생은 성적을 우선하고 군인은 제대의 날이고 직장인은 업적이며 사업가는 성공입니다. 인간의 본질 속에서 이 그리움과 소망의 마지막 지점에 '영적 그리움'이 있습니다. 풀어서 말하자면 종교의 씨라고 하며 양심의 소

리라고도 하는 '절대자에 대한 갈망'을 말합니다. 인간의 마지막 순간에 잡을 것은 하나님과의 관계밖에 남는 것이 없습니다.

130편은 하나님을 기다리는 영혼의 갈망을 노래하며 참회하는 시입니다. 첫 단락에서 인간은 원죄와 고범죄의 오염이 얼마나 심각한지를 보여줍니다. 평범한 상태에서는 하나님을 찾지 않는다는 것을 알아야만 이 시의 해석은 출발됩니다. 깊은 곳에서 부르짖었다는 말은 오랫동안의 심한 고통과 압박을 받는 상태를 의미합니다(1절). 하나님이 귀를 기울리어 집중해서 들어 달라고 탄원합니다(2절). 크고 작은 모든 죄를 지켜보시는 하나님 앞에 어느 누구도 나설 자가 없음을 너무나 잘 알고 있습니다(3절).

이 죄의 사유하심은 오직 하나님께만 있다는 것을 고백할 때 경외하는 믿음이 생성됩니다(4절). 하나님에 대한 그리움은 자신의 죄에 대한 철저한 애통함이 없으면 나올 수가 없습니다. 하나님의 용서하심은 값없이 주시는 선물이지만 그 은혜와 자비를 받은 신자는 감사와 경외함으로 받아야 합니다. 이 감사와 경외하심을 정적으로 표현하여 영적인 그리움이라고 새겨 부르는 것입니다. 그리움의 강도를 파수군의 기다림보다 더하다고 한 시인의 마음이 우리에게도 임하길 원합니다(6절).

영적 그리움을 겉으로 나타내는 모습은 하나님의 말씀을 사모하는 것으로 드러납니다(5절). 영적 갈망과 그리움을 솟아나게 하는 특별한 상황을 만드는 방법을 생각해 보았습니다. 매순간이 임종 순간이라고 생각한다면 우리는 틀림없이 전 영혼이 하나님을 향하고 있을 것입니다. 날이 갈수록 어떤 그리움보다 하나님에 대한 그리움이 간절해지는 하나님의 사람이 되기를 기도합니다(7절). "하나님의 인자하심과 풍성한 속량 앞에서,"

♦ 시편 131편 성경칼럼

1절 | 여호와여 내 마음이 교만하지 아니하고 내 눈이 오만하지 아니하오며 내가 큰 일과 감당하지 못할 놀라운 일을 하려고 힘쓰지 아니하나이다

2절 | 실로 내가 내 영혼으로 고요하고 평온하게 하기를 젖 뗀 아이가 그의 어머니 품에 있음 같게 하였나니 내 영혼이 젖 뗀 아이와 같도다

"경건한 신앙을 위하여 가장 중요한 것?"

이 질문을 받는 순간 어거스틴이 떠오르고 첫째 둘째 셋째가 다 겸손이라는 유명한 답이 나오게 됩니다. 어거스틴이 알렉산드리아의 주교인 '디오스코루스'에게 전한 서신의 내용에서 인용된 것입니다. 겸손외의 수많은 신앙의 덕목이 있지만 이 대답에 이의를 제기하기는 어렵습니다. 예수님께서 제자들에게 제자도를 말씀하신 후에 겸손을 배울 것을 친히 가르치셨습니다.

(마 11:29) "나는 마음이 온유하고 겸손하니 나의 멍에를 메고 내게 배우라 그리하면 너희 마음이 쉼을 얻으리니"

나아가 이 겸손을 배우고 주님을 따라가는 것이 어렵지 않다고 말씀하십니다.

(마 11:30) "이는 내 멍에는 쉽고 내 짐은 가벼움이라 하시니라"

세상에서도 중요한 것을 해내는 것이 어려운데 하나님의 나라의 훈련은 중요한 것을 어렵지 않게 해 낼 수 있다니 좀 의아해집니다. 하지만 예수님께서 직접 가르치신 내용이니 의심하지 말고 배워야 할 것입니다.

131편에 나오는 다윗의 고백의 시는 하나님께 대한 겸손과 절대 신뢰를 노래합니다. 다윗은 자신을 어미의 품에 안겨 있는 어린아이라고 비유합니다(2절). 젖 뗀 아이는 성가시게 울면서 젖을 달라고 보채지 않고 어머니의

품에 안겨 있는 사실만으로 만족을 느낍니다. 아이의 이 상태를 들여다보면 힘든 구석이 하나도 없습니다. 어머니와 함께 있다는 사실만 가지고도 온전한 만족함을 맛보고 있는 것입니다. 어머니와 비교도 안 될 정도인 하나님의 섬세한 보살핌을 받는 그리스도인의 행복감을 발견하게 됩니다.

그러면 왜 그리스도인들이 현실적으로 겸손하지 못한 길을 가는 것인지를 점검할 필요가 있습니다. 1절에 나와 있는 겸손의 적인 교만에 대한 두 가지 도전을 이겨내야 합니다. 첫째, 높은 것을 탐내지 않는 마음을 연마해야 합니다(1절). 높은 자리, 화려한 명성, 분수 넘는 부귀를 탐내는 명예심이 최고의 적임을 알고 대처해야 합니다. 둘째, 지나친 욕심을 좇는 마음을 다스려야 합니다. 신앙의 순수성을 잃는 경우의 대부분이 지나치고 터무니없는 호기심 때문입니다. 탐욕에 근거한 영적 호기심에서 나오는 시험과 유혹으로 수많은 신자들이 교만하여 실족한 것을 확인해야 합니다.

다윗은 인간적으로 볼 때 교만할 수 있는 용맹과 지혜와 재능을 가진 자였지만 하나님 앞의 겸비함과 복종의 삶을 통해 하나님께 합한 자가 되었습니다(행 13:22). 더러운 것이 그릇에 가득차면 다른 무엇도 받을 수 없는 것처럼 신자가 교만하면 하나님의 선한 선물을 받을 수 있는 공간을 모두 빼앗아 버립니다. 신자가 교만하면 믿음생활은 끝장이라는 결론입니다. 겸손의 훈련을 기쁘게 받으며 겸손한 자에게 주어지는 은혜를 사모하겠습니다.

(약 4:6) "그러나 더욱 큰 은혜를 주시나니 그러므로 일렀으되 하나님이 교만한 자를 물리치시고 겸손한 자에게 은혜를 주신다 하였느니라"

♦ 시편 132편 성경칼럼

11절 | 여호와께서 다윗에게 성실히 맹세하셨으니 변하지 아니하실지라 이르시기

를 네 몸의 소생을 네 왕위에 둘지라
15절 | 내가 이 성의 식료품에 풍족히 복을 주고 떡으로 그 빈민을 만족하게 하리로다

"교회 본당에서 세속적 문화행사를 해도 되나요?"

오래 전에 이 주제로 기독교계에서 논란이 일어난 적이 있습니다. 한쪽은 세상을 향한 열린 교회로서의 모습을 보이고 미신자들이 부담 없이 예배당에 올 수 있는 기회를 주는 것이 좋다는 의견입니다. 이와는 반대로 교회는 세상과 다른 거룩성을 보여 주어야 하는데 예배가 아닌 세속적인 오락 집회를 허용하다 보면 영적 손해가 더 크다는 의견입니다. 여기에 절충안으로 본당은 예배드리는 공간으로 거룩성을 지키고 교육관 등의 기관시설은 개방하는 것으로 하자는 의견도 있었습니다. 각자 의견이 다를 것이고 실제적으로 이 논란의 정답을 내리기는 매우 어렵습니다. 성경신학과 기독교 교리사와 교회론과 사회적 환경 등의 고려할 조건이 너무나 많기 때문입니다.

이 주제의 가장 중요한 분별법은 구약적 성소의 의미와 신약적 교회의 정의를 올바로 아는 것입니다. 132편은 하나님의 성전에 언약궤를 안치하면서 부르기 위해 지어졌습니다. 하나님께서 성전에 임하셔서 좌정하시고 이스라엘을 넘어지지 않게 보호해 달라고 기도하는 내용입니다. 지은 사람의 이름은 나와 있지 않지만 솔로몬이 다윗의 명에 따라 성전을 짓고 나서 다윗에게 베푸신 언약과 은혜를 기억하며 간구한 내용입니다. 성전을 지은 것은 솔로몬이지만 성전을 지을 명령과 소원과 준비는 다윗이 한 것임을 1절에 선언합니다. 성소를 향한 다윗의 간절한 사모함의 노력은 계속 이어지는데 휴식마저 취하지 않겠다고 합니다(3-5절).

다윗은 미래 성전의 장소와 그에 따른 건축 자재와 의식을 위한 기구를

준비하였습니다. 나아가 백성들의 자원하여 헌신하는 마음과 솔로몬에게 구체적인 건축 기준까지 교육합니다. 다윗이 이처럼 자신의 일보다 하나님의 성소에 더 큰 관심과 사랑을 가지는 이유가 무엇일까요? 성막 또는 성소가 하나님(여호와)의 처소이기 때문입니다(5절). 처소는 히브리어로 '쉬가노트'인데 '머무는 곳'이란 의미입니다. 구약에서 타락한 인간이 하나님을 만날 수 있는 유일한 곳이 성전인 것입니다.

아브라함의 단(창 13:18)으로 시작된 하나님의 처소는 야곱의 하나님의 집(창 28:22)과 다윗의 에브라다의 법궤(삼상 7:1)로 이어지는 성전의 변천사를 회상합니다(6-9절). 이후의 솔로몬 성전과 스룹바벨 성전과 헤롯 성전의 보이는 성전은 사라집니다. 하나님이신 예수님이 성육신하셔서 성전의 실체로 오셨기 때문입니다(요 14:9). 성령강림이후 성령의 전이 되는 성도들이 성전이 되는 교회시대가 시작됩니다(고전 3:16).

교회는 구약의 성전과는 다르지만 성령을 받은 성도들이 모인다는 점에서 성전의 성격을 유일하게 가지게 됩니다. 교회가 하나님의 처소가 되는 이유는 단 하나입니다. 바로 예수님과 함께 하는 공동체이기 때문입니다. 성도의 교회됨의 영광을 알 때 구약의 성전을 통한 축복(10-18절)보다 더 넘치는 축복을 받을 수 있는 것이 틀림없습니다.

(마 18:20) "두세 사람이 내 이름으로 모인 곳에는 나도 그들 중에 있느니라"

♦ 시편 133편 성경칼럼

2절 | 머리에 있는 보배로운 기름이 수염 곧 아론의 수염에 흘러서 그의 옷깃까지 내림 같고

3절 | 헐몬의 이슬이 시온의 산들에 내림 같도다 거기서 여호와께서 복을 명령하

셨나니 곧 영생이로다

"먹고사는 일, 재미있는 일, 보람 있는 일"

인생을 가치 있게 잘 살려면 위의 3가지 일을 균형 있게 하여 조화를 이루어야 됩니다. 근본이 되는 생업의 경제활동과 즐거움과 행복을 주는 재미있는 일과 이타적인 삶을 통한 보람이 필요합니다. 이 중의 하나만 미비해도 인생이라는 기관차에 중요한 나사가 빠진 것처럼 고장이 나고 사고가 날 수도 있습니다. 우리 주변에 1번만 위하여 사는 사람의 피폐함을 볼 수 있으며 대부분의 사람들은 1. 2번에 머물며 살아가고 있습니다. 1. 2번을 갖추고 3번까지 이르는 사람들은 보람과 행복감과 명예를 얻습니다

3번 중에도 그 동기와 목적이 자기만족에 있는 그룹과 하나님의 뜻을 행하는 그룹으로 구별됩니다. 세상에서는 이 세 가지를 1. 2. 3번의 순서로 해야 하는 것이 당연하다고 할 것입니다. 그러나 하나님의 나라의 순서는 3번을 먼저 하면 1. 2번이 따라올 것을 약속합니다.

(마 6:33) "그런즉 너희는 먼저 그의 나라와 그의 의를 구하라 그리하면 이 모든 것을 너희에게 더하시리라"

본질적으로는 가치 있는 일의 최고봉인 영혼의 잘됨이 우선순위에 있음을 선언합니다(요삼 1:2). 또한 하나님 나라의 선물과 혜택 안에 기쁨이 있다는 것도 선언하고 있습니다.

(롬 14:17) "하나님의 나라는 먹는 것과 마시는 것이 아니요 오직 성령 안에 있는 의와 평강과 희락이라"

인간이 가장 원하는 의와 평강과 희락이 사람의 노력으로 얻는 것이 아니라 하나님으로부터 주어진다는 것을 알려줍니다.

133편에 나오는 독특한 표현들은 그리스도인의 강복 원리를 보여줍니다. 2절의 '기름'은 처방과 향유의 용도가 있지만 거룩한 구별을 위한 것으로 사용되었습니다. 이 보배로운 기름이 인간 제사장의 상징인 아론의 수염으로부터 옷깃까지 내린다는 것은 위로부터 아래까지 하나님의 은총이 차별 없이 공동체에 내린다는 직유법입니다. 3절의 '이슬'은 생명을 새롭게 하는 것으로 가장 높은 헐몬산에서 시온산까지 내림으로 하나님의 백성에게 주어지는 은총이라는 뜻입니다. 기름과 이슬을 비유로 하여 주어지는 구약의 은총은 신약 교회에 예수 그리스도 안에서 주어지는 성도들이 누릴 축복을 예표하고 있습니다. 형제(믿는 성도들)가 연합하여 동거하는 것이야말로 하나님께서 주시는 복을 받는 방법입니다(1절).

믿는 형제자매가 함께 하는 교회생활이 일상생활의 복으로 연결된다는 위대한 원리를 선포하는 내용이 본 시편입니다. 사도신경의 교회에 대한 고백이 바로 '성도가 서로 교통하는 것'이라고 한 것을 상기해야 합니다. 초대교회처럼 모이고 은혜 받고 교제하고 봉사하고 전도 파송하는 사역이 신앙인의 보람된 일로 열매 맺게 됩니다. 생명을 약동시키는 영적 사역은 인생 최고의 가치가 있고 삶에 있어서 최선의 보람입니다. 보람을 얻는 가치 있는 일은 세속의 습관대로 생각 없이 놔두면 이루어지지 않습니다. 영적인 교제를 나누고 서로 사랑하며 위로하고 격려하고 섬기는 거룩한 공동체를 그리워합니다.

♦ 시편 134편 성경칼럼

1절 | 보라 밤에 여호와의 성전에 서 있는 여호와의 모든 종들아 여호와를 송축하라
3절 | 천지를 지으신 여호와께서 시온에서 네게 복을 주실지어다

"통로가 깨끗해야 들어오는 것도 깨끗할 수 있다"

오래된 집의 문제점 중의 하나는 노후 되어 녹물이 나오는 수도관입니다. 정수된 물이 아무리 깨끗해도 그 수도관을 통과하는 순간 더러운 물이 될 수밖에 없습니다. 같은 신앙을 가지고 오랫동안 신앙생활을 했음에도 어떤 사람은 복을 받고 어떤 사람은 지독하리만큼 무엇인가 저주에 처하는 경우를 봅니다. 수많은 원인과 환경이 있겠지만 그중에 꼭 점검해 봐야 할 것이 바로 위에서 제기한 '통로론'입니다. 다른 말로 표현하자면 '받을 자의 준비와 자세'입니다.

일반 세상에서도 주는 자의 조건은 되어 있는데 받을 자가 자격이 안 되어 못 받는 수가 얼마나 많습니까? 불변하시는 하나님께서 예비하신 선물과 은사는 너무나 좋고 후하시다는 것을 우리는 알고 있습니다(약 1:17).

(엡 3:20) "우리 가운데서 역사하시는 능력대로 우리가 구하거나 생각하는 모든 것에 더 넘치도록 능히 하실 이에게"

하나님의 놀라운 축복을 받으려면 신자의 통로가 깨끗해야 됨을 본시는 계시하고 있습니다. 3절의 천지를 지으신 전능하신 하나님께서 복을 주실 것이라고 결론을 내려 주셨기 때문입니다. 그렇다면 이 복을 받으려면 인과론에 의하여 앞의 1-2절의 원인(조건)을 갖추면 됩니다. 1, 2절의 주절은 '여호와를 송축하는 것'이므로 이것이 복을 받는 조건이 됩니다. 대상은 '여호와의 모든 종들'이고 시간적으로는 '밤에도'이고 장소개념은 '시온'입니다.

하나님을 송축한다는 것은 히브리어로 '바라크'로 무릎을 꿇고 겸손하고 신실하게 찬양한다는 것입니다. 송축의 한문의 뜻은 기리며 축하한다는 것입니다. 우리가 자신의 감정대로 의미 없이 찬양하는 것이 아니라 하나님의 성품과 행하신 구속의 사역을 기억하며 감사하여 찬양하라는 명령을 담고 있습니다. 죄와 사망의 길에서 예수 그리스도의 대속의 은혜로 영생을 얻은 그 감격을 어찌 의미 없이 시시하게 찬양할 수 있겠습니까? 하나님의 종(성도)이라면 밤낮의 모든 시간(밤에)에 최선을 다하여(영혼의 무릎을 꿇고) 찬양하는 것이 마땅하다는 선언입니다.

또한 시온의 의미는 구약에서 하나님을 만날 수 있는 성소를 뜻합니다. 이것은 신약의 신자들에게는 교회당을 비롯한 모든 영역에서 찬양의 영광을 돌리라는 적용으로 받아들일 수 있습니다. 복을 받으려고 찬양하는 차원이 아닌 진정한 신앙고백이 담긴 사랑의 찬양을 드릴 때 하늘의 복이 임하는 것입니다. 우리의 현실은 마귀가 끊임없이 복을 받는 통로를 더럽히려고 시도합니다. 하지만 우리는 성령님의 다스림으로 하나님을 송축함으로 통로를 깨끗이 하여 복을 넉넉히 받는 사명의 사람이 될 수 있습니다

♦ 시편 135편 성경칼럼

4절 | 여호와께서 자기를 위하여 야곱 곧 이스라엘을 자기의 특별한 소유로 택하셨음이로다

7절 | 안개를 땅 끝에서 일으키시며 비를 위하여 번개를 만드시며 바람을 그 곳간에서 내시는도다

"예수 믿는 사람들은 왜 저러지?"

불신자들이 그리스도인들을 바라보며 이상하다고 생각하고 던지는 말입니다. 입장을 바꾸어서 불신자의 눈으로 볼 때 그리스도인들의 행동은 이해하기 힘들 것이라고 짐작이 됩니다. 보이지 않는 하나님을 믿고 찬양하는 것이 대표적인 비정상으로 보일 것입니다. 불신자로서는 그리스도인

들을 이상하다고 설정해 놔야만 자신들의 정당성을 변증할 수 있기에 우리를 비정상의 프레임(테두리)을 씌우는 측면도 있습니다. 아무튼 우리는 하나님을 찬양하는 행동을 하고 저들은 하나님을 절대 찬양하지 않는 것으로 명확한 구별이 됩니다.

그렇다면 그리스도인의 대표행동인 찬양에 대한 이유와 태도는 정말 중요할 것입니다. 만약 하나님을 찬양하는 내용에 미비점이 있다면 온전한 그리스도인으로서 문제가 있다는 논리가 성립됩니다. 찬양의 이유와 태도를 다른 말로 하면 '하나님을 왜 찬양합니까'와 '하나님을 어떻게 찬양합니까'로 표현할 수 있습니다.

135편은 할렐루야로 시작해서 할렐루야로 끝나는 찬양시로 역사의 주관자이신 하나님을 찬양하는 내용입니다. 하나님을 왜 찬양해야 하는지를 정확히 밝히고 있습니다. 첫째, 하나님은 선하시고 그 이름(존재)이 아름다우시므로 찬양하는 것입니다(3절). 하나님의 선과 아름다움은 절대적인 것으로 우리를 살리시려고 아들을 화목제물로 삼으신 일에서 드러났습니다. 둘째, 하나님의 백성인 이스라엘을 택하시고 소유하신 하나님이시기에 찬양하는 것이 마땅합니다(4절). 신약성도인 우리를 거룩케 하시려고 창세전에 택하신 것을 알면 뜨거운 감격이 솟구쳐 오릅니다.

(엡 1:4) "곧 창세전에 그리스도 안에서 우리를 택하사 우리로 사랑 안에서 그 앞에 거룩하고 흠이 없게 하시려고"

셋째, 하나님의 기쁨을 그대로 다 드러낸 자연만물을 주신 것을 찬양해야 합니다(6절). 측량할 수 없는 드높은 우주, 깊이를 알 수 없는 바다 속, 안개와 비와 바람의 조화로운 생명의 섭리 등을 깨달으며 진정한 감사의 찬양을 드높일 수밖에 없습니다. 넷째, 인간 역사 속에서 구원의 예표인 이스라엘의 인도함으로 구원의 확증을 보여 주신 하나님을 찬양하게 됩니다(8-14절). 하나님의 광대하심과 능력과 권세가 유일하고 절대적이고 완벽한 것은 이후의 구원의 실체인 예수님과 성도들을 보여주는 예언이 됩니다.

다섯째, 이방 우상들의 썩어질 형상에 숭배하지 않는 성별된 성도가 된 것을 기뻐하며 찬양해야 합니다(15-18절). 저의 경우 어린 시절 우상과 제사와 미신과 풍습에 시달렸는데 주님을 만난 후에는 천국의 자유 함에 이루 말할 수 없는 감사가 넘칩니다. 어떻게 찬양할 것인가의 정답은 왜 찬양하는가를 알 때 저절로 형성됩니다. 찬양을 받으시는 하나님께(21절) 자원함과 감사와 기쁨으로 온 시간을 찬양하는 성도가 되기를 소원합니다.

(골 3:16) "그리스도의 말씀이 너희 속에 풍성히 거하여 모든 지혜로 피차 가르치며 권면하고 시와 찬송과 신령한 노래를 부르며 감사하는 마음으로 하나님을 찬양하고"

♦ 시편 136편 성경칼럼

4절	홀로 큰 기이한 일들을 행하시는 이에게 감사하라 그 인자하심이 영원함이로다
23절	우리를 비천한 가운데에서도 기억해 주신 이에게 감사하라 그 인자하심이 영원함이로다

"수험생 금지곡?"

중요한 시험을 앞두고 들으면 안 되는 노래를 말합니다. 후렴구에 중독성이 대단해 귓가에 벌레가 맴돌듯이 계속 속삭여 집중이 안 되게 하는 것을 말합니다. 텔미(원더걸스), 진진자라(태진아), 쏘리(슈퍼주니어), 링딩동(샤이니), 라 송(정지훈), 수많은 CM송 등입니다. 몇시에 만날까라는 질문에 브라보콘(12시)이라고 대답하는 아재들의 우스개 이야기도 있습니다.

사람들이 따라 부르고 잊지 못하게 한다는 점에서 세상 상술로서는 성공한 셈입니다. 이와는 목적이 다르지만 죄인인 인간이 낯선 하나님 나라의 진리를 익숙하게 자기 것으로 만드는 말씀의 반복적 학습은 매우 중요합니다.

136편에 26번 나오는 '그 인자하심이 영원함이로다'라는 후렴구는 독특하고 강렬합니다. 각 절마다 붙어 있어 자주 반복함으로서 후대 유대 자손들이 낭송하며 하나님의 성품과 사역을 선명하게 기억할 수 있게 하였습니다. 우리가 지금 예배시간에 낭독하고 있는 교독문의 효시라고도 볼 수 있습니다. 1-3절에 나오는 하나님에 대한 호칭은 꼭 배워야 할 교리의 내용입니다. 1절의 여호와(야웨)는 자존자(나는 나다)라는 뜻으로 언약을 맺으시고 구원하는데 사용되는 고유명사입니다.

2절의 엘로힘(하나님)은 우주를 창조하시고 섭리하시며 심판하시는 권능의 하나님을 드러내는데 사용되는 명칭입니다. 3절의 주(아도나이, 나의 주님)는 세상을 주관하는 통치자들 위에 주권자이심을 명시하는 칭호입니다. 이처럼 시인이 하나님의 명칭 세 가지를 의도적으로 사용하는 이유는 하나님의 권능과 사역을 다양한 관점에서 강조하기 위해서입니다. 하나님의 인자하심이란 하나님의 사랑이란 말의 구약적인 용어이고 영원하다는 것은 변함이 없으심을 약속하신 것입니다.

26번이나 계속되는 후렴구의 앞에 있는 하나님의 성품과 사역에 대한 기술은 하나님의 넓고 다양한 은혜를 확신하게 합니다. 10절에서 22절까지 이스라엘의 역사 속에서 활동하시고 인도하신 하나님을 구체적으로 노래하는 이유는 무엇일까요? 어떤 위험한 상황에서도 언약백성을 끝까지 사랑하시고 보호하셨음을 상기시키는 것입니다. 이는 우리에게 독생자 예수 그리스도를 보내셔서 택하신 성도에 대한 사랑을 확증하시는 예표가 됩니다.

(롬 5:8) "우리가 아직 죄인 되었을 때에 그리스도께서 우리를 위하여 죽으심으로 하나님께서 우리에 대한 자기의 사랑을 확증하셨느니라"

구원의 특별은총을 받은 하나님의 백성에게 구원 이후에는 일반은총이 함께 합니다. 비천과 대적으로부터의 건지심은 죄와 사망의 권세로부터의 구원을 계시하고 있습니다(23-24절). 모든 육체(피조물)에게 양식을 주신다는 것은 우리의 일용할 양식과 필요를 공급해 주신다는 넉넉한 약속입니다. 하나님은 우리가 무엇을 상상하던 늘 그 이상의 놀라운 것을 예비하시고 주시는 '주권자(My Lord)' 입니다.

♦ 시편 137편 성경칼럼

1절 | 우리가 바벨론의 여러 강변 거기에 앉아서 시온을 기억하며 울었도다
4절 | 우리가 이방 땅에서 어찌 여호와의 노래를 부를까

"이 설움 저 설움 해도 배고픈 설움이 제일?"

어릴 적에 많이 들었던 속담입니다. 여러 가지 고통 중에서도 배곯고 굶주리는 고통이 가장 견디기 어렵다는 말입니다. 요새 젊은이들은 실감하기 어렵지만 보릿고개를 겪은 세대들은 이 말에 거의 공감합니다. 인사말에 식사와 관련된 말(식사는요?, 언제 밥 한 번 먹읍시다)이 많은 이유도 이와 무관치 않습니다. 설움에 대한 범위를 넓히다 보면 나라를 잃은 망국의 설움이 끝판 왕입니다. 나라와 민족이 외세에 의하여 망하게 되면 개인적 배고픈 설움은 물론이고 냉대와 조롱과 억울함과 수탈과 유랑과 노예생활이 덮쳐옵니다. 우리 세대의 지나온 70여년은 이 설움이 닥치지 아니했지만 현재의 정세를 통찰하면 앞으로 어떻게 될지 아슬아슬합니다.

137편을 읽으면서 바벨론에 멸망당한 이스라엘 백성들의 포로생활의 설움을 목격하게 됩니다. 이 배경을 설명한 노래 한 곡을 자세히 듣다보면 137편의 해석에 도움이 됩니다. '보니 엠'의 '바빌론 강가에서(River of Babylon)'라는 팝송인데 경쾌한 디스코 리듬 속에 스며든 망국의 설움이 마음을 저미게 합니다. 이 노래가 유행할 당시에 믿지 않는 소년이었던 저는 라디오에서 흘러나오는 기운에 형용할 수 없는 묘한 감정을 느낀 기억이 납니다.

믿음의 압박이 현실로 조여 오는 이 시대 그리스도인들에게 137편은 특별한 메시지를 준다고 볼 수 있습니다. 바벨론 강변에서 노동을 마친 포로 된 이스라엘 백성들의 눈에는 고국의 성소인 시온을 생각하며 눈물과 통곡이 터집니다(1절). 하나님을 찬양할 때 쓰는 수금을 버드나무에 걸었다는 것은 연주를 중단했다는 뜻입니다(2절). 그 이유가 3절에 나오는데 바벨론 사람들이 노래하기를 청했다는 것입니다. 말이 청했다는 것이지 의도는 여러 가지입니다. 자기들에게 너희 신의 좋은 말을 하여 '우리들을 기쁘게 하라'는 것과 너희가 노래함으로 '괴로워해 봐라'는 고문성 요구이기도 합니다(3절).

수금을 버드나무에 걸어서 하나님께만 드릴 찬양과 연주를 불결한 이방인에게 바치지 않겠다는 의지를 표명합니다(4절). 처지는 포로이나 중심은 하나님을 향한 충성심을 다지는 전적 헌신은 한국교회에게 큰 도전이 됩니다(5-6절). 포로생활의 비통함과 예루살렘에 대한 사랑을 극적으로 분출한 시인은 이제 대적자들에 대한 극렬한 저주를 선포합니다(7-9절). 영육간에 이스라엘을 야비하게 괴롭힌 에돔에 대한 저주와 심판은 구약 전체의 선고입니다(사 34:5-7).

바벨론은 성전을 파괴하고 핍박한 구약의 역사로 끝나는 것이 아니라 신약의 음녀를 상징하는 단어로서 악인의 종말적 완전 멸망의 심판을 예언합니다(계 17:1-18). 육적인 배고픔과 망국의 설움보다 더 큰 아픔은 영원 속에서의 '영적인 고아'입니다. 그리스도인에게 있어서 이 땅은 잠깐 있다가 가는 경유지입니다(약 4:14). 진정한 소망의 목적지인 아버지 하나님과 영생에 대한 사모함을 들끓게 하는 137편입니다

♦ 시편 138편 성경칼럼

2절	내가 주의 성전을 향하여 예배하며 주의 인자하심과 성실하심으로 말미암아 주의 이름에 감사하오리니 이는 주께서 주의 말씀을 주의 모든 이름보다 높게 하셨음이라
6절	여호와께서는 높이 계셔도 낮은 자를 굽어살피시며 멀리서도 교만한 자를 아심이니이다

"내가 잘되는 것, 옆 사람이 잘되는 것"

방정식하면 수학시간에 풀던 머리 아픈 이미지부터 생각납니다. 위의 두 가지 사례에서 나도 잘되고 옆 사람도 잘되면 좋겠다는 것은 상수로서 변수에 상관없을 때 나오는 항정식입니다. 그에 비해 변수의 값에 따라 여러 모양의 참과 거짓이 나오는 것이 방정식입니다. 이것의 난이도에 따라 연립방정식도 나오고 2. 3차 방정식으로 더욱 복잡한 등식이 나옵니다. 방정식에 변수의 값이 있듯이 인간관계에는 죄의 오염이라는 큰 변수와 시기 질투라는 작은 변수가 도사리고 있습니다. 내가 잘되어야지, 남이 나보다 잘되는 꼴은 못 보겠다는 변수의 값 때문에 얼마나 많은 것을 허비하는지 알 만한 사람은 다 압니다.

138편은 다윗의 시로서 나와 옆 사람과의 복잡한 방정식을 올바로 풀

수 있는 공식을 제공하고 있습니다. 먼저 다윗은 하나님의 은혜로 이스라엘의 왕이 된 것을 전심으로 감사하며 찬양하고 있습니다(1절). 왕이 된 자체에 대한 감사를 뛰어넘어 기도가 응답되고 언약이 성취된 것에 대한 감격이 더 큰 것이 여실히 드러납니다. 은혜의 내용은 하나님의 인자하심과 성실하심으로 다윗이 직접 경험했습니다(2절). 기도하고 응답받는 여정에서의 다윗을 향한 하나님의 장려하심은 다윗을 성숙한 일군으로 나아가게 합니다(3절).

다윗은 그의 강대함을 자랑하는 것이 아니라 하나님의 말씀과 통치의 위엄을 열방들에게 전해지기를 갈망합니다(4-5절). 이 비전은 다윗 당대에 이루어지기보다 후대인 솔로몬 시대에 실제적으로 성취된 것을 성경은 증거 합니다(대하 9:22-28). 나아가 그리스도께서 이 땅에 오신 후 이루어진 세계적인 복음전파를 예언하는 말씀입니다(사 49:22, 행 13:48). 이뿐 아니라 하나님께서는 비천한 자들까지도 자상하게 돌보신다는 것을 기뻐하고 있습니다(6절). 역으로 교만한 자는 하나님 앞에 숨겨지지 못하며 결국 그 행위대로 심판받습니다.

하나님의 은혜의 완전함은 하나님의 사람에 관계된 것에 대한 처리에서도 나타납니다. 그 관계된 것은 옆 사람이 될 수도 있고 대적자일 수도 있고 역사적 환경일 수도 있습니다. 8절은 '여호와께서 나를 위하여 보상해 주시리이다'라고 번역되었는데 개역성경은 '여호와께서 내게 관계된 것을 완전케 하실지라'라고 되어 있습니다. 이를 서두의 방정식에 대입하면 상수가 하나님의 은혜이기에 나와 관계된 옆 사람은 나 때문에 잘되는 항정식이 되는 것입니다.

그렇다면 시기와 질투라는 죄의 변수 값을 없애고 하나님의 사랑의 값

(상수)을 들인다면 옆 사람이 잘 되는 것을 기뻐하는 성숙자가 될 것입니다. 불완전한 부패한 마음(렘 17:9)을 그리스도의 속죄로 제거하고 거룩하고 흠이 없는(엡 1:4) 그리스도의 형상을 입는 길이 열려 있는 것입니다. 내가 잘되면 내 옆 사람을 돕고 내 옆 사람이 잘되면 나도 덕을 보며 기뻐하는 성숙하고 완전한 관계에 초대되었습니다. "이제 우리는.."

♦ 시편 139편 성경칼럼

7절 | 내가 주의 영을 떠나 어디로 가며 주의 앞에서 어디로 피하리이까
17절 | 하나님이여 주의 생각이 내게 어찌 그리 보배로우신지요 그 수가 어찌 그리 많은지요

"나는 당신에 대한 모든 것을 너무나 잘 알고 있습니다"

누가 나를 향하여 이 말을 한다면 어떤 생각이 들까요? 일단 그 말을 한 사람이 선한 사람인지 아니면 악한 사람인지를 판단해야 합니다. 만약 악한 사람이라면 아찔해 하며 해를 당할까 허둥댈 수밖에 없을 것입니다. 실제적으로는 사람이 사람을 파악하고 안다는 것은 한계가 있습니다. 그러나 하나님께서 나를 안다고 할 때는 그 차원은 전혀 다릅니다. 시편 중의 왕관이라고 통칭되는 139편은 하나님의 전지성과 무소부재성과 편재성과 창조의 전능성을 노래합니다. 문체가 구체적이며 아름답고 생생해서 신앙적 감정의 깊이와 사상적 탁월성이 돋보입니다.

본시의 저자는 다윗으로 그의 왕정 말기에 쓰여 진 것으로 보입니다. 험난한 길을 걸어왔던 과정에서 하나님의 성품과 속성을 경험한 신앙의 요소들이 녹아져 있기 때문입니다. 창조와 구원을 주시는 광대하신 하나님께서 한 사람을 택하시고 단련시키시며 교제하시는 오묘한 섭리에 무한한 감격

을 표출하고 있습니다. 특별히 하나님께서 다윗을 향하여 아시고 살피신다는 개인적 관계를 7번이나 반복한 것은 좋으신 하나님임을 선언하는 것입니다. 다윗은 그의 일거수일투족을 아시고 멀리서도 생각을 통촉하시고 모든 길을 감찰하시고 행위와 말을 놓치지 않으시고 전후에 두루 시는 하나님을 경험하였습니다(1-6절).

우리들도 하나님께서 우리들의 하루 일과와 삶의 목적과 계획과 욕망까지 헤아리신다는 것을 알 때 자세를 바로잡고 살 수 있게 됩니다. 여기서 더 나아가서 '우리'를 '나'로 전환하는 설정이 필요합니다. 대부분의 신앙의 실패가 우리라는 설정에서 나오기 때문입니다. 나는 하나님의 수많은 사랑의 대상 중에 한 명이 아닙니다. 하나님의 사랑이 나에게 N분의 1로 주어지는 것이 아니라 하나님의 사랑이 나한테 100%(All in) 온다는 것을 알아야 합니다. 7절부터 나오는 하나님의 편재성과 무소부재성은 군중속의 내가 아니라 하나님 앞에 단독자로 서 있는 나입니다. 하늘과 음부와 바다 끝에 거한다 할지라도 하나님은 나와 함께 하시고 흑암과 밤도 하나님 앞의 나를 감출 수 없습니다.

13절부터의 전능의 창조성은 나의 영혼과 육체의 조성자이신 하나님에 대한 주권을 찬양합니다. 창조주 하나님을 믿는 자만이 하나님의 소유인 자로서 모든 삶을 그 분 앞에서 살겠다는 고백을 할 수 있습니다. 불신자의 허무함에서 벗어나 하나님의 소유로서의 존재감은 하나님의 계획에 동참하는 방향으로 나아가게 만듭니다. 나를 향한 하나님의 보배로운 생각이 무궁무진하다는 것을 알게 될 때 아들의 신분과 청지기의 길을 능히 갈 수 있습니다(17-18절).

19절부터 갑자기 시작되는 악인들에 대한 심판과 저주의 부각은 좀 의

아합니다. 이는 하나님의 엄위하신 성품 앞에서 악인들이 까부는 현실을 보면서 거룩한 분노를 표출한 것이라고 볼 수 있습니다. 역사 속에서 끊임없이 반복되는 영적전쟁의 실재입니다. 하나님 앞에서의 나를 돌아보며 악인들의 도전을 넉넉히 이기는 권세 있는 성도의 위치를 확인합니다.

♦ 시편 140편 성경칼럼

6절 | 내가 여호와께 말하기를 주는 나의 하나님이시니 여호와여 나의 간구하는 소리에 귀를 기울이소서 하였나이다

12절 | 내가 알거니와 여호와는 고난당하는 자를 변호해 주시며 궁핍한 자에게 정의를 베푸시리이다

"저것을 어떻게 처리하지"

저것은 물건이 아니라 사람을 뜻하고 어떻게 처리하지는 복수의 방법을 의미합니다. 자기를 괴롭히는 적대적인 관계에 있는 사람을 어떻게든지 복수하여 자기의 마음을 만족시키고 폼 잡고 싶은 의도를 나타낸 말입니다. 일반적으로 사람이란 선과 악이 조합되어 있어서 서로 원수가 되어 상대적으로 이런 말을 할 수도 있습니다. 그러나 영적으로 하나님을 대적하며 사단의 족보에 들어있는 악인들이 하나님의 사람을 괴롭히는 상태라면 상황은 달라집니다. 위의 말은 우리가 저들을 향하여 직설적으로 하는 말이 될 수도 있습니다. 그리스도인들을 향하여 조롱과 핍박과 포악을 행하는 악인의 무리는 역사적으로 항상 있었습니다.

140편은 강포하고 사악한 원수들의 박해로부터 구원해 주기를 바라는 다윗의 애절한 간구입니다. 시대적 배경이 사울로부터 쫓기던 때였는지 압살롬의 반역의 때였는지는 나와 있지 않지만 위기일발의 도피시기였던 것

은 확실합니다. 시의 구조는 고통의 상황에 대한 호소(1-5절)와 악인의 저주와 심판에 대한 호소(8-11절)로 되어 있습니다. 그런데 이 호소에 이어서 위대한 믿음의 고백(6-7절, 12-13절)이 들어가 있는 것은 특별합니다. 이는 다윗이 상황에 대한 인식과 저주의 결과에만 집중된 것이 아니라 더 깊고 놀라운 하나님의 손길을 기대했다는 뜻입니다.

다윗이 원수들의 박해에 대하여 인간적인 힘과 수단으로 대항하지 않고 하나님께 맡기며 기도했음을 보여주는 것입니다. 저것을 어떻게 처리하지라는 인생 최고의 난제에 성경적인 해답을 주고 있습니다. 저들의 공격은 맹독을 품은 독사와 같고 사냥꾼의 치밀한 덫과 같으며 우는 사자가 삼킬 자를 찾는 것같이 무섭습니다. 이 두려움의 절대위기를 이길 수 있는 길은 오직 하나님의 처리하심밖에 없음을 고백하고 있습니다. 어차피 내 힘과 방법으로 싸워 봐야 안 되는 것을 알고 있는 다윗이 역사서에서 대항보다는 도피를 택한 이유를 알게 됩니다. 겉으로는 도피로 보였지만 다윗은 가장 강력한 방법인 하나님을 절대 신뢰하고 기도함으로 악인의 처리를 맡긴 것입니다.

(눅 21:17~18) "또 너희가 내 이름으로 말미암아 모든 사람에게 미움을 받을 것이나 너희 머리털 하나도 상하지 아니하리라"

그러면 다윗의 이런 믿음의 담대함과 지혜는 어디에서 나온 것일까요? 첫째는 하나님의 구원에 대한 경험의 축적에서 나왔습니다. 수많은 전쟁의 위태로운 순간에 자신의 방패가 되시고 보호자가 되어 주셨던 하나님을 믿는 것입니다(7절). 박해와 고난의 위기가 하나님을 경험하게 되는 그리스도인의 역설적 복입니다. 둘째는 다윗은 하나님께서 적절한 때에 악인들의 소원과 꾀를 억제시키고 제압하신다는 것을 알고 있었습니다(8절).

만약 악인들의 폭풍 같고 활화산 같은 기세를 적당한 때에 꺾고 심판하시지 않는다면 성도들은 절멸되고 말 것이기 때문입니다. 악인들의 의인들을 향한 저주는 오히려 저들 머리에 숯불(유황불)처럼 떨어지게 되는 것입니다(9-11절). 하나님이 주관하시는 과정과 심판을 안다면 지금 우리 현실의 고난은 역설적인 복으로 전환될 것입니다(12-13절).

♦ 시편 141편 성경칼럼

3절 | 여호와여 내 입에 파수꾼을 세우시고 내 입술의 문을 지키소서
8절 | 주 여호와여 내 눈이 주께 향하며 내가 주께 피하오니 내 영혼을 빈궁한 대로 버려두지 마옵소서

"내가 왜(어떻게) 여기 와 있지?"

이 말은 치매 증상이 있는 경우에 흔히 하는 말입니다. 그런데 이 말은 생각 없이 살다가 원하지 않는 장소나 잘못된 상태에 처했을 때 하는 말이 될 수도 있습니다. 술과 도박과 도벽과 약물과 권력과 쾌락의 중독에 빠진 사람이 이 말을 할 때는 후회도 소용없이 이미 늦은 것이라고 볼 수 있습니다. 교회개척 초기에 20대 청년이 밤에 유흥가의 네온사인 간판만 보면 어느새 그 곳으로 달려가 버린다고 고백하는 것을 들었습니다. 그 끌리는 힘이 얼마나 강력한지 저항할 수 없다고 탄식하는 모습에 처연한 마음이 들었습니다.

그러하기에 우리의 주기도문에 '시험에 들지 말게 하옵시고(마 6:13)'라는 기도 내용은 엄청나게 중요합니다. 주님께서는 친히 제자들에게 시험에 들지 않도록 깨어 기도할 것을 말씀하셨습니다(마 26:41). 성경은 마귀(디아볼로)의 별칭이 시험(유혹)하는 자, 속이는 자, 미혹의 영임을 분명히 합니다.

(딤전 4:1) "그러나 성령이 밝히 말씀하시기를 후일에 어떤 사람들이 믿음에서 떠나 미혹하는 영과 귀신의 가르침을 따르리라 하셨으니"

심지어는 사단은 선지자들의 입을 통해 속이겠다고 하며 하나님께서는 이를 허락하시는 장면도 나옵니다.

(대하 18:21) "그가 이르되 내가 나가서 거짓말하는 영이 되어 그의 모든 선지자들의 입에 있겠나이다 하니 여호와께서 이르시되 너는 꾀겠고 또 이루리라 나가서 그리하라 하셨은즉"

시험을 이기고 극복하는 길이 결코 만만치 않음이 역력합니다.

141편은 다윗이 시험과 유혹을 이길 수 있도록 절박하게 기도하는 내용입니다. 그 과정 속에서 영혼의 정결을 위한 열렬한 간구는 경건한 삶을 사모하는 우리에게 모범이 됩니다. 1절의 신속한 기도응답을 간구한 이후에 기도의 핵심을 확인하며 부르짖습니다. 2절의 '기도가 분향함같이 되기를 원한다'는 것은 하나님이 흠향하시는 기도를 드리고 열납 되기를 소원하고 있는 것입니다(계 5:8). 기도의 손을 드는 것이 '저녁 제사'와 같이 되기를 원하는 것은 일정하게 끊이지 않는 성실한 기도를 드리겠다는 서원입니다. 시험에 들지 않게 기도하는 내용은 우리가 꼭 되새기며 기도할 내용이기도 합니다. 입술의 범죄를 범하지 않게 파수꾼을 세워 주시기를 바라는 기도(3절)는 입술의 죄는 그 횟수가 많고 그 결과는 참혹하기 때문입니다(민 14:28).

마음과 행동의 범죄는 누구와 함께 거하는 것과 상관이 있음을 보여줍니다(4절). 악인과의 관계에서는 타협의 길보다 절연의 선택이 옳다는 것을 알고 결단합니다(5-7절). 타협보다 절연이 옳다는 것에 동의하기 어려울 수도 있겠지만 인간의 악의 경향성을 안다면 이 선택이 맞습니다. 인간은 자기의 의지와는 다르게 죄의 유혹이 조금만 자극해도 이 악의 경향성 때문에 한 방에 쏠려 넘어갈 수가 있다는 뜻입니다. 마지막으로 다윗은 악인의 비참한 종말을 믿기에 하나님만을 전적으로 의지할 것을 노래합니다(9-10절). 주님께 나아가는 자는 빈궁한 영혼을 벗어나 성령 충만한 영혼의 축복이 주어집니다(8절).

♦ 시편 142편 성경칼럼

4절 | 오른쪽을 살펴 보소서 나를 아는 이도 없고 나의 피난처도 없고 내 영혼을 돌보는 이도 없나이다

5절 | 여호와여 내가 주께 부르짖어 말하기를 주는 나의 피난처시요 살아 있는 사람들의 땅에서 나의 분깃이시라 하였나이다

"영혼의 눈이 밝아지는 곳"

우리 육신의 지체 중에 중요하지 않은 것은 하나도 없지만 외부에 보이는 것으로는 '눈'이 으뜸입니다. 눈은 단지 물질적인 것을 보는 기능을 뛰어넘어 마음을 보여주는 창이기도 합니다. 명배우의 연기를 보면 역할이 어떤 것이든 그것에 맞는 눈으로 연기하는 것을 알 수 있습니다. 사람은 육체와 마음과 영을 가진 존재이기에 영적인 눈을 가지고 있는 것이 틀림없습니다. 다만 불신자는 영적으로 죽은 상태이기에 영혼의 눈이 감겨져 있습니다(엡 2:1). 그러나 신자는 성령님을 모셨기에 영의 눈이 떠져 있습니다(롬 8:14). 신자들도 각기 신앙의 정도에 따라 영적인 밝은 눈을 가지거나 영적으로 뿌연 시력을 가진 자(고전 3:1)로 나누어집니다.

그러면 영의 눈은 어떤 곳에서 밝은 시력을 가지게 될까요? 성경의 용어를 들어 보겠습니다.

광야, 사막, 동굴, 골짜기, 땅 끝, 감옥, 깊은 밤 등입니다. 환경적 고통과

육신의 질병과 생명의 위협과 절대고독 속에 처한 상태의 이미지를 가진 장소들입니다. 바람 앞의 촛불처럼 일촉즉발의 위기 앞에서 인간의 선택지는 없어 보입니다.

인간적인 수단으로는 어찌할 수 없는 이 절대 절명의 순간이 성경에서는 영의 눈이 밝아진다고 말씀합니다. 하나님의 사람으로서 새 국면을 맞이하는 사례가 많이 나옵니다. 아니, 하나님의 사람으로 결말을 본 인물의 전부가 여기에 속한다고 보면 됩니다. 인간의 끝에 하나님이 계시는 이 원리는 결코 하나님이 의도하신 것이 아닙니다. 죄의 깊이는 워낙 깊고 불순종의 습관은 깊은 골이 파여 있는 인간의 실존 때문에 일어나는 하나님 은혜의 '부득이한 방편'입니다.

142편의 주인공인 다윗은 영안이 밝아지는 스토리의 훌륭한 주인공입니다. 표제문의 동굴이 아둘람 인지, 엔게디 인지는 명시되지는 않았지만 도망과 피신과 위협 속에 극도의 두려움에 처한 위기는 분명합니다. '소리 내어'를 두 번이나 강조하여 기도했다는 것은 이 길밖에 없다는 절박함입니다(1절). 우편에는 내 편이 있어야 하는데 내 사람이 아무도 없다는 절대고독의 외침은 영의 눈이 떠지는 신호가 됩니다(4절). 영의 눈이 밝아져 하나님께만 의지하는 자가 되면 그 기도의 내용과 자세가 달라지는 것을 볼 수 있습니다.

주께만 부르짖는(5절) 나의 부르짖음(6절)이 나옵니다. 부르짖을 때 하나님만이 피난처가 되시고 분깃이 되심을 확신하게 됩니다(5절). 부르짖을 때 자신의 비천함(낮아짐)이 뼛속까지 느껴져 오직 주님만 보이게 됩니다(6절). 7절의 지금의 감옥 같은 비참한 상태를 구원해 달라는 기도는 후에 넘치도록 응답된 것을 성경은 증언합니다. 곤고함 속에 하나님의 뜻대로 하는 근심은 우리를 간절하게 하고 영의 눈이 밝아지는 역설적 복이 됩니다(고후 7:11).

♦ 시편 143편 성경칼럼

4절 | 그러므로 내 심령이 속에서 상하며 내 마음이 내 속에서 참담하니이다
10절 | 주는 나의 하나님이시니 나를 가르쳐 주의 뜻을 행하게 하소서 주의 영은 선하시니 나를 공평한 땅에 인도하소서

"아주 매를 번다 벌어, 뭘 줘도 아깝지 않아"

얄밉고 해로운 사람과 친하고 사랑스러운 사람에 대한 상반된 평가와 대하는 태도입니다. 매를 번다는 말은 언젠가 대가를 치른다는 것이고 뭘 줘도 아깝지 않다는 것은 빨리 상을 주겠다는 의도입니다. 이 상황을 하나님과 성도와의 관계에서 적용하면 어떤 일이 벌어질까요? 아주 간단하게 정리가 됩니다. 하나님이 가장 좋아하시는 것을 하는 자와 그것을 악착같이 안하는 자로 구별하면 됩니다. 성경전체에서 하나님이 기뻐하시며 받아주시는 심령은 참회(회개)하는 자입니다.

(시 51:17) "하나님께서 구하시는 제사는 상한 심령이라 하나님이여 상하고 통회하는 마음을 주께서 멸시하지 아니하시리이다"

하나님이 가장 미워하시고 물리치시는 사람은 교만한 자이며 그 이유는 회개를 절대 하지 않기 때문입니다.

(약 4:6) "그러나 더욱 큰 은혜를 주시나니 그러므로 일렀으되 하나님이 교만한 자를 물리치시고 겸손한 자에게 은혜를 주신다 하였느니라"

성경의 인물 중에 의인으로 칭한 사람(겔 14:20)은 여럿 있지만 하나님의 마음에 합한(맞는) 사람으로 기록된 사람은 다윗이 유일합니다(행 13:22). 다윗이 어떤 일을 한 공로에 의해서가 아닌 하나님 앞에 늘 회개하는 자이었기 때문입니다.

일곱 편의 회개시(6, 32, 38, 51, 102, 130, 143) 중의 마지막인 143편은 참회의 정석을 온전히 보여주고 있습니다. 첫째, 다윗은 아들 압살롬으로부터 부당한 고통을 받으면서도 자신의 죄인 됨을 인정하고 있습니다. 그는 자신을 비롯한 모든 인간이 범죄 하였다는 점을 독특하게 주장합니다(2절). 이것은 죄인 됨을 고백하지 않는 자는 구원에 이르지 못한다는 성경 전체의 메시지를 확인하는 것입니다(갈 3:16).

둘째, 다윗의 참회는 지적인 깨달음으로 끝나는 것이 아닌 감정의 통탄을 담고 있습니다(4, 6절). 죄의 참상과 결과가 얼마나 뼈아픈지를 아는 자만이 하나님 앞에 항복합니다(시 51:11). 셋째, 다윗은 죄의 참회에서 더 나아가 주의 뜻을 행하는 거룩한 행로를 간절히 구합니다. 말씀을 듣고 믿음을 굳세게 하며 바른 길을 인도함 받아 주님을 섬기기를 간구합니다(8, 10절). 넷째, 다윗은 자신의 사죄와 구원을 구함과 함께 원수들의 심판과 멸망을 기도합니다. 이는 그의 개인적인 복수의 완성을 위한 것이 아니라 하나님 나라의 의를 위한 것입니다.

주의 이름을 위해서(11절) 구원과 승리를 주실 것을 크고 넓게 구합니다. 또한 나는 주의 종이오니(12절) 그렇게 하셔야 당대와 후대에서 믿는 무리에게 본이 되고 용기를 줄 것이라며 아뢰고 있습니다. 회개를 하지 않는 신자는 저주의 매를 버는 것이라는 실상을 목격했습니다. 반대로 매일 매순간의 참회의 습관은 복을 받는 지름길임을 확인했습니다. "아! 참, 잘 해야 하겠습니다"

♦ 시편 144편 성경칼럼

1절 | 나의 반석이신 여호와를 찬송하리로다 그가 내 손을 가르쳐 싸우게 하시며

손가락을 가르쳐 전쟁하게 하시는도다
15절 | 이러한 백성은 복이 있나니 여호와를 자기 하나님으로 삼는 백성은 복이 있도다

"우주와 사람 중에 무엇이 더 위대할까요?"

터무니없는 질문 같고 말이 안 되는 대답 같지만 '인간이 우주보다 더 위대하다'가 정답입니다. 위대한 수학자이며 철학자인 파스칼이 한 말입니다. 이유는 인간은 자기를 생각할 수 있기 때문입니다. 사람이 자기가 어떤 존재인지를 생각한다면 보이는 세계에서 가장 위대한 우주보다 우위에 있다는 것입니다. 예수님께서는 이 부분에 대한 이유를 분명히 말씀해 주셨습니다.

(마 16:26) "사람이 만일 온 천하를 얻고도 제 목숨을 잃으면 무엇이 유익하리요 사람이 무엇을 주고 제 목숨과 바꾸겠느냐"

사람이 온 우주(천하)보다 위대한(귀한) 것은 그냥 타락한 자연인을 말하는 것이 아닙니다. 그리스도로 말미암아 신앙을 가진 자로서 자기를 극복할 수 있는 인간을 가리키는 말씀입니다. 그럼 인간은 자기의 어떤 것을 생각해야 할까요? 바로 하나님과의 관계에 대한 것을 생각하고 되새겨야 하는 것입니다.

144편은 다윗이 하나님의 주권적 통치를 멋지고 아름다운 서체로 드러낸 시입니다. 과거에 베풀어 주신 구원과 승리에 대한 감격의 찬양을 하나님께 감사하며 드립니다(1-2절). 과거를 모르는 자는 현재와 미래를 볼 수도 누릴 수도 없기에 과거의 신앙경험을 되새기는 것은 매우 중요합니다. 하나님의 현현을 대면하기 위한 준비로서 인간의 비천함에 대한 고백은 자기를 아는 중요함의 핵심입니다(3절). 본질적으로 '사람은 헛것 같고 사는

날은 지나가는 그림자'같음을 고백합니다(4절).

이는 시편 8편 4-5절에서 같은 질문에 '영화와 존귀의 관을 씌우셨다'는 인간관과 다른 정의입니다. 같은 다윗이 같은 질문(사람이 무엇이기에)에 상반된 대답을 하고 있습니다. 그는 인간의 연약하고 죄악 된 성품을 철저히 인식함과 동시에 하나님의 형상으로서 존귀한 사랑의 대상이 된 인간을 보고 있습니다. 5절부터 나오는 현재 직면한 고난에 대한 탄원은 과거의 경험에 대한 신뢰와 함께 미래의 소망이 더해져서 뿜어져 나옵니다. 하늘과 산과 큰물의 모든 곳에 연기와 번개와 주의 화살을 기적적으로 사용하셔서 승리하시는 하나님의 능력을 의심치 않습니다(5-7절).

이스라엘의 진정한 왕은 하나님이심을 너무나 잘 알고 있는 다윗은 백성을 향하여 성심을 다해 축원합니다(12-14절). 여호와를 자기 하나님으로 삼는 백성에게는 가정이 행복하고 국가에 풍요가 넘쳐나고 평강이 함께 할 것입니다(15절). 우리 인생에서 가장 우선적이고 중요하게 생각할 것은 하나님을 나의 하나님으로 모시고 사는 것임을 선포하는 이 시는 너무나 귀합니다. 주님이 나의 주님이시기에 생활은 행복하고 영적전투는 승리할 것입니다.

(신 33:29) "이스라엘이여 너는 행복한 사람이로다 여호와의 구원을 너 같이 얻은 백성이 누구냐 그는 너를 돕는 방패시요 네 영광의 칼이시로다 네 대적이 네게 복종하리니 네가 그들의 높은 곳을 밟으리로다"

♦ 시편 145편 성경칼럼

19절 | 그는 자기를 경외하는 자들의 소원을 이루시며 또 그들의 부르짖음을 들으사 구원하시리로다

21절 | 내 입이 여호와의 영예를 말하며 모든 육체가 그의 거룩하신 이름을 영원히 송축할지로다

"능동적인 신앙인가? 수동적인 신앙인가?"

하나님을 향한 인간의 신앙행동 차원에서 질문한 것입니다. 성경 전체에서의 큰 줄기는 하나님께서 우리에게 능동적으로 대하신다고 말씀하십니다.

(사 65:1) "나는 나를 구하지 아니하던 자에게 물음을 받았으며 나를 찾지 아니하던 자에게 찾아냄이 되었으며 내 이름을 부르지 아니하던 나라에 내가 여기 있노라 내가 여기 있노라 하였노라"

무지하고 감각 없는 인간에게 하나님이 찾아 오셨다고 하십니다.

이것이 전부라면 우리는 나무토막처럼 가만히 있어도 하나님께서 다 하신다고 오해할 수도 있습니다. 여기에서 인격적인 하나님에 대한 인간의 반응이 있어야 합니다. 거듭나서 영적인 감각이 생긴 신자는 이제 하나님을 갈망하는 자로 전환됩니다. 특히 축복을 받거나 사역의 능력에 관한 영역은 인간의 능동적 행동이 요구됩니다.

(마 11:12) "세례 요한의 때부터 지금까지 천국은 침노를 당하나니 침노하는 자는 빼앗느니라"

역사적 증거나 경험을 통해서도 하나님을 향한 간절함과 믿음의 발걸음을 내딛는 신자가 쓰임 받는다는 것은 확실합니다.

145편을 읽고 묵상하면서 느낀 감상의 첫 번째가 바로 하나님을 향한 시인의 능동적이고 적극적인 접근입니다. 찬양(송축)을 보통 평범하게 하는 것이 아니라 '주를 높이며 영원히 하겠다'고 선포합니다(1절). 영원히 찬양한다는 뜻은 찬양을 내세(천국)에 가서도 하겠다는 것인데 이는 천국론에 중요한 힌트를 줍니다. 어떤 불신자는 천국을 거부하는 이유로 천국은 쾌락을 즐길 수 없는 곳이라고 하는데 이는 천국의 속성과 찬양의 기쁨을 몰라서 하는 소리입니다. 2절에 날마다 찬양한다는 것은 시간을 정하여 우선순위로 하겠다는 단호한 서원입니다.

실제로 유대 격언에 145편을 하루 세 번 묵상하며 기도하는 자는 최선의 내세를 준비하는 것이라고 하였습니다. 이어지는 찬양의 내용은 하나님이 하신 광대하신 일들을 찬양하는 것입니다. 인간관계에서도 누구를 칭찬할 때 실제적이고 진정성 있게 해야 효과가 있지, 두리뭉실하게 대충하면 역효과가 날 수도 있습니다. 다윗이 하나님을 찬양하는 내용을 읽다보면 나도 모르게 좋으신 하나님이 바로 내 옆에 있는 것 같습니다. 연약하며 실수투성이인 나를 긍휼히 여기시며 정죄보다는 자비를 베푸시는 주님의 손을 꼭 잡게 됩니다(8-9절). 나만이 아니라 나와 관련된 모든 만유까지도 선대하시는 하나님의 후의를 깊이 새기게 됩니다(10-14절).

우리의 적극적인 신앙의 실천은 찬양과 함께 간구와 경외함과 사랑함으로 나아가야 합니다. 진실하게 간구하는 모든 자에게 가까이하시기를 기뻐하시는 하나님이십니다(18절). 경외하는 자의 소원을 이루어 주시는 하나님이심을 잊지 말아야 합니다(19절). 하나님을 사랑하는 자는 다 보호해 주신다는 것은 사랑은 하나로 묶는 속성을 가지고 있기 때문입니다(20절). 하나님을 향한 수동적 신앙의 때와 능동적 행동의 때를 판단할 수 있는 지혜를 받기를 원합니다. 하나님의 영예를 적극적으로 드높이는 하나님의 사람으로 나아가겠습니다(21절).

♦ 시편 146편 성경칼럼

3절 | 귀인들을 의지하지 말며 도울 힘이 없는 인생도 의지하지 말지니
5절 | 야곱의 하나님을 자기의 도움으로 삼으며 여호와 자기 하나님에게 자기의 소망을 두는 자는 복이 있도다

"이제 누굴 믿고 산단 말인가?"

믿고 의지했던 남편이 죽었을 때 남겨진 아내가 올망졸망한 자녀들을 바라보며 부르짖는 말입니다. 지금처럼 여성의 일자리가 없었던 몇 십 년 전의 이야기입니다. 이와는 다르지만 믿었던 사람으로부터 사기를 당하거나 배신을 당해 빈털터리가 된 사람이 절망적으로 통탄하는 말이기도 합니다. 시편의 결론부(146-150편)의 첫 시편인 146편은 하나님의 공의로운 통치를 찬양하며 인생이 진정으로 의지할 분이 누구인지를 말씀합니다. 결론은 단순명료해야 하듯이 본시는 핵심을 찌르는 문체로 되어 있어 진한 감동을 줍니다.

전반부의 4절은 짧은 음절로 되어 있어 하나님을 찬양하며 하나님만을 의지하며 살겠다는 단호한 의지를 보여줍니다. 1-2절에서 시인이 찬양을 스스로(나의 영혼아, 나의 생전에, 나의 평생에)에게 서원하는 모습은 찬양의 기쁨과 능력을 체험했기에 나온 결심입니다. 신자는 찬양을 통하여 영혼이 고양되고 감성의 상승작용을 일으키게 됨을 알 수 있습니다. 나아가서 시인은 제사장적 자세를 가지고 백성들이 하나님만을 의지하도록 권면합니다(3-4절). 제사장적 관점이라는 것은 먼저 은혜 받은 자는 타인에 대한 은혜 전달자로서의 책임을 갖게 된다는 의미입니다.

인간으로서 힘을 가진 자가 귀인인데 개역성경에는 방백으로 번역되어 있으며 이는 권력자를 가리킵니다. 안 보이는 하나님보다 보이는 권력자를 따르는 자의 무상함과 무력함에 대해 피력합니다. 역사적으로 이스라엘이 세상 패권이었던 애굽과 앗수르를 의지했을 때 멸망을 당했음을 상기시킵니다(사 30:1~2, 왕하 16:7~9). 역사적인 교훈보다 더 확실한 것은 바로 인간죽음의 실존 때문에 사람은 의지할 대상이 될 수 없습니다. 모든 인간은 한 명도 빠짐없이 한 호흡, 한 걸음 사이에서 사멸해 가는 존재입니다(삼상 20:3).

가족이 서로 의지하며 사는 것을 부정하는 것이 아니라 각자의 영혼이 영원하신 하나님을 의지하는 것을 우선해야 한다는 뜻입니다. 유한한 인간의 도모(생각)는 결국은 죽음과 함께 소멸된다는 것을 밝히 알고 영원하신 하나님께 소망을 두어야 합니다. 옛날에는 죽은 후 매장되어 1평의 땅을 차지하고 또 빼앗기기도 했지만 지금은 화장되어 한줌의 흙으로 돌아가는 것이 인간의 현실입니다. 설혹 인간이 생전에 남긴 사상이나 업적이나 기록이 있을지라도 영원에 이르는 가치는 전무하다는 것을 냉정하게 받아들여야 합니다. 그에 비해 그리스도인들이 하나님의 뜻을 받들어 이루는 복음 사역은 영생의 영혼에 관한 열매이기에 하나님 나라에 열납됩니다(계 2:10).

이어서 우리가 하나님만을 의지하며 살아야 할 이유를 구체적으로 밝히고 있습니다. 전능하시고 진실하신 하나님께서 약한 인생들에게 따뜻한 관심을 보여 주시는 것을 누구나 알아듣도록 말씀합니다(6~9절). 우리 모두가 하나님의 긍휼을 입는 이 약자(억눌린 자, 주린 자, 맹인, 비굴한 자, 나그네, 고아, 과부)의 반열에 있음이 분명합니다. 오늘도 하나님의 영원한 다스리심과 대대에 통치하시는 자비에 나의 모든 것을 의뢰합니다(10절).

♦ 시편 147편 성경칼럼

11절 | 여호와는 자기를 경외하는 자들과 그의 인자하심을 바라는 자들을 기뻐하시는도다

18절 | 그의 말씀을 보내사 그것들을 녹이시고 바람을 불게 하신즉 물이 흐르는도다

"이 그림 안에서 예수님을 찾아보세요"

신앙의 연륜이 있는 분은 이 그림의 정체를 금방 아실 것입니다. '녹는 눈을 찍은 사진'에서 예수님의 모습을 빨리 찾는 만큼 믿음이 좋다고 평가했던 웃지 못 할 에피소드를 기억하실 것입니다. 저는 이 사진이 나올 당시에 기독교백화점을 운영했었는데 유행에 덧입어 판매했던 경험이 있습니다. 그 때에 이 사진은 믿음과 별로 상관이 없다고 말해 주었는데 한국 기독교인의 수준은 이 말을 수용하지 못했던 것을 기억합니다.

이 에피소드의 교훈은 보이는 것에 치중하는 종교는 하등종교이고 말씀을 인격적으로 믿는 종교는 고등종교라는 사실입니다. 실제로 점술집이나 무속신앙이나 유교 문화나 불당이나 천주교와 이슬람교 등은 개신교에 비하여 겉의 치장과 보이는 매개체가 많은 것을 목격합니다. 온전한 신앙의 길은 하나님의 계시인 성경 말씀만을 믿고 순종하는 것입니다. 하나님을 알 수 있고 사귈 수 있고 그 능력과 복락을 받을 수 있는 방편이 성경에 나와 있기 때문입니다. 보이는 무엇을 빨리 발견해서 되는 것이 아니라 하나님의 뜻을 하나님의 계시인 성경에서 배우고 순종하면 됩니다.

147편에서는 하나님과 관계를 맺을 수 있는 자를 명확하게 지정하고 있습니다. 본문에서 직설적으로 적시한 2가지를 살펴봅니다. 첫째, 하나님이 붙드시는 사람은 '겸손한 자'입니다(6절). 여기서 '겸손한 자를 붙드시고'의 원어는 '고통당하는 자를 세우시고'라는 뜻입니다. 하나님이 붙들어 세우시면 어느 누구도 손댈 수가 없습니다. 이스라엘과 세계적 택한 백성을 구원하시고(2-3절) 천지만물을 창조하시고 주관하시는(4-5절) 하나님이시기 때문입니다. 겸손의 길은 저절로 주어지는 것이 아니라 고난 속에서 이루어짐도 알 수 있습니다.

둘째, 하나님께서 기뻐하시는 사람은 '하나님을 경외하고 그 인자하심을 바라는 자'입니다(11절). 하나님을 경외한다는 것은 하나님의 엄위하심을 알고 존경의 마음으로 신뢰하며 사랑하는 것은 말합니다. 그 인자하심을 바란다는 것은 은총과 축복을 경험한 바탕에서 더욱 기대하며 전폭적으로 맡기는 것을 의미합니다. 전능하신 하나님께서 작은 미물들(산의 풀, 까마귀 새끼)까지 돌보신다는 것을 알 때 자신의 재산이나 다리 힘보다 하나님을 의지하게 되는 것은 마땅한 일입니다(8-11절).

이어서 인생의 크고 작은 모든 문제들이 하나님의 말씀으로 이루어짐을 선포하고 있습니다. 안전과 자녀의 복과 평안과 양식주심과 땅의 순환이 말씀으로 이루어집니다(13-15절). 우리가 그저 그렇게 여겼던 눈과 비와 서리와 우박과 바람 등의 온갖 변화들이 하나님의 말씀과 명령으로 이루어짐을 알게 됩니다. 스치는 바람결, 적당한 습기, 음식의 영양분, 나 몰래 싸우는 면역력이 주님의 손길이었습니다. 자연이 하나님의 지문일진대 하나님의 피로 사신 성도는 얼마나 귀하고 아름다운지요?(19절) 할렐루야! 좋으신 하나님 영광과 찬양을 받으시옵소서!

♦ 시편 148편 성경칼럼

2절 | 그의 모든 천사여 찬양하며 모든 군대여 그를 찬양할지어다
14절 | 그가 그의 백성의 뿔을 높이셨으니 그는 모든 성도 곧 그를 가까이 하는 백성 이스라엘 자손의 찬양 받을 이시로다 할렐루야

"하나님을 찬양하는 것에는 열외가 없다?"

군대생활을 경험하신 분들은 열외라는 단어가 주는 임팩트가 강할 것입니다. 군대에서 기합과 훈련의 열외를 받는 것은 천국을 맛보는 것과 비슷

하기 때문입니다. 이와 반대로 좋은 것에 대한 열외를 받는 것은 매우 안 좋은 일입니다. 어린 시절에 좋은 친구들 사이에서 왕따를 당한다면 성인이 되어서 그 트라우마로 비정상적 성품을 가질 가능성이 높습니다. 성경은 그리스도인의 본질적 사명과 삶의 목적이 하나님을 찬송하는 것임을 선포합니다.

(사 43:21) "이 백성은 내가 나를 위하여 지었나니 나를 찬송하게 하려 함이니라"

웨스트민스터 소요리문답의 제 1문은 '인간의 가장 우선되는 목적은 하나님을 영화롭게 하고 하나님을 영원히 즐거워하는 것입니다'라고 가르칩니다. 정상적이라면 모든 인간에게 있어서 찬양의 열외는 없습니다. 만약 내가 찬양을 못하고 산다면 최고의 것에 대한 열외를 당한 것이니 아주 심각한 일임을 직시해야 합니다. 148편을 자세히 읽으면 하나님을 찬양하는 대상의 범위가 상상할 수 없을 정도임을 확인하며 깜짝 놀라지 않을 수 없습니다.

천상 세계에서 자신을 지으신 하나님을 찬양하라고 요청합니다. 천사들, 해와 달과 별, 3층천 하늘과 궁창에까지 하나님의 창조와 권능과 영광을 찬양하고 있습니다(1-6절). 인간과 함께 유이한 영물인 천군천사의 찬양을 알 수 있는 것은 신비한 은혜입니다. 시인은 지상세계의 모든 피조물들도 하나님을 찬양하는데 열외가 없음을 선언합니다(7-10절). 여기서 주목할 것은 다른 시편에서 무서운 대적자로 그린 용들과 바다의 괴물(시 74:13)마저도 유순한 피조물이 되어 찬양에 동참하고 있는 장면입니다.

하나님이 모든 만물을 지으시고 주관하시기에 생명과 이성의 유무에 상관없이 하나님의 영광에 동참하도록 되어 있습니다. 나아가서 시인은 모든 인류가 성별, 연령, 신분, 직업의 구별 없이 하나님을 찬양해야 함을 선포합니다(11-13절). 찬미를 잃어버리고 찬양을 거부하며 하나님께 대한 노래에 무지한 자는 만물의 찬양이 넘치는 이 땅에서 살 자격이 없습니다. 찬양의 열외를 받는 자의 비참한 현실과 그 결과인 저주를 영의 눈으로 똑바로 봐야 할 것입니다.

하나님의 영광이 뚜렷이 계시된 육적 이스라엘에 대한 역사의 비참한 결과는 익히 알고 있습니다. 이제 영적 이스라엘인 우리에게 찬양과 사역의 사명이 전승되었습니다. 천사들마저도 사모하는 성도의 신분과 사역이 바로 나에게 주어졌다는 것을 확인합니다. 성도의 사역을 돕기 위한 천사의 역할까지 안다면 더욱 담대함을 가질 수 있습니다(히 1:14). 찬양에 모든 만물이 열외가 없는데 하물며 하나님을 경외하는 신자에게 찬양의 열외가 있을 수 있겠습니까?

♦ 시편 149편 성경칼럼

4절 | 여호와께서는 자기 백성을 기뻐하시며 겸손한 자를 구원으로 아름답게 하심이로다

6절 | 그들의 입에는 하나님에 대한 찬양이 있고 그들의 손에는 두 날 가진 칼이 있도다

"너는 학생이고 나는 선생이야"

동갑내기 과외하기(2003년 개봉)라는 영화 속의 유명한 대사입니다. 대학생 과외교사 김하늘이 2년 꿇은 고3 동갑내기 권상우가 사사건건 얕보자 경고를 보내는 대사입니다. 지금은 중년이 되었지만 두 배우의 풋풋한 청춘의 연기가 소환됩니다. 사람의 위대성은 자신이 누구인지를 아는데 있다는 것을 이미 배웠습니다. 만약 자신이 누구며 하는 일이 무엇인지를 모른

다면 짐승보다도 못한 존재로 전락합니다. 특별히 구원의 은총을 받은 그리스도인들은 더 말할 필요가 없습니다.

149편에는 구약성경에서는 자주 나오지 않는 '성도'라는 명칭이 3번(1, 5, 9절) 나옵니다. 또한 성도에 대한 구약적 표현(이스라엘, 시온의 주민, 자기 백성)이 세 번(2, 4절) 나옵니다. 구약 하나님의 백성과 신약의 구원받은 성도가 다른 것이 아님을 알 수 있습니다. 성도란 히브리어로 '하시딤'이라고 하는데 '여호와를 사랑하는 자'라는 뜻입니다. 신약의 헬라어는 '하기오스'로 '구별된 거룩한 자'를 의미합니다.

현재 우리가 교회에서 직분 개념으로 부르는 성도라는 이미지와 많이 다른 것을 확인할 수 있습니다. 집사 직분을 받기 전의 교인을 지칭하는 것이 아니라 목사 장로 권사 등의 모든 직분자가 성도에 속합니다. 성도는 세상 노래를 벗어나 새 노래인 찬송을 부를 수 있는 신분과 권세를 받은 자임을 선포하고 있습니다(1-2절). 이어서 성도의 영광된 신분으로 말미암는 축복과 권세 세 가지를 선언합니다.

첫째, 성도는 하나님이 기뻐하시는 자들입니다(4절). 그리스도의 대속으로 의인의 반열에 속했으니 하나님의 기쁨은 아들 예수님을 보는 심정으로 우리를 대하십니다(시 146:8). 둘째, 성도는 최고의 영적 환희를 누리는 자들입니다(5절). 고생의 바다를 헤매고 살던 인생이 영광스런 기쁨에 초대(요 15:11)되었으니 이를 누리지 못한다면 정말 바보입니다.

셋째, 성도는 심판의 권세를 위임받은 놀라운 자들입니다(6-7절). 구약의 전쟁에서 이스라엘 백성의 칼로 이방민족을 친 것은 역사 속에서와 마지막 때에 성도에게 심판의 권세가 주어진다는 예표입니다(고전 6:2-3, 계

20:4). 지금도 수많은 악의 세력들이 하나님과 그의 교회와 성도들을 압제하며 말살하려 하고 있습니다. 우리는 하나님의 약속에 따라 어떤 방법으로 악인들을 심판하실지 예민하게 주의하며 기대하고 있는 것입니다. 불신자와 성도는 외모적으로는 모든 것이 거의 비슷합니다. 그렇지만 내면의 영광이 전혀 다름을 알 때 성별된 삶의 권세를 누리게 됩니다(9절).

♦ 시편 150편 성경칼럼

1절 | 할렐루야 그의 성소에서 하나님을 찬양하며 그의 권능의 궁창에서 그를 찬양할지어다

6절 | 호흡이 있는 자마다 여호와를 찬양할지어다 할렐루야

"아아, 영끌!"

'영끌'이란 몇 년 전부터 현재까지 시사와 생활 현장에서 많이 쓰여 지는 용어입니다. '영혼까지 끌어 모으다'라는 뜻으로 가진 모든 것, 나아가 빚까지 끌어 모아 무엇인가에 투입한다는 것입니다. 이와 비슷한 말로는 몰빵, 패닉바잉, 올인이 있습니다. 집, 주식, 코인, 결혼, 고시 등등 영끌할 수 있는 영역은 많습니다. 문제는 영끌해서 좋은 결과를 내면 좋겠지만 역으로 쫄딱 망할 수도 있다는 것에 있습니다. 그리하여 영끌 앞에 아아 라는 감탄사를 붙여 보았습니다. 기뻐서 좋아하는 감탄사인지 절망해서 절규하는 소리인지는 선택과 결과에 따라 다르게 나올 것입니다.

드디어 시편의 마지막인 150편에 당도했습니다. 시편 전체의 절수는 총 2,527절인데 이 시편은 결론 중의 결론이라고 볼 수 있습니다. 시편의 결론은 한마디로 우리 그리스도인의 영끌은 하나님을 찬양하는 것임을 선포하고 있습니다. 먼저 찬양의 장소가 시공을 초월한 모든 곳임을 말씀합니

다(1절). 하나님의 임재의 상징인 성소에서는 물론이고 초월적 장소의 대표인 궁창까지 모든 영역에서 하나님을 찬양하라고 요구합니다.

보이는 세상은 하나님의 권능 아래에 있기에 어느 누구나, 어디서나 찬양을 중단할 수는 없다는 뜻입니다. 하나님을 찬양하는 이유는 언약백성을 구원하시고 인도하신 사실을 감사하며 찬양하는 것입니다(2절). 우리는 예수 그리스도로 구속의 은총으로 이 언약백성에 넉넉히 들어왔으니 당연히 끊어지지 않는 찬양의 주체자가 됩니다.

찬양의 방법은 모든 것을 동원하는 영끌 찬양을 해야 합니다. 성도의 최선을 다하는 목소리와 함께 각종 악기를 동원하여 찬양하라고 권고합니다. 인간에게 주어진 예술적 창의성과 악기의 사용 능력은 하나님을 찬양하라고 주신 선물입니다. 관악기(나팔), 현악기(비파와 수금) 타악기(소고)를 모두 동원하여 찬양하라는 것은 삶의 모든 국면에서 진정한 찬양을 드려야 함을 계시합니다.

마지막으로 찬양의 주체는 모든 피조물임을 강조합니다(6절). '호흡이 있는 자'라는 것은 인간을 가리키지만 코로 호흡하는 동물들(창 7:22)도 해당되기에 사람이 찬양할 때 전 우주적인 장엄한 교향곡이 되는 것입니다. 그리스도인의 모든 것을 투자하는 영끌 찬양은 축복으로 나아갑니다. 춤을 춘다는 것은 최고의 기쁨을 표할 때 나타나는데 춤추며 찬양할 때 하나님께서는 기쁨을 선사합니다(4절, 삼하 6:16). 성도의 새 이름은 '아아! 영끌 찬양인'입니다.

잠언

♦ 잠언 1장 성경칼럼

3절 | 지혜롭게, 공의롭게, 정의롭게, 정직하게 행할 일에 대하여 훈계를 받게 하며
7절 | 여호와를 경외하는 것이 지식의 근본이거늘 미련한 자는 지혜와 훈계를 멸시하느니라

"세상을 살면서 가장 중요한 한 가지를 꼽는다면?"

각자의 가치관에 따라 수많은 대답이 나올 것입니다. 재물, 학식, 지위, 가족, 건강, 사랑, 정의, 행복, 희락, 관계 등등입니다. 이 중 어느 하나 잘못된 대답은 없습니다, 그 목표에 따라 사람은 애쓰며 살지만 시간이 흐른 후에 '난 참 바보처럼 살았군요'하며 후회가 뒤따릅니다. 잘못되지 않은 것 같은데 왜 이런 후회하는 결과가 오는 것일까요? 그 이유는 근본적인 출발이 잘못되었거나 인간이 미처 모르는 더 중요한 것이 있기 때문일 것입니다.

그것이 과연 무엇일까요? 에너지가 없는 모든 기계는 헛것이 되듯이 피조물인 인간은 창조주 하나님을 모르거나 잃으면 존재 자체가 허무한 것입니다. 사람이 하나님을 안다는 것을 '지혜'라고 합니다(7절). 이 지혜는 잠언서에서 진리라고 불리어지고 예수 그리스도로 의인화되어 표현됩니다. 후회하지 않는 삶을 위해서는 가능한 젊은 시절에 이 참된 지혜를 얻어야만 합니다. 잠언서는 인생에서 가장 중요한 지혜에 대한 공급을 받게 해주는 고마운 책입니다.

잠언의 히브리어는 '미쉘레'로 속담들, 격언들로 번역되지만 이보다 더 넓은 진리나 의미 있는 개념이라고 보면 됩니다. 저자는 솔로몬으로 대표되지만 편집자가 있고 후반부에 아굴과 르무엘의 잠언이 첨가되어 있습니다. 잠언의 전체 주제는 하나님을 경외하는 삶의 지혜이지만 다양한 각도의 접근을 통하여 교훈합니다. 어리석음, 죄, 선함, 재물, 가난, 언어생활, 자만, 겸손, 공의, 보복, 싸움, 탐식, 사랑, 색욕, 게으름, 친구, 이웃, 가정, 삶과 죽음 등의 인간 모든 영역의 교훈이 언급됩니다.

잠언 곳곳에서 하나님과 인간과의 능동성에 순서적인 교차가 있음을 분별할 때 바른 해석과 깊은 은혜를 받을 수 있습니다. 즉 진정으로 선한 삶을 살기 위해서는 지혜로워야 한다 라는 원리와 더불어 진정으로 지혜로운 삶을 살기 위해서는 선해야 한다 라는 원리도 강조된다는 것입니다. 여기서 끝이 아니라 지혜롭기 위해서는 경건해야 한다는 차원으로 나아가는 것을 확인할 수 있습니다.

1장은 잠언 전체의 서론으로서 하나님의 말씀으로서의 잠언의 능력과 효용성이 나오고 지혜의 기원과 방향을 정의합니다. 또한 지혜로운 자와 악한 자의 실질적인 대조를 묘사함으로서 지혜의 근원이 하나님이시고 그 분만을 경외하도록 촉구합니다. 이 대조를 깊이 묵상하는 것만 잘해도 내 인생의 깊은 줄기를 선인의 길로 정진할 수 있을 것입니다. 하나님을 경외하는 자의 아름다운 관(명예, 권세)을 사모합니다(9절). 지혜로운 자가 되면 악을 좇지 않고 재앙과 두려움을 이기는 영광된 길로 인도받게 됩니다(27절). 지혜로운 길로 직진하면 참 생명을 충만히 받고 평강을 누릴 수 있습니다(33절).

♦ 잠언 2장 성경칼럼

1절	내 아들아 네가 만일 나의 말을 받으며 나의 계명을 네게 간직하며
5절	여호와 경외하기를 깨달으며 하나님을 알게 되리니

"인생은 일생입니다"

사람이 세상을 살아가는 일(인생)은 단 한번(일생)밖에 없다는 의미입니다. 인간은 지나온 세월로 다시 돌아가서 살 재간은 전혀 없습니다. 그러므로 단 한번 주어진 삶속에서 결정하는 수많은 선택이 올바르지 않다면 후회가 따를 수밖에 없습니다. 후회하지 않는 길을 가려는 인간의 노력은 가상하지만 그리 만만하지 않습니다. 많은 사람이 선택하는 넓은 길이라고 안전하지 않으며 지혜로운 책을 통한 처세술도 완전하지 않습니다. 사람에게서 나온 수단과 방법들은 상대적인 것으로서 다양한 환경에 처한 인간의 현실에 정답이 될 수 없습니다.

사람에게 있어서 절대적이고 완전한 지혜는 하나님의 말씀을 듣는 것입니다(1-2절). 소극적인 들음이 아닌 갈망하는 마음과 적극적인 행동으로 나아가야 합니다. 소리치며 보물을 구하듯이 찾는 자가 얻게 된다고 약속합니다(3-4절). 하나님의 말씀인 성경은 바로 나의 옆에 있으므로 마음만 열면 즉시 참 지혜와 은혜를 얻을 수 있습니다. 우리 한국 성도들이 가진 이 축복은 타의 반, 자의 반의 이유로 전 세계 인구의 10%밖에 누리지 못하는 특권입니다.

초신자 시절 잠언을 수도 없이 읽으면서 지혜를 사모했던 것이 저의 평생신앙에 큰 능력이 되었음을 담대히 간증할 수 있습니다. 1-4절이 조건절(네가 만일...찾으면)이었다면 순종에 의한 결과가 5절부터 제시됩니다. 변할 수 없는 최고의 복은 참 지혜자는 하나님을 경외하고 하나님을 경험하는(아는) 것입니다(5절). 성경을 읽을 때 조심해야 하는 것은 내가 가진 세상의 지식이나 무모한 철학으로 성경을 재단하면 안 된다는 사실입니다. 하나님은 그런 자들에게 진리에의 접근을 허락하지 않습니다(사 6:9~10).

세상의 죄악과 타협하지 않고 굳건하게 진리의 길을 가고자 하는 자의 보호와 안전은 하나님께서 완벽하게 보장합니다(8절). 설혹 이 길에 고난과 더딤이 있을지라도 포기하면 안 됩니다.

(갈 6:9) "우리가 선을 행하되 낙심하지 말지니 포기하지 아니하면 때가 이르매 거두리라"

지혜가 제공하는 유익을 안다면 더욱 담대하게 정진할 수 있을 것입니다. 소극적인 유익으로는 악한 길과 패역한 자와 음녀와 호리는 이방 계집에게서의 구원입니다(10-19절). 적극적인 유익으로는 선한 길과 의인의 길과 정직의 길로 행하며 온전한 모습을 지키게 됩니다(20-22절). 이는 현실의 삶 속에서의 복의 결과가 하나님과의 관계의 축복으로 진전됨을 알 수 있습니다. 한번 사는 일생이 하나님과 동행하는 인생이 되기를 원합니다.

♦ 잠언 3장 성경칼럼

3절 | 인자와 진리가 네게서 떠나지 말게 하고 그것을 네 목에 매며 네 마음판에 새기라

18절 | 지혜는 그 얻은 자에게 생명 나무라 지혜를 가진 자는 복되도다

"인간에게 최고의 동기부여는 메리트(merit)이다"

메리트란 이익, 보상, 능률급의 뜻을 가지고 있습니다. 얼마 전에 한국의

프로야구팀이 오랫동안의 하위권을 벗어난 이유로 정밀한 메리트 제도를 도입했기 때문이라는 분석기사가 있었습니다. 선수들이 팀과 개인성적에 따른 보상이라는 동기부여를 받아 있는 힘을 다해 노력했다는 것입니다. 이와 같은 동기부여로 공부 안하던 학생이 성적이 뛰어나게 상승되는 일도 종종 있습니다. 하지만 아무리 메리트 시스템이 훌륭해도 그것을 받는 자가 의욕이 없거나 성적을 내지 못하면 신상필벌의 적용으로 손해를 보는 수도 있습니다.

잠언 3장을 읽어나가다 보면 하나님의 강력한 동기부여의 메리트가 발견됩니다. 물론 세상의 메리트 시스템과는 내용에 있어서 전혀 차원이 다르지만 문법으로 볼 때는 그렇다는 것입니다. 특이한 것은 누구나 알아듣기 쉽도록 조건과 결과를 교차적으로 기술하여 확실성을 강조한 점입니다. 또한 명령적 조건절을 사용함으로서 인간 편에서 꼭 순종해야 한다는 강한 의지를 전하고 있습니다. 지혜(하나님을 아는)의 결핍은 이 세상의 행복과 행운의 결핍보다 훨씬 무서운 것입니다. 바로 이 점 때문에 지혜와 순종을 철저하게 결부시켜 말씀하고 있습니다.

우리 인생에서 적어도 이 4가지의 명령을 망각하지 말고 지키어 낸다면 영적 메리트가 엄청나게 주어질 것입니다. 그보다 먼저 인간의 심성을 헤아린다는 차원에서 먼저 영육간의 메리트를 뽑아내 보겠습니다. 장수와 평강(2절), 하나님과 사람에게 사랑을 받음(4절), 문제를 예방(6절), 건강(8절), 풍요함(10절)입니다. 조건적 명령은 하나님의 말씀을 듣고 하나님을 의뢰하는 것으로 출발합니다(1, 3, 5절).

둘째는 하나님을 경외하고 스스로를 지혜롭게 여기지 않는 것인데 교만하지 말라는 것이 핵심입니다(7절). 셋째는 하나님을 공경하는 것과 함께 하나님께 인색하지 말라는 것입니다(9-10절). 이 항목은 신자의 물질적 축복과 민감하게 연결한 것으로 십일조와 헌금이 하나님의 주권을 고백한다는 의미를 가지고 있습니다. 넷째는 하나님께 감사하는 생활과 하나님의 징계를 싫어하지 말라는 것입니다(11-12절). 징계가 없는 자녀는 사생아이기에 하나님의 사랑의 매에 대한 깊은 성찰을 하게 합니다.

하나님의 지혜는 세상 메리트와는 비교가 안 되는 귀중하고 풍요한 삶과 함께 영원한 생명의 기업을 소유하도록 합니다(35절). 이 길은 늘 확인하는 것이지만 의에 주리고 목마른 자처럼 항상 애써야 하는 것(3절, 목에 매며 마음판에 새김)임을 명심해야 합니다. 생명나무와 동일시되는 지혜를 더욱 사모합니다(18절).

♦ 잠언 4장 성경칼럼

8절 | 그를 높이라 그리하면 그가 너를 높이 들리라 만일 그를 품으면 그가 너를 영화롭게 하리라

23절 | 모든 지킬 만한 것 중에 더욱 네 마음을 지키라 생명의 근원이 이에서 남이니라

"너 자신을 알라"

인류역사에서 이보다 유명한 명언을 찾기는 쉽지 않을 것입니다. 이 말에 맞상대가 될 수 있는 격언을 고른다면 '세상에 공짜는 없다' 정도입니다. 소크라테스가 이 말을 했다고 알려졌지만 이 말은 그 이전에 많은 철인들이 했던 유명한 말입니다. '너 자신'이라는 뜻을 키케로는 '네 마음'이라는 의미로 해석했습니다. '너를 알라'라는 원래의 의도는 자신의 무지를 인정하여야만 비로소 철학적 활동이 시작된다는 뜻이었습니다.

그만큼 '내가 아는 나'는 정확하지 않습니다. 대부분 '내가 되고 싶은 나'를 나라고 착각합니다. 많은 성격 테스트에 오류가 있는 이유는 내가 되고 싶은 나를 고르기 때문입니다. 다음으로 '남이 아는 나'가 있는데 내가 아는 나와 차이가 나는 만큼 위선적인 사람이라고 볼 수 있습니다.

특별히 기독교인은 '하나님께서 보시는 나'가 있음을 알고 있습니다. 성경을 만나 지혜를 얻은 사람만이 하나님 앞에서의 나를 발견할 수 있으며 겸손한 자로서 자기 탐구가 시작됩니다. 잠언에서 지혜의 중요성과 유익성에 대하여 그토록 강조하는 이유는 지혜가 하나님을 경외하는 인도자가 되기 때문입니다.

4장에서는 지혜를 아예 의인화하여 예수님과 동일시하고 있습니다(6, 8, 9절). 지혜는 생명을 제공하고 걸음을 온전케 하며 원만한 영광에 이르게 합니다. 부정적으로는 사특한 길을 피하며 악행의 갈망을 꺾으며 타인의 실족과 멸망까지 지키게 합니다(10-19절). 지혜를 마음에 두고 명령을 지키면 참 생명이 살아납니다. 지혜를 붙들고 사랑하는 자는 안전하며 보호를 받습니다. 지혜를 얻고 하나님을 높이는 자는 명철을 얻고 영화로운 길을 가게 됩니다(8절).

말씀을 듣고 지혜를 얻는 것의 실제적인 복은 마음을 지키는 능력을 갖게 되는 것입니다(23절). 마음이 무너지는 순간 인간은 부패하고 인생은 무너져 내립니다. 마음은 건강의 근원이며 믿음의 좌소이고 영생의 근원지가 됩니다. 마음을 지키는 자는 가장 교묘한 죄를 짓는 입을 지킬 수 있습니다(24절). 마음을 잘 지키면 죄의 입구인 눈을 지켜 바른 가치관을 갖게 됩니다(25절). 마음을 지켜 나가면 발을 지켜 실족치 않고 하나님께서 예비하신 복의 지름길을 가게 됩니다(26절). 가장 고상한 지식(7절)인 하나님 앞에서의 나를 아는 우리들을 참 행복한 존재입니다.

♦ 잠언 5장 성경칼럼

3절 | 대저 음녀의 입술은 꿀을 떨어뜨리며 그의 입은 기름보다 미끄러우나
8절 | 네 길을 그에게서 멀리 하라 그의 집 문에도 가까이 가지 말라

"네 시작은 꿀처럼 달콤했으나 네 나중은 스올(지옥)이니라"

욥기 8장 7절의 '네 시작은 미약하였으나 네 나중은 심히 창대하리라는 말씀을 역으로 패러디하여 만들어 보았습니다. 잠언 5장 3절에서 5절까지의 내용에 근거한 것입니다. 꿀처럼 달콤하다는 것은 거부할 수 없는 강한 성적 유혹이고 스올은 다시 돌이킬 수 없는 쫄망을 직유법으로 표현한 것입니다. 지혜자의 길을 갈 때 수많은 장애물이 있습니다. 생활의 게으름과 지나친 욕망과 영적인 교만과 악한 교제권 등의 장벽을 이겨내야 합니다. 이와 함께 누구나 절대 피해 갈 수 없는 항목이 5장의 주제인 '음행'입니다.

이 음행 안에는 성욕과 소유욕과 권력욕 등이 융합되어 꿈틀대고 있습니다. 이 죄에 유혹이 되면 거짓말과 도둑질과 우상숭배와 술책들이 동원되고 결국 빠져나오기 힘든 중독현상에 이르게 됩니다. 사단이 주도하는 영역이기에 영적 치명상을 입게 되고 하나님을 멀리하여 영생의 확신을 빼앗는 길로 나아갑니다. 이스라엘 백성과 지도자의 대표적인 죄로서 심판의 원인이 되는 것을 수없이 목격합니다(민 25:1-9, 왕상 21:25).

신약에서도 음녀의 미혹에 대한 결과로서 영적 사망에 이른다는 것을 선포합니다.

(딤전 5:6) "향락을 좋아하는 자는 살았으나 죽었느니라"

기독교 역사는 지혜자를 실족시키는 것은 두드러진 핍박이 아니라 은밀하게 다가오는 유혹임을 증거 합니다. 이 죄의 유혹은 모든 사람이 해당되지만 가장 취약한 층은 젊은이와 부와 권력을 가진 자입니다. 젊은 시절에는 생리적인 이유와 즉흥적 성향과 세상 풍조에 휩쓸려 넘어가기 쉽습니다. 가진 자는 그 기득권을 누리고 과시하기 위해 시도하고 또한 유혹의 표적이 되니 돈과 시간적 여유가 독의 문이 되는 셈입니다.

은밀하지만 치명적인 음녀의 단 입과 매끄러운 입술의 유혹을 이기는 방법은 무엇일까요? 제 1원리는 지혜와 명철과 받아 쌓고 근신하여 지키는 것이 중요합니다(1, 2, 7, 12-13절). 말씀과 성령과 믿음의 충만이 가장 큰 예방책입니다. '사랑은 하나'이기에 하나님을 깊고도 유일하게 사랑하는 자는 불순한 것이 틈탈 수 없습니다. 제 2원리는 전적인 접근금지 원리로서 근처에도 가지 않아야 합니다(8절). 다른 말로 하면 음행을 이기는 길은 요셉처럼 피함으로 되는 것(창 39:7~12)이지 대적하거나 시험하는 방법을 선택하면 게임오버입니다.

제 3원리는 행복한 가정의 원리입니다(15-19절). 부부의 행복과 성숙한 인격이 음행의 죄를 방지하는 것이기에 그리스도인들은 이 부분에 은혜를 구해야 합니다. 이 죄가 명예와 재물과 건강을 다 잃고(9-10절) 악의 고리에서 신음하는 결과(22-23절)를 명확히 알았습니다. 우리의 길은 하나님 눈앞에 있기에 평탄함이 함께 할 것입니다(21절).

♦ 잠언 6장 성경칼럼

6절 | 게으른 자여 개미에게 가서 그가 하는 것을 보고 지혜를 얻으라
21절 | 그것을 항상 네 마음에 새기며 네 목에 매라

"추가 기울다"

팽팽했던 힘이 어느 한편으로 쏠릴 때 쓰는 말입니다. 이와 비슷한 말로 티핑 포인트, 밴드웨건 효과, 중심이동, 대세를 잡다 등이 있습니다. 이런 현상은 대부분 강한 충격이나 고통가운데에서 다른 선택의 여지가 없을 때 이루어집니다. 그만큼 사람의 판단과 습관은 쉽사리 바뀌지 않습니다.

인간은 선인과 악인으로 나눌 수 있지만 삶의 방향으로 볼 때 세 가지로 구분합니다. 첫째, 남에게 기쁨을 주는 사람으로 꼭 필요합니다. 둘째, 자기만을 위해 살고 남에게 해악도 유익도 주지 않는 사람입니다. 셋째. 있어서는 안 되는 독소 같은 사람으로 타인을 해치고 다툼과 죄를 퍼뜨리는 사람입니다. 두 번째의 자신만을 위하여 사는 자가 중립적인 것처럼 보이지만 성경은 악인에 속한다고 분류합니다.

이 3가지의 방향에서 자신이 어느 편으로 추가 기울어져 있고 중심이동이 되어 있는지를 점검하는 것은 매우 중요합니다. 그리스도인들이 특별히 유의해야 할 것은 악한 자들의 죄의 전파력이 엄청나다는 것을 경계해야 한다는 점입니다. 영적으로 선 줄로 생각하다가 넘어지는 일은 수도 없이 많습니다(고전 10:12). 우리가 하나님의 뜻대로 살고 싶은 소원과 하나님의 뜻대로 행동하는 사이의 간격은 아주 큽니다. 세상에서 가장 큰 거리는 머리(마음)와 손발 사이라는 명언이 있는 이유입니다.

6장에서 하나님을 거스르는 행위에 대해 신체의 각 부분과 연결시켜 서술하는 것은 죄의 성격과 위력을 실감시키기 위함입니다. 하나님이 미워하시는 것을 나의 마음과 행동에서도 미워하는 중심의 추가 기울여지지 아니하면 큰 낭패를 당하게 되어 있습니다. 저자는 지혜자의 가정이 빈궁에 이르게 되는 어리석은 보증과 게으름과 악행 하는 자들과의 절연을 강조합니다. 이어서 나오는 하나님께서 미워하는 7가지의 죄는 꼭 외워야 할 역설적 지혜입니다(16-19절). 이 중에 거짓된 혀와 거짓말과 친구를 이간하는 세 가지의 죄는 언어생활이 얼마나 중요한지를 보여줍니다.

가장 먼저 언급되는 교만한 눈은 높은 눈(마음)이란 뜻으로 죄의 근본이 됩니다. 무죄한 자의 피를 흘리는 살인죄는 미움을 해결하지 못할 때 나온 결과입니다. 악한 계교를 꾸미는 자는 죄를 진전시킴으로 파당을 만드는 방향으로 나아가기에 고의로 범하는 악한 죄에 해당됩니다. 인간은 죄의 추가 악으로 치우치는 순간 관성이 붙고 브레이크가 고장 나서 악행으로 쏜살같이 달려갑니다. 이 모든 죄의 근원과 출발이 마음에서 나오기에 예수님은 산상보훈의 시작을 팔복으로 시작하셨습니다(마 5:3~12). 팔복을 읽으면서 마음의 추를 하나님이 기뻐하시는 방향으로 넘기기를 원합니다.

♦ 잠언 7장 성경칼럼

1절 | 내 아들아 내 말을 지키며 내 계명을 간직하라
26절 | 대저 그가 많은 사람을 상하여 엎드러지게 하였나니 그에게 죽은 자가 허다하니라

"쉬는 방법에 따라 인간은 변 한다"

심리분석학자인 에리히 프롬이 한 유명한 말로 오락과 여가생활의 중요성을 강조합니다. 육신의 병에 관한 촉(센스)은 의사가 좋고 마음에 관한 분석은 심리학자가 잘 내릴 것입니다. 사회적인 범죄에 대해서는 형사와 검사의 촉이 좋을 것이고 영적인 죄에 대한 예민한 감각은 목사가 가지고 있을 것입니다. 쉬는 시간의 행동하는 것에 따라 인간이 변해간다는 것은 선과 악

이 작용할 시간이 그 시간이라는 의미입니다. 임상학적으로 먹고 살기에도 벅찬 사람보다 시간과 돈의 여유가 있는 사람이 죄의 유혹에 취약합니다.

한국교회와 성도들이 힘들었던 6-70년대에는 말씀을 지키며 충만한 신앙으로 나아갔던 것을 기억합니다. 하지만 80년대 후반부터 각종 풍요함을 누리면서 세상과 야합하며 타락하는 방향을 타게 되었고 빛과 소금의 삶을 잃게 되었습니다. 한국은 어느덧 세계에서 으뜸이 될 정도의 가치관의 혼란과 도덕성의 상실과 부정부패의 만연과 이기적인 사회 분위기가 되어 버렸습니다. 죄의 유혹과 그 전염의 속도는 빛의 속도보다 빨라 하나님의 말씀의 순종과 뼈를 깎는 경건의 수련이 없이는 이겨 낼 수 없습니다.

세상에서는 인정하지 않겠지만 우리나라의 사회적, 영적회복은 한국교회와 성도들에게 달려 있습니다. 나아가서 이 사명을 감당할 때 시대적으로 세계 열방을 선교하는 나라와 교회로 뻗어 나갈 것입니다. 지금은 암울하게 보일지라도 하나님은 말씀과 기도로 준비하는 자를 들어 쓰시고 극적인 역전을 이루신다는 것을 확신합니다. 이 대열에 참여하는 일군이 되기 위해서는 죄의 유혹을 분별하며 싸워 이기는 원리를 알고 훈련해야 합니다.

7장의 내용은 저자가 실제로 목격한 음행의 현장을 생생하게 서술함으로서 어리석은 지혜자의 실족과정과 멸망의 결과를 보여 주고 있습니다. 여기서의 음녀는 실제적인 인물이지만 영적으로는 죄와 마귀의 의인화된 모습으로 보면 더욱 경계할 수 있는 동기부여가 될 것입니다. 첫째, 음녀의 유혹은 치밀하게 준비되어 틈을 타고 있음(들창, 살창으로 탐색)을 알아야 합니다(6절). 마치 사냥꾼이 먹이 감을 노리는 것처럼 교묘하게 위장하고 목표(마음이 결핍된 청년)를 찾습니다(7절). 둘째, 음녀는 유혹의 타이밍을 잡는 천재(귀신)임을 알아야 합니다(9절). 저물 때, 황혼 때, 흑암 중에 만남을 이루는 것은 어리석은 자와 음녀의 타이밍이 일치되는 것을 의미합니다.

셋째, 음녀의 유혹은 거부하기 어려울 정도의 치명적인 매혹과 즐거움이 있음을 분별해야 합니다(10-18절. 보이는 것과 느끼는 것과 언어의 유희와 육체의 쾌락이 버무려져 어리석은 젊은이가 버티기 어려운 것을 보여 줍니다. 넷째, 음녀의 유혹은 죄를 지어도 괜찮다는 확신을 심어 줄 정도의 휘황찬란한 거짓말을 하고 있음을 알아야 합니다(19-23절). 죽음의 굴레에 매이고 화살이 간을 뚫어 죽는 비참함이 코앞에 있음을 잊게 만듭니다. 그리스도인에게 전방위적으로 다가오는 죄의 도전을 이기는 비결은 결국 말씀의 지혜입니다(1-5, 24절). 7장의 위험(Danger) 경고판을 보고도 무시하고 직진하는 자는 어쩔 수 없습니다. 그러나 경계를 받아 근신하여 순종하는 자는 주의 일군으로 반드시 쓰임 받을 것입니다.

♦ 잠언 8장 성경칼럼

17절 | 나를 사랑하는 자들이 나의 사랑을 입으며 나를 간절히 찾는 자가 나를 만날 것이니라

35절 | 대저 나를 얻는 자는 생명을 얻고 여호와께 은총을 얻을 것임이니라

"몇 가지 감각을 가지고 있습니까?"

일반적으로 인간은 5가지 감각(시각, 촉각, 미각, 청각, 후각)을 가지고 있습니다. 나아가 몸과 마음과 환경 등을 종합하여 직감적으로 느끼는 6감이 있습니다. 이것으로 끝나는 것이 아니라 그리스도인들은 하나님의 음성을 듣는 세계가 있는데 굳이 이름을 붙인다면 '7감' 이상이라고 볼 수 있습니다. 인간의 5-6 감각은 전파나 자력 등은 잡을 수 없는데 불신자들이 영적 세계를 알아채지 못하는 것은 당연하다고 볼 수 있습니다.

하나님의 현존을 인간의 감각이나 지식으로 느낄 수 없다는 것을 알 때 영적 감지능력을 사모하게 됩니다. 이 사모하는 마음이 인간 쪽에서 시작된 것 같지만 실상은 하나님의 초대가 먼저 있었음을 알려 줍니다. 1-5절에서 지혜가 우리를 초대하는 장면은 매우 당당합니다. 6-7장에서의 음녀의 유혹이 어둡고 후미진 골목길이었다면 지혜의 초대는 밝고, 높고, 넓은 공공장소입니다. 여기서 지혜는 의인화를 넘어 인격화되어 나타납니다(6-21절).

심지어 후반부에 가서는 지혜가 창세 이전에 존재하였고 생명력의 근원임을 확인함으로서 '신적 속성'임을 선포하고 있습니다(22-31절). 이는 하나님의 백성들이 지혜를 부여받을 때 영원한 생명을 향유할 수 있음을 보여줍니다. 결국 이 구절들은 구약에서의 지혜는 그리스도를 간접적으로 묘사한 것으로 해석할 수 있습니다. 그렇다면 지혜의 사랑을 받을 자의 자격이 무엇인지가 중요합니다.

첫째, 마음이 밝고 명철해야 합니다(5절). 밝음과 명철은 하나님께 속한 것이기에 자신의 선입견과 고정개념을 떨치고 정직하게 하나님께 나아가야 합니다(12-14절). 둘째, 악을 미워하며 죄를 회개하는 자입니다(13절). 말씀과 지혜의 거울 앞에 서면 통회가 터져 나오고 무뎌진 양심이 깨어나기 시작하며 하나님을 가까이 하려는 갈망이 생깁니다. 셋째, 하나님의 지혜를 사랑하고 간절히 찾아야 합니다(17절). 사랑의 특성은 순수함과 단일성을 가지고 있기에 간절함이 따를 수밖에 없습니다.

사랑과 간절함에 대한 하나님의 반응은 만나 주시겠다는 것입니다. 백성들을 위하여 지혜를 구한 솔로몬에게 지혜와 함께 보너스를 주신(왕상 3:13) 하나님께서는 우리에게도 똑같이 약속하십니다(18-21절). 지혜를 얻는 자의 복은 지혜를 사용함으로서 누리는 최상의 복으로 나아갑니다

(35-36절). 그 복은 바로 하나님과 교제하는 영원한 생명입니다. 이 영적 감각은 바로 내가 마음을 먹고 손만 내밀면 잡힐 곳에 있습니다(마 3:2).

♦ 잠언 9장 성경칼럼

12절 | 네가 만일 지혜로우면 그 지혜가 네게 유익할 것이나 네가 만일 거만하면 너 홀로 해를 당하리라

18절 | 오직 그 어리석은 자는 죽은 자들이 거기 있는 것과 그의 객들이 스올 깊은 곳에 있는 것을 알지 못하느니라

"눈앞의 먹이"

참새는 눈앞의 먹이에 정신이 팔려 머리 위에서 매가 덮치려는 것을 깨닫지 못합니다. 인간의 '근시안적인 어리석음'을 참새로 비유한 마키아벨리의 유명한 말입니다. 이 말의 배경은 백성을 일부러 가난하게 만들어 먹고사는 일에 몰두하게 한 악한 권력자들의 속셈을 역으로 알려주는 말이기도 합니다. 나라와 백성을 위한 정치가 아닌 권력유지에 목적을 둔 독재자들이 역사적으로 수없이 사용한 술수입니다.

또한 정치는 백성이 깨어 있는 수준만큼 개인이 존중받는 자유사회로 발전한다는 근거가 되기도 합니다. 공산주의 국가와 체제가 결국 자유민주주의와의 경쟁에서 패배하고 못 사는 나라로 나아가고 있는 결정적 이유도 여기에 있습니다. 한 사례로 북한의 동포들에게 임한 저항할 수 없는 각종 장치와 시스템의 작동은 숨이 막힐 지경입니다.

9장은 지혜와 어리석음이 의인화되어 각자 연회를 베풀고 초대하는 장면이 묘사되어 있습니다. 지혜와 어리석음의 궁극적인 차이는 바로 눈앞

에 있는 것만 보느냐(미시적), 멀리 보느냐(거시적)로 갈라집니다. 나아가 이 멀리 보는 것에는 내세로 이어지는 영원까지 포함됩니다. 먼저 초대장을 보내는 지혜자의 영광스러운 모습을 묘사함으로서 기대를 갖게 합니다(1-3절). 웅장하고 완전한 집에서 질이 좋고 풍성한 음식을 준비하고 초대하는 모습이 주님의 초대를 연상시킵니다.

(요 10:10) "도둑이 오는 것은 도둑질하고 죽이고 멸망시키려는 것뿐이요 내가 온 것은 양으로 생명을 얻게 하고 더 풍성히 얻게 하려는 것이라"

초대에 응한 자들에게 주어지는 유익은 단지 좋은 분위기의 맛있는 음식이 최종 목적이 아니라 생명을 얻고 명철을 배우는데 있음을 알립니다(6절). 반면에 이 초대를 거부하는 자를 대하는 표현은 너무나 살벌합니다. 어리석은 자는 다시금 지혜의 초대기회를 얻을 수 있으나 거만한 자는 내쳐버리는 것을 알 수 있습니다. 거만한 자라는 히브리어는 '레츠'로서 '조롱하는 자'로 해석됩니다. 지혜자를 향하여 적극적으로 멸시하고 훼방하는 고의적 죄를 짓기에 회개가 어렵고 구제불능이라는 의미를 담고 있습니다. 교만과 함께 하는 이 거만한 자세는 연륜이 있는 그리스도인들이 항상 경계할 요주의 항목입니다. 지혜자의 길을 선택한 자는 생명의 날이 길어지는 나중의 유익을 늘 점검하지 아니하면 실족의 위험이 있음을 명심해야 합니다(11-12절).

후반부에서 음녀의 유혹에 대한 실상을 언급함으로서 '잠언 서술의 목적'(1-9장)에 대한 결론을 내립니다. 당근과 채찍 중에서 채찍을 강조함으로서 긴장을 조성하는 방법을 채택하고 있습니다. 그만큼 은밀한 죄악을 즐기려는 인간의 본성에 음녀의 유혹이 치명적으로 먹혀들 수 있음을 경계하고 있습니다(13-18절). 찰나의 쾌락을 무기로 하는 음녀의 유혹 초대장과 영원한 생명과 경건의 유익을 주는 지혜의 초대장이 우리 앞에 도착되어 있습니다. 참새의 눈앞의 먹이 선택으로 마귀에게 먹히지 말고 멀리 보는 지혜자의 능력과 축복을 누립시다.

♦ 잠언 10장 성경칼럼

16절 | 의인의 수고는 생명에 이르고 악인의 소득은 죄에 이르느니라
22절 | 여호와께서 주시는 복은 사람을 부하게 하고 근심을 겸하여 주지 아니하시느니라

"쪽 집게 과외 선생"

어려운 시험을 앞둔 학생에게 시험에 나올 문제들만 쏙쏙 뽑아서 가르쳐주는 선생을 말합니다. 이는 시험이나 입시에만 해당되는 것이 아니라 인생의 영역에도 있습니다. 젊을 때에 인생의 좋은 멘토를 만나 훈련을 받으면 그 효과는 높고 결과는 좋을 것입니다. 성경의 지혜서인 잠언과 전도서와 욥기는 인생의 쪽 집게 멘토와 비교할 수 없는 영적인 지혜를 정확히 알려주고 있습니다.

1-9장에서 지혜를 인격화하여 그 중요성을 강조했다면 10장부터는 대칭적인 구조를 통해 지혜를 단순명쾌하게 알려줍니다. 의인과 악인, 지혜와 미련함을 첨예하게 대립시킴으로서 독자들이 명확하게 알아듣고 선택하도록 합니다. 결과를 미리 안다면 시작과 과정에 대한 자세를 바로잡아 지혜로운 사람이 될 수 있습니다. 반면에 미련한 사람은 결과를 알고도 눈앞의 이익과 즐거움에 꿰어서 끌려갑니다.

10장에 나오는 지혜와 미련의 대조는 결과를 알고 선택하라는 명령이기도 합니다. 결국 다양한 삶에 대한 자세는 반드시 합당한 열매가 뒤따른다

는 것을 알아야 합니다. 더 나아가 의인과 악인의 모든 삶은 인간의 판단으로 그치는 것이 아니라 하나님의 평가가 있다는 것을 새겨야 합니다(3, 29절). 이를 역으로 접근하면 의인이 올바르게 살게 하여 영혼을 주리지 않게 하려는 하나님의 계획이기도 합니다.

삶의 영역에서의 선과 악은 자신이 속한 공동체에서 극명하게 드러나게 됩니다. 하나님과의 영적 관계는 내밀한 속성을 가지고 있어서 단기간에는 잘 보이지 않습니다. 하지만 이웃과의 관계는 외적으로 드러날 수밖에 없는데 사회적으로는 윤리와 도덕으로 나타납니다. 이 영역에서 큰 비중을 차지하는 것이 언어생활이기에 지혜서에 가장 많은 교훈이 있습니다(13-19, 31-32절). 지혜로운 자는 말을 절제하는 신실한 사람으로 타인에게 즐거움과 유익을 줍니다. 미련한 자는 신뢰성이 없어 거짓 입술과 참소하는 말로 다툼과 분쟁을 일으키고 분노케 합니다.

후반부(20-32절)는 지혜의 주권이 하나님께 있으며 지혜는 말씀과 긴밀하게 연관되어 있음을 설명합니다. 인간의 생사화복이 하나님의 주권에 의해 결정되기에 이를 인정하는 자가 되어야 한다는 것을 부각합니다(22-28절). 특히 재물에 대한 교훈이 영적인 잣대로 전환되는 서술을 함으로서 신자에게 더 중요한 동기부여를 합니다(16절). 평안함이 없는 부의 축적은 철저하게 저주임을 알려줍니다(22절). 부모가 쪽 집게 선생을 붙여주어도 학생이 문제를 풀 의지가 없으면 헛일이 되고 맙니다. 잠언을 반복해 읽으면 영과 정신과 육체의 지혜로운 능력자가 될 수 있습니다.

♦ 잠언 11장 성경칼럼

16절 | 유덕한 여자는 존영을 얻고 근면한 남자는 재물을 얻느니라

25절 | 구제를 좋아하는 자는 풍족하여질 것이요 남을 윤택하게 하는 자는 자기도 윤택하여지리라

"어떤 부자가 되고 싶으신가요?"

사람들에게 소원을 물으면 다양한 대답이 나옵니다. 그런데 그 소원을 이루기 위해서는 돈과 시간의 여유가 있어야 가능합니다. 맛난 음식을 먹고, 갖고 싶은 것을 사고, 즐거운 여행도 다니고, 좋은 친구를 만나고, 효도를 하고, 보람된 봉사도 하고 싶지만 재물과 시간이 뒷받침이 안 되면 공상이 되고 맙니다. 노골적으로는 말하진 않지만 부자가 되고 싶은 것은 육신을 가지고 있는 한 인간의 공통된 소원일 것입니다.

일반적인 부자에 대한 정의는 돈이 많은 사람입니다. 문제는 돈만 많은 부자입니다. 나쁜 짓을 통해 돈을 벌고 인간성이 사악하고 교만하여 타인을 무시하고 사회적 책임을 다하지 못하는 자들입니다. 이들은 평안할 수 없고 행복을 누리지 못하며 그 부는 오래 가지 못합니다. 세상과 인간을 지배하는 맘몬니즘(mommonism, 황금만능주의)은 너무나 강력하여 웬만한 분별력과 내공을 가지지 않으면 거부하기 어렵습니다. 예수님께서 이 재물을 하나님과 동일선상에 놓고 선택하라고 말씀하셨을 정도입니다(눅 16:13).

일반적인 삶의 지혜를 다루고 있는 11장에는 그리스도인이 부자가 되는 방법과 부자로서의 책임을 단순하게 다루고 있습니다. 부자가 되는 첫 번째 방법은 정직하고 성실한 수고를 통해야 합니다(1, 3, 11, 16, 18절). 깨끗한 부자는 있을 수 없다는 세상의 기준을 철저히 부숴 버립니다. 두 번째는 약자를 돕는 구제가 부자가 되는 숨겨진 비결입니다(24-26절). 이것은 구약과 신약의 변함없는 원리로서 구약은 율법으로(신 19:9-10, 14:28-

29) 신약은 새 계명(요 13:34, 마 25:42-45)으로 명시되어 있습니다.

잠언에는 구제의 실상에 대한 직유법이 등장하는데 구제는 하나님께 빚지게 하는 것임을 말씀합니다. 만물의 소유자이신 하나님이 넘치도록 갚아주시며 구제하는 자는 부자가 되는 것과 함께 빛나게(윤택) 하시겠다고 보장하십니다(25절).

(잠 19:17) "가난한 자를 불쌍히 여기는 것은 여호와께 꾸어 드리는 것이니 그의 선행을 그에게 갚아 주시리라"

젊은 시절에 잠언에 나오는 부에 대한 지혜를 얻은 이후 두 가지의 혜택을 받았습니다. 첫째는 신기하게도 재벌도, 큰 교회도, 좋은 차도 부러워해 본적이 없었습니다. 둘째는 연수1동 시절에 역동적인 선교와 구제의 행함으로 교회 자산을 늘려 주신 것을 간증할 수 있습니다. 구제와 나눔의 실천은 우리가 가진 마음으로부터 시작됩니다. 소유, 재능, 은사, 시간 등의 내가 얼마를 가지고 있든지 절대조건이 아닙니다. 작은 그것을 주님의 이름으로 사용하는 섬김이 영육간의 부자가 되게 하는 시작과 결과가 됩니다. '사람(땅)을 얻는 진정한 부자'로 나아가기를 소원합니다(30-31절, 마 5:5).

♦ 잠언 12장 성경칼럼

15절 | 미련한 자는 자기 행위를 바른 줄로 여기나 지혜로운 자는 권고를 듣느니라
24절 | 부지런한 자의 손은 사람을 다스리게 되어도 게으른 자는 부림을 받느니라

"참 귀가 얇아, 스펀지처럼 잘 받아들이네"

정보나 지식을 받아들이는 수용성과 습득이 좋다는 의미인데 두 표현의

뉘앙스는 정반대입니다. 전자는 잘못된 꾀에 잘 넘어가서 손해를 입는다는 느낌의 말이고 후자는 좋은 지혜를 잘 흡수하여 유익하게 한다는 의미입니다. 이와 연관된 말로는 한마디 하면 열 마디 알아듣는다와 옥석을 가릴 줄 안다가 있습니다. 세상을 살아가는데 있어서 어떤 정보를 누구에게 듣느냐로 인생의 성패를 가르는 경우가 많습니다. 세상의 보편 원리도 이럴진대 하나님의 말씀을 듣고 수용하는 것의 중요성은 아무리 강조해도 부족합니다.

성경을 읽고 신앙생활에 열심이 있음에도 신앙의 절대 확신에 이르지 못하는 사람들의 대부분은 이 수용성의 자세에 문제가 있습니다. 지혜를 가르치는 잠언을 대하면서 지혜를 수용하여 내 것을 만들려는 자세가 없다면 합당한 축복을 기대하기 어렵습니다. 성경을 읽기 전에 먼저 성령의 조명과 감동을 위해 기도하라고 권하는 이유이기도 합니다.

이 세상 어떤 보화보다도 귀한 진리의 말씀과 삶의 지혜를 수용하지 못하는 이유는 무엇일까요? 첫째, 성경을 오류가 없는 정확무오한 하나님의 말씀이라는 권위를 인정하지 않기 때문입니다.

(딤후 3:16) "모든 성경은 하나님의 감동으로 된 것으로 교훈과 책망과 바르게 함과 의로 교육하기에 유익하니"

둘째, 타락의 결과로 절대자이신 하나님을 인정하지 않으니 자신이 하나님이 되어 판단하고 자기를 위한 삶이 우선되기 때문입니다.

(딤후 3:4) "배신하며 조급하며 자만하며 쾌락을 사랑하기를 하나님 사랑하는 것보다 더하며"

셋째, 하나님 없는 생활로 굳어지면서 진리에 대한 기준보다 자신의 경험을 우위에 두는 것 때문입니다(1절). 자기의 행위를 바른 줄로 아는 자에게 지혜자의 권고는 들어갈 공간이 없습니다(15절). 넷째, 일단 지식과 정보와 지혜를 받는다 할지라도 자기 것으로서의 실력이 되기까지 훈련의 시간을 못 견디기 때문입니다(16, 19, 23절). 사실 이 항목 때문에 많은 일군들이 중간 탈락의 고배를 마시는 것이라고 볼 수 있습니다. 길가 밭과 돌밭과 가시떨기 밭을 가지고는 아무리 좋은 씨가 뿌려져도 열매 맺는 결과를 얻지 못합니다(막 4:4-8).

다섯째, 아무리 좋은 것도 부지런함의 성실과 하나님 사랑의 열심이 지속되지 아니하면 훼방자에게 뺏기기 때문입니다(24, 27절). 잠언을 비롯한 성경의 큰 주제중의 하나가 성실과 열정이라는 것을 새겨야 합니다. 영육간의 부지런함의 선물로 주어지는 부귀와 의로운 길에 있는 생명의 축복이 연결된 사실을 눈 여겨 보아야 합니다(27-28절). 우리가 열심을 내는 성경정독묵상의 소중함과 능력을 재확인합니다.

(히 3:13) "오직 오늘이라 일컫는 동안에 매일 피차 권면하여 너희 중에 누구든지 죄의 유혹으로 완고하게 되지 않도록 하라"

♦ 잠언 13장 성경칼럼

9절 | 의인의 빛은 환하게 빛나고 악인의 등불은 꺼지느니라
24절 | 매를 아끼는 자는 그의 자식을 미워함이라 자식을 사랑하는 자는 근실히 징계하느니라

"나쁜 남자의 매력?"

말이 안 되는 문장이지만 철이 든 어른들은 이 말의 의미를 이해합니다. 아이들이 보는 동화책에는 선한 사람과 악한 사람이 확실히 구분되어 결말을 통한 교훈을 줍니다. 어린 시절에 권선징악과 인과응보라는 교훈의 기초가 세워지지 아니하면 큰일이기 때문입니다. 위에서 말한 나쁜 남자는

나쁜 것만 가지고 있는 것이 아니라는 전제가 있습니다. 잘 생기고 돈 많고 능력 있는 자인데 여자에게 그리 만만하지 않다는 의미입니다.

인생을 살다보면 사람에게 선과 악이 공존하여 있다는 것을 깨닫게 되면서 안목이 넓어집니다. 많은 사람이 공감하는 고전 명작이나 베스트 영상작품의 주인공이 복잡한 성품의 사람이라는 것은 사실에 기반을 두었기 때문입니다. 우리가 구약을 읽으면서 이스라엘 백성들의 패역을 이해하지 못한다면 우리 자신도 정확히 못 볼 수도 있습니다. 믿음을 지키지 못하고 범죄 하여 하나님께 징계 받고 그 고통에 회개하여 구원받는 4가지 과정의 사이클을 끊임없이 반복합니다.

하나님의 입장에서는 포기하면 되실 터인데 사랑하는 자녀이기에 징계를 아끼지 않으십니다(24절). 하나님과의 관계를 모르는 자는 이 징계가 견디기 어렵고 화가 나겠지만 사실은 이 징계가 없다면 사생자입니다.

(히 12:7~8) "너희가 참음은 징계를 받기 위함이라 하나님이 아들과 같이 너희를 대우하시나니 어찌 아버지가 징계하지 않는 아들이 있으리요 징계는 다 받는 것이거늘 너희에게 없으면 사생자요 친아들이 아니니라"

여기에서 좀 삐딱하지만 문제제기를 할 수 있습니다. 욥기와 하박국서에서 그토록 간절하게 부르짖고 따지며 질문하는 악인들의 번성과 형통함에 대한 문제입니다. 정답은 하나님께서는 악인들에게 '보편적 은총'을 베푸신다는 것입니다. 이를 세상에서 쓰는 용어로 표현하면 차별하지 않으신다는 뜻입니다. 모든 인간에게 햇빛과 공기를 주시듯이 식량을 주시며 뿌린 대로 거두는 법칙을 적용하십니다(갈 6:7). 이스마엘과 에서를 이삭과 야곱과 비교하여 육적인 차별을 안 하신 것을 알 수 있습니다.

중요한 것은 불신자들과 신자가 다른 점은 신자를 하나님의 백성으로 구별하셨다는 것입니다. 이것을 신학용어로 특별은총이라고 합니다. 잠언 13장은 공의의 하나님께서 차별이 아닌 구별의 원리를 통해 의인과 악인의 결말을 말씀하십니다. 비록 악인이 육적으로 풍족한 것처럼 보여도 실상은 빈곤하고 불안하고 불행하다는 것을 알려줍니다(25절). 의인은 설혹 가난하고 힘들어 보일 수 있지만 전체 생활의 측면에서 평안과 행복과 명예가 주어져 만족함이 있음을 보장합니다(9절). 진정한 의인의 빛을 비추기 위해 징계의 과정도 감사하며 기쁘게 갈 수 있는 실력을 키워야 합니다.

♦ 잠언 14장 성경칼럼

4절 | 소가 없으면 구유는 깨끗하려니와 소의 힘으로 얻는 것이 많으니라
31절 | 가난한 사람을 학대하는 자는 그를 지으신 이를 멸시하는 자요 궁핍한 사람을 불쌍히 여기는 자는 주를 공경하는 자니라

"소탐대실"

작은 이익을 탐하다가 크고 귀중한 것을 잃게 되어 큰 손해를 입게 된다는 말입니다. 우리 생활 가운데 수도 없이 일어나고 알면서도 당하는 일입니다. 성경은 지혜를 말할 때 개인적 의와 영적인 교훈만 주는 것이 아니라 실생활의 구체적 적용을 하고 있습니다. 14장은 의인과 악인의 다양한 삶의 특성들을 대비하면서 소탐대실이 아닌 아름다운 결과를 향하여 가기를 명령합니다. 참 지혜는 하나님을 향하는 태도이며 생명과 사망을 결정짓는 기준임을 제시하고 하나님 경외 사상을 강조합니다. 슬기로운 자와 미련한 자의 극과 극의 결과를 보여 줌으로서 근본적 출발(하나님 경외)의 중요성을 강조합니다.

잠언의 단편적인 교훈과 지혜를 읽다가 자기에게 해당되는 항목이 있다면 되씹어서 소화하면 큰 능력이 될 것입니다. 4절의 소의 구유 이야기는 일하는 자세에 대한 지혜를 일깨웁니다. 소가 없다면 당연히 구유는 깨끗합니다. 하지만 그 깨끗함 하나를 얻고자 소를 안 키운다면 소를 키우며 얻는 풍성한 유익은 놓친다는 이야기입니다. 인생의 노동은 소를 키우는 구유처럼 더럽고 냄새나고 고달픕니다.

그러나 그 희생을 감당하지 않으려 하면 노동의 달콤한 대가는 전혀 주어지지 않고 거지가 되고 맙니다. 세상은 얼마나 냉정한지 노동의 희생을 하지 않는 자에게 불로소득을 허용하지 않습니다. 구유의 더러움과 소를 키우는 정성을 감당하면 최후의 것까지 다 내어주는 소의 엄청난 혜택을 받게 됩니다. 부자는 부자의 이유가 있고 가난한 자는 가난의 원인이 있다는 말은 보편적 진리입니다.

10절에 나오는 나의 마음과 타인의 마음과의 괴리에 대한 교훈은 충격적입니다. 나의 고통과 즐거움을 타인도 함께 나누고 공감한다고 생각하면 큰 착각이라는 뜻입니다. '나에게 좋은 일이 있으면 나를 아는 사람도 좋아하겠지'라는 생각은 철부지나 하는 것입니다. 더 설명할 필요가 없이 입장을 바꿔놓고 생각하면 간단히 이해가 됩니다. '내가 내 옆 사람의 고통을 애통해 했는지, 형통함은 진정으로 기뻐해 주었는지...'

이 미성숙한 감정과 인격은 언제까지 계속될까요? 끝까지 변화되지 않는 것은 아닐까요? 여기에서 하나님 앞에서 사는 경외사상이 등장합니다. 내 주변의 사람이 어느 누구이든 바로 하나님의 형상임을 알 때 대하는 자세가 달라진다는 것입니다(약 3:9). 약자와 소자에게 한 나의 후의가 주님께 한 것이고 그 내용은 마지막 심판의 기준이 된다는 사실입니다(마

25:38~40). 지혜롭고 성숙함의 은혜가 없이는 어리석음에서 헤맬 수밖에 없음을 절실히 깨닫게 됩니다.

♦ 잠언 15장 성경칼럼

8절 | 악인의 제사는 여호와께서 미워하셔도 정직한 자의 기도는 그가 기뻐하시느니라

17절 | 채소를 먹으며 서로 사랑하는 것이 살진 소를 먹으며 서로 미워하는 것보다 나으니라

"공익제보자, 내부 폭로자 vs 감찰기관, 즉결 처리반"

정보와 비밀을 가진 사람과 조직에서 발생하는 반항과 그 대처에 대한 엇갈린 단어들입니다. 누가 더 치명적인 비밀과 증거(스모킹 건)를 가지고 있느냐에 따라 희비와 승패가 갈리고 생명까지 걸리게 됩니다. 이것은 작게는 개인이지만 크게는 회사나 국가의 존망에 영향을 끼칩니다. 앨빈 토플러의 제3의 물결에서 제기되었던 정보가 수단화되는 예언이 이제는 우리 실생활에서 접하게 된 것입니다.

CCtv, 빅데이터, GPS, 안면인식, QR코드, 도감청, AI, 메타버스 등은 사람의 동선을 파악하고 통제하고 유도하는 기술입니다. 지금 이 시대는 개인이 무슨 생각을 하고 어딜 가고 무엇을 하는지와 어떤 선택을 할 것인지 까지 샅샅이 들여다보는 시대입니다. 인간의 기술로도 이처럼 세세히 감찰할진대 전지하시고 무소부재하신 하나님 앞에 무엇을 감춘다는 것은 불가능합니다. 무신론자와 신자가 절대적으로 다른 점은 바로 하나님의 전지하심을 알고 사느냐와 아니냐의 차이입니다. 무신론의 대표인 공산주의자가 거짓말과 선전선동을 끊임없이 하는 이유는 하나님을 전혀 의식하지

않기 때문입니다.

8절은 하나님 백성들의 절대적 종교행위인 제사와 기도에 대한 태도에서 얼마나 정직성을 가지고 있는지를 도전하고 있습니다. 사람에게 보이려는 마음을 가지고 제사하고 기도한다면 하나님께서는 정확히 아시고 받지 않으십니다.

(삼상 16:7) "여호와께서 사무엘에게 이르시되 그의 용모와 키를 보지 말라 내가 이미 그를 버렸노라 내가 보는 것은 사람과 같지 아니하니 사람은 외모를 보거니와 나 여호와는 중심을 보느니라 하시니라"

하나님께서 나의 은밀한 중에 행하는 일들을 모두 아신다는 것은 1차적으로는 두려운 일입니다. 하지만 역으로는 하나님의 친밀함을 경험한다는 의미이기도 합니다. 나를 사랑하시는 하나님 앞에 정직하기만 하면 속죄와 위로와 치유가 주어지기 때문입니다. 이것이 신약시대의 성도들에게는 성령의 내주하심으로 그리스도 안에서 사는 축복이 됩니다. 이 '그리스도 안에서(In Christ)'라는 단어는 바울서신에서만 164회 언급될 정도로 중요한 교리입니다. 구약의 하나님 앞에서 사는 의식이 이제는 성령을 받음으로 그리스도 안에서 사는 보장이 주어진 것입니다.

11절에는 하나님의 절대적인 전지하심에 대한 확인을 더 깊이 함으로서 인간이 빠져나갈 수 없음을 강조합니다. 스올은 음부로 번역되며 죽은 자들이 영혼이 거하는 곳이고 아바돈은 유명으로 번역되고 음부보다 더 깊은 죽음의 세계인 지옥의 가장 깊은 곳을 가리킵니다. 인간이 미치지 못하는 깊은 죽음의 세계도 밝히 드러나거든 하물며 인간의 전체는 모두 드러납니다. 하나님 앞에서의 나를 아는 순간 영의 세계만이 아닌 육적인 삶에 자유가 들어옵니다. 살진 소를 먹고 부귀영화를 누리는 번뇌보다 채소를 먹으며 서로 사랑하는 행복이 훨씬 더 좋다는 것을 알게 됩니다(16-17절). 나를 너무나 잘 아시고 가까이 하사 인격적으로 대우하시는 주님을 찬양하며 기뻐합니다.

♦ 잠언 16장 성경칼럼

1절 | 마음의 경영은 사람에게 있어도 말의 응답은 여호와께로부터 나오느니라
32절 | 노하기를 더디하는 자는 용사보다 낫고 자기의 마음을 다스리는 자는 성을 빼앗는 자보다 나으니라

"속마음을 들키다"

희노애락을 얼굴과 태도에 다 드러내는 사람이 있고 절대 드러내지 않는 사람도 있습니다. 전자는 좋게 보면 솔직한 사람이고 나쁘게 보면 수가 다 읽혀 만만한 사람으로 보이거나 트러블 메이커가 될 수도 있습니다. 반대인 사람은 이른바 포커페이스로 불리며 신중하여 내공이 있는 장점이 있지만 음흉하다는 인상과 믿음이 가지 않는 사람으로 분류될 수도 있습니다. 속마음을 들켰다는 의미는 좋은 마음을 드러낸다는 면보다 나쁜 마음이 발각되었다는 느낌이 강합니다. 속마음을 가지고 있지 않는 사람은 없을 것이고 아무리 포커페이스라도 결정적인 순간 속마음을 들키지 않을 사람은 없을 것입니다.

원죄로 타락한 인간의 근본적인 속마음은 당연히 이기적이고 사악합니다. 이 죄를 성경에서 표현할 때 교만이라고 정의합니다. 이 교만의 마음 때문에 인간은 지독하게 하나님을 거부합니다. 드러내는 경중의 차이가 있겠지만 교만한 마음은 하나님을 떠난 인간에게 숙명적인 것이라고 볼 수 있습니다. 구약의 이스라엘 백성들의 교만은 하나님 대신에 우상을 택하게 만들만큼 위력적입니다. 수많은 제사를 드리고 율법 교육과 종교적 훈련에

도 계속적인 실패를 반복합니다. 구제불능적인 인간에게 그리하여 하나님의 새로운 예언이 주어집니다.

(겔 36:26) "또 새 영을 너희 속에 두고 새 마음을 너희에게 주되 너희 육신에서 굳은 마음을 제거하고 부드러운 마음을 줄 것이며"

그리스도인의 정체는 성령을 마음에 모신 자라는 것입니다.

(롬 8:9) "만일 너희 속에 하나님의 영이 거하시면 너희가 육신에 있지 아니하고 영에 있나니 누구든지 그리스도의 영이 없으면 그리스도의 사람이 아니라"

인간 속마음의 주인은 자기가 하나님이 되는 교만이냐, 반대로 성령님께서 주인이 되는 것이냐 로 결정됩니다. 속마음이 어떤 상태로 출발하느냐로 이미 결정된다는 의미입니다(6절).

16장에 연속하여 나오는 하나님의 주권과 인간의 자유의지와의 대조(1, 3, 9, 33절)는 속마음의 주인이 얼마나 중요한지를 강조합니다. 계획은 사람이 세우고 하나님의 결재를 받는 순서가 아니라 계획의 순간부터 하나님의 주권이 이루어져야 한다고 말씀합니다. 지혜로운 사람은 자유의지까지 하나님께 의뢰하며 나가는 것이고 이것이 겸손의 본질입니다. 물론 하나님은 좋은 분이어서 우리의 자유의지로 결정한 것들을 합력하여 사용하시지만(롬 8:28) 시행착오라는 대가를 치르게 됩니다.

여호와를 경외하는 마음과 자기가 하나님이 되는 교만의 싸움은 속마음이 밖으로 드러날 때 결과로 나타납니다. 언어생활과 대인관계와 생업의 성패와 영적 전투에 실제적 열매로 드러납니다. 성령의 내주는 감정의 조절까지 영향을 끼쳐 인생의 성곽을 지키게 됩니다(32절). 신앙의 삶에 하나님의 주권의 역사와 자유의지의 순종이 따르기를 소원합니다.

♦ 잠언 17장 성경칼럼

5절 | 가난한 자를 조롱하는 자는 그를 지으신 주를 멸시하는 자요 사람의 재앙을 기뻐하는 자는 형벌을 면하지 못할 자니라

9절 | 허물을 덮어 주는 자는 사랑을 구하는 자요 그것을 거듭 말하는 자는 친한 벗을 이간하는 자니라

"그게 나와 무슨 상관이야?"

대화를 나누다가 이런 말을 하거나 반응을 보인다면 더 이상의 대화는 이어갈 필요가 없습니다. 대화는 공감을 위한 것인데 전혀 다른 길을 가고 있기 때문입니다. 대부분의 사람들은 자기 이익이나 손해에 대한 잣대로 관계의 지속을 결정합니다. 개신교회의 예배는 성경을 강해하는 설교가 중심에 있습니다. 그런데 성경을 읽거나 설교를 듣는 신자가 그 내용이 자기와 상관없다고 생각한다면 귀담아 들을 리가 없습니다. 교회를 오래 다녀도 신앙이 자라지 않는 이유는 신앙이 자기 이익이 되지 않는다는 생각을 하고 있기 때문입니다. 눈에 보이지 않고 손에 잡히지 않는 영적인 내세 이야기는 실생활에 직접적인 이익을 가져다주지 않는다고 판단합니다.

그러나 잠언을 대하면 이 선입견은 산산이 부서집니다. 잠언의 수많은 지혜는 관념적이고 추상적인 것이 아니라 구체적이고 실제적인 내용으로 되어 있습니다. 마치 부모가 아이에게 무엇을 가르칠 때 손을 함께 쥐고 유도하듯이 세밀하고 자상하게 알려줍니다. 나아가 스스로 실천할 수 있도록 연습시키고 전후의 분별력을 가질 수 있도록 기다리며 배려합니다. 지혜는 사람의 도덕과 양심에서 기원한 것이 아니라 전능하신 하나님께로부터 온 것이기에 그 혜택은 크고 놀라운 것입니다.

15-16장이 하나님과의 관계를 근거로 기술했다면 17장은 일상적인 삶의 정황을 사용하여 지혜의 유익을 말씀합니다. 생활의 필수요소인 재물(1, 23절)과 언어생활(4, 7, 9, 20, 27, 28절)과 이웃관계(5, 9, 13, 18절)를 하나님과의 관계(3, 5, 15절)와 연관하여 설명합니다. 이전 장에서 하나님의 전지하심과 하나님의 주권과 예정을 통과했다면 17장은 하나님의 공의를 대면하게 합니다. 신자가 하나님의 공의를 의식하지 않으면 신자의 최종 목표인 의와 거룩에 대한 추종을 할 수 없게 됩니다(5, 13절).

재물과의 관계에 있어서 의와 거룩의 길은 재물의 많고 적음보다 그 쓰이는 곳과 화목함의 열매에 비중을 두고 있습니다(1절, 16:16). 이웃관계에서의 의와 거룩의 길은 악하고 미련한 자와의 접촉을 조심하고 삼가라고 합니다(4, 11-13, 15-16절). 이웃과 친구를 사귀는 이 교훈만 잘 실습해도 인생의 수많은 시행착오와 허송생활을 예방할 수 있습니다. 외로움보다 나쁜 친구를 선택하는 대다수 사람들의 어리석음을 분별할 수 있게 됩니다.

그러면 외로움을 해결하는 것과 사귐의 기쁨을 누리는 행복에 대한 지혜는 어디서 찾을 수 있을까요? 정답은 찾는 것이 아니라 분별하는 것입니다. 성경 전체의 결론은 하나님만이 나의 만족을 채울 수 있다고 선언합니다(시 62편, 63편). 사람에게서 받는 사랑과 위로가 있다면 보너스로 주어진 것이고 영원한 성격이 아님을 분별해야 합니다. 하나님의 사랑과 위로를 충만히 받아 외로운 사람을 위로하는 통로로 살기를 원합니다(고후 1:3~6).

♦ 잠언 18장 성경칼럼

2절 | 미련한 자는 명철을 기뻐하지 아니하고 자기의 의사를 드러내기만 기뻐하느니라

13절 | 사연을 듣기 전에 대답하는 자는 미련하여 욕을 당하느니라

"어떤 모임이든 저런 사람은 꼭 있더라"

'저런 사람'으로 불리 우는 분위기로 볼 때 환영받는 사람은 아닙니다. 10명 정도의 사람이 모인 회의나 대화를 할 때 공동체를 위한 마음보다 자기가 탁월하다는 것을 인정받고 싶은 사람이 꼭 있습니다. 만약 자기 의사가 받아들여지지 않으면 감정적인 대처로 들어갑니다. 반대를 위한 반대 의견을 계속 냄으로서 트러블을 일으키게 됩니다. 여기에서 편당이 나오고 분쟁이 발생합니다. 이제는 옳고 그름에 문제가 아니라 내 편 네 편이 판단의 기준이 되어 버립니다.

2절에서 명철을 기뻐하지 않는다는 뜻은 하나님의 주권을 인정하지 않는다는 의미입니다. 오직 관심은 자기가 돋보이고 인정받으면 기뻐하는 것이니 하나님의 주권의식이 없는 그 사람은 누가 말려도 안 됩니다. 어쩌면 인간의 인정욕구는 당연한 것입니다. 이 욕구에 의하여 선한 에너지가 나와 노력을 하고 큰 업적을 이루기도 합니다. 문제는 이 인정욕구가 자신을 돋우는 에너지로 쓰여 지지 않고 자신만을 위한 목적으로 작용할 때입니다. 인정요구를 다른 말로 표현하면 우월감입니다. 이 우월감과 열등감은 한 뿌리에서 나왔습니다. 어린 시절 알게 모르게 경험했던 차별과 상처 속에 어느새 스며든 잠재의식이어서 누구도 피해갈 수 없는 성격의 실체입니다.

차별은 우대라는 것으로도 나타나 모범생 콤플렉스가 되기도 하여 또 다른 스트레스가 되기도 합니다. 결국 인간의 인정욕구의 뿌리는 열등감이고 차별로 말미암은 것이라면 이 '차별의 상처'가 해결되어야 합니다. 이 사항을 압축적으로 보여준 인물이 야곱입니다. 야곱의 콤플렉스가 얼마나 심각했는지를 우리는 잘 압니다. 마치 전쟁 같은 장자 쟁취는 야곱에게 큰 고난을 줍니다. 외삼촌 라반의 집에 들어가 종살이를 하면서 그의 열등감의 상처는 회복됩니다.

극한의 고난을 당하며 그 상황마다 하나님을 경험한 야곱은 다시 형 에서를 만날 때 모든 것을 내려놓은 화평의 사람이 됩니다(창 33:10-20절). 인정의 결핍이 열등감으로 나타났다면 하나님의 충족된 사랑이 열등감의 쓴 뿌리를 뽑아낸 것입니다. 사람에게 인정을 받아야만 기뻐하는 자에서 하나님과의 동행과 쓰임을 기뻐하는 지혜자가 되었습니다. 이런 변화를 맛본 자는 말하기보다 들어주는 사람이 되어 갑니다(13절). 헛된 친구가 많아 해를 입는 것보다 소수의 친구들과 행복을 나누는 강자가 됩니다(24절). 하나님과의 관계와 대인관계와 언어생활과 마음지킴은 한 얼개로 맺혀져 있음이 적용되는 잠언입니다.

♦ 잠언 19장 성경칼럼

2절 | 지식 없는 소원은 선하지 못하고 발이 급한 사람은 잘못 가느니라
23절 | 여호와를 경외하는 것은 사람으로 생명에 이르게 하는 것이라 경외하는 자는 족하게 지내고 재앙을 당하지 아니하느니라

"두 마리 토끼를 잡을 수는 없습니다"

너무나 익숙한 속담이라 대부분 고개를 끄떡입니다. 하나에 집중하여 성공하라는 교훈이지만 모든 사람에게 해당되는 진리는 아닙니다. 신앙인의 입장으로 대입해 보면 세상에서도 훌륭하고 신앙도 좋은 두 마리 토끼를 잡을 수 있는가라는 질문이 성립됩니다. 교회와 세상에서 모두 인정받는 그리스도인이 된다는 것은 불가능한 일이라고 생각되는 성구들도 많습니다.

(눅 16:13) "집 하인이 두 주인을 섬길 수 없나니 혹 이를 미워하고 저를 사랑하거나 혹 이를 중히 여기고 저를 경히 여길 것임이니라 너희는 하나

님과 재물을 겸하여 섬길 수 없느니라"

세상은 예수님을 대적하는 세력이기에 그리스도인의 선한 행실 자체를 미워한다는 전제도 있습니다.

(요 15:18) "세상이 너희를 미워하면 너희보다 먼저 나를 미워한 줄을 알라"

그러나 하나님의 성품이 사랑으로 대표되듯이 그리스도인들은 믿음과 지혜에서 탁월한 인정을 받을 수 있음을 성경은 증언합니다.

(잠 3:4) "그리하면 네가 하나님과 사람 앞에서 은총과 귀중히 여김을 받으리라"

이 축복은 그 조건절인 3절을 행할 때입니다.

(잠 3:3) "인자와 진리가 네게서 떠나지 말게 하고 그것을 네 목에 매며 네 마음판에 새기라"

하나님과의 수직적 관계가 사람간의 수평적 관계로 발전될 수 있다는 것입니다(23절).

잠언에 나오는 재물과 가난한 자에 대한 내용이 양면적이어서 혼돈이 올 필요는 없습니다. 부자와 가난한 자는 항상 있는 것이고 누가 선이고 누가 악이라고 볼 수 없습니다. 돈이 중성적이어서 사용하는 사람에 따라 선과 악으로 쓰여 지듯이 말입니다. 부자는 부자의 책임이 있고 가난한 자도 그에 따른 책임이 주어집니다. 부자는 교만하면 안 되고 가난한 자는 게으르면 안 됩니다. 인간에게 주어진 시간에 책임이 있듯이 게을러서 가난하게 되는 것은 악한 것임을 분명히 합니다. 가난 자체가 죄는 아니지만 게으름은 죄이며 가난할 때 악의 표적이 될 수 있습니다. 손 하나 까딱하지 않는 게으른 자는 그 어떤 사람도, 심지어 하나님께서도 어쩌지 못한다고 경고합니다(24절).

하나님을 경외하는 믿음의 자세가 기본이라면 인간의 선한 소원의 행동이 불 일듯 일어나야 합니다(2절). 하나님과의 신앙적 지혜가 대인관계의 윤리적 지혜와 함께 할 때 성숙한 그리스도인으로 인정받을 것입니다. 하나님을 경외하고 순종하는 선한 지식을 사모합니다.

♦ 잠언 20장 성경칼럼

5절 | 사람의 마음에 있는 모략은 깊은 물 같으니라 그럴지라도 명철한 사람은 그것을 길어 내느니라
27절 | 사람의 영혼은 여호와의 등불이라 사람의 깊은 속을 살피느니라

"나를 만든 것들은 무엇일까?"

우리는 살면서 같은 사안을 보고 대립된 생각을 하고 반대의 행동을 하는 것을 수없이 목격합니다. '어쩜 저렇게 다를까'라고 외치며 그 이유가 무엇인지 궁금해 합니다. 인생관과 가치관이 다른 사람과의 관계가 얼마나 힘든지 아우성을 칩니다. 한 사람의 인격이 만들어지기까지 수많은 요소들이 작용합니다. 유전인자와 가족 환경이 반 이상을 차지하는 것은 틀림없습니다. 후천적으로 접하는 것 중의 으뜸은 친구와 배우자인데 잘못될 경우에는 인생의 독약이 되기도 합니다.

사회적으로는 국가의 이념과 문화와 교육에 따라 영향을 받습니다. 어떤 스승을 만나고 무슨 책을 읽었는지도 중요합니다. 개인적으로 들어가면 취향과 습관의 문제가 나옵니다. 취향은 자신이 좋아하는 것이고 습관은 익숙하게 몸에 배인 상태를 말합니다. 이 영역에 가장 큰 대미지를 주는 것이 술(음주)입니다.

20장의 출발에 포도주와 독주가 나오는데 이에 미혹되면 지혜자가 될 수 없다고 단정합니다(1절). 여기에서의 포도주는 음료가 아니라 취하는 술을 의미합니다. 성경의 전체 맥락에서 술로 망한 사람들이 많이 나옵니다. 경건했던 노아 말년의 추락과 영웅인 삼손 몰락의 원인이 술 때문이었습니다. 반면에 다니엘은 율법의 준수와 단호한 신앙으로 위기를 극복합니다(단 1:8~15). 뉴스에 나오는 나쁜 사건의 배경과 사고의 원인에 음주 문제가 도사리고 있다는 것을 알 수 있습니다. 우리 주변에도 이 출발이 잘못되어 낭패를 당하는 사람들이 즐비합니다.

예수님께서 포도주를 세리와 함께 먹고 마시기를 좋아했다고 하며 죄가 아니라고 하는 분들이 있습니다. 물론 술이라는 물질 자체가 죄는 아니지만 사람이 죄인이어서 술에 절제가 안 되고 지배당하는 순서로 가는 것입니다. 외부로부터 오는 음주의 유혹을 물리치는 길은 내부의 강한 에너지입니다. 하나님의 말씀이 충만하고 신앙의 경험이 쌓여 내공이 생기면 외부의 유혹은 아무렇지도 않게 물리치게 됩니다(5절). 이를 잠언에서는 지혜라고 불리며 의인화하여 하나님을 간직하는 것이라고 표현됩니다(27절). 지금까지 나를 만들었고 만들어 가는 것은 성령님의 지혜와 인도하심이 분명합니다.

♦ 잠언 21장 성경칼럼

26절 | 어떤 자는 종일토록 탐하기만 하나 의인은 아끼지 아니하고 베푸느니라
31절 | 싸울 날을 위하여 마병을 예비하거니와 이김은 여호와께 있느니라

"나는 좋은 사람일까, 나쁜 사람일까"

다중적인 성품을 가지고 있는 인간에게 틀린 질문인 것처럼 보입니다. 하지만 성경에는 분명히 의인과 선한 사람이 있고 악인과 악행 하는 자가

갈라져 있습니다. 구원과 관련해서 나누어질 수도 있지만 신자 안에서도 선인과 악인이 분명히 존재합니다. 21장의 전반부는 악인의 행태와 특징이 나옵니다(1-12절). 이어서 지혜자가 추구해야 할 사실에 대하여 기술합니다(13-31절). 이 내용을 깊이 성찰한다면 내가 어떤 사람인지가 점검되고 나아갈 길이 보일 것입니다.

악인의 특징을 요약하면 스스로 정직하다고 여기고 눈이 높고 마음이 교만합니다(2, 4절). 마음이 조급하고 남을 속입니다(5, 6절). 공의를 행하기를 싫어하고 다투기를 좋아합니다(7, 9절). 타인의 재앙을 원하고 거만합니다(10, 11절).

지혜자가 추구해야 할 것은 가난한 자의 도움에 귀를 기울이고 공의를 행하는 것입니다(13, 15절). 명철한 판단을 내리고 쾌락을 멀리합니다(16, 17절). 앞날을 준비하고 의와 인자를 추구합니다(20, 21절). 말을 조심하고 계속적으로 어려운 자를 돕는 것입니다(23, 26절).

이 내용을 들여다보면 두 가지 특이점이 나타납니다. 첫째는 하나님의 주권에 의한 공의적 통치가 실행된다는 사실입니다. 세상의 군왕들이 하나님의 손에 의하여 각자의 쓰임에 맞게 다스림을 받습니다(1, 30절) 둘째는 악인과 지혜자의 행태를 비교함에 있어서 이웃이라는 매개체가 있습니다. 악인은 공의가 없으므로 타인을 이익의 도구로 여기거나 이익을 시기하고 재앙까지 임하길 소원합니다. 반면에 의인은 하나님의 공의가 자신을 통하여 실현되기를 즐거워합니다. 궁핍한 자들의 요구를 수용하고 자신의 적은 소유물이라도 나누어 주려고 노력합니다.

그리스도인들은 근본적으로 '의인이 된 죄인'이지만 그 행위로 볼 때 선인과 악인으로 갈라질 수 있음을 명심해야 합니다. 그 시험지가 하나님을 경외하는 자로서 이웃을 어떻게 대하느냐로 결정됩니다. 싸울 날을 위하여 마병을 준비하는 일과 하나님을 의뢰하는 두 가지 사항에 모두 열심을 내야 하겠습니다(31절).

♦ 잠언 22장 성경칼럼

11절 | 마음의 정결을 사모하는 자의 입술에는 덕이 있으므로 임금이 그의 친구가 되느니라

29절 | 네가 자기의 일에 능숙한 사람을 보았느냐 이러한 사람은 왕 앞에 설 것이요 천한 자 앞에 서지 아니하리라

"근묵자흑"

검은 묵을 가까이 하면 검어진다는 사자성어입니다. 비슷한 말로 까마귀 가는 곳에 백로야 가지 마라와 친구 따라 강남 간다도 있습니다. 알지 못하는 순간에 서로가 영향을 끼치게 되니 조심해야 한다는 교훈입니다. 좋은 영향을 주고받으면 좋겠지만 악한 영향을 주고받으면 인생의 낭패를 당하게 됩니다. 시작은 별 생각 없이 시작되지만 양쪽의 결과적 격차는 하늘과 땅차이로 벌어집니다. 임금이 친구가 되기도 하여 존영을 누리기도 합니다(11절). 반대로 영혼까지 탈탈 털려 망하게 되기도 합니다(25절).

우리가 어린 시절부터 수도 없이 들었던 이 교훈을 적용하지 못하고 실패하는 이유는 무엇일까요? 가장 근본적 이유는 하나님과의 관계가 온전하지 못하면 출발 자체가 잘못되기 때문입니다. 사람에게 있어서 최고의 축복이 있다면 재물과 영광과 생명입니다. 그런데 이 세 가지는 하나님을 경외하는 겸손한 자에게 주어집니다(4절). 반대로 하나님을 외면하고 배신하는 패역

한 자에게는 고통의 가시와 헤어 나올 수 없는 함정이 덮치게 됩니다(5절).

4-5절은 하나님과의 관계가 얼마나 중요한지를 웅변합니다. 이제 실제적인 면을 상고해 봅니다. 신자는 마음의 정결을 늘 지켜나가야 합니다. 여기에서 덕이 있는 말이 나오고 이 영향은 좋은 관계를 만들어냅니다(11절). 덕과 반대되는 것이 해를 끼치는 것인데 사람을 분별할 수 있는 지혜와 실력을 키워야 합니다. 가장 경계하고 가까이하면 안 되는 사람은 분노와 울분의 사람입니다(24절). 속에 불을 품고 있기에 언제 어디서 나에게 옮겨 붙을지 모릅니다. 분노는 다른 것을 볼 수 없도록 하는 성질의 것이기에 갈수록 무지해지고 다투기를 좋아하고 즉흥적으로 사고를 칩니다.

유다 왕 중에서 악함의 대명사인 아합은 그 망함의 저주 원인이 분노의 화신인 아내 이세벨에게 있다는 것이 정설입니다. 자신의 위치를 잘 지키고 근실하게 일하는 자에게 좋은 사람이 모이게 되어 있습니다. 천한 자와 귀한 자를 만나는 기준이 나의 신앙과 생활 태도에서 기인한다는 결론을 내리고 있습니다(29절). 큰 바다는 오염되지 아니하듯이 경건한 능력을 가진 자에게는 죄악이 스며들지 못합니다.

♦ 잠언 23장 성경칼럼

5절 | 네가 어찌 허무한 것에 주목하겠느냐 정녕히 재물은 스스로 날개를 내어 하늘을 나는 독수리처럼 날아가리라

10절 | 옛 지계석을 옮기지 말며 고아들의 밭을 침범하지 말지어다

"꿈을 크게 가지라 vs 분수를 알고 살아라"

반대의 말 같지만 둘 다 맞는 말입니다. 꿈을 크게 가져야 작은 것이라도

이룰 수 있습니다. 분수를 잘 알고 살아야만 허황된 사람이 아니라 상식적인 인물이 됩니다. 이 부분에 그리스도인들이 취할 바람직한 자세는 지혜를 갖춘 꿈을 가져야 하는데 이를 비전이라고 다르게 표현합니다. 여기에 하나님의 은사로 각자 주어진 사명에 충성하면 됩니다. 최악의 수는 꿈이 없거나 허황될 경우입니다. 무기력한 허무주의자로 가거나 현실에 적응 못하는 공상주의자로 전락합니다. 그릇은 안 되는데 꿈은 커서 준비 없이 돌진하는 자는 주변사람들을 볶거나 희망고문하며 엄청 힘들게 합니다. 우리가 사는 이 세상이 만만치 않기 때문에 하나님의 방법으로 살지 아니하면 어느 순간 멀리 떠내려 갈 수 있습니다.

23장에 나오는 여러 가지 함정들을 대처하는 실력이 필요합니다. 내 꿈이 크다고 욕심내서 덥썩 물었다가는 함정에 쏜살같이 빠져 버립니다. 누가 진수성찬을 대접한다면 그가 누구인지 알고 참여해야 합니다. 경우에 따라서 그 음식이 목에 칼이 될 수도 있다고 경고합니다(1-3절). 부자와 돈에 대한 유혹에는 여러 차단 장치가 필요합니다. 내 분수와 그릇에 맞게 살겠다고 설정하고 나쁜 방법의 돈벌이에는 눈을 돌리지 말아야 합니다(4-6절).

어떤 경우라도 약자를 해롭게 하는 일은 절대 금해야 합니다. 하나님이 그들의 지계석(경계석)이 되시고 보호자 되시기에 하나님께로부터 복수를 당하기 때문입니다(10-12절). 아이의 교육에 있어서 징계와 채찍은 분수를 알게 해주는 필수과정임을 말씀합니다. 하나님 앞에서의 우리도 징계를 달게 받을 수 있는 근본자세를 갖추어야 합니다(13-19절).

술과 고기와 음녀로 다가오는 쾌락의 유혹은 신앙의 정신을 놓게 만들고 치명상을 줍니다. 이 부분에 실패로 거룩한 꿈과 비전을 포기하게 하는 일이 너무나 많습니다(20-21, 27-35절). 지혜자의 마지막 축복의 장치는 육신적 부모와 어르신에게 효도하고 순종하는 일입니다. 이 훈련은 영적 아버지이신 하나님을 향한 경외함으로 바로 연결됩니다(22-26절). 내게 주신 영역에서 거룩한 열정으로 주님의 일을 멋지게 할 수 있기를 기도합니다.

♦ 잠언 24장 성경칼럼

7절 | 지혜는 너무 높아서 미련한 자가 미치지 못할 것이므로 그는 성문에서 입을 열지 못하느니라

16절 | 대저 의인은 일곱 번 넘어질지라도 다시 일어나려니와 악인은 재앙으로 말미암아 엎드러지느니라

"회복탄력성과 연단"

회복탄력성이란 원래의 자리로 돌아오는 힘을 말합니다. 심리학에서는 시련을 이겨내는 긍정적인 힘을 의미합니다. 같은 실패와 시련을 당해도 툭툭 털고 일어나 다시 도전하는 내공에 대한 척도입니다. 임상 연구에 의하면 회복탄력성이 높은 사람은 어려서부터 가족들의 헌신과 사랑을 많이 받은 사람이라고 합니다. 회복탄력성과 같은 성격을 성경에서 찾아보면 연단이란 단어가 등장합니다.

(롬 5:3~4) "다만 이뿐 아니라 우리가 환난 중에도 즐거워하나니 이는 환난은 인내를, 인내는 연단을, 연단은 소망을 이루는 줄 앎이로다"

환난과 인내를 통과한 연단은 원래 자리로 돌아가는 것을 넘어 단단해져서 차원 높은 소망으로의 도약을 이루게 된다는 것입니다. 연단은 회복탄력성보다 탁월한 영적인 능력임을 알 수 있습니다. 연단 다음에 오는 소망은 실패의 원인이 자기에게 있음을 알고 하늘의 도우심을 소망하게 됩니다. 연단과 소망을 이루는데 에너지가 되는 것이 지혜입니다. 인간의 실패

와 환난의 원인은 근본적으로 본질을 아는 지혜가 부족해서입니다.

24장에 나타나는 어리석은 자의 판단과 행동은 하나님을 가까이 하지 않았기 때문입니다. 회복탄력성이 사랑과 헌신을 맛본 자들이 높은 것처럼 하나님의 지혜를 얻은 자라야 연단의 능력을 누릴 수 있습니다. 지혜는 하나님을 경험하는 것이기에 그 깊이와 높이는 끝이 없습니다. 인생의 집을 짓는 기초와 기둥과 장식들이 지혜로부터 공급됩니다(3절). 그 귀함은 보배보다 귀하고 그 달콤함은 꿀보다 더 맛있습니다(13절).

하나님으로부터 오는 지혜와 지식은 세상의 어떤 전략도 능히 이길 수 있는 최고의 지략입니다. 지혜를 얻은 자는 하나님 앞에서 사는 자가 되기에 정직한 마음을 지키며 살게 됩니다(11-12절). 악인을 부러워하지 않는 일(1-2, 19절)은 악인의 결말을 익히 알 때(20절) 주어집니다. 예방책으로는 함께 있지 않는 것이고 말을 섞지 말아야 합니다(1~2절). 악행자와 반역자들에게는 분을 품지 말고 사귀지 말아야 합니다. 그리할 때 손해를 입지 않으며 멸망 때에 함께 당하지 않게 됩니다(21-22절).

재판에 거짓 증언을 하여 억울한 사람을 만들면 하나님께서 징계하신다는 것도 명심해야 합니다(28-29절). 게으르면 빈궁이 군사처럼 들이닥친다는 표현은 성실함이 인생에서 그만큼 중요한 것이라는 강조입니다(30-34절). 일곱 번 넘어져도 다시 일어날 수 있는 강한 힘이 지혜를 얻은 자에게 있음을 도장 찍듯이 확인하게 됩니다(16절).

♦ 잠언 25장 성경칼럼

6절 | 왕 앞에서 스스로 높은 체하지 말며 대인들의 자리에 서지 말라

17절 | 너는 이웃집에 자주 다니지 말라 그가 너를 싫어하며 미워할까 두려우니라

"말 한 마디로 천 냥 빚을 갚는다"

말의 중요성과 가치를 천 냥과 비교한 속담으로 너무나 익숙합니다. 조선시대 머슴의 한 달 월급이 7냥이니 천 냥이면 143개 월 분의 노임인 셈입니다. 노동자가 12년을 안 쓰고 벌어야 하는 돈이니 천 냥은 엄청난 가치가 있습니다 영적으로 전환해서 잠언을 만들어 보았습니다. '하나님의 지혜 하나는 인생의 성패를 결정한다'입니다.

성경에 나오는 언어생활의 능력과 중요성은 아무리 강조해도 모자를 것입니다. 말은 생각에서 나오고 생각은 교육과 지식과 지혜에서 만들어집니다. 여기서 지혜는 하나님을 인격화시킨 것이기에 하나님을 경험한 만큼 쌓이게 되어 있습니다. 잠언의 수많은 지혜 중에 내 것이 된 것이 하나라도 있다면 천 냥과는 비교가 안 되는 가치를 얻게 된 것입니다. 하나님의 경험된 지혜 하나는 세상의 어떤 보물보다 귀한 것임이 분명합니다. 젊은 시절 잠언을 읽으면서 받았던 지혜의 말씀이 저의 신앙과 사역에 큰 영향을 끼친 것을 고백합니다.

6절의 지혜는 남들 앞에 나서는 마음과 자세를 정해주고 있습니다. 잘난 체하며 나서는 순간 엄청난 위험이 도사리고 있음을 배우게 됩니다. 주님께서 상석을 차지하려 하다가 창피를 당하여 쫓겨나는 어리석은 자를 나무란 것과 같은 맥락입니다(눅 14:7~11). 제가 목사 세계에서 감투를 탐하지 않으며 처세한 것의 근거가 된 지혜입니다. 역으로 공동체 안에서 합당한 임무가 맡겨지면 빼지 않고 담대히 감당하는 것도 지혜입니다.

17절의 지혜는 인간관계 속에서 착각하기 쉬운 것을 콕 집어 가르칩니다. 이웃집을 자주 들락거리면 친해진다는 것은 대단한 착각이고 반대로 미워하는 관계가 될 수 있음을 알려줍니다. 다양성을 가진 인간의 속성을 알아야 하며 적절한 거리두기가 좋은 인간관계를 유지하는 방법이 된다는 지혜입니다. 이 지혜는 전도의 한 기법으로 피전도자를 한 번 만날 때에 30분 이상 접하지 않는 스킬로 적용될 수 있습니다. 예를 들어 한 번 만나 뿌리를 뽑겠다고 두 세 시간 거하면 다음 번 약속은 퇴짜 맞게 되는 일이 다반사입니다.

27절의 지혜는 과한 욕심이 낳는 폐해를 경계한 말씀입니. 꿀을 먹는 것은 유익한 것이나 과하게 먹는 순간 해를 받게 됩니다. 다다익선(많을수록 좋다)과 과유불급(지나친 것은 좋지 않다)을 구별할 수 있는 지혜를 구하게 됩니다. 오락은 적절히 하면 좋은 점이 있지만 과하게 하는 순간 치명상을 입을 수 있다는 것입니다. 또한 영예는 내가 취하여 얻는 것이 아니라 성실함의 대가로 외부에서 온다는 것을 아는 것이 지혜입니다(27절). 주님이 허락하신 나의 지혜를 가져 능력을 발휘하기를 원합니다.

♦ 잠언 26장 성경칼럼

4절 | 미련한 자의 어리석은 것을 따라 대답하지 말라 두렵건대 너도 그와 같을까 하노라

27절 | 함정을 파는 자는 그것에 빠질 것이요 돌을 굴리는 자는 도리어 그것에 치이리라

"버릴까? 고쳐 쓸까?"

6-70년대를 살아본 사람들은 대부분 이 갈등을 했었을 것입니다. 옷과 양말도 기워서 착용하고 전자기기도 끝까지 수리하여 오래도록 사용했습

니다. 요즈음 중고 플랫폼에 새 것 같은 중고품을 사고파는 세태와 격세지감을 느낍니다. 물건에 대한 선택은 인생을 크게 좌우하는 것이 아니어서 각자의 선택에 따라 행하면 될 일입니다.

문제는 사람입니다. 고장 난 관계의 사람을 과감히 버려야 하는 건지, 마음에 안 드는 부분을 고쳐서 이어갈 것인지 보통 심각한 것이 아닙니다. 한 번 더 비약하면 그리스도인들이 주변의 불신자들을 어떻게 대처해야 지혜로울 것인지 까지 나아갈 수 있습니다. 사람은 고쳐 쓸 수 없다는 옛 격언은 인생을 살아본 사람에게 격한 공감을 줍니다. 경험을 통해 체감되었고 숱한 배신의 상처를 안고 있기 때문입니다.

26장에는 어리석은 자들의 모습을 세밀히 관찰하여 지혜자가 어떻게 처세해야 하는지를 교훈합니다. 여기서 어리석은 자란 무식쟁이나 순진한 자가 아니라 하나님을 거부한 교만한 자이고 죄를 그 자신의 업으로 삼는 자입니다. 지혜가 하나님을 경외하는 태도인 것과 대칭되는 표현입니다(잠 1:7, 9:10). 저들에 대한 대처를 위해서는 실체를 아는 것이 선결되어야 합니다. 세상적인 영예를 우선시하고(1절) 까닭 없이 타인을 저주합니다(2절). 지혜자의 권고를 무시하고(3절) 내놓는 지식은 신뢰성이 없습니다(6절). 무가치한 지식(7, 9절)으로 인해 습관적인 죄를 반복합니다(11절). 스스로 지혜롭다고 생각하고(12, 16절) 땀 흘려 노력하지 않습니다(13-14절).

미련하고 어리석은 자들을 상대하는 태도는 두 가지가 겹쳐서 나옵니다(4, 5절). 침묵하는 태도는 설득해서 고칠 수 있는 것이 아니라는 전제를 하고 있습니다. 예수님께서도 당시의 악한 종교지도자들을 설득하려고 하지 않으셨습니다(눅 23:8~9). 두 번째는 미련한 자에 대하여 굳이 답변해야 할 경우입니다. 이럴 때는 논쟁을 벌여 이기려 하거나 설득하는 소비가 아닌 저들의 영혼 구원에 목적을 가지고 분명하게 가르쳐야 합니다(눅 18:19~24).

쉽지 않은 지혜자의 길이지만 우리는 성령님과 함께 하기에 온갖 환경에서도 그때그때 대처하고 승리하며 쓰임 받을 것입니다. 악인의 결국은 파멸이라는 것을 계속 확인함으로(27절) 의인의 길을 굳세게 가야 하겠습니다.

(눅 12:12) "마땅히 할 말을 성령이 곧 그 때에 너희에게 가르치시리라 하시니라"

♦ 잠언 27장 성경칼럼

9절 | 기름과 향이 사람의 마음을 즐겁게 하나니 친구의 충성된 권고가 이와 같이 아름다우니라

21절 | 도가니로 은을, 풀무로 금을, 칭찬으로 사람을 단련하느니라

"아름다운 하모니, 밸런스 있는 성품, 절묘한 타이밍, 하나님의 걸작품"

어떤 사람이나 공동체를 볼 때 이상적이어서 만족함을 나타내는 표현입니다. 반대되는 이미지를 들자면 난장판, 카오스(혼돈), 신뢰가 깨짐, 때늦은 후회, 회복불능, 폭망 등입니다. 한 인간에게 어린 시절부터 주어지는 인격적 훈련의 중요성은 아무리 강조해도 부족합니다. 신자의 가정에서 자녀에게 교육하는 내용이 과연 올바른 것인지 점검해 봐야 합니다. 만약 과보호로 키운다면 버릇없고 이기적인 인물이 될 것입니다. 반대로 학대에 가까운 채찍으로 통제를 하며 키운다면 우울하거나 난폭한 성품의 사람이 됩니다.

인간관계에서도 균형 잡힌 주고받음이 없이 한 유형이 지속된다면 언젠

가 깨어지고 맙니다. 27장에서는 하나님의 오묘하신 섭리를 배우고 그 능력을 인간관계에서 서로 나누는 방법을 알려 주고 있습니다. 책망과 훈계를 받음과 함께 칭찬과 격려를 나눔으로 아름다운 조합이 있어야 함을 강조합니다. 내일 일을 장담할 수 없는 인간의 유한성을 직시해야 하나님을 의지할 수 있습니다.

여기에서 다들 싫어하는 훈계와 책망과 충고를 받을 수 있는 자세가 생기게 됩니다(9절). 잠언의 여러 군데에서 교육에 훈계의 채찍이 필수적이라고 강조하는 이유입니다(5절, 잠 13:24, 22:15, 23:13-14, 히 12:8). 이 기본 위에 격려와 칭찬과 사랑이 더해질 때 온화하면서도 이타적인 인품이 생성됩니다(21절). 칭찬은 고래도 춤추게 한다는 능률이 나타나게 됩니다. 칭찬과 위로의 공급은 자존감을 높여주고 행복하게 하며 목표를 향해 동기부여를 하게 만듭니다. 그런 면에서 리더는 칭찬에 진심이 담기고 칭찬의 내용이 사실적이어야 합니다.

칭찬을 할 타이밍을 맞추고 자신의 우월을 나타나는 것이 아니라 상대를 위하는 목적으로 해야 합니다. 궁극적으로 사람에게 받는 칭찬보다 하나님께서 주시는 상급을 바라보게 하는 마음을 가지게 해야 합니다. 자기 스스로의 자랑은 관계를 허물 수 있다는 것을 염두에 두어야 합니다. 자신의 허무함을 속히 깨달아 자신에 대한 성찰에 엄격해야 합니다(24절).

기독교는 점진적인 자신의 의를 이루어 성인이 되어 가는 것이 아닙니다. 하나님의 은혜를 떠나면 언제 어디서든 순식간에 타락하게 되는 인간 본성을 직시해야 합니다. 타인의 평가에 대한 것을 신경 쓰다가 하나님을 속이려는 우를 범할 수도 있습니다. 어느 누구도 책망과 충고와 칭찬과 위로가 필요 없는 사람은 없습니다. 주님 안에서 지혜롭게 교통하는 아름다운 지체로 나아가기를 소망합니다(고전 12:14-26).

♦ 잠언 28장 성경칼럼

13절 | 자기의 죄를 숨기는 자는 형통하지 못하나 죄를 자복하고 버리는 자는 불쌍히 여김을 받으리라

27절 | 가난한 자를 구제하는 자는 궁핍하지 아니하려니와 못 본 체하는 자에게는 저주가 크리라

"누구나 심판은 절대 피할 수 없다"

심판의 종류에는 법의 심판, 정치적 심판, 역사적 심판이 있습니다. 여기에 기독교인들은 하나님의 심판이 있다는 것을 알고 있습니다. 이밖에도 실정법을 피하긴 하지만 사회적 상식을 어긴 자에게 주는 정서법(괘씸죄)과 스스로 느끼는 양심의 소리가 있습니다. 우리는 경험상으로 법정의 재판보다 법정 밖의 심판이 훨씬 무섭다는 것을 알고 있습니다. 감옥에 가지는 않지만 양심의 소리를 계속 어기고 살다가 스트레스를 받고 불면증에 시달리고 심각한 병에 걸릴 수도 있습니다.

28장은 의인과 악인의 성격과 행위를 대조하고 그 결과의 차이를 보여줍니다. 사회적 불의와 제도적인 악의 관계를 논하며 하나님의 율법에서의 공의를 강조합니다. 여기에서 공의라는 것은 형식적인 율법준수를 뛰어넘는 율법의 정신을 염두에 두고 행하라는 뜻입니다. 예를 들어 부자가 가난한 자를 돕지 않는 것이 실정법에는 처벌대상은 아닙니다. 하지만 사회 정서상 '가진 자의 책임(노블레스 오블리주)'에 걸려 민심의 심판을 받게 됩니다. 나아가 하나님의 율법(3, 8, 15, 27절)을 어기는 것이기에 궁극적 저주에 내몰리게 됩니다.

하나님께서는 욕망을 위해 빈민을 압제하고 수탈하는 권세자들을 원수로 정해 버립니다. 이들은 당연히 저주와 심판을 피할 재간이 없습니다(22, 27절). 이것이 단기간에 이루어지지 않아 내 감각을 만족시키지 않을 수 있지만 하나님께서는 절대 그냥 넘어가지 않습니다. 우리가 의인의 길에 서서 나아갈 때 오는 복락은 찬란합니다. 의의 담대함을 누리고 율법을 준수하며 하나님의 공의를 깨닫게 됩니다(4-9절). 허황되게 살지 않고 성실함을 유지하고 가난한 자를 불쌍히 여기고 도울 수 있습니다(6, 8절). 자신을 스스로 살필 수 있어 죄를 자복하고 버릴 수 있습니다(11, 13절).

하나님을 경외하는 최고의 지혜를 소유하고 쓰임 받을 수 있습니다(14절). 하나님을 경외하는 자의 반대말은 탐심을 좇는 자임을 분명히 알려줍니다. 탐심은 심령이 어두워지게 하고 죄를 분별하지 못하게 하여 정당하지 못한 선택과 행동으로 나아가게 합니다(25-26절). 성경은 탐심을 콕 집어 우상숭배임을 분명히 합니다(골 3:5).

우리가 세상 법정에 설 일은 거의 없겠지만 하나님의 법정에서 공의의 심판을 받을 것은 확실합니다. 탐심을 극복하고 의의 실천을 통한 상급을 기대하며 하늘을 바라봅니다.

(마 25:45-46) “이에 임금이 대답하여 이르시되 내가 진실로 너희에게 이르노니 이 지극히 작은 자 하나에게 하지 아니한 것이 곧 내게 하지 아니한 것이니라 하시리니 그들은 영벌에, 의인들은 영생에 들어가리라 하시니라”

♦ 잠언 29장 성경칼럼

2절 | 의인이 많아지면 백성이 즐거워하고 악인이 권세를 잡으면 백성이 탄식하

느니라
18절 | 묵시가 없으면 백성이 방자히 행하거니와 율법을 지키는 자는 복이 있느니라

"악(선)이 편만한 세상"

'편만하다'라는 것은 널리 구석구석까지 꽉 찬 상태를 말합니다. 선과 의가 꽉 차면 더할 나위 없이 좋겠지만 악과 불의가 편만하면 큰일입니다. 노아의 홍수 직전의 모습이 바로 악이 편만한 상태였습니다.

(창 6:5) "여호와께서 사람의 죄악이 세상에 가득함과 그의 마음으로 생각하는 모든 계획이 항상 악할 뿐임을 보시고"

하나님의 심판 외에는 다른 방법이 없었기에 홍수로 세상을 쓸어버린 것입니다(창 6:6-7절).

악이 지배하는 세상의 참혹함을 알 때 의와 선의 나라를 바라볼 수 있다는 것이 노아의 홍수 심판의 경고입니다. 옛날 말에 이발을 하면 하루가 즐겁고 결혼하면 일 년이 행복하고 십년을 내다보려면 나무를 심으라고 했습니다. 이와는 비교할 수 없는 100년을 기약하는 것이 교육이고 인재를 키우는 일입니다. 훌륭한 인재 한명이 끼치는 영향은 엄청나고 그 반대로 악인의 창궐은 시대를 잡아먹습니다.

29장에서 핵심적으로 주는 메시지는 의가 통치하는 세상을 만드는 기독교인의 사명입니다. 지혜자가 궁극적으로 해야 할 사명은 자신의 경건을 뛰어넘어 크고 작은 공동체에 하나님의 통치를 이루는 일입니다. 의인이 많아지게 해야 즐겁고 행복한 공동체가 됩니다(2절). 악인이 주도권을 잡는 세상은 죄가 많아지고 백성이 탄식합니다(2, 16절). 악의 흐름은 한번 타면 탄력이 붙어 멈추기가 어렵습니다.

악의 세계는 드러나면 안 되는 것이 너무 많아 달콤한 카르텔(공모)로 묶여 있어서 끊어내기가 어렵습니다. 반대로 의와 선이 충만한 세상은 밝고 투명하여 검은 돈들의 거래가 사라지게 됩니다. 왜 세상이 선한 분위기보다 악한 카르텔을 선호하는지 궁금증이 풀릴 것입니다.

본장에는 하나님의 나라가 키워야 할 선한 인재들의 교육과목이 나와 있습니다. 겸손한 자여야만 하나님의 은혜를 구합니다(23절). 하나님을 경외하는 경건을 항상 붙들어야 합니다(25절). 하나님을 절대 의지하고 인간의 욕구를 제어하는 절제를 훈련받아야 합니다(26절). 하나님 앞과 자신 앞에 늘 정직하려는 중심을 가져야 합니다(27절). 한국교회와 성도들의 선한 인재 양성에 관한 기도와 행동이 긴요한 이 시대입니다. 우리도 주어진 환경 속에서 최선의 수를 행해야 하겠습니다.

♦ 잠언 30장 성경칼럼

2절 | 나는 다른 사람에게 비하면 짐승이라 내게는 사람의 총명이 있지 아니하니라
6절 | 너는 그의 말씀에 더하지 말라 그가 너를 책망하시겠고 너는 거짓말하는 자가 될까 두려우니라

"날(신경)이 바짝 서 있는 사람"

이 말의 첫 번째 이미지는 신경질을 잘 부리고 조그만 일에도 시비를 거는 사람입니다. 그러나 이 말 앞에 '하나님 앞에서'가 붙으면 영적으로 가장 바람직한 사람이 됩니다. '코람데오(하나님 앞에서)'의 신앙으로 깨어 근신하고 명령을 기다리는 종처럼 항상 준비되어 있는 상태를 의미합니다.

하나님의 사람이 영적인 날이 날카롭게 서 있어야 하는 이유는 무엇일

까요? 신앙생활과 영적사역은 대적자(마귀)가 있는 영적전쟁이기 때문입니다. 여기에 자칫하면 넘어가기 쉬운 자기 안의 죄악의 도전이 수시로 발생합니다. 안일함과 나태가 유혹하고 자기 의를 내세우는 위선과 교만이 틈을 탑니다. 교활한 이단들의 접근이 있으며 말씀을 변질 시키려는 갖은 시도(6절)가 안팎으로 스며들기도 합니다.

30장을 쓴 저자인 아굴의 정체에 대하여 의견이 분분하지만 뛰어난 현자임에는 틀림없습니다(1절). 하지만 그는 자신을 가장 낮은 자로 고백하며 하나님 앞에 진정한 겸손을 보입니다. 다른 사람과 비교하여 자신을 짐승이라 하고 총명도 지혜도 믿음도 없다고 선언합니다(2-3절). 그가 정말 다른 사람과의 비교에서 그런 말을 한 것이 아니라는 것을 우리는 잘 압니다. 하나님 앞에서 종이 오직 주인의 명령만을 기다리는 날카로운 긴장을 하고 있기에 나오는 자세인 것입니다. 영적인 것을 배우고 경험한 것이 좀 있다고 마치 자신이 주권자인양 행세하는 설익은 신앙인과 구별이 됩니다.

아굴의 이런 자세는 하나님의 오묘하신 섭리의 절대성과 인간의 죄와 연약성을 성찰하였기에 나온 것입니다(4, 욥 38-41장). 하나님의 계시에 의해서만 알 수 있는 진리와 말씀의 세계를 구하는 모습입니다(5-6절). 그의 영적 날이 선 태도로 기도하는 내용은 우리가 따라 해야 할 모범기도가 되기에 충분합니다(7절). 하나님을 영화롭게 하기 위하여 허탄과 거짓말을 멀리하기를 구하고 있습니다. 신자라면 반드시 기도해야 할 물질에 대한 기도는 가난하게도 부하게도 되지 말라는 기도입니다(8-9절). 이것은 주기도문의 기도(일용할 양식)와 바울의 자족하는 생활(빌 4:11-13절)과 맥락을 같이 합니다.

지혜자가 영적인 날이 서 있어야 하는 이유는 죄에 대한 경계를 위해서라고 알려줍니다(11-13절). 범죄는 '은밀'이라는 속성을 가지고 있기에 다양한 군상의 대조(10-17절)와 세밀한 동물들의 인격화를 통해 효과적으로 표현합니다(18-19, 24-31절). 칼을 쓰는 직업의 사람은 항상 날이 선 칼을 준비해 놓는 것이 필수적입니다. 영적인 사역자는 말씀과 성령의 검을 바짝 갈아 놓고 영적전투를 해야 할 것입니다.

(엡 6:17) "구원의 투구와 성령의 검 곧 하나님의 말씀을 가지라"

♦ 잠언 31장 성경칼럼

10절 | 누가 현숙한 여인을 찾아 얻겠느냐 그의 값은 진주보다 더 하니라

30절 | 고운 것도 거짓되고 아름다운 것도 헛되나 오직 여호와를 경외하는 여자는 칭찬을 받을 것이라

"소년등과, 중년상처, 노년무전"

옛 부터 검증되어 전해지는 인생에서 피해야 할 세 가지 불행입니다. 한참 활동하고 자녀를 키워야 할 중년에 배우자를 잃는다는 것은 아찔합니다. 돈을 벌기 어려운 노년의 빈곤은 상상하기 싫은 악몽입니다. 문제는 소년등과인데 이 말은 어린 나이에 출세를 하여 부와 인기와 권력을 누리는 것이 저주라는 것입니다. 그릇이 갖추어지지 않고 인생의 경험이 일천한 자에게 힘이 주어지면 온갖 부작용과 후유증이 생깁니다. 세상을 우습게보고 버릇없이 행하며 하늘 높은 줄 모르는 교만이 뿜어 나오고 본능에 의한 향락에 순식간에 빠져듭니다. 세상에서 그리도 부러워하는 소년출세는 하나님의 동행과 멘토의 지도가 없을 경우에는 재앙으로 바뀌게 됨을 명심해야 합니다.

잠언의 결론에 해당되는 31장은 어머니로서 왕인 아들(르무엘)에게 주는 훈계를 담고 있습니다. 이전의 진술과 같은 맥락의 내용인 간음과 독주

와 불의에 대한 경계를 상기하고 있습니다(3-7절). 가진 권한을 공의를 위하여 사용하고 곤핍한 자들의 필요를 채워주어야 한다고 권면합니다(8-9절). 나아가 음녀와 무가치한 아내와 대조되는 현숙한 여인의 가치를 보여줌으로 건실한 생활의 기초를 강조합니다(10-12절).

이 현숙한 여인은 구약에서는 이스라엘 백성이고 신약에서는 성도를 예표합니다. 하나님을 남편으로 한 이스라엘 백성과 신약성도는 똑같이 순종과 성결의 언약을 받은 자들입니다. 일단 자기관리를 철저히 하는 가운데 맡은 일을 완수하는 성실함을 기본으로 하고 있습니다(13-19절). 하나님께는 영적인 순결을 지켜야 하고(12절) 사람을 향하여서는 사랑을 실천하는 책임이 주어졌습니다(20-21절).

잠언의 출발은 모든 인간은 하나님을 경외하는 것이 참된 지혜라고 시작되었습니다(1:7). 이제 잠언의 마지막은 그 대상이 현숙한 여인으로 대비된 성도가 하나님을 경외하여 칭찬을 받으라는 결론에 이릅니다(30절). 눈에 보이는 곱고 아름다운 것의 헛됨을 직시하고 영적 아름다움(Holy beautiful)을 향해 나아가기를 권고합니다.

잠언의 마지막 절인 31절은 지혜자에게 합당한 보상이 있음을 선포합니다. 지혜를 행동으로 옮기는 자에게는 풍요로운 열매와 존귀한 영예가 주어질 것을 약속합니다. 서두의 인생에서 피해야 할 세 가지 불행은 하나님을 경외하는 자에게는 오히려 합력하여 선을 이루는 재료가 될 수 있다는 확신을 하게 합니다(롬 8:28). 잠언의 지혜 여행을 통하여 우리의 영육간의 실체가 얼마나 변화되었는지 점검해 봅니다.

전도서

♦ 전도서 1장 성경칼럼

2절 | 전도자가 이르되 헛되고 헛되며 헛되고 헛되니 모든 것이 헛되도다
18절 | 지혜가 많으면 번뇌도 많으니 지식을 더하는 자는 근심을 더하느니라

"너의 생각을 깨 주마"

유명한 전도서를 대하면서 생각난 문구입니다. 사람은 인생의 고비 고비마다 자신이 가지고 있던 생각들이 깨지고 교정되어야 합니다. 만약 결정적인 순간에 죄에 뿌리를 둔 잘못된 개념이 바뀌지지 아니하면 큰일이 납니다. 거짓말, 도둑질, 도벽, 폭력성, 갖은 중독, 그릇된 종교 등을 제 때에 깨부수어 떨쳐버리지 아니하면 그 인생은 불행의 연속일 것입니다.

저자인 솔로몬은 지혜와 부귀와 권력을 얻어 인생의 극적인 경험과 함께 영예를 누렸습니다(대하 1:11~12). 그럼에도 그는 하나님을 떠나서 이방여인을 취하고 그 여파로 우상숭배를 하며 번뇌와 방황 속에서 인생의 깊은 허무에 빠지기도 하였습니다. 생의 황혼기에 회개하는 과정과 함께 젊은 시절의 어리석음을 반추하며 진정 복되고 만족스런 삶이 무엇인지를 고백한 내용이 전도서입니다. 솔로몬의 말년이 실족으로 마감되지 않았다는 증거가 전도서인 셈입니다.

(왕상 11:41) "솔로몬의 남은 사적과 그의 행한 모든 일과 그의 지혜는 솔로몬의 실록에 기록되지 아니하였느냐"

누가 소위 개똥철학을 이야기하면 무시하고 흘려버리면 됩니다. 하지만 전무후무한 경험과 지혜를 가진 자가 주는 교훈은 귀를 세워 들을 가치가 충분합니다. 전도서를 많이 읽으셨던 분들은 느꼈을 터이지만 전도서 내용 중에는 상식이나 고정관념을 부수는 문장들이 많습니다. 여러 번 반복되는 '모든 것이 헛되다'라는 큰 주제는 기독교 교리에 어긋나는 염세주의를 조장하는 것 같습니다. 일반적인 세상이 지향하는 재물과 지혜와 명예와 자녀와 섹스에 대하여 경멸하는 투로 이야기합니다. 심지어 지나친 의인과 지혜자가 되지 말라고까지 권고합니다(7:16).

저자는 자신을 전도자(코헬레트)라고 지칭하는데 이는 성직자, 설교자라는 뜻입니다. 그러나 전도자로서의 전달 방식에 있어서 직설적인 주입 방법보다 독자들에게 질문을 이끌어내는 방법을 사용합니다. 겉으로 보기에는 휴머니스트의 이미지가 보여 지지만 깊은 내심 속에는 하나님 경외를 설파하고 있습니다. 하나님의 이름을 40여회 언급하고 6회에 걸쳐 하나님을 경외해야만 한다는 결론을 내립니다. 특히 모세의 율법과 이스라엘의 역사에 대한 언급이 전혀 없는 이유는 독자를 전 세계의 모든 인류로 설정했음을 보여줍니다. 이는 이방인들의 생각과 행동과 가치관을 교정하여 영원한 문명을 준비시키려는 선교적 색조를 내포하고 있습니다.

1장의 전반부(1-11절)에 나타나는 인생의 허무함과 후반부(12-18절)에 이어지는 인간 지혜의 헛됨은 이런 맥락에서 이해할 수 있습니다. 하나님을 떠나서는 아무 의미가 없는 부귀영화의 정체를 아는 것만으로도 새로운 지혜의 세계에 들어선 것입니다. 우리는 자연과 인간의 한계(8, 18절)속에서 건져 올리는 하나님만 바라는 경건에의 초대장인 전도서를 받았습니다. 정독 묵상하여 생각이 바뀌고 삶이 변화되는 복이 임하시기를 소원합니다.

♦ 전도서 2장 성경칼럼

8절 | 은금과 왕들이 소유한 보배와 여러 지방의 보배를 나를 위하여 쌓고 또 노래하는 남녀들과 인생들이 기뻐하는 처첩들을 많이 두었노라

24절 | 사람이 먹고 마시며 수고하는 것보다 그의 마음을 더 기쁘게 하는 것은 없나니 내가 이것도 본즉 하나님의 손에서 나오는 것이로다

"어디까지 해 봤나요?"

인간의 탐욕과 자랑은 가히 끝이 없습니다. 진시황을 무너뜨린 환관 출신인 승상 조고의 '지록위마'는 진실을 조작하는 타락한 권력의 속성을 유감없이 보여줍니다. 위록지마란 힘 있는 권력자가 사슴을 놓고 말이라고 하면 맞다 고 해야 살아남는다는 비극적인 이야기입니다.

여자도 권력을 잡아 취하게 되면 이 길을 피하기 어렵습니다. 중국 대련에서 부흥회를 마친 후에 베이징 북서쪽에 있는 이화원과 만리장성에 가 본적이 있습니다. 이화원은 청나라 말기의 실권자인 서태후의 여름 별궁으로 인공호수를 비롯한 규모가 하루 종일 보아도 다 못 볼 정도입니다. 그녀의 하루 식사비는 농민 일 만 명이 먹는 것과 같습니다. 먹는 것이 아닌 눈과 코를 즐겁게 하는 음식을 따로 만들기도 합니다. 하룻밤을 잔 미소년들은 다음날 가차 없이 다 죽여 버립니다. 권력을 유지하기 위해서는 자기의 친아들인 황제도 가차 없이 제거합니다.

인간이 하나님을 모르거나 의식하지 못할 때 무슨 일을 하고, 어디까지 갈지에 대한 이야기는 한계를 정할 수 없습니다. 악인들이 살인과 수탈에 중독되어 저지르는 만행의 신기록도 계속 갱신되어 갑니다. 전도서는 솔로몬이라는 인물의 양면성을 유감없이 표출합니다. 최고의 지혜자에서 가장

어리석은 우상숭배자로 전락하기도 합니다. 권력과 부귀영화를 누린 시절과 곤핍한 영혼의 절망상태를 왕래한 것을 목격합니다.

그러하기에 그가 만끽한 말초 쾌락의 허황됨(1-11절)과 인간 지혜의 허무함(12-17절)에 대한 전도서의 고백이 실감나는 것입니다. 보편적 진리인 인간 수고의 가치마저도 무익하다고 논증하는 것은 죽음이라는 한계 앞에서 나오는 논리입니다. 자신의 수고를 자신이 유익하게 누리지 못하고 타인에게 넘기는 것이 죽음의 실체입니다(18-21절). 솔로몬의 극단적이고 허무주의처럼 보이는 이 논증은 예수님의 강화에 나오는 것과 맥을 같이 합니다. 주님께서 풍년의 소출에 희희낙락하며 평안해 하는 부자에게 살벌하게 경고합니다(눅 12:16-19).

(눅 12:20) "하나님은 이르시되 어리석은 자여 오늘 밤에 네 영혼을 도로 찾으리니 그러면 네 준비한 것이 누구의 것이 되겠느냐 하셨으니"

2장은 우리에게 자신과 물질중심의 생활에서 하나님이 주시는 복락을 만족하는 차원으로의 전환을 사모하게 만듭니다(24절). 세상적인 죽음은 보편성(모두)과 필연성(반드시)과 불확실성(때를 모름)으로 공포를 줍니다. 하지만 신자의 죽음은 영원한 본향으로의 전입으로 기쁨의 소망이 됩니다(히 11:16).

♦ 전도서 3장 성경칼럼

11절 | 하나님이 모든 것을 지으시되 때를 따라 아름답게 하셨고 또 사람들에게는 영원을 사모하는 마음을 주셨느니라 그러나 하나님이 하시는 일의 시종을 사람으로 측량할 수 없게 하셨도다

13절 | 사람마다 먹고 마시는 것과 수고함으로 낙을 누리는 그것이 하나님의 선물인 줄도 또한 알았도다

"호박이 참나무에 열렸더라면?"

호박이 가는 줄기에 열리는 것을 본 농부 '개로'는 하나님의 창조를 의아해 했습니다. 큰 참나무에 작은 도토리 열매가 열리는 것도 이해하기 어려웠습니다. 그는 참나무 밑에서 자다가 도토리가 콧등을 때린 후에야 하나님의 솜씨를 감탄하고 찬양합니다. '라 퐁테에느'가 쓴 에세이 내용입니다. 우연처럼 보이는 자연의 일상들이 하나님의 지문이라는 것을 눈치 챈 사람은 복이 있습니다. 인간의 모든 활동이 궁극적으로 하나님의 포괄적인 계획에 의하여 움직인다는 것을 아는 자가 지혜자입니다.

이전 장에서 비관과 허무주의에 대한 토로를 한 저자는 이제 3장에서 믿음의 눈으로 낙관과 적극적인 인생관을 표출합니다. 믿음의 눈이 아니고는 수많은 때를 분별할 수 있는 실력을 가질 수 없습니다. 멀리, 길게, 깊고, 높게 보아야만 인생의 때와 사물의 때를 알아챌 수 있습니다. 자연과 사물은 하나님의 정해준 법칙과 질서에 따라 움직이는데 죄인 된 인간은 하나님의 작정된 때를 알려고 애쓰지 않습니다.

하나님께서 우리에게 심어준 영원을 사모하는 마음은 너무나 귀한 것입니다(11절). 이 양심과 종교의 씨는 인간에게만 준 것인데 갈고 가다듬지 아니하면 어느새 단단한 이끼가 덮여 무감각해질 가능성이 많습니다. 역설적으로는 인간이 일의 시종을 측량하지 못하게 하신 것은 은혜입니다(11절). 만약 사람이 일의 전후를 알 수 있다면 그 전지성 때문에 교만해지거나 불행을 미리 알고 불안과 두려움에 떨 것입니다. 결국 하나님을 의지하기보다 다른 인간적 방도를 선택할 여지가 많습니다.

인간을 창조하신 하나님의 목적은 가장 존귀한 자로 행복을 주시기 위해서입니다. 아담과 하와의 창조 후에 다른 날보다 가장 좋아하셨던 하나님의 감탄을 잊지 말아야 합니다(창 1:27-31). 적어도 내가 예수님을 믿고 하나님의 자녀가 된 것이 확실하다면 행복의 자격이 있고 행복을 추구하는 것이 마땅합니다.

(신 33:29) "이스라엘이여 너는 행복한 사람이로다 여호와의 구원을 너 같이 얻은 백성이 누구냐 그는 너를 돕는 방패시요 네 영광의 칼이시로다 네 대적이 네게 복종하리니 네가 그들의 높은 곳을 밟으리로다"

관건은 행복에 대한 가치관에 있습니다. 행복은 영혼의 문제가 근본이지만 물질적, 육체적 측면을 외면하면 안 됩니다(12-13절). 현실의 삶에 아기자기한 즐거움들을 누리되 그것이 전부가 아니라는 것을 늘 의식해야 합니다(14절). 그리할 때 소유의 과다에 흔들리지 않는 자족의 행복을 누리고 적은 일에 충성하는 사역자가 될 수 있습니다. 일상의 행복이 영적인 사역으로 이어질 때 감사하고 만족하며 상급을 기대하는 그리스도인으로 나아가게 됩니다(22절).

♦ 전도서 4장 성경칼럼

4절 | 내가 또 본즉 사람이 모든 수고와 모든 재주로 말미암아 이웃에게 시기를 받으니 이것도 헛되어 바람을 잡는 것이로다

12절 | 한 사람이면 패하겠거니와 두 사람이면 맞설 수 있나니 세 겹 줄은 쉽게 끊어지지 아니하느니라

"아 허무하다, 아 피곤하다."

듣는 순간 함께 힘이 빠지는 것 같습니다. 전도자는 4장에서 얼마나 힘들었는지 괜히 태어난 것 같다는 극단적 표현까지 하고 있습니다(2-3절).

이렇게 염세주의의 극단을 달리는 이유는 인간 사회의 부조리한 면을 목격하고 경험했기 때문입니다. 인간 타락의 필연적인 결과가 인간의 마음은 물론 사회구조적 악의 관영으로 나타나게 된 것입니다. 권력을 가진 지배자들의 학대(1절)는 피 압제자들이 차라리 태어나지 않은 것이 낫다고 외치게 합니다(3절).

정상적인 사람으로서는 불필요한 시기와 경쟁의식은 잔인한 골육상쟁까지 불러옵니다(4-6절). 부에 대한 비정상적 욕구는 강박증에 걸리게 하고 영혼의 안락과 평안을 압살합니다(8절). 명성과 인기에 대한 강력한 추구는 허망하게 무너집니다. 의외로 대중들은 무감각하고 쉽게 잊는다는 것을 알아야 합니다(13-14절). 이런 모습 때문에 많은 사람들은 하나님의 절대주권을 의심합니다. 무신론에 치우치게 되고 허무와 피곤에 시달리며 해결방법으로는 포기하거나 타협하며 살게 됩니다.

모든 문제의 해결은 문제의 핵심을 본 후에 나오게 되어 있습니다. 피곤과 절망의 단계에서 주어지는 문제해결이 진정 고마울 수밖에 없습니다. 성경은 절망에 다다른 인간이 부르짖을 때 구원의 길을 보여 줍니다.

(행 2:37) “그들이 이 말을 듣고 마음에 찔려 베드로와 다른 사도들에게 물어 이르되 형제들아 우리가 어찌할꼬 하거늘”

이 세상은 삶의 영원한 목적지가 아니라 천국을 향해가는 과정이며 성도는 그 길의 나그네임을 분명히 합니다.

(벧전 2:11) “사랑하는 자들아 거류민과 나그네 같은 너희를 권하노니 영혼을 거슬러 싸우는 육체의 정욕을 제어하라”

하늘의 시민권을 늘 확인하며 세상의 처세술이 아닌 믿음으로 사는 길을 가르쳐 줍니다.

(빌 3:20) “그러나 우리의 시민권은 하늘에 있는지라 거기로부터 구원하는 자 곧 주 예수 그리스도를 기다리노니”

성도들은 사회적 상처를 두려워하여 고립을 택하지 말고 교제의 능력을 누리기를 권면합니다(9-11절). 주님과 함께 하는 두 세 명의 영적동지만 있으면 어떤 대적도 이길 수 있음을 약속합니다. 악마의 파도 같은 세상만 바라보면 허무와 피곤과 낙심이 달려듭니다. 그러나 눈을 돌려 하늘의 소망과 신자의 연합을 바라보고 교통하면 우리는 천하무적입니다. 부디 세상의 시류에 휩쓸려 힘을 빼지 말고 혼자 외로워하면 안 됩니다. 매일 매순간 말씀과 성령의 공동체에 깊이 거해야 합니다. 자비와 위로의 우리 아버지 하나님이 함께 하십니다.

♦ 전도서 5장 성경칼럼

1절 | 너는 하나님의 집에 들어갈 때에 네 발을 삼갈지어다 가까이 하여 말씀을 듣는 것이 우매한 자들이 제물 드리는 것보다 나으니 그들은 악을 행하면서도 깨닫지 못함이니라

7절 | 꿈이 많으면 헛된 일들이 많아지고 말이 많아도 그러하니 오직 너는 하나님을 경외할지니라

"딴 생각하며 사는 사람"

일을 할 때나 말을 할 때 현장에 집중하지 못하고 안절부절 하는 사람이 있습니다. 심지어 자기가 하는 말도 자기의식과 다르게 중언부언하고 행동도 자기 의도대로 하지 못하여 우왕좌왕합니다. 정신적으로 보자면 분열증이고 행동적 증상으로는 의지결핍입니다. 이런 모습을 가지고 하나님을 섬기게 된다면 영적인 세계에서는 마귀의 밥이 되기가 쉽습니다.

형식적인 신앙의 모습을 가지고 예배(제사)를 드리는 사람이 의외로 많습니다. 우리는 세상의 높은 지위에 있는 사람이나 귀한 손님을 만날 때에 얼마나 언행심사를 조심합니까? 깨끗하고 단정한 몸가짐과 예의 바른 매너와 품위 있는 언어를 사용하므로 잘 보이려는 의도가 너무나 잘 나타납니다. 그런데 이 세상 어떤 권세자와 비교할 수 없는 만왕의 왕이신 하나님께 나아가는 자세에 조심성이 없다면 큰일이 아닐 수 없습니다.

하나님께서는 우리에게 조건 없는 사랑의 초대를 하십니다(마 22:9-10절). 하지만 우리가 하나님을 만나는 예배의 준비행위까지 형편없이 하라고 말씀하시지는 않습니다(눅 22:11). 분명히 잔치에 참석하는 자는 예복을 갖추어야 식장에 입장할 수 있다고 하였는데 여기서의 예복은 하나님의 방법을 의미합니다(눅 22:12-14절). 1절에서 예배자가 갖추어야 할 기본적인 자세를 '네 발을 삼갈지어다'라고 하였습니다. 이것은 예배드리러 나가는 전에 한 번 더 생각하고 자신의 모습을 점검하라는 명령입니다. 여기서 발이라는 것은 행동을 의미하는데 구약 시대의 제사장들의 제사준비와 연관이 있습니다. 발을 씻어야 하고 신발을 벗어야 하는 것은 경건하고 진솔한 태도와 마음가짐을 가지라는 것입니다.

이것을 신약에서는 성령과 진리로 예배하라는 명령으로 나타납니다.

(요 4:24) "하나님은 영이시니 예배하는 자가 영과 진리로 예배할지니라"

다음에 예배자가 진정으로 준비해야 하는 것은 말씀을 사모하는 간절함입니다. 형식적인 우매자의 제사 드리는 것보다 하나님께 가까이 하여 말씀을 듣는 것이 더 귀하다는 것입니다(1절). 말씀이 결여된 예배는 형식주의로 흘러가며 성령의 역사를 기대할 수 없습니다. 자신의 소원을 이루기 위한 기도와 값싼 위로를 받기 위한 목적으로 예배드리러 나아가면 안 됩니다. 일종의 주일성수라는 의무감을 뛰어넘는 말씀의 은혜와 성도의 교통을 향한 예배자가 되어야 합니다.

또한 하나님께 나아가는 자가 주의할 것은 입술을 절제하는 것입니다(2-3절). 경솔하고 조급하며 잡다한 많은 언어는 예배자의 심령을 어지럽게 하고 받은 은혜마저 상실하게 할 수 있습니다. 무조건 침묵을 지키라는 것이 아니라 덕스럽고 단아한 감사와 헌신으로 하나님을 경외하라는 것입니다(6-7절). 이 세상 어떤 보화도 완전한 만족을 주지 못하고 허무함으로 달려갑니다(10절). 반면에 귀하신 하나님을 예배하는 일은 최고의 축복을 내려주는 것이 분명합니다(18-20절).

♦ 전도서 6장 성경칼럼

1절 | 내가 해 아래에서 한 가지 불행한 일이 있는 것을 보았나니 이는 사람의 마음을 무겁게 하는 것이라

12절 | 헛된 생명의 모든 날을 그림자 같이 보내는 일평생에 사람에게 무엇이 낙인지를 누가 알며 그 후에 해 아래에서 무슨 일이 있을 것을 누가 능히 그에게 고하리요

"겉으로는 근사한데.."

큰 저택과 빌딩, 화려한 장식, 최첨단의 편의 기구, 눈을 즐겁게 하는 별궁, 명품 치장, 도열된 수하들, 진수성찬은 근사합니다. 안전보장 경호, 자녀의 다복, 건강한 몸과 마음, 존경과 명예, 인맥의 찬란함, 시대의 석학, 영웅적 성취, 화수분 같은 재물과 지혜는 부럽습니다. 인생들이 원하고 바라고 추구하는 좋고 황홀한 것들입니다.

위 사례가 현대적인 것이라면 6장에 나오는 내용들은 솔로몬 시대의 성

공의 모습입니다. 재물과 부요와 존귀를 하나님으로부터 받은 자(2절), 일백 자녀를 낳고 건강한 자(3절), 천년의 갑절을 사는 자(6절)가 등장합니다. 여기서 현실에서 있을 수 없는 과장법을 사용하는 이유는 인간이 상상할 수 있는 모든 부귀영화까지 포함한다는 의도입니다. 솔로몬은 이런 근사한 복을 누린다 할지라도 한가지 조건이 갖춰지지 아니하면 저주와 재앙이라고 전제합니다. 얼마나 정확한 저주인지 불행(폐단)이라는 단어와 악한 병이라고 표현합니다(1, 2절). 더 극적인 묘사로는 이 근사한 복을 받은 자가 태어나지도 못하고 낙태하여 햇빛을 보지 못한 자보다 못하다고 합니다(3-5절).

그러면 꼭 갖추어야 할 그 한 가지 조건은 무엇일까요? 바로 행복을 누리는 것입니다(2, 3, 6절). 개역성경은 이 행복을 '낙(즐거움)'이라고 번역했습니다. 하나님이 주시는 즐거움을 누리지 못하는 모든 성공과 부귀영화는 저주라는 결론을 내리고 있습니다. 사람의 상식과 기준으로는 납득이 되지 않는 이런 결론을 내린 이유가 7절에 나옵니다. 여기서 식욕으로 번역된 원어 '네페쉬'는 원래 영혼이란 뜻입니다. 입이 육체적이고 일시적인 기쁨을 위한 것이라면 영혼은 영적이며 영원한 기쁨을 의미합니다.

하나님께서는 이 세상에서 사람의 영혼보다 큰 것이 없도록 창조하셨습니다. 인간이 세상의 모든 것을 소유해도 욕망은 절대 채워지지 않고 만족하지 못하는 이유가 여기에 있습니다. 당연히 하나님이 주시는 즐거움만이 사람의 영혼을 채울 수 있기에 온 우주를 소유해도 사람은 허전하도록 되어 있습니다. 이것이 하나님과 인간 사이에 절대적으로 정해진 창조와 섭리의 원리입니다. 하나님께서 가진 자는 행복하고 못 가진 자는 불행하도록 섭리하시지 않습니다.

지상의 외적 축복들은 그릇에 따라 주어지는데 악한 자는 악하게 사용함으로 저주의 도구가 될 수밖에 없습니다. 하지만 우리는 이 외적 조건을 하나님의 즐거움과 함께 받아 영적도구로 사용하면 되는 것입니다. 사는 날 동안 영육간의 근사한 복을 받아 행복한 하나님의 사람으로 쓰임 받고 주님 앞에 서기를 바랍니다(12절).

♦ 전도서 7장 성경칼럼

2절 | 초상집에 가는 것이 잔칫집에 가는 것보다 나으니 모든 사람의 끝이 이와 같이 됨이라 산 자는 이것을 그의 마음에 둘지어다

14절 | 형통한 날에는 기뻐하고 곤고한 날에는 되돌아 보아라 이 두 가지를 하나님이 병행하게 하사 사람이 그의 장래 일을 능히 헤아려 알지 못하게 하셨느니라

"좋은(good), 더 좋은(better), 최고로 좋은(Best)"

사람은 하루에도 수없이 많은 선택을 하며 살아가고 있습니다. 시간이 지나고 나면 그 선택이 좋은 결과로 나타나기도 하고 나쁜 결말이 나기도 합니다. 누구나 가장 좋은 선택을 하고 싶지만 지혜와 안목이 없으면 불행하게도 최악의 선택으로 귀결되기도 합니다. 전도자는 7장에서 허무한 인생 속에서도 참되고 보람 있게 살아갈 수 있는 방법을 권고합니다. '보다 나으며(better)'라는 문장을 쓰며 인간적 판단의 허구성과 하나님의 지혜의 적용을 이야기합니다(1-14절).

인생의 하수는 자기 꾀로 자기가 보기에 좋은 것을 택하고 행하는 자입니다. 인간의 안목과 지혜는 죄의 동기를 벗어나기 어렵기에 허탈하고 창피한 상태로 나아가게 됩니다. 인생의 중수는 세상의 검증된 교훈과 계략을 힘입어 선택하고 살아가는 자들입니다. 중용의 미덕을 따르고 양비론적 위치로 적을 만들지 않으며 겸손의 태도로 존경을 받기도 합니다. 이 모습

은 인간적으로는 참 바람직하지만 최상으로 좋은 것(Best)은 아닙니다.

그러면 인생의 고수이면서 그리스도인이 가야 할 최선의 길은 무엇일까요? 두 말할 필요도 없이 하나님께서 주시는 신앙의 지혜입니다. 앞의 하수와 중수의 지혜는 포장은 되어 있지만 그 출발이 자기 유익과 자기 의에 뿌리를 두고 있습니다. 하지만 하나님의 지혜는 인간의 힘과 노력과 공로가 아닌 예수님을 믿는 대속의 은혜가 근본입니다. 즉 하나님을 경외하는 것이 참된 지혜이고 그 지혜를 생활에서도 적용하라고 하는 것입니다.

태어남보다 죽는 것이 낫고 잔치 집에 가는 것보다 초상집에 가는 것이 유익하다는 것이 그 한 예입니다(1-4절). 인생의 유한성을 깨닫고 영원을 염두에 두고 사는 것은 하나님을 믿는 신앙에서만 가능하다는 논리입니다. 눈앞에 있는 것만 좇고 살다가 남의 죽음 앞에서 자기의 죽음을 생각하고 준비할 여지가 있는 곳이 초상집입니다. 세상 처세술의 최고봉인 중용의 덕을 가지고 살 것을 권고하면서도 하나님 경외가 가장 중요하다고 강조합니다(15-18절). 인간의 판단의 한계를 인식하고 악을 떠나는 하나님의 말씀에 입각한 중용을 견지하라고 합니다.

성령님의 새로운 은사와 공급되는 지혜가 최고로 좋은 속사람을 만들어 가는 것임을 분명히 합니다.

(롬 7:6) "이제는 우리가 얽매였던 것에 대하여 죽었으므로 율법에서 벗어났으니 이러므로 우리가 영의 새로운 것으로 섬길 것이요 율법 조문의 묵은 것으로 아니할지니라"

우리는 부패한 인간의 지혜를 향한 구도가 헛되다는 것을 노년에 깨달은 전도자를 목격합니다(23-28절). 내 꾀를 부리는 것을 멈추고 정직하게 주님의 말씀을 사모하는 구도자가 되기를 소원합니다(29절).

♦ 전도서 8장 성경칼럼

6절 | 무슨 일에든지 때와 판단이 있으므로 사람에게 임하는 화가 심함이니라
11절 | 악한 일에 관한 징벌이 속히 실행되지 아니하므로 인생들이 악을 행하는 데에 마음이 담대하도다

"침대 밑에서 시한폭탄이 째깍째깍"

생활 속에서 가장 편해야 할 곳은 잠자리입니다. 그런데 침대 아래에 언제 터질지 모르는 폭탄이 장치되어 있다면 그 불안과 두려움은 최고도로 올라갈 것입니다. 모든 것을 다 가진 자라 할지라도 이 상태가 계속된다면 그 부귀영화는 헛것이 되고 맙니다. 시한폭탄이 의미하는 것은 심판이고 궁극적으로는 하나님의 최종심판을 상징합니다.

우리의 신앙생활의 최고의 난제는 악인의 형통이고 그들에 대한 심판이 눈에 잡히지 않는 것입니다. 악한 자들이 지위를 이용하여 악을 행하고 죽기까지 별 탈이 없고 그 중에 영예로운 장례식도 치릅니다(9-10절). 징벌은 속히 실행되지 않는 것처럼 보이니 인생들이 담대히 그 뒤를 따릅니다(11절). 그에 비해 하나님을 경외하는 선인들은 믿음을 지키고자 애매히 고난을 받고 억울한 일도 당합니다. 이 모순된 현실에서 선인들이 취해야 할 선택은 무엇일까요?

첫째, 악인들과 선인들의 확실한 구분 점은 종말론적 심판입니다. 악인은 악의 멸망에 따라 함께 가고 선인은 의의 승리와 함께 구원의 상급이 주어진다는 사실을 굳게 붙들어야 합니다.

둘째, 악인과 선인은 현실적인 생활에서 구별이 주어집니다. 하나님을 경외하며 통치를 기뻐하는 자들에게는 희락을 주셔서 평안을 누리게 합니

다. 악인들에게는 이 희락과 평안이 없기에 불안해하며 징벌의 시한폭탄을 안고 살게 됩니다. 이 항목은 일시적으로 반대처럼 보일 때도 있지만(12-14절) 전체와 최종적으로는 불변입니다(15절).

셋째, 악인의 수준은 하나님이 없으므로 짐승보다도 못한 상태로 나아가지만 선인은 하나님의 섭리를 깨닫게 되고 그 형상을 닮아갑니다. 악인의 번성은 허무함만 더해 주지만 선인의 범사는 하나님을 경험하는 신비로 사용됩니다. 인간적인 연구와 수도로는 알 수 없는 하나님의 뜻과 섭리를 깨닫고 참여하는 최고의 복이 주어집니다(17절). 욥처럼 극한의 고난 속에서 얻었던 하나님 행사의 비밀을 알고 복종하는 그리스도인으로 변화됩니다(욥 28:20-23).

우리는 부조리하고 모순된 현실의 지평 속에서 하나님의 공의로운 통치를 믿고 경험하는 길에 초대된 자들입니다. 욥의 친구들 수준은 인과응보와 신상필벌의 인간 지혜에 근거한 차원이었습니다(욥 38:2). 그러나 우리는 욥처럼 하나님의 주권과 경륜을 눈치 채는 영역에 들어왔습니다(욥 38:3). 알게 모르게 시한폭탄을 깔고 사는 악인의 번성을 부러워 말고 범사에 희락을 누리는 지혜자가 되기를 소원합니다.

(고전 1:25) "하나님의 어리석음이 사람보다 지혜롭고 하나님의 약하심이 사람보다 강하니라"

♦ 전도서 9장 성경칼럼

3절 | 모든 사람의 결국은 일반이라 이것은 해 아래에서 행해지는 모든 일 중의 악한 것이니 곧 인생의 마음에는 악이 가득하여 그들의 평생에 미친 마음을 품고 있다가 후에는 죽은 자들에게로 돌아가는 것이라

8절 | 네 의복을 항상 희게 하며 네 머리에 향 기름을 그치지 아니하도록 할지니라

"그 때는 맞고 지금은 틀렸다"

반대의 말은 그 때는 틀렸는데 지금은 맞다입니다. 내가 지금 알고 있는 것이 사실이나 진실이 아닐 수도 있다는 생각은 엄청난 깨달음이고 위대한 각성입니다. 매일 쏟아져 나오는 수많은 정보와 지식에 대한 흡수를 심각하게 생각해야 된다는 의미입니다. 가짜 뉴스를 계속 듣다보면 어느새 진짜로 받아들이게 된다는 나치의 홍보 캡틴인 괴벨스가 떠오릅니다. 선전선동, 프로파간다, 가스 라이팅, 역 공작, 갈라치기, 마녀사냥, 이슈 돌려막기, 여론조작, 조직문화화 등은 대중들을 혹세무민하며 우민화하는데 쓰는 정치 사회적 용어입니다.

좋은 '브레인 샤워(세뇌)'은 인생의 변화를 주지만 반대의 경우에는 피대상자를 헛똑똑이로 만듭니다. 전도서에 나오는 인생의 성찰을 읽다보면 문자적인 뜻을 뛰어넘어야 해석되는 내용들이 나옵니다. 번영이 반드시 선하지는 않고(전 6:1-6) 불행의 모든 것이 다 악한 것이 아니라고 이야기합니다(전 7:1-14). 이는 하나님의 절대주권을 인정하는 자세가 없으면 이해할 수 없는 내용입니다. 의인과 악인, 불신자와 예배자가 모두 동일한 무덤에 들어가는 취급을 받는다(2절)고 이야기합니다.

우리의 생각에는 좀 억울한 마음이 들지만 너무나 당연한 것입니다. 구원은 보이지 않는 것을 믿는 믿음으로 받기 때문입니다(히 11:1). 무덤에서 어떻게 취급받는 것으로 신자와 악인과 구별된다면 믿음의 가치는 소용이 없게 됩니다. 우리는 말씀의 하나님을 인격적으로 믿고 순종하는 성령의 사람들이기 때문입니다(눅 16:27-31). 내 판단과 다르다고 틀린 것이 아니기에 하나님의 결정을 절대 수용하라고 말씀합니다(1절).

악이 가득한 미친 마음을 품고 살다가 반드시 죽는 인간 실존(3절)을 직시해야만 안 보이는 영적세계가 보이게 됩니다. 전도서에는 허무와 염세주의를 강조하면서 비탄한 인생을 성찰하는 내용이 많습니다. 그러나 한편으로는 기쁘고 보람 있는 인생의 장면들을 보여줍니다. 이 장면을 좀 더 자세히 살펴보면 두 가지 특이점이 발견됩니다.

첫째, 작고 평범한 삶의 파편들을 귀하게 여기고 즐거움을 누리라고 합니다. 자기의 일을 성실히 하고 음식을 즐겁게 대하고 가정과 인간관계에서 만족을 누리라고 합니다(7-10절). 둘째, 신자는 세상의 비관주의와 낙관주의를 모두 경계하고 하나님의 영광을 위해 살 것을 격려하고 있습니다. 권세자의 호령보다 지혜자의 조용한 말이 낫고 위협적인 무기보다 하늘의 선물인 지혜가 능력이 있습니다(13-18절). 지혜의 창고인 성경을 정독 묵상하는 것이 얼마나 영광스러운 과정인지 다시금 확인하게 됩니다. 가짜에 세뇌되지 말고 진리의 성령님과 함께 하는 참된 그리스도인의 행복을 누리십시다(요 14:26).

♦ 전도서 10장 성경칼럼

1절 | 죽은 파리들이 향기름을 악취가 나게 만드는 것 같이 적은 우매가 지혜와 존귀를 난처하게 만드느니라

10절 | 철 연장이 무디어졌는데도 날을 갈지 아니하면 힘이 더 드느니라 오직 지혜는 성공하기에 유익하니라

"알면서도 가는 길, 알면 절대 못가는 길"

의와 선을 위해서 핍박과 불이익을 당하며 가는 의인이 있습니다. 반대로 나중에 그 대가를 치를 줄 알면서도 눈앞의 이익과 쾌락을 위해서 악한

길을 선택하는 사람도 있습니다. 이 두 가지의 경우는 현세로만 보게 되면 각자의 선택에 의하여 알면서 가는 길입니다. 그러나 영원한 내세인 천국과 지옥의 결과까지 생각하면 문제가 달라집니다. 천국의 선한 길만 필히 선택해야 하는 것으로 악한 길은 절대 가면 안 되는 길입니다.

여기서의 악한 길 즉 죄의 정체는 하나님께 불순종하여 예수님을 믿지 않는 것을 의미합니다(요 16:9). 그런데도 악한 길을 가는 사람이 많은 이유는 영적으로는 유기된 것이요(롬 1:28), 인간적 표현으로는 양심에 화인을 맞아서입니다(딤전 4:1-2). 전도서 10장에서는 의인을 지혜자로, 악인을 우매자로 부릅니다. 이스라엘 백성 중에 의인과 악인이 함께 거하듯이 교회에도 이 두 종류의 사람이 함께 거하고 있습니다.

여기서 문제와 부작용이 발생합니다. 지혜자와 우매자가 섞여 있으면 어느 편이든 우위에 있는 쪽으로 변해야 하는 것이 논리에 맞습니다. 그런데 결과는 항상 악한 우매자 쪽으로 기울어지고 결과적으로 나쁜 이미지가 형성되고 만다는 것입니다. 교회에 선한 그룹이 다수임에도 이런 결과가 나온다는 것은 억울하기 그지없습니다. 논리와 현상의 오류가 분명히 있음에도 교회와 성도의 역사는 이 길을 거쳐 올 수밖에 없었습니다.

사소한 우매가 커다란 지혜를 무효화시키는 이 파괴력을 어떻게 해야 할까요? 이 현상을 너무나 정확하게 비유한 내용이 1절에 나옵니다. 작은 파리가 향기로운 기름에 빠져 죽으면 향기는 사라지고 악취가 진동하게 된다는 비유입니다. 이는 하찮고 해로운 것이 주위의 아름다운 것에 영향을 받기보다 악영향을 끼쳐 부정적인 동류로 취급받게 된다는 뜻입니다. 교회의 소수 악행자로 인하여 교회 전체의 순결성과 거룩성이 더럽혀지고 훼손되는 경우가 이에 해당됩니다.

작은 어리석음이 지혜와 존귀보다 더 강한 영향력이 있기에 하나님께서는 구약의 정결법을 세우셨습니다(레 11:24-25). 또한 16절에서는 더욱 파괴적인 영향력을 제시하는데 바로 지도층의 우매함입니다. 왕과 대신들이 아침부터 탐욕과 쾌락만 추구한다면 그 나라는 망하는 것이 마땅한 것입니다. 그리스도인들은 각자의 자리에서 날카로운 지혜를 행해야 합니다(10절). 그 지혜를 도구로 하여 악한 우매자를 분별하고 대처하는 책임이 우리에게 주어졌습니다.

♦ 전도서 11장 성경칼럼

1절 | 너는 네 떡을 물 위에 던져라 여러 날 후에 도로 찾으리라

5절 | 바람의 길이 어떠함과 아이 밴 자의 태에서 뼈가 어떻게 자라는지를 네가 알지 못함 같이 만사를 성취하시는 하나님의 일을 네가 알지 못하느니라

"여기서는 이래라, 저기서는 저래라"

아이가 엄마에게 불평하는 말이기도 하지만, 초신자나 회의주의자가 성경을 읽으면서 투덜대는 소리입니다. 크게는 구원에 대한 예정론과 자유의지의 충돌이 일어날 때 나옵니다. 작게는 삶을 긴장하며 적극적으로 살라는 명령과 여유롭게 즐기며 사는 것이 지혜라는 말씀이 각각 강조될 때입니다. 구약에서 적들의 아이와 가축까지 전멸시키라는 명령(삼상 15:2-3)은 하나님 사랑의 성품에 대한 오해를 일으키는데 작용을 합니다.

이런 상반된 말씀을 올바로 해석하기 위해서는 어느 단계에서 어떤 면을 강조한 것인지를 전제로 하여 이해하여야 합니다. 전도서에서는 많은 곳에서 자신의 즐거움과 만족을 위해서 살라고 권고합니다. 허무와 염세주의의 조류를 벗어나 하나님의 선물을 누리는 지혜는 참 귀합니다.

그러나 11장의 전도서 결론부에 들어서면서 다른 차원의 업그레이드를 제시하고 있습니다. 자신의 행복과 즐거움에만 머물지 말고 남을 위하는 선행의 삶을 권고합니다. 선행의 내용은 구제와 봉사이며 그 대상은 보답의 대가를 기대하기 어려운 계층임을 분명히 합니다. 물에 던지는 구제(떡)가 인간적으로는 돌아올 리가 없지만 하나님의 보상으로 갚아 주신다고 여운을 줍니다(1절). 이 보상을 바라고 구제를 행하라는 것이 아니라 기회 되는대로 열심히 하라는 것이 초점입니다. 신앙인의 한 단계 높은 행동원리를 제시함으로 갈등 없이 열심의 영역을 열라고 합니다. 선행과 구제는 아무리 열심히 해도 부작용이 없는 하나님의 세계로 업그레이드되는 성격을 가지고 있습니다.

상황에 맞는 상대원리가 아닌 율법을 온전케 하는 절대원리가 사랑의 구제라고 말씀합니다(갈 5:14). 우리는 신비하고 오묘한 하나님의 손길을 알아채기는 어렵습니다. 바람의 길도 모르고 아이의 생성은 상상도 못합니다(5절). 하지만 하나님이 성취하신다는 것을 눈치 채는 것만으로도 우리 차원에서는 대단한 도약이 됩니다. 여기에 근거하여 하나님의 뜻에 맞는다면 좌고우면하지 말고 부지런히 심고 키우는 일에 열심을 내라는 것입니다(6절).

지혜자의 공통된 의식은 현세에서 즐거움을 누리되 심판을 항상 생각해야 한다는 점입니다(9절). 두 가지를 다 잘 하기는 어려운 인간이기에 이는 만만히 여길 사항은 아닙니다. 그리스도인의 신앙으로만이 이 두 지평을 바라볼 수 있는 실력을 연마할 수 있습니다. 이 길에 관성이 생기면 스트레스와 근심을 극복하고 악을 떨치며 일어나게 됩니다(10절). 우리의 모든 날의 행위를 계수하며 심판하실 하나님을 향한 모험적 선행에 열심을 내야 하겠습니다. 한 단계 올려서 생각하고 점검하면 주님을 가까이 하며 깊은 신앙으로 나아갈 수 있습니다.

♦ 전도서 12장 성경칼럼

1절 | 너는 청년의 때에 너의 창조주를 기억하라 곧 곤고한 날이 이르기 전에, 나는 아무 낙이 없다고 할 해들이 가깝기 전에

13절 | 일의 결국을 다 들었으니 하나님을 경외하고 그의 명령들을 지킬지어다 이것이 모든 사람의 본분이니라

"어른아이(kidult), 애늙은이(old young)"

어른아이는 성인이 되었는데 어린아이의 상태를 가진 사람을 의미합니다. 좋은 뜻으로는 동심을 가지고 어린 시절의 즐거움을 누리는 순수한 어른을 말합니다. 심리적으로는 미성숙한 어른으로 자기 나이에 맞는 역할을 못하여 주위의 사람들을 걱정시키는 자를 말합니다. 반대로 애늙은이란 말은 나이와 몸은 아이인데 철이 일찍 들어 생각과 행동이 어른스러운 자를 말합니다. 언뜻 보면 좋은 것 같으나 애늙은이가 되기까지의 눈치보고 산 불우한 환경을 염두에 두면 비극적인 면이 있습니다. 이 두 부류의 사람들은 정상은 아니지만 정죄할 일은 아니며 장단점의 차원으로 분별하여 보면 됩니다.

인생이란 전체적인 면에서 단점을 키우면 낭패로 가지만 단점을 승화시키면 좋은 에너지가 되어 성공의 길을 가기도 합니다. 이 내용의 대비를 영적인 세계로 변환하면 어떤 지혜를 찾을 수 있을까요? 일단 하나님을 만나지 않는 사람은 제외하고 구분해 봅니다. 하나님과의 관계에서 첫 번째 테마는 '언제 만나는가'입니다. 인간으로서 최고의 지혜와 경험을 갖춘 솔로몬은 명쾌하게 결론을 냅니다. 청년의 때에 하나님을 기억하여 경험하는 것이 가장 좋다고 선언합니다(1절). 그 이유는 곤고함의 날들, 즉 나이가 든 후에는 하나님을 만나더라도 큰 손해가 있을 수 있음을 설명합니다(1-7절). 청년 시절 하나님을 모르고 그 정열을 쾌락에 남용한다면 일할 힘이

빠져버린 노년에는 후회밖에 남는 것이 없습니다.

두 번째는 '어떤 하나님으로 만나느냐'의 문제입니다. 내가 바라고 만든 하나님이 아니라 성경에서 계시하신 하나님을 만나야 합니다. 전도서의 분위기는 마지막 장까지 모든 것이 헛되도다(8절)는 문장의 반복으로 허무함과 염세주의가 큰 산맥을 이룹니다. 하지만 전도자는 이 분위기를 낙심과 절망으로 몰아가지 않습니다. 하나님의 선물인 즐거움을 누리는 것과 동시에 죽음과 심판을 의식하며 살라고 가르칩니다. 이 육신의 과정의 가장 큰 본질이 하나님을 경외하고 그 명령을 지키는 것입니다(13절).

이 본질의 목적을 위하여 적극적이고 낙관적인 행동을 하라고 명령합니다. 하나님께서는 모든 행위는 물론이고 인간의 은밀한 동기까지 감찰하시며 결국 심판하십니다(14절). 유한한 인간이 무한하신 하나님의 불가해한 질서를 인식하지 못하는 것은 당연합니다. 다만 하나님을 떠난 인생의 허무함을 알고 참된 행복은 하나님 안에 있다는 것은 분명하게 고백할 수 있습니다(13절). 인생의 단맛과 쓴맛을 먼저 경험하여 그 결론을 후세에게 올곧이 전해주는 솔로몬의 송곳 가르침을 귀담아 듣습니다(9-12절).

아가

♦ 아가 1장 성경칼럼

2절 | 내게 입맞추기를 원하니 네 사랑이 포도주보다 나음이로구나
8절 | 여인 중에 어여쁜 자야 네가 알지 못하겠거든 양 떼의 발자취를 따라 목자들의 장막 곁에서 너의 염소 새끼를 먹일지니라

"사랑은 하나(one pick)?"

'사랑엔 정답이 없다'라는 유명한 문장이 있습니다. 사랑의 정의를 내린다는 것은 그만큼 고려할 내용이 많다는 의미입니다. 시대와 가치관이 다르고 처한 상황도 제 각각이며 특별히 인간 자체가 한없이 복잡하기 때문입니다. 이런 전제 가운데 인생 최고의 난제인 사랑에 대하여 정답을 내린다는 것은 오류가 많아 위험하기 짝이 없습니다. 그럼에도 불구하고 사랑의 테마는 인간으로서는 거부할 수 없고 꼭 넘어야 할 산맥입니다.

성경 전체가 하나님이 인간을 사랑한 내용인데 그것을 남녀 간의 사랑으로 은유하여 알게 해주는 책이 바로 아가서입니다. 한문성경과 벌게이트 번역에서 나온 아가라는 제목은 '뛰어난 노래'라는 의미이고 히브리어(쉬르 하쉬림)로는 '노래 중의 노래(song of song)로서 최고의 노래라는 뜻입니다. 성경에 아가서가 정경으로 있는 것은 하나님께서 사랑에 대한 정답을 알려 주시기 위한 배려입니다. 아가서의 내용에 하나님에 대한 언급은 거의 없지만 하나님의 사랑의 속성을 모르면 한 구절도 해석할 수 없습니다. 남녀 간의 진실한 사랑은 성도를 향한 하나님의 사랑의 그림자이기에

아가서는 이스라엘 최대의 명절인 유월절 기간 중에서도 절정인 안식일에 낭독되었습니다.

신구약 성경에는 하나님과 성도(교회)간의 관계를 남녀 간의 사이로 묘사한 내용이 많습니다. 남편과 아내(사 54:5~6, 호 2:16~20), 그리스도의 아내(엡 5:22~33, 고전 11:2), 그리스도의 신부(계 19:7~9, 21:9)로서 영광스러운 연합을 말씀합니다. 본서는 1차적으로는 남녀 간의 건강하고 진솔한 사랑이야기로 보이지만 영적으로는 그리스도와 교회와의 신령한 관계를 계시한 것이라고 볼 수 있습니다.

아가서의 저자가 솔로몬이라는 것은 사랑의 정의를 내리는 것에 큰 설득력을 가집니다. 인류 역사상 최고의 권세를 가지고 부귀영화를 누리며 온갖 애정 행각을 다해 본 인물이기 때문입니다. 후궁과 첩이 천명(왕상 11:3)이고 각국의 이방 미녀들을 취해 본 남자가 겪은 쾌락의 허무함은 상상하기 어렵지 않습니다. 왜냐하면 '사랑은 하나(1)'이며 이는 하나님이 정해 놓으신 법칙임을 알기 때문입니다. 사랑을 해본 사람은 다 경험한 것이지만 여러 사람을 동시에 사랑할 수는 없으며 그 끝에는 만족과 행복은 없습니다. 또한 내가 사랑하는 사람이 예쁘고 멋져서 나 혼자 독점하기 아깝다고 다른 사람과 공유할 수 없는 것과 같은 원리입니다.

다수를 통한 온갖 사랑의 행각으로 얻은 피폐함에 휘감겨 있던 솔로몬의 마음에 한 여인이 들어왔습니다. 계산해서 나누어 주는 N분의 1의 사랑이 아니라 전부를 줄 수 있는 올인(All in)의 사랑이 드디어 온 것입니다. 왜 솔로몬은 외형적으로 탁월하지 않은(5-6절) 술람미 여자(6:13)로 불리 우는 이 여인에게 꽂혔을까요? 바로 이 여인에게서 1:1(사랑은 하나)의 사랑을 보았기 때문입니다. 솔로몬의 사랑을 받은 이 여인은 다른 여인과 다르게 무엇을 얻으려고 솔로몬을 사랑하지 않았고 N분의 1의 사랑을 한 것이 아니었습니다(1-7절).

첫사랑의 속성이 올인 이듯이 그 속성을 가지고 하나님만을 사랑하는 성도와 교회를 보여주는 것이 바로 술람미 여인인 것입니다. 하나님께서는 솔로몬의 시각을 통해서 정확하게 하나님만을 사랑하는 자를 찾고 계시며 엄청난 사랑을 부어 주심을 보여 주십니다(8-11절). 솔로몬과 술람미 여인과의 상호 찬사(12-17절)는 우리가 온 맘 다해 주님을 기뻐하고 사랑하는 모델을 가지게 합니다. '오, 나의 사랑은 오직 주님뿐입니다(시 73:24-25, 23:1)'

♦ 아가 2장 성경칼럼

8절 | 내 사랑하는 자의 목소리로구나 보라 그가 산에서 달리고 작은 산을 빨리 넘어오는구나

16절 | 내 사랑하는 자는 내게 속하였고 나는 그에게 속하였도다 그가 백합화 가운데에서 양 떼를 먹이는구나

"사랑받을 자격?"

소설과 영화와 드라마의 영원한 테마는 신분의 격차가 엄청난 커플간의 사랑이야기입니다. 고전적인 명칭으로 신데렐라(온달) 콤플렉스라고 하여 파트너와의 만남을 통해 신분상승과 인생역전을 이루는 것을 말합니다. 현재 상영되거나 방영되는 작품에도 셀 수 없을 정도로 많이 삽입되어 눈에 잡힙니다. 이 구도가 인기를 얻고 모양을 달리하여 계속 그려지는 이유는 간단합니다. 사람이라면 누구나 가지고 있는 대박의 간절한 욕망을 대리만족 시켜주기 때문입니다. 그것도 최고로 아름다운 사랑이라는 포장지로 감싸서 해피엔딩일 경우에는 누구도 시비 걸지 못하도록 해 줍니다.

이런 작품의 극적 요소는 객관적으로 사랑받을 요소가 없음에도 상대방의 후의에 의해 이루어지는 것입니다. '나는 자격이 안돼요'라고 외쳐도 '나는 너밖에 없어'라고 고백하며 대쉬합니다. 이 말도 안 되는 상황을 이해하기는 힘들지만 한 비유를 들어 보겠습니다. 대리석 덩어리를 바라보고 있는 예술가가 그 돌에서 비길 데 없는 기술로서 만들어질 조각품을 상상하고 미리 기뻐하는 차원이라면 어떻겠습니까? 아가서의 솔로몬과 술람미 여인과의 러브스토리가 바로 이 구도입니다.

이는 나아가 성경 전체의 구도로서 하나님과 교회(이스라엘 백성, 신약 성도)와의 관계를 살포시 드러내주고 있습니다. 인간적인 차원의 신데렐라는 예쁘고 착하다는 설정을 기본으로 합니다. 그러나 우리를 대표하는 아가서의 술람미 여인은 그렇지 않다는 것이 곳곳에 드러나 있습니다. 골짜기의 백합화라는 것은 산골 농부라는 뜻이며(1-2절) 사과나무같이 걸출한 솔로몬과 상대가 되지 않습니다(3절). 환경의 영향으로 가꾸지 못한 외모는 거무튀튀하고 볼품이 없습니다(1:5). 여우의 공격으로 자기 포도원도 잘 지키지 못한 허물도 고백하고 있습니다(1:6).

이 여인의 이 모습은 주님의 찾아오심 앞에 납작 엎드려 긍휼을 구하는 우리(맹인 바디매오)의 모습과 어찌 그리 흡사한지요?

(마 10:47) "나사렛 예수시란 말을 듣고 소리 질러 이르되 다윗의 자손 예수여 나를 불쌍히 여기소서 하거늘"

허물 많은 술람미 여인을 향하는 솔로몬의 모습 속에 주님을 발견하게 됩니다.

수도 없이 많은 곳에서 '어여쁜 자여 일어나 함께 가자'고 말씀하시고 행동합니다(1:12-17, 2:10-14). 사랑을 방해하는 작은 여우는 함께 잡으면 되니 아무 걱정 말라고 합니다(15절). 사랑하는 우리 둘은 연합하여 한 몸이니 마음껏 사랑의 열매를 누리면 된다고 합니다(16-17절, 롬 6:3-5). 이 초대에 기쁘게 응한 술람미 여인처럼 우리도 '영적 신데렐라'로 주님께 나아가게 되었습니다(엡 1:22-23). 죄와 허물로 죽었던 나를 살리신(엡 2:1) 주님을 깊이 사랑하고 찬양을 드립니다

♦ 아가 3장 성경칼럼

1절 | 내가 밤에 침상에서 마음으로 사랑하는 자를 찾았노라 찾아도 찾아내지 못하였노라

11절 | 시온의 딸들아 나와서 솔로몬 왕을 보라 혼인날 마음이 기쁠 때에 그의 어머니가 씌운 왕관이 그 머리에 있구나

"사랑은 아무나 하나"

대중가수 태진아가 부른 히트곡 제목입니다. 가사에 들어 있는 내용과 제목이 많은 사람의 공감을 얻게 된 노래입니다. 경쾌한 리듬에 짧고 단순한 가사는 사랑은 아무나 할 수 없다는 이유가 들어가 있습니다. 눈이라도 마주쳐야 하는 인연이 있어야 하고, 사랑의 기쁨과 이별의 아픔을 아우를 수 있는 인격이 있어야 한다고 노래합니다. 아무리 만나도 외로울 수 있는 감정도 이해해야 하고, 점 하나(임팩트)를 찍을 수 있는 행동력이 있어야 한다고 소리칩니다.

정치가 어렵고 목회가 힘든 이유는 사람을 대하는 것이기 때문입니다. 사랑은 이에 한 걸음 더 나아가 사람과 내면의 깊은 교감이 필요하고 인생을 걸어야 하며 주변의 변수까지 작용되기에 더 어렵습니다. 아가서는 이제 이야기의 구도 상 기승전결에서 '승'의 영역으로 들어갑니다. 사랑의 시

작(기)이 설렘과 기쁨이라면 그 발전 과정(승)에는 변수가 생기고 극복의 실력이 요구됩니다. 사랑의 기대에 불어 닥치는 이별의 공포와 사랑의 상실에 대한 염려는 엄청난 스트레스입니다.

술람미 여인이 솔로몬을 잃을까 봐 노심초사하며 꿈에서도 찾아 헤매는 모습은 사랑의 실존적 모습입니다(1-3절). 오직 하나(one pick)와 유일한(only) 사랑이기에 다른 방도는 없다는 이 여인의 절실함은 서툴러 보이기도 합니다. 하지만 영적으로 보면 예수님을 사랑하는 우리의 태도에 큰 경종을 울립니다. 나는 과연 꿈에서까지 절실하게 헤매면서 주님을 찾고 또 찾았을까 에 대한 질문입니다. 사랑의 질은 이별을 해 봤을 때에 가늠되고 사랑의 실력은 고난을 당했을 때 드러나게 됩니다.

이별의 슬픔을 통해 만남의 기쁨을 소중히 여기고 신랑을 꼭 붙잡는 여인이 참 아름답습니다(4절). 신랑이 혹시 자그마한 소리에도 깰까 조심스러워서 주변을 아우르는 배려는 이타적 사랑의 모델입니다. 솔로몬이 수많은 여자를 제치고 이 촌티 나는 여인을 택하고 사모했는지 이해가 됩니다. 출신이 비천해도 신부는 신랑과 같거나 더 귀하게 대우를 받는 것이 결혼 예식입니다. 사랑의 결과는 이제 혼인용으로 제작된 호화로운 특수 가마를 타고 호위를 받으며 예루살렘에 입성하는 영광을 누리게 됩니다(7-10절).

어디서 많이 읽고 목격한 광경이지 않습니까? 예수님은 교회(성도)에 대하여 완벽한 보호자가 되십니다(롬 8:36-39). 성도는 예수님의 신부로서 주님과 완전한 연합을 이룹니다(계 19:5-8). 주님만 사랑하는 성도는 험한 세상을 살고 어려운 고비도 있겠지만 완벽한 안전을 보장받습니다. 이 사랑은 아무나 할 수는 없지만 우리는 주님의 신부로서 주님만 사랑하여 그에 맞는 능력을 누리는 길로 어느새 들어와 있습니다.

♦ 아가 4장 성경칼럼

7절 | 나의 사랑 너는 어여쁘고 아무 흠이 없구나
16절 | 북풍아 일어나라 남풍아 오라 나의 동산에 불어서 향기를 날리라 나의 사랑 하는 자가 그 동산에 들어가서 그 아름다운 열매 먹기를 원하노라

"제 눈에 안경, 콩깍지 쓰다"

전자는 보잘 것 없어도 제 마음에 들면 좋아 보인다는 뜻입니다. 후자는 객관적으로 볼 때는 별로인데 혼자 좋아서 올인 하는 모습입니다. 약간의 의미는 다르지만 사랑에 빠져있는 상태를 보여주는 것이며 한편에서는 변할 것을 염두에 두고 있습니다. 잠시 사랑의 안경과 콩깍지에 코가 꿰어 평생을 고생하는 사례도 많기 때문입니다.

아가서에 자주 나오는 사랑의 찬가를 읽으면서 인간적인 회의를 하는 이유는 우리의 선경험이 있어서입니다. 솔로몬이 술람미 여인을 향한 애모의 노래가 애틋한 연인간의 관계만으로 해석할 수 없는 이유입니다. 좋을 때는 무슨 말도 해 줄 수 있고 어떤 것이라도 다 해줄 수 있습니다. 하지만 그 상태가 영원하지 못하다는 인간 현실의 한계 때문에 힘든 것입니다. 결혼식을 마치고 초야를 앞둔 신랑 솔로몬이 신부 술람미 여인의 아름다움을 공중 앞에서 극찬합니다.

신부의 8가지 신체부위를 최고의 표현법을 구체적으로 사용하며 신부에게 익숙한 목가적 용어로 노래합니다(1-5절). 신부의 완벽한 아름다움을 묘사하기 위해 육체적 결함이 전혀 없음을 부각시킵니다. 그녀가 실제적으로 완벽해서 그런 찬사를 보내는 것이 아님을 우리는 잘 압니다. 피부가 검고 게달의 장막같은 비천한 존재(1:5)이지만 마음의 아름다움을 드러내는

유대적 표현기법을 투영하여 표현합니다.

이는 성경 전체의 내용으로 해석하면 흠집투성이인 교회(성도)를 향한 예수님의 사랑의 눈길과 마음임을 알 수 있습니다. 예수님은 죄로 오염된 우리를 신부로 맞이하시고 거룩한 예복을 입혀 주시고 의인으로 칭하셨습니다(엡 5:26-27). 이런 관점에서 솔로몬이 신부의 아름다움을 다양한 각도에서 묘사하는 것은 교회와 성도의 본질을 알려주는 의미가 있습니다. 너울, 비둘기, 망대 등은 신부의 정결함을 드러냅니다. 홍색 실, 석류 한쪽은 여성으로서의 매력과 애교를 강조합니다. 무리 염소, 털 깎인 암양, 쌍태를 낳은 양, 쌍태 노루 새끼 등은 신부의 풍요로움과 여유를 보여줍니다.

교회(성도)가 외형적 미관보다 균형 잡힌 인격과 성품을 다듬고 나타내야 할 의무가 있음을 알려주는 것입니다. 잠근 동산, 덮은 우물, 봉한 샘(12절)이라는 것은 신랑에 대한 신부의 고결한 순결을 뜻합니다. 신랑의 사랑을 흠뻑 받은 신부의 보답은 순결과 순종이듯이 이는 교회(성도)가 주님께 가져야 할 자세입니다. 최고이며 영원한 사랑을 받은 신부의 답가는 어떤 방향의 바람이 불어도 향기를 날리게 됩니다(16절). 추운 북풍(환란)에도 훈훈한 남풍(형통)에도 사랑의 향기를 날리듯이 우리도 존귀한 주님의 신부로 살기를 소원합니다.

♦ 아가 5장 성경칼럼

6절 | 내가 내 사랑하는 자를 위하여 문을 열었으나 그는 벌써 물러갔네 그가 말할 때에 내 혼이 나갔구나 내가 그를 찾아도 못 만났고 불러도 응답이 없었노라

10절 | 내 사랑하는 자는 희고도 붉어 많은 사람 가운데에 뛰어나구나

"와 정말 적응이 안 되네"

새로운 환경이나 벅찬 일을 만나 힘든 상태에서 토로하는 말입니다. 그런데 이것이 인간관계의 갈등과정에서 나오는 말이라면 문제는 더 심각해집니다. 환경과 일은 내가 노력하고 변화되면 적응할 수 있지만 인간과의 관계는 내가 할 수 있는 영역이 좁아집니다. 멜로 영화와 드라마의 엔딩 장면과 에필로그(정보 보충)에서 여운으로 남겨지는 묘한 장면이기도 합니다. 엄청난 고비를 헤치고 사랑을 성사시킨 커플이 함께 살면서 의외로 적응이 안 되어 부대끼는 장면을 연상하면 됩니다.

연애과정과 결혼생활은 전혀 다른 차원이라는 것을 알 만한 사람은 다 압니다. 5장은 결혼식을 화려하게 마친 신랑신부가 잠시의 밀월 기간이 지난 후에 당하는 시련을 그리고 있습니다. 신부는 자신의 사랑을 확신한 나머지 나태와 안일에 빠져 신랑에 대해 무관심하게 됩니다. 이런 배경에서 두 번째 꿈을 꾸게 되는데 그 내용이 고통스럽고 두려운 것이었습니다(2-7절). 그 내용은 신랑의 방문이 귀찮다고 거절하며 냉담하게 반응했고 후회하여 거리로 찾아 나섰지만 이미 늦었다는 줄거리입니다.

현실에서 있을 수 없는 놀라운 것이지만 꿈은 잠재와 예지의 측면이 있다는 점에서 신부의 잠재적 상태가 담긴 꿈이라고 볼 수 있습니다. 인간의 사랑은 수고의 고통을 감수해야 하는데 첫사랑의 열정을 상실한 여인은 그 성실을 잊고 있었던 것입니다. 사랑의 본질은 쾌락과 감정의 유희가 아니라 존중과 신뢰임을 늘 확인해야 합니다. 이는 신자가 초신자 시절의 뜨거웠던 주님 사랑의 열정을 잃고 타성에 젖어 종교적 의무만으로 만족하는 것에 대한 경종을 울리는 이야기입니다.

아가서가 유월절에 낭독된 이유는 양면적인 절기의 성격 때문으로 보입니다. 유월절은 해방의 기쁨과 동시에 애굽에서의 고통과 희생을 기념하는 절기입니다. 사랑은 단순히 즐겁고 신나는 측면만 있는 것이 아니라 고통을 견디며 견고한 신뢰를 만드는 것임을 보여 줍니다. 그래서 사랑의 반대말은 미움이 아니라 자기에게 집중되는 이기심이라고 말합니다. 우리는 술람미 여인이 외부의 적(작은 여우, 밤의 두려움)이 아니라 자기 안에 꿈틀거리는 이기심의 악에 넘어진 것을 예민하게 보아야 합니다.

주님을 사랑하여 만나고 섬기는 예배가 어느 순간 나의 편함 때문에 차선으로 밀리는 것을 점검해야 합니다. 신앙생활이 건조하고 답답했다면 그 원인이 하나님과 함께 하려는 영적욕구가 고갈되었다고 진단할 수 있습니다. 비온 후의 땅이 단단해지듯 시련을 통해 강한 사랑을 붙든 여인은 남편의 모든 것을 흠모하는 고백을 합니다. 솔로몬의 신부를 향한 찬사(4:1-5)에 비길 만큼 탁월한 신부의 표현(10-16절)은 우리가 주님께 드릴 사랑의 찬송이기도 합니다. 신앙의 실족과 믿음의 열정이 식어진 성도들에게 주님 사랑의 회복이 주어지기를 기도합니다.

♦ 아가 6장 성경칼럼

3절 | 나는 내 사랑하는 자에게 속하였고 내 사랑하는 자는 내게 속하였으며 그가 백합화 가운데에서 그 양 떼를 먹이는도다

13절 | 돌아오고 돌아오라 술람미 여자야 돌아오고 돌아오라 우리가 너를 보게 하라 너희가 어찌하여 마하나임에서 춤추는 것을 보는 것처럼 술람미 여자를 보려느냐

"크레센도(crescendo), 데크레센도(decrescendo)"

'점점 크게'와 '점점 작게'라는 음악용어입니다. 인간관계는 시간이 갈수록 점점 좋은 관계로 갈 수도 있고 점점 나빠질 수도 있습니다. 사랑하는 연인이나 부부간에 사랑의 크기가 어떤 쪽으로 나아가는지 대비해 볼 수 있습니다. 죄에 오염된 인간의 속성상 점점 작아지는 후자가 훨씬 더 많을 것입니다. 최악의 경우 사랑이 점점 작아지다가 아예 사라지고 대신에 미움이 점점 커지는 역전이 일어날 수도 있습니다. 그만큼 사랑은 참 어려운 것이고 그래서 포기하고 이별하는 아픔을 겪습니다.

하나님과 성도(교회)의 사랑을 예표한 솔로몬과 술람미 여인의 사랑은 크레센도(crescendo)형을 보여 줍니다. 아니 점점 크게 를 뛰어넘어 깊고 완벽한 사랑으로 나아가는 것을 목격합니다. 생명의 원리는 움직이고 성장하는 것이듯이 참 사랑의 모습은 정지가 아닌 역동적 성숙입니다. 잠시의 시련과 갈등까지 좋게 작용하여 견고하고 깊은 신뢰를 쌓게 합니다. 신부의 실수를 무한 용서하고 더욱 깊은 사랑의 고백을 하는 신랑의 모습(4-9절)은 예수님의 변함없는 사랑의 그림자입니다.

1장의 8가지 부분의 찬사에 이어서 신부의 4가지(눈, 머리털, 이, 뺨)를 업그레이드하여 찬미하고 있습니다(5-7절). 자기 신부를 향하여 어느 여인과도 비교할 수 없는 유일하고 뜨거운 사랑을 표하는 것(4, 8, 9절)은 교회를 대하는 주님의 마음입니다. 주님께서 교회의 영광은 세상의 어떤 것과도 비교할 수 없는 압도적인 능력을 있음을 말씀합니다.

(마 16:18~19) "또 내가 네게 이르노니 너는 베드로라 내가 이 반석 위에 내 교회를 세우리니 음부의 권세가 이기지 못하리라 내가 천국 열쇠를 네게 주리니 네가 땅에서 무엇이든지 매면 하늘에서도 매일 것이요 네가 땅에서 무엇이든지 풀면 하늘에서도 풀리리라 하시고"

술람미 여인은 오직 신랑의 은혜로 왕궁에서 독보적이며 놀라운 위치를 소유하였습니다. 이와 같이 성도는 그리스도의 속죄로 말미암은 의로 사랑받는 신부가 되었습니다. 시련을 극복하여 얻은 술람미 여인의 견고한 사랑이 아름답습니다. 신부의 허물을 무한하게 용서하고 더욱 사랑하는 솔로몬의 성품이 신비합니다. 이 사랑이 점점 좋아져서 완벽한 사랑(10절, 깃발을 세운 군대같이 당당한 여자)으로 나아가게 됩니다.

그리하여 나오는 사랑의 노래는 화자가 따로 없이 합창단과 함께 자유롭고 균등하게 마음껏 표현합니다(10-13절). 기쁨의 절정인 술람미 여인의 춤을 요청하는 사람이 생기고 신랑도 큰 기대를 합니다(14절). 이것은 영적으로 우리 그리스도인이 신앙의 고백과 함께 힘껏 주님을 자랑하는 열매를 펼치라는 요청이기도 합니다. "주님! 우리가 주님이 점점 좋아지고 사랑은 깊어가는 것을 아시지요?"

♦ 아가 7장 성경칼럼

1절 | 귀한 자의 딸아 신을 신은 네 발이 어찌 그리 아름다운가 네 넓적다리는 둥글어서 숙련공의 손이 만든 구슬꿰미 같구나

10절 | 나는 내 사랑하는 자에게 속하였도다 그가 나를 사모하는구나

"사랑의 매뉴얼(manual)"

매뉴얼이란 사용설명서 또는 안내서(guide)라는 뜻입니다. 인간의 역사를 매뉴얼로 표현한다면 아널드 J. 토인비가 '역사의 연구'에서 내린 유명한 결론이 생각납니다. '인간 역사는 도전과 응전의 과정 이었다' 인생의 매뉴얼을 성경에서 한 구절로 압축한다면 이 말씀입니다.

(전 12:13) "일의 결국을 다 들었으니 하나님을 경외하고 그의 명령들을

지킬지어다 이것이 모든 사람의 본분이니라”

기독교신앙의 핵심 매뉴얼을 찾고 찾으면 이 말씀에 이르게 됩니다.

(행 4:12) “다른 이로써는 구원을 받을 수 없나니 천하사람 중에 구원을 받을 만한 다른 이름을 우리에게 주신 일이 없음이라 하였더라”

그러면 사람의 행복의 뿌리라고 할 수 있는 ‘사랑의 매뉴얼’은 과연 무엇일까요? 사랑에 대한 수많은 책과 탁월한 이론이 있음에도 우리는 성경의 지도함이 진리임을 알고 있습니다. 특별히 아가서는 육체와 정신과 영혼의 사랑을 유기적으로 연결시켜 줌으로 완전한 사랑의 매뉴얼을 담아내고 있습니다. 처음에는 한 쌍의 남녀 간의 훅 들어온 육체적 사랑으로 시작된 것 같았습니다. 뜨거웠던 사랑이 미성숙한 인격의 시련을 거쳐 신뢰를 주고받는 사랑으로 진전되었음을 보았습니다.

이 과정에서 인간 사랑의 최대 덕목인 주고받음(give and take)의 기쁨도 있었습니다. 사랑의 매뉴얼이 여기에서 스톱이라면 우리는 실망했을 것입니다. 이제 결론부에 들어선 7장에는 하나님의 사랑의 성품을 따라가는 온전한 사랑의 매뉴얼이 등장합니다. 첫째는 동등한 주고받음의 관계에서 받는 것보다 주는 것을 더욱 좋아하게 되었다는 것입니다(행 20:35, 고전 13:5). 주님께서 친히 우리를 먼저 사랑하셔서 죽으신 무조건적 사랑을 묵상하면 됩니다(롬 5:8). 주는 사랑은 신랑과 신부가 상하나 수직관계가 아니라 하나이기 때문에 가능한 것입니다(10절). 신약에서 주님과 교회(성도)가 머리와 몸으로 하나임을 선포한 말씀과 동일합니다(골 1:24, 엡 1:23).

둘째는 성숙한 사랑은 단 둘만의 시간을 갖는 모습으로 나아가게 됨을 보여줍니다. 번잡한 의식과 황홀한 파티와 인기 있는 춤사위가 진정한 사랑의 기쁨을 주지 못하는 것을 신부는 느꼈습니다. 신부(성도)가 자신이 살던

한적한 전원과 들판으로 신랑을 초대하는 것은 단 둘만의 시간을 갖기 위해서입니다(11절). 서로에게 깊이 몰입하는 시간이 성숙한 사랑의 필수이듯이(12-13절) 영적인 사랑인 우리의 신앙생활은 이를 요구하고 있습니다.

예수님께서 공생애 기간에 얼마나 많은 시간을 홀로 산 기도를 하셨는지 복음서는 전해줍니다(마 14:23, 눅 9:28). 주님은 사람에게 보이려는 기도가 아닌 골방기도를 우리에게 가르쳐 주셨고 그 곳에서 교제하시겠다고 약속하십니다(마 6:6). 영적 사랑의 매뉴얼인 더 주는 사랑과 단독 교제를 배우고 나니 힘들겠다는 느낌이 들기도 합니다. 하지만 안 할 수도 없기에 못할 것도 아니라는 생각이 강렬하게 몰려오는 이유는 무엇일까요?

♦ 아가 8장 성경칼럼

6절 | 너는 나를 도장 같이 마음에 품고 도장 같이 팔에 두라 사랑은 죽음 같이 강하고 질투는 스올 같이 잔인하며 불길 같이 일어나니 그 기세가 여호와의 불과 같으니라

14절 | 내 사랑하는 자야 너는 빨리 달리라 향기로운 산 위에 있는 노루와도 같고 어린 사슴과도 같아라

"절대를 붙일 수 있는 것?"

각자 절대하면 떠오르는 그 무엇이 있을 것입니다. 공상 영화 반지의 제왕에 나오는 절대 반지의 능력이 생각날 수도 있습니다. 왕정시대의 군왕의 절대 권력이 연상되고 아이들 입장에서는 거부할 수 없는 부모와 스승의 권위도 떠오를 수 있습니다. 그러나 이상의 사례는 절대적이라는 형용사를 붙일 수 없습니다. 절대 반지는 공상이고 나머지는 영속성에 하자가 있기 때문입니다. 우리는 그리스도인이고 성경을 믿는 자들이기에 절대를

붙일 수 있는 신앙의 단어들을 알고 있습니다.

예수님을 의인화한 지혜가 있고(잠 8:10-11) 완전한 나라인 천국이 있습니다(마 13:44-46). 천하보다 귀한 생명(마 16:26)과 구원의 길인 믿음(벧전 1:7)과 그리스도의 보혈(벧전 1:18-19)은 절대적인 것입니다. 그런데 이 모든 것을 다 포함하고 통하게 하는 한 단어가 있습니다. 바로 사랑이며 내용은 하나님의 완전하고 무조건적인 사랑(아가페)입니다. 이 아가페적인 사랑만이 하나님의 품성과 그 왕국을 드러내주고 높고 선한 가치를 가집니다.

아가서의 마지막 장인 8장은 이 사랑을 인간이 어떻게 알고 누릴 수 있는 것인지를 알게 합니다. 술람미 여인이 솔로몬을 만나 구혼과 결혼을 거치며 갈등과 회복을 이루고 절정의 사랑으로 나아가는 것을 보았습니다. 사랑의 염원과 그 성취의 기쁨과 깊고 성숙한 인격적 사랑의 지속을 통해 영적사랑의 그림자를 알게 하였습니다. 이제 긴장된 분위기는 사라지고 육신의 오라비에게 하듯 자유로운 친밀함의 표현들이 일상화됩니다(1-4절). 왕과 산골 처녀와의 일체를 이룬 힘이 바로 사랑임을 경험하며 사랑의 가치를 절대화 하고 있습니다.

사랑의 절대성과 능력은 어느 무엇도 이길 수 없음을 노래합니다. 인생 누구도 이길 수 없는 최고의 강력한 힘인 죽음보다 사랑이 더 셉니다(6절). 사랑의 또 다른 이름인 질투(투기, 시샘)는 범접 불가능한 스올(음부)과 여호와의 불(심판)로 비유합니다. 심판의 도구로 사용된 홍수의 위력도 사랑에 비할 바가 못 됩니다. 이 진정한 사랑을 가진 자는 절대 권력을 가진 것이기에 온갖 난관을 이기게 됩니다.

하나님께로부터 성도에게 온 이 사랑의 힘을 구약의 이사야와 신약의 바울사도는 모든 것을 이길 수 있다고 감탄합니다(사 43:2, 롬 8:35-39). 두 사람의 항상 함께 하는 친밀함과 동행함의 권세는 시공을 초월하여 우리에게 다가왔습니다. 주님을 향하여 노루처럼 빨리 달려 어린 사슴같이 순수하게 안기는 나의 모습은 대박입니다(14절).

이사야

♦ 이사야 1장 성경칼럼

2절 | 하늘이여 들으라 땅이여 귀를 기울이라 여호와께서 말씀하시기를 내가 자식을 양육하였거늘 그들이 나를 거역하였도다

18절 | 여호와께서 말씀하시되 오라 우리가 서로 변론하자 너희의 죄가 주홍 같을지라도 눈과 같이 희어질 것이요 진홍 같이 붉을지라도 양털 같이 희게 되리라

"아, 반역죄"

어느 시대이건 최고의 죄악은 반역죄로서 선고는 사형입니다. 나라를 팔아먹는 여적 죄는 역사에 죄인으로 길이 남습니다. 이사야서는 막이 오르자마자 재판정을 연상케 하는 장면이 펼쳐집니다. 증인은 하늘과 땅이며 피고는 이스라엘이고 재판장은 하나님입니다(2절). 기소장의 죄명은 반역죄로 이스라엘이 자기를 낳고 양육한 하나님을 반역하고 버렸다는 것입니다(3-4절). 죄상을 일일이 나열하며 그 죄악이 실제였음을 드러냅니다(5-10절).

내용을 살피는 후대의 그리스도인도 그 죄에서 자유롭지 않다는 생각이 들게 합니다. 이렇게 연결되는 이유는 선지서가 죄를 깨닫고 심판을 알게 하며 회개하게 하려는 목적이 있기 때문입니다. 이사야서는 후기 선지서 중에 대선지서에 속하며 시편과 예레미야 다음으로 분량이 많습니다. 이사야의 사역 연대는 B.C.729-680년으로 다니엘(75년) 다음으로 깁니다. 유다의 웃시야와 요담과 아하스와 히스기야 왕의 시대에 선지자로 활동했으며 므낫세 시대에 순교하였습니다.

이사야서는 메시야에 대한 예언이 많아 신약에서 제일 많이 인용되었습니다. 메시야에 대하여 거룩한 씨, 반석, 빛, 아이, 왕, 종 등의 대유법을 통해 예표 합니다. 선지서의 특징인 질책과 심판의 내용이 치열한 가운데 구원의 소망을 뜨겁게 외치고 있습니다. 동시대 선지자는 북왕국은 아모스와 호세아였고 남유다는 미가이었습니다. 39장까지 이어지는 여러 측면의 심판은 하나님께서 죄를 얼마나 미워하시는지를 웅변합니다.

1장은 영적 반역죄를 지으면 자연히 위선적 신앙에 처하고 세세한 죄가 이어진다는 것을 지적합니다. 아무리 책망해도 꿋꿋하게 배역하는 자식을 보는 아버지의 심장을 보여줍니다(5절). 매를 맞아 더 때릴 곳이 없는 비참한 몰골이지만 깨닫지 못하고 있습니다(6-7절). 저들은 제사를 드리고 있고 정한 절기를 지키고 있으므로 의무를 다했다고 생각합니다(11-17절). 교회의 외형적 황금기인 중세시대를 교회사가 암흑시대로 평가한 것과 닮았습니다. 개인적으로는 교인의 의무는 다하지만 세상 사람과 구별 없이 사는 기독교인을 보여줍니다.

이사야가 예루살렘 거민을 향하여 창기와 살인자로 부르는 것은 영적 간음과 약자 강탈을 지적한 것입니다(21-23절). 우리는 엘리야와 같은 초기 선지자에 비해 '기록 선지자'로서 글을 남긴 이사야의 덕을 톡톡히 보고 있습니다. 다만 이 말씀이 바로 나에게 준 것이라는 절박함을 가진 자에게만 해당됩니다.

(시 119:34) "나로 하여금 깨닫게 하여 주소서 내가 주의 법을 준행하며 전심으로 지키리이다

주님, 저희들은 죄는 피할 수 없으나 주님 앞에는 나갈 수 있습니다(18절).

♦ 이사야 2장 성경칼럼

5절 | 야곱 족속아 오라 우리가 여호와의 빛에 행하자
22절 | 너희는 인생을 의지하지 말라 그의 호흡은 코에 있나니 셈할 가치가 어디 있느냐

"초대장의 가치"

사람과의 친밀도는 초대장을 주고받을 때 확인됩니다. 아예 쳐다보지 않는 것도 있고 무슨 수를 써서라도 꼭 참석해야 할 관계도 있습니다. 체면과 의무로 상대할 경우도 있고 자기 일처럼 진실하게 전심을 다하기도 합니다. 2장에는 하나님께서 자기 백성에게 이사야를 통해 초대장을 주십니다. 인간은 하나님의 초대를 받는 것 자체가 특권입니다. 하지만 이 영광의 특권을 알아채지 못하고 엉뚱한 곳에 신경 쓰는 이스라엘 백성들을 보게 됩니다. 태양이 없으면 다 끝인데 늘 있는 태양을 보고 고마워하는 사람이 없는 것과 유사합니다.

초대장의 특징은 구원의 유일성입니다. 오직 시온에서 나온 율법만이 진리이고 구원에 이르게 됩니다(3절). 성경의 대원리인 유일성은 예수님만이 하나님께로 가는 길임을 선언합니다(행 4:12).

(요 14:6) "예수께서 이르시되 내가 곧 길이요 진리요 생명이니 나로 말미암지 않고는 아버지께로 올 자가 없느니라"

우리는 성경의 완성을 통하여 이 계시를 확실히 만나지만 구약 백성은 다릅니다. 예수님을 아는 계시는 점진성이 있어 구약 당시의 수준은 우리와 다르다는 뜻입니다. 이사야가 2장에서 미래의 영광스런 시온의 모습을 먼저 제시하는 이유입니다(2-5절). 2절에 나오는 말일은 '날들의 끝'이란

뜻으로 메시야 강림의 때입니다. 구속사적으로 주님의 초림에서 재림까지의 신약시대를 말합니다. 12절의 '여호와의 날'과 겹치는 표현인데 이는 회개 여부에 따른 심판의 성격이 있음을 보여줍니다. 예수님의 초림은 구원주로 오셨지만 믿지 않는 자에게는 이미 심판주가 되십니다(요 16:8-9).

(요 3:18) "그를 믿는 자는 심판을 받지 아니하는 것이요 믿지 아니하는 자는 하나님의 독생자의 이름을 믿지 아니하므로 벌써 심판을 받은 것이니라"

시온의 미래가 영광의 실현이라면 당시의 시온이 처한 모습은 수치스러워 회개가 꼭 필요함을 외칩니다. 하나님께서 버린 시온의 죄악상(6-9절)과 임할 심판(10-17절)을 적나라하게 전합니다. 하나님을 외면한 자는 그 자리를 우상으로 채우도록 되어 있습니다. 우상이 얼마나 무능하고 무익한 것인지 미래에 이루어질 현상을 통해 알려줍니다(18-22절).

인간이 자기를 의지하거나 권세 있는 자에게 의탁하는 것이 얼마나 허탄한지를 속히 깨달아야 합니다. 풀의 꽃 같고 아침 안개 같으며 힘없는 지푸라기 같고 한 호흡에 불과한 인간의 실존을 날날이 확인해야 합니다(22절). 영원한 영광과 금생의 은혜로 채워진 이 초대장을 어찌 하시렵니까?(3, 5절, 1:18)

(요 10:10) "도둑이 오는 것은 도둑질하고 죽이고 멸망시키려는 것뿐이요 내가 온 것은 양으로 생명을 얻게 하고 더 풍성히 얻게 하려는 것이라"

♦ 이사야 3장 성경칼럼

1절 | 보라 주 만군의 여호와께서 예루살렘과 유다가 의뢰하며 의지하는 것을 제하여 버리시되 곧 그가 의지하는 모든 양식과 그가 의지하는 모든 물과

9절 | 그들의 안색이 불리하게 증거하며 그들의 죄를 말해 주고 숨기지 못함이 소돔과 같으니 그들의 영혼에 화가 있을진저 그들이 재앙을 자취하였도다

"상기하자, 6.25"

연륜이 있는 분들은 학교 조회 때 외쳤던 구호중의 하나로 익숙할 것입니다. 전쟁이 얼마나 비참하고 공산당이 어떻게 잔인한지를 잊지 말자는 것입니다. 전쟁은 절대 일어나면 안 된다는 것을 누구나 공감합니다. 전부를 걸고 하는 전쟁의 폐해를 상기할 때 대비도 할 수 있습니다. 그런데 성경은 세상의 가장 큰 사고인 전쟁보다 더 처참한 것이 있음을 선언합니다. 하나님을 버리고 떠나는 것입니다. 그 결과가 어찌되는지를 영육의 양면으로 보여 줍니다. 영적으로 하나님과의 관계 단절인 지옥으로 직행하는데 재 기회는 없습니다(눅 16:25-26).

(살후 1:8~9) "하나님을 모르는 자들과 우리 주 예수의 복음에 복종하지 않는 자들에게 형벌을 내리시리니 이런 자들은 주의 얼굴과 그의 힘의 영광을 떠나 영원한 멸망의 형벌을 받으리로다"

육적으로는 하나님 대신에 의지하고 좋아하던 모든 것을 다 빼기게 됩니다. 3장에 나오는 유다의 심판 때에 있을 광경을 보면 아찔합니다. 생명을 유지하는 근본인 물과 양식이 다 사라집니다(1절). 이 참상은 실제적으로 북이스라엘과 남유다가 멸망할 때 일어납니다. 차례를 정해 자식을 삶아 먹는 현실지옥을 경험합니다(왕하 6:25-29, 애 2:20).

하나님을 떠난 자에게는 사랑하고 의뢰하던 11가지의 항목이 제해집니다(2-3절). 이는 정치, 경제, 국방, 사회, 문화, 도덕 등의 모든 영역이 와해됨을 의미합니다. 2장에 나왔던 미래의 종말심판이 이스라엘 공동체에 먼저 일어나게 된다고 예언합니다. 심판의 철저함은 무정부 상태에서 서로 해치는 것으로 나타납니다(5-7절). 하나님 사랑 대신에 자기와 돈과 쾌락을 사랑하는 말세 현상의 예표입니다(딤후 3:1-5).

성경은 인간의 죄악이 깊어지면 어디까지 갈 수 있는지를 역력히 알려줍니다. 죄를 은밀히 짓는 것이 아니라 대놓고 지으며 이를 자랑하는 것을 당연시합니다(8-9절). 이 원조인 소돔과 고모라는 동성애를 부끄러움 없이 대놓고 행하다가 불 심판을 받았는데 지금 이 시대도 그렇게 흘러가고 있습니다. 있는 자가 나쁜 짓을 편하게, 대놓고, 뽐내며 저지르는데 제어하지 못합니다.

이와 견줄 수 있는 죄가 하나님의 영광을 앞세워 간교하게 행하는 종교적 죄악입니다. 주님 당시에는 바리새인들이 지었고 교회사에서는 번영신학과 복음상품화와 기복신앙으로 나타났습니다. 신앙의 세속화는 지도자가 타락하고 아녀자는 부추기며 백성들이 따라하며 번개처럼 퍼져 나갑니다(13-26절). 어떤 외침에도 아랑곳하지 않는 그 시대를 보며 현재의 향도자인 우리의 책임 있는 기도가 긴급합니다.

♦ 이사야 4장 성경칼럼

2절 | 그 날에 여호와의 싹이 아름답고 영화로울 것이요 그 땅의 소산은 이스라엘의 피난한 자를 위하여 영화롭고 아름다울 것이며

3절 | 시온에 남아 있는 자, 예루살렘에 머물러 있는 자 곧 예루살렘 안에 생존한 자 중 기록된 모든 사람은 거룩하다 칭함을 얻으리니

"여호와의 싹, 남은 자"

동류 집단 사이에는 은어와 암호 같은 것이 있습니다. 이것을 잘 숙지하지 못하면 결정적인 순간에 이해하지 못하고 피해를 당할 수도 있습니다. 기독교의 대표적 은어는 '십자가'입니다. 누구나 잘 알고 있다는 선입견이 있지만 정확히 설명하는 사람은 드뭅니다. 십자가의 핵심인 대속은 인간의

생각으로는 이해하기 어렵습니다. 이사야 4장에는 구약 전체를 아우를 수 있는 두 가지 은어가 나옵니다. '여호와의 싹'과 '남은 자'로서 이해도에 따라 성경지식의 차원이 정해집니다.

1절의 그 날은 심판의 날에 당하는 수치를 3장에 연결하여 묘사합니다. 사치와 허영으로 남자들을 사로잡았던 여인이 비참하게 남자에게 구걸하고 있습니다. 2절의 그 날은 회복과 영광이 주어지는 날인데 그 이유는 여호와의 싹이 돋기 때문입니다. 싹이란 식물이 처음 발아한 것을 말합니다. 여호와께서 싹을 내셨다는 것은 하나님의 생명이 이 땅에 시작되었다는 것을 의미합니다. 요한 사도는 이것을 성육신의 신비로 설명합니다.

(요 1:18) "본래 하나님을 본 사람이 없으되 아버지 품속에 있는 독생하신 하나님이 나타내셨느니라"

싹은 거룩한 씨(6:13)로도 표현되고 이새의 줄기에서 난 싹(11:1)이라고도 합니다. 53장에서는 연한 순과 마른 땅에서 나온 줄기(2절)가 되고 예레미야는 한 의로운 가지(렘 23:5)라고 예언합니다. 예수님을 계시하는 싹의 이미지는 스가랴에서 종의 사역을 뜻하는 내 종 싹(슥 3:8, 6:12)으로 표현됩니다. 결국 구약에서 여호와의 싹이란 오실 메시야를 의미하며 오신 메시야인 예수님을 만난 자가 신약성도입니다.

구약에서 감추어진 메시야를 대망하며 믿음을 지킨 자를 '남은 자'라고 칭합니다(3절). 만약 구약에 남은 자(The Remnant) 사상이 없었다면 인간에게는 소망이 없고 하나님의 포기가 되었을 것입니다. 남은 자는 인간의 패역함에도 불구하고 하나님께서 처음부터 끝까지 긍휼을 베푸신 것의 증명입니다. 아벨이 죽고 가인이 떠나간 후 셋을 주셨고(창 4:25) 모든 인류를 홍수로 심판할 때 노아가 가족과 함께 남은 자가 되었습니다(창 6:8-

10). 갈대아 우르에서 불러낸 아브람(창 12:1)은 당시의 남은 자였고 바벨론 포로에서 귀환한 자들도 남은 자입니다(스 1:5).

영적 의미에서 엘리야 시대의 칠천 명이 남은 자였고(롬 11:4) 율법을 지키지 위해 몸부림친 레갑 족속이 남은 자들이 되었습니다(렘 35장). 남은 자는 구약에서도 혈통을 초월했으며 이는 신약 성도가 영적 이스라엘이 된 것으로 결실을 맺습니다(롬 9:24, 갈 6:15-16). 지금 내가 메시야(싹)인 예수님을 만나 진정한 신앙을 갖고 있다면 '영적인 남은 자'가 된 것입니다. 그 소중한 남은 자에 녹명되어 있다는 감격에 몸을 바로잡게 됩니다(3절).

♦ 이사야 5장 성경칼럼

2절 | 땅을 파서 돌을 제하고 극상품 포도나무를 심었도다 그 중에 망대를 세웠고 또 그 안에 술틀을 팠도다 좋은 포도 맺기를 바랐더니 들포도를 맺었도다

5절 | 이제 내가 내 포도원에 어떻게 행할지를 너희에게 이르리라 내가 그 울타리를 걷어 먹힘을 당하게 하며 그 담을 헐어 짓밟히게 할 것이요

"맞아도 싸다"

벌칙이 마땅하고 오히려 더 큰 벌을 주어야 한다는 의도가 담겨 있습니다. 얼마나 밉고 못되고 악한 짓을 하였는지 능히 짐작할 수 있습니다. 우리는 가끔 하나님께서 이스라엘을 더욱 용서하시고 기회를 주었다면 어떠했을까 하는 생각이 듭니다. 그러나 5장에 나오는 하나님께 불순종한 이스라엘을 보면 그 말이 쏙 들어갈 수밖에 없습니다. 하나님이시기에 참으셨지 인간은 어림도 없는 일이 벌어졌습니다.

본장은 '포도원 노래(wineyard song)'라고 불리 우며 시의 운율과 수려

한 문장으로 되어 있어 읽기에 수월합니다. 하지만 내용을 파악하면 가장 처절한 이야기로 전환됩니다. 나아가 이것이 과거의 타인 이야기가 아니라 바로 우리의 당면한 현실임을 알 때 아찔해집니다. 선지자는 자신이 마치 하나님인 것처럼 묘사하는데 이는 예언을 더 충격적으로 전하려는 표현법입니다(3-4절).

하나님께서는 심히 기름진 산을 포도원으로 삼으셨습니다(1절). 땅을 기경하고 최고급 품종의 포도나무를 심으셨습니다(2절). 포도원 보호를 위해 망대를 세우고 담과 울타리도 탄탄하게 만들었습니다. 하나님께서 포도원에 사랑과 정성을 쏟으신 것이 분명합니다. 심은 대로 거두는 자연의 원리라면 극상의 포도열매를 30배에서 100배까지 맺어야 합니다(막 4:8). 그러나 결과는 냄새가 고약하여 도저히 먹을 수 없는 들 포도를 맺었습니다(4절). 수확량이 심었던 종자의 10분의 1에 불과하니 망한 농사입니다(10절).

맞아도 싸다는 차원이 아니라 죽어도 할 말이 없게 되었습니다. 자연 원리에서나 상식적으로 보아도 이해가 안 되는 이 결과는 왜 일어난 것일까요? 이스라엘 백성들(7절)이 저지른 악행의 결과인데 그 항목이 세세히 나열 됩니다. 6번의 '화 있을 진저'의 운율을 통해 죄악의 항목을 시청각으로 펼쳐 보입니다. 한없는 탐욕, 정신을 뺏기는 술 취함과 연락함, 거짓과 교만, 오도된 가치관, 스스로 높아짐, 불의한 재판과 학대입니다(8-22절). 총체적 부패 상황에서 언약은 잊혀 졌고 선민의 정체성은 사라졌습니다.

이제 선지자는 포도원 기능을 짓밟은 자들에 대한 심판을 예언합니다. 포도원 울타리를 걷어 불사르고 담을 헐어 짓밟히는 심판이 선포됩니다(5절). 이 의미는 앗수르와 바벨론을 심판의 도구로 사용하는 것임이 확인되었습니다(25-30절). 타락은 본질적으로 인간의 전적부패에 기인하지만 실상에서는 작은 죄를 용납하는 것으로 시작됩니다(아 2:15). 영적 감각을 예리하게 다듬는 작업을 부지런히 해야 하겠습니다.

♦ 이사야 6장 성경칼럼

7절 | 그것을 내 입술에 대며 이르되 보라 이것이 네 입에 닿았으니 네 악이 제하여졌고 네 죄가 사하여졌느니라 하더라

8절 | 내가 또 주의 목소리를 들으니 주께서 이르시되 내가 누구를 보내며 누가 우리를 위하여 갈꼬 하시니 그 때에 내가 이르되 내가 여기 있나이다 나를 보내소서 하였더니

"디플로마(diplomat)"

'반으로 접는다'는 그리이스 원어에서 나왔으며 학위증과 졸업장, 또는 외교관을 가리키기도 합니다. 이 단어는 외교 사절을 파견할 때 발행되는 '신임장'을 의미하기도 합니다. 대사를 파송할 때 철저한 검증과 자격이 요구되는 것은 그 일이 중요하기 때문입니다. 성경에는 하나님의 말씀을 전하는 대사를 선지자(예언자, 대언자)로 칭합니다. 선지자에게는 하나님이 보내셨다는 신임장을 제시하는 것이 선결문제입니다.

영적 세계에서 일어난 이 소명과 위임의 증명은 매우 어려운 일입니다. 그리하여 참 선지자는 천상에서 열린 어전 회의를 소개하게 됩니다. 하나님께서도 그의 종 선지자에게 뜻을 먼저 알리시겠다고 말씀하셨습니다.

(암 3:7) "주 여호와께서는 자기의 비밀을 그 종 선지자들에게 보이지 아니하시고는 결코 행하심이 없으시리라"

선지서의 초입에 선지자는 이 경험을 서술함으로서 자신의 정통성을 증

거 합니다(렘 1:1-19, 겔 1:1-3:15, 소선지서 1장 초두). 거짓 선지자 400명과 대적한 미가야가 자신이 본 이상을 설파하고 전쟁 결과로서 증명한 사건은 유명합니다(왕상 22:19-23). 이사야 선지자가 자신의 소명에 대한 내용을 기술한 6장은 독특한 메시지를 담고 있습니다. 하나님의 거룩과 영광 앞에 이사야는 죄인임을 절실하게 깨닫고 입술의 부정을 고백합니다(5절). 하나님께서는 스랍(천사)을 시켜 단에서 핀 숯을 입에 대게 하시고 죄사함을 선포합니다(6-7절).

이 광경은 죄의 정결이 없이는 하나님의 대사가 될 수 없음을 확실히 계시합니다. 이스라엘 백성에게 갈 사자를 찾으시는 하나님께 이사야가 자원하여 나섭니다(8절). 하나님 사역의 원리는 과정은 있지만 결국 자원하는 자가 사용 됩니다. 문제는 선지자로서 이사야의 사역 결과가 절망적임을 통보받는 것입니다. 전능하신 하나님께서 그의 길을 평탄하게 예비해 주시면 얼마나 좋겠습니까? 하지만 이사야에게 주어진 것은 '네가 아무리 전해도 백성들은 불순종하고 나라는 결국 멸망할 것이다' 입니다(9-12절).

그렇다면 왜 굳이 나를 보내느냐고 항변할 수도 있을 것입니다. 하지만 뒤이어 나오는 말씀에 숨겨진 소망이 드러납니다. '남은 자(5장)' 의 또 다른 표현인 '그루터기'가 있다는 것입니다(13절). 그루터기(히:마체베트)란 뿌리 또는 기둥이란 뜻으로 나무의 위는 다 잘리고 아래 부분만 있는 것입니다. 이 상태에서 소나무는 그냥 죽지만 밤나무와 상수리나무는 생명이 있어 살아납니다. 생명력 있는 그루터기는 거듭난 거룩의 씨로서 결코 죽지 않음을 말씀합니다(롬 11:5). 숫자는 적어도(십분의 일) 이 그루터기를 기뻐하시는 주님의 마음을 겸손히 헤아려 봅니다.

♦ 이사야 7장 성경칼럼

14절 | 그러므로 주께서 친히 징조를 너희에게 주실 것이라 보라 처녀가 잉태하여 아들을 낳을 것이요 그의 이름을 임마누엘이라 하리라
16절 | 대저 이 아이가 악을 버리며 선을 택할 줄 알기 전에 네가 미워하는 두 왕의 땅이 황폐하게 되리라

"이마내리?"

'이마내리'라는 단어의 뜻을 아는 사람은 드물 것입니다. '임마누엘(Immanuel)'의 한문으로 중국은 영어를 알파벳 발음에 따라 바꾸어 씁니다. 저도 중국 심양의 동관교회를 방문했을 때 강단 뒤에 쓰여 진 것을 보고 알았습니다. 참고로 동관교회는 존 로스 선교사가 설립한 교회로 이곳에서 최초(1882년)의 한글 성경이 번역되었습니다. 임마누엘은 '하나님이 우리와 함께 하시다'라는 뜻입니다. 세상의 수많은 복을 다 합쳐도 임마누엘보다 좋은 복은 없습니다.

임마누엘은 구원주이신 예수님이 나실 때 부른 별칭입니다(마 1:23). 구원의 결과도 하나님이 우리와 함께 계시는 것입니다.

(계 21:3) "내가 들으니 보좌에서 큰 음성이 나서 이르되 보라 하나님의 장막이 사람들과 함께 있으매 하나님이 그들과 함께 계시리니 그들은 하나님의 백성이 되고 하나님은 친히 그들과 함께 계셔서"

지상명령(Great Commission)인 전도와 양육의 사명을 잘하는 자에게 주시는 주님의 능력도 임마누엘입니다.

(마 28:20) "내가 너희에게 분부한 모든 것을 가르쳐 지키게 하라 볼지어다 내가 세상 끝 날까지 너희와 항상 함께 있으리라 하시니라"

임마누엘이 처음으로 나오는 곳이 7장인데 연도로 추정하면 탄생 740여 년 전에 예언되었습니다. 그러나 영광스러운 메시야의 동정녀 탄생 예언이 나온 배경은 매끄럽지 않습니다. 유다의 악한 왕 반열에 들어가는 아하스 때에 아람(수리아)과 에브라임(북이스라엘) 동맹군이 공격을 해 왔습니다. 불안에 떠는 아하스에게 이사야를 통해 구원의 약속이 주어지지만 붙잡지 못합니다(11절). 징조를 보여 주겠다고 하였지만 딴 생각이 있는 아하스는 위선을 떨며 거부합니다(12절). 하나님보다 앗수르 왕의 도움을 의지했고 이는 앗수르의 침공을 받는 것으로 후환을 남깁니다.

아하스의 불신앙 속에 주어진 징조가 임마누엘 예언입니다(13-14절). 그러므로 이 예언은 미래의 메시야 강림 약속과 함께 당대의 역사적 상황에 대한 이중적 선언이 되었습니다. 인간을 의지하는 아하스의 선택은 처참한 심판을 가져오게 됩니다. 아이가 철들기 전에 일어날 징계는 경제를 핍절시키고 산업과 땅을 황폐화합니다(15-25절). 의지했던 앗수르로부터 그의 당대만이 아니라 히스기야(B.C.714년)와 므낫세(B.C.650년) 시대에도 침략을 당하게 됩니다.

불안하고 두렵고 떨릴 때 어떤 선택을 해야 하는지가 중요합니다. 하나님께서 끊임없이 자비의 손을 내미시는데 잡지 않는 자는 아하스의 길을 가게 됩니다. 하나님께서 나와 함께 한다는 의식을 가진 자만이 자비의 손을 잡을 수 있습니다. 임마누엘 신앙은 지금 우리에게 성령의 내주로 성취되어 있습니다.

(엡 3:17) "믿음으로 말미암아 그리스도께서 너희 마음에 계시게 하시옵고.."

♦ 이사야 8장 성경칼럼

8절 | 흘러 유다에 들어와서 가득하여 목에까지 미치리라 임마누엘이여 그가 펴는 날개가 네 땅에 가득하리라 하셨느니라

19절 | 어떤 사람이 너희에게 말하기를 주절거리며 속살거리는 신접한 자와 마술사에게 물으라 하거든 백성이 자기 하나님께 구할 것이 아니냐 산 자를 위하여 죽은 자에게 구하겠느냐 하라

"구약의 복음서"

복음서는 예수님의 생애와 사역을 쓴 4권의 책입니다. 예수님은 '어떤 분이신가'와 '어떤 일을 하셨는가'의 관점으로 읽으면 놀라운 내용을 발견합니다. 복음이란 유일성과 보편성을 가져야 합니다. 예수님만 통해서 구원받을 수 있고 예수님을 믿으면 누구라도 구원받을 수 있다는 뜻입니다. 이 구도는 경쟁 체제가 아니어서 타인에 향하여 사랑을 베풀 수 있습니다. 만일 복음을 상품화해서 자기 이익의 수단으로 삼는다면 분명한 삯군 목자입니다.

이사야서를 구약의 복음서라고 하는 이유는 바로 이 원리가 흘러넘치기 때문입니다. 예수님에 대한 예언이 많고 예수님의 사역을 정면으로 계시해 주고 있습니다. 복음은 지옥의 실제적 현상을 깨닫고 직면한 자에게만 접수될 수 있습니다. 이사야서는 처절한 심판의 와중에서 메시야의 구원이 펼쳐진다는 점에서 구약의 복음서입니다.

7장의 르신(아람)과 베가(에브라임)의 멸망에 대한 것이 8장에서는 또 다른 형태로 예표되고 있습니다. 이사야가 둘째 아들을 낳는데 이름이 마헬살랄하스마스입니다(1-3절). 이 이름을 서판에 써서 백성들이 읽도록 하는데

그 뜻(노략이 빠름)을 알리기 위해서입니다. 이 아이가 아빠(아비), 엄마(임미)를 부르기 전에 아람과 에브라임이 급속히 몰락한다는 것입니다(4절).

주목할 것은 이 일 후에 들이 닥칠 앗수르의 급속한 유다 속국화입니다(5-7절). 대적들이 패배하는 것을 기뻐하는 유다 백성에게 대위기를 예언하는 선지자의 표현이 적나라합니다. 마치 홍수에 물이 목에 차오르는 것처럼 유다에게 약탈이 닥치게 된다는 것입니다(8절). 이 절대 절명의 위기에서 임마누엘의 소망스런 이름이 선포됩니다(8절). 장래의 재난을 피할 수는 없지만 궁극적인 승리와 구원이 임할 것이라고 말씀합니다(9절).

이 심판 속의 위로가 복음의 특징입니다. 하나님의 백성이 죄악의 징벌을 받는 가운데에서도 하나님은 백성들의 편이 되십니다. 약자들을 찾아 고치시고 가르치시는 예수님의 사역이 하나님의 마음임을 알 수 있습니다. 강한 권세자들이 소자들을 건드릴 때 하나님께서는 그들을 적으로 삼아 징벌합니다. 온전한 믿음은 구별된 자로 살며 율법을 들을 때 견고해집니다(20절). 패역한 백성들처럼 허탄한 술사들에게 나아가면 절대 안 됩니다(19절). 어렵고 힘든 일은 어느 시대에나 있지만 오직 예수를 믿고 거룩한 긴장을 하면 다 이길 수 있습니다(20-22절). 예수 이름의 뜻은 '자기 백성을 그들의 죄에서 구원 할 자'입니다(마 1:21). 하나님 백성의 특권은 대단합니다.

♦ 이사야 9장 성경칼럼

6절 | 이는 한 아기가 우리에게 났고 한 아들을 우리에게 주신 바 되었는데 그의 어깨에는 정사를 메었고 그의 이름은 기묘자라, 모사라, 전능하신 하나님이라, 영존하시는 아버지라, 평강의 왕이라 할 것임이라

13절 | 그리하여도 그 백성이 자기들을 치시는 이에게로 돌아오지 아니하며 만군의 여호와를 찾지 아니하도다

"우리 주 예수 그리스도"

예수님의 정식 이름은 '주 예수 그리스도'입니다. 여기에 우리를 넣었으니 우리와 관계가 있다는 뜻입니다. 주(Lord, 히:아도나이)는 예수님이 주권자이시며 예수님이 하나님이심(신성)을 고백하는 것입니다. 예수(Jesus)는 이 땅에 성육신하신 인간 예수의 이름으로 인성을 나타냅니다. 이스라엘 사람 중에 이 이름을 가진 사람이 많습니다. 그리스도(Christ)는 헬라어로서 히브리어는 메시야(기름부음을 받은 자)입니다. 인간을 구하려고 오신 예수의 사역적 명칭입니다.

기독교라는 말의 '기독'은 그리스도를 뜻하고 일본어 발음 '기리스도(Kristos)'에서 나왔습니다. 예수님을 어떻게 알고 믿느냐에 따라 신앙의 열매가 달라지고 잘못 믿으면 이단이 됩니다. 예수님이 완전한 하나님이시고 완전한 인간이라는 교리를 '양성론(dyophysitism)'이라고 합니다. 신성과 인성 중에 하나라도 온전히 믿지 아니하면 이단이 되고 구원은 없습니다.

우리는 성경을 통해 이 진리를 믿고 있지만 육적인 머리로는 이해가 안 되는 교리입니다. 신성을 안 믿는 대표 이단은 여호와의 증인이고 인성을 거부하는 이단은 영지주의(gnosis)입니다. 9장에 나오는 한 아기는 예수님을 예언하는 것인데 양성론을 증명하는 명구입니다. 이사야는 예언적 완료시제를 통하여 미래에 일어날 것을 이미 일어난 사실처럼 서술하며 확실성을 강조합니다.

한 아기로 났다는 것은 완전한 인간으로 오신 것을 의미합니다(6절). 동정녀에게서 나셔서 인간의 원죄 유전을 받지 않았기에 유일하게 메시야 자격이 있습니다(7:14). 예수님의 신성은 하나님에게만 있는 속성을 붙여 소개함으로 계시됩니다(6절). 정사를 멘 기묘하신 모사(Wonderful Counselor)이시고 전능하신 하나님(Mighty God)이십니다. 영존하시는 아버지(Etenal Father)이시고 평강의 왕(Prince of Peace)이 되십니다. 다윗의 자손으로 탄생하셔서 하나님 나라를 공평과 정의로 보존하십니다(7절).

메시야의 감격적 구원을 선포하던 선지자가 돌변하여 구제불능의 심판(13절)을 예언하기 시작합니다. 교만한 이스라엘을 동맹군까지 동원하여 심판하겠다고 합니다(8-12절). 모든 자들에게 임하는 심판은 심지어 긍휼이 필요한 고아와 과부까지 열외가 없습니다(13-17절). 처절한 동족상잔의 비극으로 나라는 망가져 버리고 말 것입니다(18-21절). 완벽한 메시야에 이은 완전 절망의 인간 실존 전시는 무슨 메시지일까요? 오직 주 예수 그리스도만이 구원의 능력이 됨을 선포하는 것입니다.

♦ 이사야 10장 성경칼럼

5절 | 앗수르 사람은 화 있을진저 그는 내 진노의 막대기요 그 손의 몽둥이는 내 분노라

20절 | 그 날에 이스라엘의 남은 자와 야곱 족속의 피난한 자들이 다시는 자기를 친 자를 의지하지 아니하고 이스라엘의 거룩하신 이 여호와를 진실하게 의지하리니

"원수를 대하는 방법"

크고 작은 어려움을 헤치며 사는 것이 우리 인생길입니다. 그 중에서 해결하기 어려워서 끙끙 앓고 있는 것 중의 하나가 원수 갚기입니다. 대부분 인간과의 관계이지만 다른 분야도 있습니다. 우리는 구속사를 섭렵하면서 이스라엘의 국가적 원수들을 만났습니다. 출애굽 때의 애굽, 가나안 입성

시의 이방 7족속, 사사시대의 주변 국가가 대적자이었습니다. 강성했던 통일왕국인 다윗과 솔로몬 시대를 빼고는 침략이 끊이지 않았습니다.

우리나라도 역대 977번의 전쟁이 있었다고 하니 평균 4-5년에 한번은 일어난 셈입니다. 이스라엘은 근동 지역의 요지이고 우리나라도 극동 지역의 요충지여서 전쟁이 많았습니다. 이사야가 활동했던 기원전 8세기에 이스라엘의 국가적 원수는 아람을 거쳐 앗수르입니다. 아하스가 연합군의 침공에 하나님을 외면하고 앗수르의 도움을 청했던 것은 큰 죄악이었습니다(7장). 아람과 에브라임에게 승리한 앗수르가 강대해진 힘을 가지고 유다를 침공했기 때문입니다(8장). 사람을 의지하다가 사람에게 당하는 일은 영육 간에 모두 일어나는 독특한 원리입니다(20절).

이스라엘의 원수는 앗수르인데 선지자는 새로운 해석을 합니다. 앗수르의 정체는 하나님께서 자기 백성을 심판하는 진노의 몽둥이였다는 것입니다(5-6절). 이어서 심판의 도구인 앗수르가 얼마나 교만해 있는지를 말씀합니다. 이스라엘이 앗수르를 심판하는 것이 아니라 하나님께서 교만한 앗수르를 심판하시도록 설정이 되었습니다. 이 예언은 앗수르가 B.C.612년 바벨론에게 완전 멸망함으로 성취됩니다. 교만은 멸망의 선봉으로 아무 것도 안 보이고 누구 말도 듣지 않습니다(잠 18:12). 자기가 제일 똑똑해서 다 할 수 있다고 하며 신들도 부릴 수 있다고 뽐냅니다(7-14절).

이스라엘은 앗수르에게 원수를 갚을 힘도 없지만 갚지 말아야 하며 하나님께 맡기는 방법을 선택해야 합니다. 이는 신약에서 바울이 말씀한 원리와 같습니다.

(롬 12:19) "내 사랑하는 자들아 너희가 친히 원수를 갚지 말고 하나님의 진노하심에 맡기라 기록되었으되 원수 갚는 것이 내게 있으니 내가 갚

으리라고 주께서 말씀하시니라”

오히려 적극적으로 원수를 돌보라는 말씀으로 이어집니다(롬 12:20-21).

앗수르의 멸망은 시온의 구원을 의미하며 그 대상은 여지없이 남은 자입니다(20-23절). 남은 자에 대한 위로는 미디안(삿 7:25)과 애굽(출 14:25-31)에서 행하신 하나님의 구원을 상기하라는 것입니다(26절). 인간의 원수 갚음과 비교할 수 없는 하나님의 탁월한 승리와 자유를 기억하라고 하십니다(28-32절). 이 영광은 경건하게 살고 싶은 이 시대의 남은 자인 우리 몫이 될 수 있습니다.

♦ 이사야 11장 성경칼럼

2절 | 그의 위에 여호와의 영 곧 지혜와 총명의 영이요 모략과 재능의 영이요 지식과 여호와를 경외하는 영이 강림하시리니

9절 | 내 거룩한 산 모든 곳에서 해 됨도 없고 상함도 없을 것이니 이는 물이 바다를 덮음 같이 여호와를 아는 지식이 세상에 충만할 것임이니라

"최단 거리, 최소 시간"

가야 할 목적지를 정하면 생각해야 할 항목입니다. 효율성을 따져 살아야 하는 시대의 선택사항입니다. 바쁘게 갈 필요가 없고 낭만을 즐기는 여행이라면 둘 다 무시해도 됩니다. 구약에서 예수님을 최단 거리로 만나볼 수 있는 11장을 대하면서 든 생각이었습니다. 구약이 가리키는 최종 지점은 메시아이신 예수님입니다.

(히 1:1~2) “옛적에 선지자들을 통하여 여러 부분과 여러 모양으로 우리 조상들에게 말씀하신 하나님이 이 모든 날 마지막에는 아들을 통하여 우리에게 말씀하셨으니..”

이사야서는 예수님에 대한 예언이 가장 많은 책입니다. 4장의 여호와의 싹으로 시작하여 7장은 동정녀 탄생 교리를 세웠고 9장에는 예수님의 양성론을 계시하였습니다. 여기까지 '예수님이 어떤 분이신가'이었다면 11장은 '예수님께서 하신 일'을 예언하고 있습니다. 오직 예수님만이 구원의 길임을 믿는 우리는 예수님께서 하신 일의 중요성을 알고 있습니다. 신약이 있는 우리는 메시야 예언을 다 아는 것이라고 넘겨 버릴 수도 있습니다. 하지만 신약이 없었던 구약 시대에 예수님을 계시한 이사야서는 어떤 것으로도 바꿀 수 없는 보배입니다.

11장은 메시야의 혈통을 분명히 함으로 시작합니다. 다윗의 후손 대신에 '이새 줄기의 싹'을 사용한 것은 농부인 이새처럼 미천한 신분으로 태어날 것을 암시하는 것입니다(1절). 메시야가 가질 능력은 지혜와 총명과 모략과 재능과 지식과 하나님을 경외하는 충만입니다(2절). 메시야의 통치 원리는 공의와 정직과 능력과 성실이며 이는 세속권력과 명확히 구별됩니다(3-5절). 메시야 왕국은 평화의 나라로서 대립과 갈등이 사라지고 악이 제거될 것입니다(6-9절). 인간 갈등의 구도가 바뀌어 어울릴 수 없었던 상대가 서로 좋아하게 됩니다.

메시야 왕국의 영역은 혈통을 넘어서서 모든 열방으로 확장됩니다(10절). 이 열방 구원의 확장을 기치로 내건 사건이 11절부터 나옵니다. 이스라엘의 남은 자들이 귀환하는데 멸망전의 모습이 아닙니다. 이전의 다투고 시기했던 지파의 고질적 장애가 제거되고 협력이 이루어집니다(13-14절).

개종한 이방인들의 합류는 전 세계로 퍼져 나갈 복음의 확장을 예시합니다(11, 14절). 유브라데 강을 일곱 갈래로 나누어 건너는 귀환은 제2의 출애굽이라고 볼 수 있습니다(15-16절). 귀환의 모양새는 누추해 보이지만 메시야의 도래가 가까이 왔다는 기대에 설레는 모습이 역력합니다. 시공간을 뛰어넘어 이방인인 우리도 영적으로 그 자리에 있었다는 사실이 감격스럽습니다. 오랜 세월 헤매지 않고 직선거리로 달려와 주님을 만난 것이 너무나 고맙습니다.

♦ 이사야 12장 성경칼럼

2절 | 보라 하나님은 나의 구원이시라 내가 신뢰하고 두려움이 없으리니 주 여호와는 나의 힘이시며 나의 노래시며 나의 구원이심이라

4절 | 그 날에 너희가 또 말하기를 여호와께 감사하라 그의 이름을 부르며 그의 행하심을 만국 중에 선포하며 그의 이름이 높다 하라

"거래 관계, 은혜 관계"

'나에게 뭘 해 줄 건데'라는 표현이 나오면 거래 관계입니다. 주고받기(give and take)가 아니면 이루어지지 않는 관계는 모두 거래 관계입니다. 일반적 사랑도 본질적으로 거래 관계이며 가끔 나오는 어머니의 사랑이 은혜 관계의 그림자입니다. 은혜 관계는 주고받는 이익보다 무조건적 사랑에 의하여 이루어지는 것을 말합니다. 완전한 은혜 관계는 하나님께서 택한 백성을 조건 없이 사랑하신 것입니다. 이 사랑(아가페)은 독생자를 대속 제물로 십자가에 내어주신 희생을 뜻합니다.

(요일 4:10) "사랑은 여기 있으니 우리가 하나님을 사랑한 것이 아니요 하나님이 우리를 사랑하사 우리 죄를 속하기 위하여 화목 제물로 그 아들을 보내셨음이라"

성경에서 이 사랑의 가치를 보여주는 것이 일만 달란트 빚진 자의 비유입니다(마 18:23-35). 일만 달란트는 인간이 갚을 수 없는 가치를 의미하

며 구원의 속성을 보여줍니다. 이 은혜의 사랑은 하늘을 두루마리 삼고 바다를 먹물 삼아도 나타낼 수 없습니다(찬송가 304장). 그럼에도 불구하고 우리가 그 사랑에 보답한다면 어떤 반응이 나와야 할까요? 일단 우리의 실력으로 갚을 수 없기에 겸손해야 합니다. 얕은 행위로 갚을 수 있다는 생각을 거두어야 합니다. 믿음의 행위를 부인하는 것이 아니라 나의 행위로서 은혜와 거래하려는 패역을 금지하는 것입니다.

그리스도인의 은혜 갚음은 하나님께서 무엇을 원하시는지를 아는 것부터 시작됩니다. 12장에는 하나님의 구원에 대한 찬양시가 펼쳐지는데 여기에 정답이 있습니다. 하나님의 진노가 구원의 백성들에게 위로로 전환되었음을 감사하고 있습니다(1절). 바로 이 감사가 구원의 백성에게 기본이 되고 출발이 됩니다. 감사와 찬양은 그리스도인의 표식이며 은혜가 계속 들어오는 입구입니다(2-3절).

감사로 시작한 반응은 적극적인 예배로 나아갑니다(4절). 하나님의 이름을 부른다는 것은 기도와 함께 하나님께 나아가는 예배자가 됨을 뜻합니다. 나아가 하나님의 구원을 세상에 전파하는 것입니다(5절). 엄청난 구원의 은혜를 받은 자가 숨길 수가 없어 은혜를 자랑하는 것이 전도입니다. 감사와 예배와 전도의 결과는 하나님의 영광을 나타내는 단계로 나아갑니다(6절).

하지만 이 모든 과정 곳곳에 은혜를 거래 관계로 바꾸려는 기복신앙의 함정이 있음을 경계해야 합니다(겔 33:31). 우리 기도와 예배의 중심에 12장의 찬양시가 진심이 되기를 소원합니다.

(시 84:10) “주의 궁정에서의 한 날이 다른 곳에서의 천 날보다 나은즉 악인의 장막에 사는 것보다 내 하나님의 성전 문지기로 있는 것이 좋사오니”

♦ 이사야 13장 성경칼럼

6절 | 너희는 애곡할지어다 여호와의 날이 가까웠으니 전능자에게서 멸망이 임할 것임이로다
17절 | 보라 은을 돌아보지 아니하며 금을 기뻐하지 아니하는 메대 사람을 내가 충동하여 그들을 치게 하리니

"육적 바벨론, 영적 바벨론"

고구려, 신라, 백제, 하는 순간 각자 떠오르는 이미지가 있을 것입니다. 성경은 선민인 이스라엘 국가가 주역이지만 수많은 주변 나라가 등장합니다. 그중에 가장 유명하고 이스라엘과 영육으로 긴밀히 얽혀 있는 나라가 바벨론입니다. 바벨론은 창세기부터 등장하고 계시록까지 나타난 나라입니다(창 11:1-9, 계 14:8, 17장, 18장). 육적인 바벨론으로 끝나는 것이 아니라 영적인 의미의 바벨론이 있음을 알 수 있습니다. 계시록에서는 바벨론 앞에 음녀를 수식함으로 타락하여 배교한 교회를 상징합니다(계 17:1, 3, 5).

13장부터 23장까지 이스라엘 주변 국가들에 대한 심판과 경고가 예언되어 있습니다. 연대순으로 나오지 않고 대표성을 가진 바벨론이 예언 당시의 패권국인 앗수르보다 먼저 나옵니다. 바벨론 심판의 이유는 다른 나라와 같은 교만과 강포함입니다. 육적 바벨론은 사울 시대에 재건되었으나 앗수르의 지배하에 있었습니다. 앗수르의 약세를 틈타 독립을 하고 앗수르와의 패권 경쟁에 이기고 B.C.568년에는 애굽까지 정복합니다.

B.C.586년 바벨론은 남유다를 멸망시키는 도구가 됩니다. 13장에서 이사야는 B.C.539년 바벨론이 메대 바사 연합군에 의해 무너지는 장면을 예언하고 있습니다. 이사야의 활동 연대로 볼 때 100-150년 후의 사건을 예

언한 것입니다. 메대는 이사야 활동 당시에 역사에 등장하지도 않았는데 기명한 것은 그가 참 선지자임을 확인해 줍니다(17절). 하나님의 주권은 어느 시대 어느 나라이든 모두 다스린다는 것을 증거 합니다.

열방의 심판에서 눈여겨 볼 사항은 이방 나라의 백성들입니다. 우상숭배하고 죄악에 거한다는 점에서는 그들이 용서받을 길은 없습니다. 하지만 대부분의 인간들은 통치자에 의해 시류를 따라 적응하며 비겁하게 산다는 것을 감안해야 합니다. 주고받는 전쟁의 와중에서 지도자들은 심판받지만 이방 나라의 백성들은 기회를 얻을 수 있습니다. 이스라엘과 함께 하시는 전능하신 하나님을 듣고 경험하며 구원의 기회를 만나게 됩니다. 인생의 고난과 가난은 교만을 꺾고 하나님을 받아들일 마음 밭을 기경하게 만듭니다.

13장에 서술되는 망국은 처절하지만(6-16절) 한 줄기 구원의 빛이 될 수 있었습니다. 이 통찰은 다윗의 통일왕국 시대에 합류한 이방(원수나라 포함) 출신 용사들의 소개를 볼 때 연결할 수 있습니다(역대상 11장 칼럼 참조). 하나님의 주인 되심과 심판의 필연성을 목격하면서 겸비함의 자세를 갖게 됩니다(17-22절). 내가 구원 받았다는 실재는 기적중의 기적입니다.

(시 25:11) "여호와여 나의 죄악이 크오니 주의 이름으로 말미암아 사하소서"

◆ 이사야 14장 성경칼럼

12절 | 너 아침의 아들 계명성이여 어찌 그리 하늘에서 떨어졌으며 너 열국을 엎은 자여 어찌 그리 땅에 찍혔는고

24절 | 만군의 여호와께서 맹세하여 이르시되 내가 생각한 것이 반드시 되며 내가 경영한 것을 반드시 이루리라

"탐낼 자리?"

회사원이 팀장과 임원이 되기 위해 노력하는 것은 당연합니다. 각 분야에서 최고의 자리에 오르고자 하는 욕망을 좋지만 제어 장치가 필요합니다. 바로 봉사정신으로 이것이 없으면 올라갈 수가 없고 올라가더라도 결국 망신을 당합니다. 세상 권력자들의 악한 목표는 신적 존재가 되고자 하는 것입니다. 이것을 시도하거나 가장하는 자에게는 철저한 심판이 임합니다. 하나님의 보좌는 인간이 탐낼 자리가 아닙니다. 그럼에도 불구하고 시도하는 인간이 계속 나오는 것은 선악과의 후유증입니다.

(창 3:5) "너희가 그것을 먹는 날에는 너희 눈이 밝아져 하나님과 같이 되어 선악을 알 줄 하나님이 아심이니라"

하나님과 같이 되리라는 뱀의 유혹에 넘어간 것이 타락한 인간의 실상입니다. 타락 이후의 인간은 하나님의 고유권한인 선악을 판단하는 교만을 저지르게 됩니다. 이사야 14장 12절에 나오는 계명성이란 단어는 많은 논쟁을 일으켰습니다. 계명성은 이곳에서 유일하게 언급되었는데 이 단어를 사탄으로 주장한 이론이 퍼져 나갔기 때문입니다. 원어인 '헬렐'은 영어성경에는 'morning star(아침의 별)'로 번역되었고 물리적 세계에서는 금성을 의미합니다.

문제는 원어인 헬렐을 주석가들이 발광체로 보았고 라틴 역에서 루시퍼(Lucifer)로 옮긴 것입니다. 학자들에 의하여 사탄의 고유명사로 불리어지는 대세를 타게 됩니다. 초대교회 교부인 터툴리안과 오리겐이 기초를 놓았고 근대에는 존 번연의 천로역정이 영향을 끼쳤습니다.

계명성을 사탄이라고 주장하는 근거는 예수님께서 사탄에 대하여 말씀하신 것입니다.

(눅 10:18) “예수께서 이르시되 사탄이 하늘로부터 번개 같이 떨어지는 것을 내가 보았노라”

이사야의 예언 말씀과 같은 내용으로 보이나 문맥에서는 의미는 다릅니다. 이사야서는 바벨론 왕이 신이 되고자 하는 욕망과 추락을 음부에 있던 열방의 왕들이 조롱한 맥락에서 나왔습니다(9-11절). 즉 계명성 같은 바벨론 왕의 포악한 통치는 끝났다는 뜻입니다. 하지만 주님께서 지적한 사탄은 이 땅에 떨어져서 아직도 세상의 권세를 행사하고 있음을 가르치신 말씀입니다(고후 4:4).

(엡 2:2) “그 때에 너희는 그 가운데서 행하여 이 세상 풍조를 따르고 공중의 권세 잡은 자를 따랐으니 곧 지금 불순종의 아들들 가운데서 역사하는 영이라”

사탄의 떨어짐은 이 세상의 악한 통치의 시작이고 계명성의 추락은 바벨론 왕의 악정 종식을 의미합니다. 14장의 전체적 문맥이 주변 국가(바벨론, 앗수르, 블레셋)의 멸망임을 볼 때 계명성은 교만한 인간의 대표를 가리킨다고 볼 수 있습니다(3-32절). 하나님의 보좌를 노리거나 스스로 자처하는 자는 시대를 넘어 엄혹한 심판이 임한다는 메시지입니다. 맡은 직분에 겸손히 봉사하는 귀함을 깨닫게 해 주셔서 감사합니다(롬12:8).

♦ 이사야 15장 성경칼럼

1절 | 모압에 관한 경고라 하룻밤에 모압 알이 망하여 황폐할 것이며 하룻밤에 모압 기르가 망하여 황폐할 것이라

5절 | 내 마음이 모압을 위하여 부르짖는도다 그 피난민들은 소알과 에글랏 슬리시야까지 이르고 울며 루힛 비탈길로 올라가며 호로나임 길에서 패망을 울부짖으니

"징계의 소화"

징계를 좋아할 사람은 없습니다. 그러나 징계를 받지 않는 사람은 한 명도 없습니다. 징계는 잘못의 대가로 받지만 넓게 보면 죄의 보응입니다. 징계를 소화한다는 것은 징계를 통해 좋은 효과를 얻는다는 의미입니다. 마치 음식이 힘을 주고 쓴 교훈이 인격을 성숙시키는 것과 같습니다. 징계를 받아도 아무 교정이 없는 사람은 퇴출되는 수순으로 갈 수밖에 없습니다.

징계라는 코드로 성경을 보게 되면 양분된 모습으로 나타납니다. 신자가 징계를 소화하면 유익한 도구가 됩니다. 전제는 징계의 의미를 알고 소화하는 방법인 말씀에 의한 회개가 일어나야 합니다. 징계는 영혼을 살리고 진리를 깨닫게 하며 의와 평강의 열매를 맺게 합니다. 정죄를 받지 않게 하고 결국 하나님의 사랑을 경험하게 합니다(히 12:5-11). 신자 신분의 위대함과 신앙 환경의 귀중함을 알 수 있습니다. 반면에 불신자는 하나님과의 관계가 단절되어 있고 죄에 대한 감각이 없어 사정이 다릅니다. 징계가 죄악 자체에 대한 심판이 됩니다.

15장은 앞서의 바벨론, 앗수르, 블레셋에 이은 모압에 대한 심판 예언입니다. 이스라엘을 대적하는 자의 멸망을 선언하고 하나님 백성의 구속적 승리를 보여줍니다. 모압은 아브라함의 조카 롯의 후손으로서 이스라엘과 근접하여 치열한 각축전을 벌였고 바알브올 사건(민 25장)으로 악연이 맺혀 있습니다. 이사야는 모압 멸망의 모습을 시청각적으로 생생하게 묘사합니다.

두 수도(알, 기르)의 급속한 멸망(1절)과 전국 각지의 지명(2-9절)을 언급함으로 철저한 심판을 경고합니다. 우리는 이 와중에서 눈에 띄는 한 장면을 발견합니다. 이사야 선지자가 모압을 위하여 통곡하며 부르짖는 모습입니다(5절). 모압의 비참한 광경을 부각시키는 것으로 보기에는 다른 해석이 필요합니다. 이스라엘 입장에서 악랄한 적이 처절하게 심판받는 것을 고소하게 여길 수도 있습니다.

그러나 선지자의 마음은 회개하지 않아 심판받는 이방 민족에 대한 인간애가 있었습니다. 나아가 선민도 회개하지 않으면 그 길로 갈 것이라는 생각에 비통함이 깊어졌을 것입니다. 징계를 받았지만 일어날 힘이 있었던 이스라엘의 모습은 지금 교회에 와 있습니다. 주변 불신세력의 악함을 목격하면서 이사야의 통곡을 실감합니다.

♦ 이사야 16장 성경칼럼

1절 | 너희는 이 땅 통치자에게 어린 양들을 드리되 셀라에서부터 광야를 지나 딸 시온 산으로 보낼지니라

5절 | 다윗의 장막에 인자함으로 왕위가 굳게 설 것이요 그 위에 앉을 자는 충실함으로 판결하며 정의를 구하며 공의를 신속히 행하리라

"편입시켜 주세요"

오래 전에 동아프리카 '말라위'의 일부 국민이 대한민국에 편입시켜 달라는 요청이 있었습니다. 대한민국이 최빈국인 자기 나라에 베푼 사랑과 발전에 감동을 받아 나온 반응입니다. 정식적인 것이 아니고 국제정치 측면에서 실현 가능성은 거의 없습니다. 그럼에도 불구하고 만일 성사된다면 대한민국은 땅이 두 배가 되고 인구는 1,700만 명이 늘어납니다. 말라위는 부자 나라에 편입되어 온갖 문명 혜택을 누릴 것입니다.

이 해프닝을 소개하는 것은 영적 메시지가 너무 탁월해서입니다. 16장

에는 이사야가 절망적인 모압을 향하여 유일하게 살 수 있는 방법을 제시합니다. 심판이 결정되어 있는 모압에게 이런 제의를 한다는 것이 앞뒤가 맞지 않는 것 같습니다. 그러나 이 제의는 당시뿐만 아니라 후대에도 적용되는 것이기에 심각한 교훈이 됩니다. 모압이 사는 유일한 길은 유다와 관계를 좋게 하는 것입니다. 아합 때처럼 조공을 바치고 적대감을 해소하라는 현실적 대안을 제공합니다(1절). 이 말은 영적으로 다윗의 왕권에 복종하여 메시야의 계보에 들어가라는 의미입니다. 이를 현대어로 옮기면 '다른 길은 없으니 오직 예수님을 믿으라'입니다(행 4:12).

말라위와 우리나라가 합병되지 않았듯이 모압은 이 권고를 받아들이지 않습니다. 불신자가 유일한 구원의 길인 예수님을 거부하는 것과 비슷한 모양입니다. 하지만 모압이 유다의 날개 아래에서 피난처를 찾는 영적 희망은 살아 있습니다(3-4절). 5절에 나오는 메시야 예언 구절은 이방 나라에게 열린 구원의 보편성을 드러내기 때문입니다.

(사 42:1) "내가 붙드는 나의 종, 내 마음에 기뻐하는 자 곧 내가 택한 사람을 보라 내가 나의 영을 그에게 주었은즉 그가 이방에 정의를 베풀리라"

그러면 모압이 하나님 나라의 편입을 놓친 이유는 무엇일까요? 불신자의 일관된 죄악인 교만함을 꺾지 못했기 때문입니다(6절). 교만은 눈 뜬 맹인과 같아서 육적인 것이 전부인 줄 알고 영적 세계는 못 보고 볼 마음도 없습니다(요 9:40-41). 교만에 대한 성경의 정의는 하나님을 거역하고 스스로 높아진 것입니다.

(렘 48:42) "모압이 여호와를 거슬러 자만하였으므로 멸망하고 다시 나라를 이루지 못하리로다"

하나님을 거역한 교만에 대한 심판은 기뻐하던 것이 슬픈 것으로 역전

됩니다(7-12절). 풍성했던 포도주 농사는 신음소리로 바뀌고(9절) 우상 종교는 아무리 섬겨도 허탄하게 무너져 내립니다(12절). 3년의 유예기간은 기회는 있지만 심판이 확실하게 임함을 보여 주는 것입니다(14절). 우리를 하나님의 양자(편입)로 삼아 주심을 진정으로 감사드립니다(롬 8:15).

♦ 이사야 17장 성경칼럼

1절 | 다메섹에 관한 경고라 보라 다메섹이 장차 성읍을 이루지 못하고 무너진 무더기가 될 것이라

7절 | 그 날에 사람이 자기를 지으신 이를 바라보겠으며 그의 눈이 이스라엘의 거룩하신 이를 뵙겠고

"시선이 머무는 곳"

사람을 파악하는 방법 중의 하나는 '눈길을 어디에 두고 있느냐'입니다. 세상의 3가지 욕구중의 하나인 안목의 정욕과 관련이 있습니다.

(요일 2:16) "이는 세상에 있는 모든 것이 육신의 정욕과 안목의 정욕과 이생의 자랑이니 다 아버지께로부터 온 것이 아니요 세상으로부터 온 것이라"

흔히 눈으로 짓는 죄를 가볍게 생각하는데 큰 오산입니다.

다윗의 간음죄의 출발은 시선을 잘못 둔 것에서 시작되었습니다. 베드로가 바다를 걷다가 잠시 주님에게서 시선을 돌리는 순간 물에 빠졌습니다(마 14장). 광야의 이스라엘 백성들이 금송아지를 바라보며 여호와라고 숭배한 것도 안목의 정욕에서 나왔습니다(출 32장). 연단을 거친 욥이 하나님을 눈으로 뵙게 되었다는 고백은 시선에 성숙의 결과가 나타난 것입니다(욥 42:5). 저의 경험으로 볼 때 성경에 착념되고 성령의 다스림을 받을 때는 이상한 드라마는 재미가 없고 눈길도 안갑니다.

17장에는 다메섹과 북이스라엘과 앗수르의 심판 예언이 나옵니다. 남유다 북쪽에 있는 나라들로서 정통선민을 괴롭힌 것에 대한 심판의 성격을 가지고 있습니다. 다메섹은 현재 다마스커스로 불리 우고 있고 고대도시로는 드물게 보존된 곳입니다. 우리에게는 바울의 개종 장면에 등장하여 익숙하고 구약에서는 아람 왕국의 수도입니다. 아람 왕국은 수리아로 불리우고 기원전 10세기가 전성기였습니다. 다메섹의 심판은 북이스라엘과 연합하여 다윗 왕조를 공격한 것과 연결됩니다. 이사야가 다메섹의 심판보다 북이스라엘의 징벌에 비중을 두는 있음을 알 수 있습니다(4-11절).

북이스라엘의 죄악은 하나님의 언약을 알고 있음에도 형제국을 고의적으로 괴롭힌 것입니다. 그들의 출발은 다윗 왕조에의 반역이고 정책이 우상숭배여서 남유다보다 심판이 빨라지게 됩니다. 심판이 임한 현장에서 선지자는 한 줄기 소망의 빛을 비춥니다. 단호한 심판으로 폐허가 된 멸망의 마당에 남겨진 자들이 있다는 것입니다. 베어진 가운데 남겨진 몇 알의 이삭과 아슬아슬하게 붙어서 낙과를 면한 열매에 눈길이 가 있습니다(5-6절). 북이스라엘은 망했지만 언약을 붙든 소수의 남은 백성이 아브라함의 언약 안에 들어왔습니다. 남은 자가 오직 하나님만 바라보는 자가 되었다는 것은 정금같이 된 신앙의 결과를 예시합니다(7절).

다윗 언약 이전에 주어졌던 '아브라함 언약(창 12:2)'에 의한 남은 자의 구원은 인류구원의 지평을 열게 됩니다. 아브라함 언약은 마지막 아담인 예수께서 살려 주는 영이 되심으로 전 인류의 대속을 이루신 것으로 성취됩니다.

(고전 15:45) "기록된바 첫 사람 아담은 생령이 되었다 함과 같이 마지막 아담은 살려 주는 영이 되었나니"

인간의 구제불능적인 죄악은 오직 십자가의 대속만이 구원의 방편임을 선명히 보여주십니다.

♦ 이사야 18장 성경칼럼

3절 | 세상의 모든 거민, 지상에 사는 너희여 산들 위에 기치를 세우거든 너희는 보고 나팔을 불거든 너희는 들을지니라

5절 | 추수하기 전에 꽃이 떨어지고 포도가 맺혀 익어갈 때에 내가 낫으로 그 연한 가지를 베며 퍼진 가지를 찍어 버려서

"급변하는 세계정세"

미디어에 흔히 나오는 기사 내용으로 세상은 늘 급격하게 변화하고 있습니다. 정치를 주제로 한 미국 드라마를 보면 세계는 한시도 조용할 틈이 없습니다. 먹고 사느라 정신없는 민초들은 관심을 둘 여력이 없지만 결국은 그 영향을 받게 됩니다. 그리스도인은 나라의 각축전으로 보이는 세계정세에 초월적 손이 작용하고 있음을 알고 있습니다.

18장은 열국의 흥망이 하나님의 장중에 있다는 것을 증명합니다. 본장의 내용은 기원전 8세기의 근동과 아프리카 정세를 은유법을 동원하여 예언한 것입니다. 다른 성경을 연결해야 하고 비유와 상징의 단어를 연구해야 해석이 가능합니다. 이름은 명확히 나오지 않지만 구스와 앗수르와 남유다가 등장합니다. 배경은 열왕기하 18-19장에 해당되며 연대는 B.C.715년경입니다. 앗수르의 산헤립이 북이스라엘과 다메섹을 정복한 후 2차로 유다를 침공하려고 준비할 때입니다.

이 때의 구스는 아프리카의 강자로 등극하여 애굽에 25왕조를 건립하고 다스리고 있었습니다. 구스는 유다가 정복당하면 자신들도 침공을 당할 것을 예상하고 방책을 구합니다. 자국의 군사를 모집하고 주변국에 사신을 파송하여 동맹군을 결성하고자 합니다(1절). 이 때 이사야 선지자가 구

스를 향하여 본 예언을 하게 되는데 걱정하지 말고 돌아가라는 것입니다(2절). 앗수르가 졸지에 패배한다는 것인데 이 역사를 모든 민족과 거민이 들을 것이라고 합니다(3절). 하나님께서 때가 무르익어 완전무결한 승리를 주시는데 그 유명한 185,000명이 시체가 되는 사건입니다.

(왕하 19:35) "이 밤에 여호와의 사자가 나와서 앗수르 진영에서 군사 십팔만 오천 명을 친지라 아침에 일찍이 일어나 보니 다 송장이 되었더라"

앗수르가 강성함을 누리는 그 시기가 그들의 멸망 시간이 되었습니다(5절). 인간의 절정기가 몰락의 분기점이 되는 것은 아주 흔합니다. 독수리와 들짐승들이 철이 지나도록 시체를 식량 삼았으니 그 수욕은 형용하기 어렵습니다(6절). 히스기야 왕 때 있었던 이 승리로 인해 구스는 예언대로 타국과 더불어 예물을 바치게 됩니다(7절, 대하 32:22-23). 이사야는 미래에 일어날 이 광경을 예언적 완료시제로 선포합니다. 이 내용은 1차적으로 다윗 왕국의 영화로움을 성취한 것입니다.

열방이 시온을 향하여 노래하며 나아오는 것은 2차적으로 신약교회의 선교적 사명을 예시하는 것입니다. 나아가 만민이 하나님의 능력을 찬양하며 나아오는 모습은 종말적 구원과 닮았습니다(계 19:6, 21:24). 시온으로 상징되고 하나님의 피로 사신 교회의 영광에 잇대어서 사는 자가 되기를 원합니다.

(행 20:28) "여러분은 자기를 위하여 또는 온 양 떼를 위하여 삼가라 성령이 그들 가운데 여러분을 감독자로 삼고 하나님이 자기 피로 사신 교회를 보살피게 하셨느니라"

♦ 이사야 19장 성경칼럼

1절 | 애굽에 관한 경고라 보라 여호와께서 빠른 구름을 타고 애굽에 임하시리니 애굽의 우상들이 그 앞에서 떨겠고 애굽인의 마음이 그 속에서 녹으리로다

25절 | 이는 만군의 여호와께서 복 주시며 이르시되 내 백성 애굽이여, 내 손으로 지은 앗수르여, 나의 기업 이스라엘이여, 복이 있을지어다 하실 것임이라

"하늘만큼 땅만큼"

엄마가 어린 자녀에게 '엄마를 얼마나 사랑해'라고 물을 때의 대답입니다. 최선을 다해 진심으로 최고의 표현을 한 것입니다. 이보다 더 크고 많다는 표현은 우주만큼 이지만 의미는 비슷합니다. 어른이 되고 그리스도인이라면 영적인 대답을 만들 수 있습니다. '하나님이 날 사랑한 만큼'을 넣을 수 있습니다. 우리는 이 말이 성립이 안 되는 것을 잘 압니다. 하나님보다 크고 깊은 사랑이 없기에 동원해 본 것입니다.

19장을 읽으면서 이상하다는 생각이 들었을 것입니다. 전반부의 애굽 심판에 대한 내용은 쉽게 이해되고 당연합니다. 애굽은 이스라엘과 출애굽부터 악연을 맺었고 영적으로 세상을 상징하는 나라입니다. 저들에 대한 심판의 내용이 전 방위로 이루어지는 전반부는 통쾌하기까지 합니다. 사회적 혼란으로 내란이 일어나고 혼돈의 심판이 주어집니다(1-4절). 자연 재해의 심판은 생업과 생활에 공포를 줍니다(5-10절). 이어진 정신적 미혹의 심판은 혼미한 사회를 만들어 비틀거리게 합니다(11-15절). 여기서 역전이 일어나는데 애굽이 심판을 경험한 후 연약해지고 두려워했다는 점입니다(16절). 하나님의 백성인 유다와 비교하게 되며 구원의 갈망이 싹트게 되었습니다(17절).

18절부터의 예언은 눈을 씻고 다시 보아야 할 만큼 획기적입니다. 애굽에서 히브리 방언이 터져 나오고 여호와의 이름으로 맹세하는 다섯 성읍이 생긴다고 합니다. 애굽 중앙에 성소와 제단이 세워지고 구원자의 이름이 높임을 받게 됩니다(19-21절). 징계를 받아 병이 걸려도 치유함을 받고 원수였던 앗수르와 유다와는 친구 사이가 됩니다(22-24절). 더 놀라운 것은 하나님께서 친히 애굽을 '나의 백성 애굽이여'라고 부르는 것입니다(25절).

이 예언은 당시의 사정으로 볼 때 전혀 상상도 할 수 없는 내용이어서 이사야 저작권이 의심받기도 하였습니다. 그러나 우리는 말로 표현할 수 없는 하나님의 위대하심을 너무나 잘 알고 있습니다. 이 상황은 믿음의 조상 아브라함으로 말미암아 만민이 복을 받는다는 언약의 성취입니다.

(창 12: 3) "너를 축복하는 자에게는 내가 복을 내리고 너를 저주하는 자에게는 내가 저주하리니 땅의 모든 족속이 너로 말미암아 복을 얻을 것이라 하신지라"

우리는 역사 속에서 애굽(이집트)에 B.C.160년 성소가 세워졌었고 기원전 2세기부터 640년까지 기독교 전성시대를 주도한 것을 목격하였습니다. 우주보다 더 큰 하나님 사랑이 증명되었고 이 복음은 교회의 사명으로 와 있습니다.

♦ 이사야 20장 성경칼럼

3절 | 여호와께서 이르시되 나의 종 이사야가 삼 년 동안 벗은 몸과 벗은 발로 다니며 애굽과 구스에 대하여 징조와 예표가 되었느니라

5절 | 그들이 바라던 구스와 자랑하던 애굽으로 말미암아 그들이 놀라고 부끄러워할 것이라

"인간의 길, 하나님의 길"

예수님을 만나기 전 인간이 만든 길을 섭렵했던 시절이 있었습니다. 지식의 총아인 철학은 사람 이성의 한도를 넘지 못합니다. 불교는 '견성성불(자신 안의 불성을 깨달아 부처가 되는 것)'로서 누구의 가르침도 부술 대상으로 봅니다. 유교는 윤리의 열매를 추구하며 인간의 수련을 강조합니다. 현대 종교라고 볼 수 있는 과학도 검증된 원리만이 왕좌에 앉습니다. 인간의 도는 그 속성이 사람에게서 나온다는 공통점을 가지고 있습니다. 이 범주를 수도종교라고 하는데 기독교외의 모든 종교가 여기에 속합니다.

반면에 하나님의 길은 수도종교와 정반대로 계시된 말씀을 순종하는 것입니다. 인간의 이성과 환경에 맞지 않다고 생각되어도 하나님을 믿기에 말씀을 따르는 것입니다. 순종의 영역도 인간의 노력이라는 요소가 강하므로 하나님의 길에는 성령님이 등장합니다. 인간은 말씀을 알아도 행할 수 없는데 성령님을 힘입으면 인도를 받을 수 있습니다.

(요 16:13) "그러나 진리의 성령이 오시면 그가 너희를 모든 진리 가운데로 인도하시리니 그가 스스로 말하지 않고 오직 들은 것을 말하며 장래 일을 너희에게 알리시리라"

하나님의 길은 말씀과 성령님이 함께 하는 세계인 것입니다. 20장의 핵심 메시지에 하나님의 길에 대한 역사적 증거가 나옵니다. 이 내용은 19장 17절에 이어지는 앗수르에 의한 애굽과 구스의 심판 예언입니다. 이사야는 이들에게 임하는 심판을 언어가 아닌 행동으로 보여줍니다. 자신의 벗은 몸과 벗은 발을 통한 행위 예언으로 애굽인과 구스인이 앗수르의 포로가 될 것을 알립니다(2-3절). 3년 동안 행하라는 명령을 전혀 불평 없이 따르는 선지자의 모습 속에 하나님의 길인 순종이 계시됩니다.

이 심판은 이스라엘과 구스와 애굽이 하나님보다 인간을 서로 의지한 것에 있음을 보여줍니다(5절). 성경은 사람의 힘이 대단한 것 같아도 갈대 지팡이 같다고 선언합니다.

(겔 29:6-7) "애굽의 모든 주민이 내가 여호와인 줄을 알리라 애굽은 본래 이스라엘 족속에게 갈대 지팡이라 그들이 너를 손으로 잡은즉 네가 부러져서 그들의 모든 어깨를 찢었고 그들이 너를 의지한즉 네가 부러져서 그들의 모든 허리가 흔들리게 하였느니라"

이사야의 이 예언은 30년 후에 앗수르에 의해 애굽과 구스가 정복됨으로 성취됩니다. 인간을 의지하는 것과 하나님을 의지하는 것의 분별은 어렵고 선택도 만만치 않습니다. 그때그때 성령님께 기도하고 마음의 추를 재다 보면 하나님의 길로 인도될 것입니다. 인간을 계속 의지하고 살면 비참한 포로가 된다는 것을 의식할 때 영적 감각이 살아 날 수 있습니다. 이 영적 감각의 왕도는 매일 말씀을 묵상하는데 있습니다.

(시 119:97) "내가 주의 법을 어찌 그리 사랑하는지요 내가 그것을 종일 작은 소리로 읊조리나이다"

♦ 이사야 21장 성경칼럼

1절 | 해변 광야에 관한 경고라 적병이 광야에서, 두려운 땅에서 네겝 회오리바람 같이 몰려왔도다

9절 | 보소서 마병대가 쌍쌍이 오나이다 하니 그가 대답하여 이르시되 함락되었도다 함락되었도다 바벨론이여 그들이 조각한 신상들이 다 부서져 땅에 떨어졌도다 하시도다

"찰나에 벼락같이"

시간의 최소 단위를 불교에서는 찰나라고 하는데 수치로 볼 때 0.013초에 해당됩니다. 스포츠 경기에 쓰이는 전자시계가 1,000분의 1초(밀리초)까지 나타내는 시대가 되었으니 찰나의 자리를 뺏은 셈입니다. 벼락은 인간이 생각하는 징벌에서 저주의 극강을 보여주는 말입니다. '벼락 맞아 죽을 놈'이라고 하면 하늘이 벌을 주어 마땅한 가장 악한 사람이라는 의미입니다. 찰나와 벼락이 합쳐 심판이 임한다면 대처할 사람은 없습니다. 성경은 주님의 재림 시에 임할 심판의 성격을 번개처럼 이루어진다고 말씀합니다.

(마 24:27) "번개가 동편에서 나서 서편까지 번쩍임 같이 인자의 임함도 그러하리라"

주님의 재림이 역사적 종말이라면 사람의 죽음은 개인적 종말입니다. 우리는 개인의 죽음을 예상할 수 있다고 생각하지만 본질적으로 찰나에 벼락처럼 임하는 속성은 동일합니다.

(눅 12:20) "하나님은 이르시되 어리석은 자여 오늘 밤에 네 영혼을 도로 찾으리니 그러면 네 준비한 것이 누구의 것이 되겠느냐 하셨으니"

13장부터 시작된 이스라엘 주변국들의 심판이 후반부(21-23장)에 들어섰습니다. 13-14장에 언급된 바벨론의 심판이 후반부에서도 선두에 등장합니다. 바벨론의 멸망이 빈번히 언급되는 것은 이스라엘의 구원과 직결되어 중요하기 때문입니다. 21장에서 바벨론은 당시의 상황에서 상상도 할 수 없는 나라에 의하여 정벌을 당한다고 예언됩니다. 엘람과 메대의 전광석화 같은 기세에 순식간에 무너집니다(1-4절). 엘람은 후에 '바사'로 나타나고 우리가 인식하기 좋은 표현으로는 페르시아(이란)입니다.

후대의 바사 왕국에 비하여 미미한 세력에 불과한 엘람에 의해 거대한 바벨론이 멸망당한다는 초월적 예언을 이사야가 하고 있습니다. 강대한 국력으로 찬란한 위용을 떨치며 철통 방비를 하여도 하나님의 심판은 피할 수 없습니다(5-6절). 심판의 광경을 그림을 보여 주듯이 묘사하는 선지자의 예언은 역사에서 그대로 성취됩니다. 벨사살 왕이 1,000명의 귀족들과 잔치를 벌이다 메대의 다리오에게 멸망당하는 것을 목격할 수 있습니다(단 5장). 나라의 흥망성쇠가 있듯이 어느 인간도 낮만 있고 밤이 없는 자는 없습니다.

열 처녀 비유는 주야로 주님을 의식하며 종말을 준비하는 신자가 구원받는 것을 보여줍니다(마 25:1-13). 바벨론의 영적 의미는 사단의 세력을 상징하며 맹위를 떨치는 것 같아도 결국 끝납니다. 함락을 거듭 외치는 선지자의 모습(9절)은 종말시의 사도 요한과 똑같습니다.

(계 18:2) "힘찬 음성으로 외쳐 이르되 무너졌도다 무너졌도다 큰 성 바벨론이여 귀신의 처소와 각종 더러운 영이 모이는 곳과 각종 더럽고 가증한 새들이 모이는 곳이 되었도다"

이사야가 파수꾼을 자처하며 밤낮을 지켜보듯이 이 시대 그리스도인은 영적 파수꾼입니다(6-8절). 시대를 분별하여 진리를 전하는 사명에 충성하기를 원합니다.

♦ 이사야 22장 성경칼럼

13절 | 너희가 기뻐하며 즐거워하여 소를 죽이고 양을 잡아 고기를 먹고 포도주를 마시면서 내일 죽으리니 먹고 마시자 하는도다

19절 | 내가 너를 네 관직에서 쫓아내며 네 지위에서 낮추리니

"건배사"

단체의 회식에는 주도자에 의한 건배사가 있습니다. 유머와 센스와 의미를 갖춘 건배사를 잘 하는 것도 리더의 자질입니다. 잊지 못할 명 건배사

도 있지만 해서는 안 될 건배사도 있습니다. 그리스도인이 술잔을 들고 '마시고 죽자'라고 한다면 큰일입니다. 본심이 아닌 것은 알지만 마시다가 그대로 죽으면 회개할 기회가 없는 것 아니겠습니까?

그런데 22장에 이런 이상한 광경이 일어나고 있습니다. '환상의 골짜기에 관한 경고'란 예루살렘에 대한 심판 예언의 다른 표현입니다(1절). 다윗성이 있었던 언덕은 힌놈과 기드론 등의 골짜기가 있었는데 시온 산으로 부르는 경우는 긍정적일 때입니다. 선지자는 회개를 안 하는 예루살렘을 안타깝게 바라보며 경멸적인 의미로 골짜기라고 부르고 있습니다. B.C.701년 경 앗수르의 위협 속에 선포된 예언으로 예루살렘의 교만한 모습을 책망합니다.

그들은 회개하기보다 무기를 자랑하며 자신감을 나타내고 있습니다(5-12절). 교만의 절정은 잔치를 벌이며 내일은 없으니 먹고 죽자 라고 외치는 광경입니다(13절). 이들의 언어는 하나님 귀에 그대로 들려 훗날 심판으로 이루어집니다(14절).

(민 14:28) "그들에게 이르기를 여호와의 말씀에 내 삶을 두고 맹세하노라 너희 말이 내 귀에 들린 대로 내가 너희에게 행하리니"

하나님의 백성을 알아보는 방법은 회개에 있습니다. 불교의 인과응보는 죄와 잘못은 반드시 자신이 그 업(대가)를 치러야 한다는 사상입니다. 용서와 자비의 길이 없기에 회개가 들어갈 틈이 없습니다. 하지만 기독교는 철저히 회개로만 회생이 되고 새로운 기회가 주어집니다. 구제불능으로 멸망이 결정된 니느웨 성이 요나의 외침을 듣고 회개할 때 살 수가 있었습니다(욘 3장). 주님을 배반한 가룟 유다와 베드로는 회개의 유무에 따라 이후에 자살(마 27:5)과 재 소명(요 21:17)으로 길이 갈라졌습니다.

후반부에는 두 사람의 인물을 등장시켜 개인 심판의 모습을 보여줍니다. 탐욕과 교만의 재정 장관 셉나는 영광의 자리에서 수치스런 죽음으로 모든 것을 뺏깁니다(15-19절). 하나님께서 선택하여 세운 엘리아김은 다윗의 열쇠를 받은 자로 쓰임을 받습니다(20-23절). 그는 족벌정치라는 허물을 남겨 끝까지 충성하는 것이 얼마나 어려운지를 교훈합니다(24-25절). 심판 예언의 궁극적 목적은 회개를 위한 것입니다(히 12:8). 심판 예언이 성취되는 가운데에서 극적으로 심판이 유예되는 경우는 회개가 있을 때뿐입니다. 자비의 하나님을 붙들고 긍휼을 구하는 자로 살겠습니다.

♦ 이사야 23장 성경칼럼

8절 | 면류관을 씌우던 자요 그 상인들은 고관들이요 그 무역상들은 세상에 존귀한 자들이었던 두로에 대하여 누가 이 일을 정하였느냐

18절 | 그 무역한 것과 이익을 거룩히 여호와께 돌리고 간직하거나 쌓아 두지 아니하리니 그 무역한 것이 여호와 앞에 사는 자가 배불리 먹을 양식, 잘 입을 옷감이 되리라

"궁금증이 풀리다"

정말 알고 싶었던 것을 알게 되었을 때 희열을 느낍니다. 성경을 읽으며 이스라엘이 왜 그토록 끈질기게 우상숭배를 하는지 궁금하지 않은 분은 없을 것입니다. 종교개혁이 일어나 성공을 해도 다음 대에서 용수철처럼 바로 우상숭배로 돌아갑니다. 우상 숭배를 끊으면 하나님의 복을 받을 것이 분명한데 악착같이 저주받는 방향으로 가는 이유는 무엇일까요?

이 정답은 신학적으로는 이미 나와 있습니다. 인간이 전적 타락하여 하나님께 무지하고 찾지 않아 나온 열매입니다(롬 3:10~12). 하나님과의 관

계가 끊어진 인간은 하나님 자리에 우상을 앉힐 수밖에 없습니다.

(롬 1:23) "썩어지지 아니하는 하나님의 영광을 썩어질 사람과 새와 짐승과 기어 다니는 동물 모양의 우상으로 바꾸었느니라"

보이는 우상을 통하여 보이지 않는 우상인 인간의 탐심이 채워질 것을 믿는 것입니다(골 3:5). 우상이 자신들의 욕구를 채워 준다는 마음을 도려내지 않으면 우상 타파는 실패합니다.

이스라엘에게 우상의 위력을 믿게 해준 대표 나라가 두로입니다. 믿음을 잃은 이스라엘이 23장의 주인공 두로를 받아들이게 됩니다. 두로는 지중해 동부 연안에 위치한 베니게(페니키아)의 항구도시로 상업이 번창하였습니다. 시돈과는 40km 떨어져 있고 재물이 역동적으로 흐르는 센터인데 우리 감각으로는 수십 년 전의 홍콩 이미지가 납니다. 두로와 시돈하면 떠오르는 인물인 이세벨은 이스라엘에 이방 우상을 들여온 수괴입니다(왕상 16:31). 세상 권력의 상징이 바벨론이라면 권력을 조종할 수 있는 재물의 나라가 두로인 셈입니다. 세상의 강력한 두 힘은 계시록에 두로가 바벨론과 영적으로 결합되어 표현됩니다(계 18장).

본장은 두로로 대표되는 세상의 향락에 심판을 선고함으로 세속적 부귀의 허무함을 경고합니다(2-12절). 이 심판은 바벨론(갈대아) 느브갓네살 왕에 의해 성취되었고 수많은 보트피플의 비극을 가져옵니다(13-14절). 두로는 이스라엘과 밀접한 양면 관계를 맺게 됩니다. 영적인 타락의 원인으로 피해를 주지만 한편으로는 성전 건축과 재건에서 일익을 감당합니다. 두로의 히람은 다윗과 솔로몬 시대에 성전 건축에 사용되고 에스라 때에도 후손의 헌신이 있었습니다(왕상 9:11, 스 3:7).

이사야는 이 사실을 두로의 회복 장면에서 언급합니다(17-18절). 재물을 목적으로 사는 자는 일만 악에 빠지고 심판에 이릅니다(딤전 6:10). 하지만 재물을 도구로 사용하는 청지기가 되면 하나님의 선한 일군이 됩니다(눅 16:9). 구약보다 훨씬 강한 탐심의 시대에 신앙의 정도를 차분하고 꿋꿋하게 지켜 나가야 하겠습니다.

♦ 이사야 24장 성경칼럼

1절 | 보라 여호와께서 땅을 공허하게 하시며 황폐하게 하시며 지면을 뒤집어엎으시고 그 주민을 흩으시리니

5절 | 땅이 또한 그 주민 아래서 더럽게 되었으니 이는 그들이 율법을 범하며 율례를 어기며 영원한 언약을 깨뜨렸음이라

"이름이 없다?"

사람과 물건에는 이름이 있는데 없다면 정하지 않아서입니다. 이름이 있다는 것은 그 이름에 갇히는 것이고 유한한 존재라는 의미입니다. 그러므로 무한하신 하나님은 이름이 없는 것이 맞습니다. 그러면 '여호와(야훼)'라는 이름은 어떻게 된 것일까요? 정답은 '하나님은 이름이 없다'는 뜻이 여호와입니다. 모세가 출애굽의 소명을 받을 때 백성들이 보낸 분을 묻는다면 알려 주라고 하셨습니다. 즉 여호와란 뜻은 '스스로 있는 자'라는 뜻이고 이름이 아닌 '나는 나다'라는 의미입니다(출 3:14) 유한자인 인간에게 절대자이신 하나님께서 알려 줄 수 있는 이름 아닌 이름이 여호와란 별칭입니다.

우리가 부르는 하나님이란 호칭도 상징적 언어로서 영어는 갓(God)이고 아랍어는 알라이고 한문으로는 상띠(상제)이고 일본어로는 가미(신)이고 스페인어는 디오스입니다. 24장을 읽으면 하나님이 왜 하나님이신지 알 수 있습니다. 선지자의 환상을 통해 들려지는 세계 종말의 장면은 인간이

알아들을 수 있는 수준이 아닙니다. 인간이 경험할 수 없는 세계가 종말의 시간에 펼쳐집니다. 영화도 아니고 컴퓨터그래픽도 아닌 실제 상황으로 이루어질 광경입니다.

노아의 홍수 심판과 소돔과 고모라의 불심판과 시내 산의 우상숭배 심판과는 차원이 다릅니다. 땅은 지진 정도가 아니라 뒤집어 쏟아 버리고 깨어지고 또 깨뜨립니다(1, 19절). 심판받는 대상은 빈부귀천이 없이 무차별적으로 임하고 모든 환경은 황폐화됩니다(2-4절). 우주적 종말 심판의 원인은 언약을 잊고 율법을 어긴 인간의 죄악 때문입니다(5절). 그릇에 더러운 것이 있다면 버려야 하듯이 인간이 더럽힌 우주를 엎어버립니다. 먹을 것은 물론이고 인간이 기뻐하던 모든 것은 사라지고 소망이 없는 외마디만 뒤엉킵니다. 도망쳐도 함정에 빠지고 땅은 비틀거리니 피할 길이 없습니다.

일반 은총이 사라진 공의의 심판은 역설적으로 하나님의 전지전능하심을 계시합니다. 여기에서 하나님을 진정으로 경외하는 자들의 가치가 드러납니다. 남은 자들의 구원의 기쁨이 찬양과 영광으로 올리어집니다(13-14절). 찬양의 목적은 오직 여호와 하나님의 이름을 높이는 것에 있습니다(15절).

구원의 언약으로 주신 여호와의 성호를 찬양하게 됩니다. 이 이름은 신약에서 예수님으로 주어졌고 이제는 우리가 예수님의 이름으로 살게 되었습니다(골 3:17). 구약의 시온과 예루살렘은 신약교회를 상징합니다(23절). 주님의 몸 된 교회 안에 거하는 성도의 영광이 얼마나 신비로운지 감격이 몰려옵니다.

♦ 이사야 25장 성경칼럼

1절 | 여호와여 주는 나의 하나님이시라 내가 주를 높이고 주의 이름을 찬송하오리니 주는 기사를 옛적에 정하신 뜻대로 성실함과 진실함으로 행하셨음이라
6절 | 만군의 여호와께서 이 산에서 만민을 위하여 기름진 것과 오래 저장하였던 포도주로 연회를 베푸시리니 곧 골수가 가득한 기름진 것과 오래 저장하였던 맑은 포도주로 하실 것이며

"천국을 빌리다"

빌린다는 것은 빚을 진다는 것이니 좋은 이미지는 아닙니다. 좋은 뜻이 있다면 신용거래로서 신뢰를 전제로 이루어집니다. 천국을 빌려 쓴다는 것을 알기 쉽게 표현한 숙어가 '이미 그러나 아직(aleady but not yet)'입니다. 천국이 이미 이곳에 와 있지만 아직 완전히 이르지는 않았다는 뜻입니다. 그리스도인은 천국에 갈 소망과 함께 천국의 삶을 이 땅에서 누리는 신비한 존재입니다. 이것을 주제로 한 방대한 책이 어거스틴의 '하나님의 도성'입니다. 그리스도인이 하나님 나라와 세속 도성에서 동시에 살아가는 지혜를 줍니다(엡 1:21). 말과 이론은 쉽지만 믿음의 저력이 부족한 신자는 실천하기 어렵습니다.

기독교의 영생 개념은 불교의 선사들이 말하는 죽음과 삶을 구분하지 않는 것과는 다릅니다. 불교가 생사를 초월하여 부처가 되는 것이라면 기독교는 죽음 이후와 함께 현세에서도 천국을 맛보는 것입니다. 일반적 관념으로는 이해가 안 되지만 주님께서 이를 확증하셨습니다.

(눅 17:21) "또 여기 있다 저기 있다고도 못하리니 하나님의 나라는 너희 안에 있느니라"

성령으로 역사하는 말씀을 믿을 때 우리 마음에 천국이 들어옵니다. 승리와 영광의 찬양 속에 하나님 나라가 부각되어 있는 이유입니다.

(출 15:2) “여호와는 나의 힘이요 노래시며 나의 구원이시로다 그는 나의 하나님이시니 내가 그를 찬송할 것이요 내 아버지의 하나님이시니 내가 그를 높이리로다”

완전한 천국은 구약에서는 여호와의 날로 불리어지고 신약에서는 재림의 날에 임합니다.

24장의 우주적 종말 심판에 이어 본장은 새 왕국을 위한 찬양이 울려 퍼지고 있습니다. 주전 8세기에 예언된 말씀(8절)이 계시록의 종말 예언과 닮았습니다(계 7:17).

(계 21:4) “모든 눈물을 그 눈에서 닦아 주시니 다시는 사망이 없고 애통하는 것이나 곡하는 것이나 아픈 것이 다시 있지 아니하리니 처음 것들이 다 지나갔음이러라”

하나님 나라의 완전한 모습 중의 하나가 즐거운 연회입니다. 기쁨이 나누어지는 천국이 이 땅에서 펼쳐진 것이 초대교회의 영광스러운 교제입니다. 공유가 이루어지고 누구도 불만이 없는 광경이 자원함으로 이루어졌습니다(행 2:44-46, 4:32).

후반부에 나오는 모압은 사단을 전형화 하여 나오는 표현으로 종말 때에 철저히 파멸될 것을 계시합니다(10-12절). 성도에게는 위로와 구원의 날이고 교만한 그룹에게는 절망과 절멸의 심판이 임합니다. 천국의 소망을 현재의 능력으로 빌려 쓰는 신용장이 믿음입니다. 이 신용장은 성경의 승리와 심판을 숙고하고 소유함으로 쌓여 갑니다. 나의 의식에 하나님이 얼마나 차지하고 있는지를 체크하면 나의 천국영역을 잴 수 있습니다.

♦ 이사야 26장 성경칼럼

2절 | 너희는 문들을 열고 신의를 지키는 의로운 나라가 들어오게 할지어다
12절 | 여호와여 주께서 우리를 위하여 평강을 베푸시오리니 주께서 우리의 모든 일도 우리를 위하여 이루심이니이다

"성도의 자세"

성공학에서 가장 중요하게 여기는 요소가 자세(Attitude)입니다. 초일류에 속한 사람들의 능력은 큰 차이가 안 납니다. 성공자와 실패자의 구별은 결국 자세에서 결정됩니다. 이 자세는 몸가짐으로 시작하고 마음가짐으로 진전되며 최종 단계는 성품에서 결판이 납니다. 성품은 임기응변의 처세가 아닌 몸과 인격이 반응하는 것으로서 쉽게 변하지 않습니다. 기독교 신앙은 하나님과 신자의 관계로 나타납니다. 하나님께서는 자기 사람을 향하여 불변의 사랑과 최선의 배려를 베푸십니다(12절). 성경 전체에서 계시하는 하나님의 사랑을 의심한다면 신앙은 한걸음도 전진할 수 없습니다. 그렇다면 하나님을 향한 성도의 자세가 관건입니다.

26장은 백성들이 종말의 심판과 함께 주어진 성읍(도성)에서 하나님을 찬양하는 내용입니다(1절). 이 성읍은 구약에서는 예루살렘과 시온이지만 종국적으로는 새 하늘과 새 땅입니다(벧후 3:10-13, 계 21:1). 시적인 운율이 두드러지는 가운데 하나님 백성의 특징이 드러납니다. 하나님의 성읍에 들어갈 수 있는 자는 오직 의로운 자입니다(2절). 이 의는 도덕적 의가 아닌 어린 양의 피로 깨끗함을 입은 칭의를 말합니다(히 10:19). 믿음의 의를 입은 자는 절대 자랑하거나 교만할 수 없습니다(엡 2:8-9).

이 기본에서 나온 것이 하나님을 절대 의뢰하는 모습입니다. 세상 용어

로는 절개와 의리이지만 26장에서는 신의를 지키는 자와 심지가 견고한 자로 표현됩니다(2-3절). 그리스도인에게 신앙 자세를 묻는다면 '나는 무슨 일이 있어도 절대 주님을 배신하지 않겠다'가 되어야 합니다. 현상적으로 볼 때 조금만 힘들어도 배교하는 사람이 많기 때문입니다.

7절부터 성도의 개인적 삶과 관련된 하나님의 섭리가 펼쳐집니다. 행악자들의 임시적 번영에 흔들리지 말고 평강을 누리고 소망을 붙들어야 합니다(13절). 여기에서의 자세는 절박함에서 나오는 간절한 기도입니다. 해산하는 여인이 다른 길이 없는 것처럼 주님만 사모하는 기도를 의미합니다(16-17절).

침울한 애가(18절)가 돌연 부활의 찬가로 전환되는 것은 드문 장면입니다(19절). 몸의 부활은 구원의 최종 완성이며 세상에 대한 궁극적 승리입니다(살전 4:16).

(단 12:2) "땅의 티끌 가운데에서 자는 자 중에서 많은 사람이 깨어나 영생을 받는 자도 있겠고 수치를 당하여서 영원히 부끄러움을 당할 자도 있을 것이며"

믿음의 핵심 자세인 충성(성실함)을 깊이 새기게 됩니다.

♦ 이사야 27장 성경칼럼

1절 | 그 날에 여호와께서 그의 견고하고 크고 강한 칼로 날랜 뱀 리워야단 곧 꼬불꼬불한 뱀 리워야단을 벌하시며 바다에 있는 용을 죽이시리라

8절 | 주께서 백성을 적당하게 견책하사 쫓아내실 때에 동풍 부는 날에 폭풍으로 그들을 옮기셨느니라

"미래가 걱정되세요?"

미래에 대한 걱정이 없는 사람은 어린아이 외에는 없을 것입니다. 철이 들었다는 것의 기준도 자기 앞날을 걱정하는 징후로 판단합니다. 그리스도인은 근심과 염려를 하지 말라는 말씀에 익숙합니다(마 6:25, 요 14:1). 근심은 불신앙의 대표적 태도이고 발병의 원인이기도 합니다(마 6:26-33, 잠 17:22). 그럼에도 근심 걱정은 입고 있는 옷처럼 인간과 분리할 수 없는 위력을 가지고 있습니다. 성경에서 허락한 근심은 회개를 하지 않는 것에 대한 것입니다(고후 7:8-10).

(고후 7:10) "하나님의 뜻대로 하는 근심은 후회할 것이 없는 구원에 이르게 하는 회개를 이루는 것이요 세상 근심은 사망을 이루는 것이니라"

27장에는 이 근심의 순기능에 대한 내용이 드러납니다. 믿음의 수준이 높은 신자가 하는 근심 중의 하나가 종말을 직접 겪을 시의 두려움입니다. 성경의 예언서인 다니엘서와 계시록에는 성도가 겪을 환난이 분명히 나와 있습니다. 70이레, 한 때 두 때 반 때, 칠년 대 환난, 휴거 등의 용어 속에 성도가 감당해야 할 고난의 몫이 있다는 생각이 듭니다.

27장은 이스라엘 백성들의 종말을 예언합니다. 1절에 나오는 3중적인 대적자(뱀, 리워야단, 용)는 특정 나라를 뜻하지만 궁극적으로 하나님의 원수들을 지칭합니다. 세상을 지배하고 인간을 조종하는 사단의 세력은 하나님 앞에서는 지푸라기 수준입니다. 하나님의 심판으로 승리한 기쁨이 포도원의 노래로 불리어집니다(2-6절). 5장의 포도원 노래가 찔레와 가시 같았다면 이제는 영광과 결실로 풍요롭습니다. 7절부터 나오는 이스라엘의 심판 과정은 다른 차원의 하나님 사랑이 나타납니다. 불의를 행한 이스라엘에 대한 징벌인데 무언가 분위기가 다릅니다.

대적자들에게 행한 잔인하고 철저한 심판이 아닙니다. 택한 백성들이 회개할 수 있도록 적당하게 견책하겠다고 말씀하십니다(8절). 나라를 잃은 심판에서 아주 망하지 않고 귀환하여 회복할 수 있도록 하신 것입니다. 이 원리는 신약성도에게 주어진 시험의 목적과 닮았습니다.

(고전 10:13) "사람이 감당할 시험 밖에는 너희가 당한 것이 없나니 오직 하나님은 미쁘사 너희가 감당하지 못할 시험 당함을 허락하지 아니하시고 시험 당할 즈음에 또한 피할 길을 내사 너희로 능히 감당하게 하시느니라"

종말 시에 닥칠 환난에 대하여 너무 걱정할 필요가 없다는 것이 증명되었습니다.

환난과 징계가 있더라도 하나님을 더욱 구하는 방향으로 나아가면 됩니다. 정말 근심해야 할 것은 주님을 향하여 더욱 간절하게 사모하지 않는 나의 모습입니다.

(고후 7:11) "보라 하나님의 뜻대로 하게 된 이 근심이 너희로 얼마나 간절하게 하며 얼마나 변증하게 하며 얼마나 분하게 하며 얼마나 두렵게 하며 얼마나 사모하게 하며 얼마나 열심 있게 하며 얼마나 벌하게 하였는가 너희가 그 일에 대하여 일체 너희 자신의 깨끗함을 나타내었느니라"

♦ 이사야 28장 성경칼럼

1절 | 에브라임의 술취한 자들의 교만한 면류관은 화 있을진저 술에 빠진 자의 성곧 영화로운 관 같이 기름진 골짜기 꼭대기에 세운 성이여 쇠잔해 가는 꽃 같으니 화 있을진저

16절 | 그러므로 주 여호와께서 이같이 이르시되 보라 내가 한 돌을 시온에 두어 기초를 삼았노니 곧 시험한 돌이요 귀하고 견고한 기촛돌이라 그것을 믿는 이는 다급하게 되지 아니하리로다

"기준(criteria)"

합격 및 통과를 결정할 때 필요한 것은 기준입니다. 결정권자가 기준을 무시하고 기분에 따라 정하면 무효가 되고 사안에 따라 징벌을 내립니다. 세상에서는 이 기준을 법이라고 하고 보편적으로는 양심에 맞는 정의라고 볼 수 있습니다. 법과 정의보다 상위에 있는 것이 '하나님의 명령(뜻)'입니다. 하나님의 뜻을 보여주는 것이 구약은 율법이고 신약에서는 은혜입니다.

은혜는 하나님의 아들 예수 그리스도로부터 계시됩니다. 예수님이 하나님의 뜻인 구원의 기준이 된다는 결론입니다. 하나님이 구원의 기준으로 정하신 예수님을 통하지 않고는 천국에 갈 수 없습니다. 이 말은 역으로 예수님이 심판의 기준이 된다는 의미이기도 합니다. 미래적 심판과 구원의 예언이 끝나고 이제 현실로 돌아옵니다. 사마리아가 앗수르의 위협을 받아 멸망 직전에 있습니다. 이사야는 백성들의 회개를 촉구하며 하나님의 공의를 예언합니다.

선지자의 애끓는 충정에 이스라엘은 조롱으로 대하고 나태와 타락으로 치달아 갑니다(7-10절). 그 이유는 삶의 기준이 달랐기 때문입니다. 하나님의 명령과 구원의 기준보다 인간 성정에서 나오는 죄의 짜릿함이 기준이 되었습니다. 선지자는 그 기준을 에브라임의 술 취한 자들의 교만한 면류관과 그 영화의 쇠잔해 가는 꽃이라고 표현합니다(1-4절). 그야말로 화 있을진저가 연속되어 나오는 재앙 시(28-32장)가 시작되었습니다.

소망이 있다면 남은 자들에게 주어지는 영화로운 면류관입니다(5-6절). 교만한 면류관의 저주와 영광스런 면류관의 축복이 갈라진 기준은 시온의 한 돌입니다(16절). 우리는 이 돌에 대한 소개를 듣는 순간 바로 예수님을 떠오르게 됩니다. 시온의 기초, 시험한 돌, 견고한 기초 돌은 교회를 세운 반석이신 예수님임을 알 수 있습니다.

(마 16:18) “또 내가 네게 이르노니 너는 베드로라 내가 이 반석 위에 내 교회를 세우리니 음부의 권세가 이기지 못하리라”

메시야를 계시한 이 시험한 돌은 믿지 않는 자에게는 심판의 기준이 됩니다.

(벧전 2:8) “또한 부딪치는 돌과 걸려 넘어지게 하는 바위가 되었다 하였느니라 그들이 말씀을 순종하지 아니하므로 넘어지나니 이는 그들을 이렇게 정하신 것이라”

농부의 최선을 다하는 농작처럼(23-28절) 우리를 다루시는 하나님의 섭리는 신묘막측합니다(29절). 주님의 손에 새겨진 신자의 구원 보증은 아무리 찬양해도 부족합니다(계 1:6).

(사 49:16) “내가 너를 내 손바닥에 새겼고 너의 성벽이 항상 내 앞에 있나니”

♦ 이사야 29장 성경칼럼

10절 | 대저 여호와께서 깊이 잠들게 하는 영을 너희에게 부어 주사 너희의 눈을 감기셨음이니 그가 선지자들과 너희의 지도자인 선견자들을 덮으셨음이라

23절 | 그의 자손은 내 손이 그 가운데에서 행한 것을 볼 때에 내 이름을 거룩하다 하며 야곱의 거룩한 이를 거룩하다 하며 이스라엘의 하나님을 경외할 것이며

"진짜 위험한 것"

덫과 함정이 위험한 것은 보이지 않게 위장해 놓았기 때문입니다. 몸이 아픈 환자와는 동거할 수 있으나 정신병자와 사는 것은 아무리 사랑하는 관계라도 감당이 안 됩니다. 기독교 신앙에 있어서 가장 위험한 영역은 무엇일까요? 본인은 정상적인 신앙생활을 하고 있다고 하는데 하나님께서 아

니라고 하는 것입니다. 성경을 읽고 기도도 하며 정기적 예배에도 충실한데 주님께서 아니라고 한다면 어떻게 하시겠습니까? 예수님께서 당시의 종교인을 향하여 질책하신 것은 유명합니다.

(마 23:27) “화 있을 진저 외식하는 서기관들과 바리새인들이여 회칠한 무덤 같으니 겉으로는 아름답게 보이나 그 안에는 죽은 사람의 뼈와 모든 더러운 것이 가득하도다”

실제적으로 당시의 종교 지도자들은 외적인 종교행위에 있어서 완벽에 가까웠습니다. 정기적 예배와 기도, 헌신과 봉사에 모범이었지만 주님께서는 외식하는 자라고 정죄하였습니다. 외식(휘포크리시스)이란 가장하다는 뜻으로 알맹이보다 껍데기를 우선하는 것을 의미합니다. 하나님 앞이 아닌 사람에게 보이려고 했고 자기 자랑을 위하여 종교 행위를 하였습니다(마 6:1). 선민이어서 버림받지 않을 것이라고 확신하고 스스로를 위로하였습니다.

29장은 예루살렘에 대한 형벌과 회복을 예언합니다. 생소한 용어인 ‘아리엘’은 예루살렘의 특징(하나님의 사자, 제단)을 유비하여 부르는 호칭입니다(1, 2절). 거룩의 상징인 예루살렘에게 심판이 임한다는 것은 이스라엘로서는 생경한 일입니다. 그러나 하나님께서는 내가(하나님)를 반복하며 예루살렘에게 심판을 가하겠다고 강조합니다(2-3절). 앗수르가 침공하여 고통을 주겠지만 실제는 하나님이 하신 것이라고 하십니다(3-8절).

심판의 이유는 형식적인 제사만으로 하나님께 대한 의무를 다했다고 자신한 것입니다(1절). 영적인 맹인과 귀머거리가 되어 하나님 말씀을 듣지 않았습니다(9-12절). 입으로는 하나님을 공경한다 하지만 마음으로는 말씀을 인간 교훈 정도로 여기고 있었습니다(13절). 사람은 하나님을 속일 수 있다고 생각할지 몰라도 하나님께서는 인간의 세포까지 다 알고 계십니다

(15절). 진흙이 토기장이를 진흙으로 여긴다는 비유를 동원해 이 상태를 설명하십니다(16절).

그런데 예루살렘에는 겸손하고 가난한 남은 자가 있었습니다(19절). 믿음의 조상인 아브라함과의 언약이 상기되고 성화의 상징 인물인 야곱이 소환됩니다(22-23절). 지금의 불의가 안타깝지만 궁극적으로 믿음의 회복을 기대하며 포기하지 않겠다고 말씀하십니다(24절). 신앙의 실족을 방지하기 위해서 어느새 스며든 의무적 타성을 경계해야 합니다. 하나님과 긴밀한 교제로 이루어지는 영성을 꼭 붙들어야 하겠습니다.

♦ 이사야 30장 성경칼럼

7절 | 애굽의 도움은 헛되고 무익하니라 그러므로 내가 애굽을 가만히 앉은 라합이라 일컬었느니라

18절 | 그러나 여호와께서 기다리시나니 이는 너희에게 은혜를 베풀려 하심이요 일어나시리니 이는 너희를 긍휼히 여기려 하심이라 대저 여호와는 정의의 하나님이심이라 그를 기다리는 자마다 복이 있도다

"무너지는 담벼락.."

'역사를 아는 자는 무너지는 담벼락 아래 있지 않는다'에서 인용한 것입니다. 정관정요에 나온 말로 의지할 곳을 분별하라는 교훈입니다. 현대어로 적용한다면 운전할 때 대형차나 택시 뒤를 따라가지 말라 정도가 될 것입니다. 인간은 남의 도움이 없이 살 수 없는 존재이지만 현실적으로는 남의 도움을 좀처럼 받을 수 없습니다. 작은 것은 도움을 주고받지만 결정적인 큰 일에는 도와 줄 사람이 없다는 것을 경험하셨을 것입니다. 이스라엘은 선민으로서 하나님의 도움으로 살도록 설정된 나라입니다. 그리스도인

이 예수님을 주님(주인)으로 부르며 순종하며 사는 것과 동일한 원리입니다. 보이지 않는 하나님보다 보이는 인간을 의지하는 이스라엘의 모습은 남의 이야기가 아니라 나의 모습입니다.

30장에 나오는 이스라엘과 애굽 간의 동맹 계약은 불신앙에서 파생된 열매입니다(1-2절). 선지자가 애굽을 의지하지 말라는 하나님의 뜻을 전했지만 무시당합니다. 이것은 정치적 사건이 아닌 하나님에 대한 명백한 반역행위입니다. 앗수르의 현실적 위협 앞에 하나님의 약속은 기억나지 않습니다. 사람이 위기에 처할 때 하나님을 의식하는 것은 대단한 축복입니다. 규칙적인 말씀 묵상과 기도가 있을 때 주어지는 선물입니다.

애굽에게 군사력을 구걸하는 시도는 영적 무지에서 나왔습니다. 애굽의 정체는 역사적으로 이스라엘을 노예로 삼은 것이고 영적으로는 육체에 의해 사는 것을 상징합니다.

(사 31:3) “애굽은 사람이요 신이 아니며 그들의 말들은 육체요 영이 아니라 여호와께서 그의 손을 펴시면 돕는 자도 넘어지며 도움을 받는 자도 엎드러져서 다 함께 멸망하리라”

현실적으로도 무너지는 담벼락이고 움직일 수 없는 괴물(가만히 앉은 라합)로 묘사합니다(7절).

이스라엘의 불행은 불신앙으로 말미암은 영적 무지가 윤리적 타락으로 진전된 것입니다(8-12절). 결국 예상치 못한 돌발적 시기에 돌이킬 수 없도록 멸망할 것입니다(13-14절). 하나님의 공의가 심판으로 나타난다면 하나님의 사랑은 구원의 손길로 성취됩니다(18-21절). 하나님의 은혜를 갈망하고 믿음을 지키는 자에게 임하는 구원은 우리의 소망입니다. 구약에서 엄청난 차이를 보인 심판과 구원의 긴장은 십자가의 대속으로 해소됩니다.

(롬 1:17) “복음에는 하나님의 의가 나타나서 믿음으로 믿음에 이르게 하나니 기록된 바 오직 의인은 믿음으로 말미암아 살리라 함과 같으니라”

심판의 도구로 사용된 앗수르의 멸망은 세상 강국이 하나님 앞에서 얼마나 초라한 것인지를 보여줍니다(27-33절). 전 우주적인 심판 속에서 모든 피조물이 기뻐하는 그 날의 영광을 보고 싶습니다(21-26절). 신랑 되신 주님을 정결한 신부로 준비되어 맞이해야 합니다.

(마 25:10) “그들이 사러 간 사이에 신랑이 오므로 준비하였던 자들은 함께 혼인 잔치에 들어가고 문은 닫힌지라”

♦ 이사야 31장 성경칼럼

5절 | 새가 날개 치며 그 새끼를 보호함 같이 나 만군의 여호와가 예루살렘을 보호할 것이라 그것을 호위하며 건지며 뛰어넘어 구원하리라 하셨느니라

9절 | 그의 반석은 두려움으로 말미암아 물러가겠고 그의 고관들은 기치로 말미암아 놀라리라 이는 여호와의 말씀이라 여호와의 불은 시온에 있고 여호와의 풀무는 예루살렘에 있느니라

"구사일생?"

‘아홉 번 죽을 고비를 넘겨 겨우 살아남았다’는 뜻입니다. 영화의 주인공들이 겪는 과정이 떠오릅니다. 성경에 나오는 하나님의 사람들을 보면서 구사일생이 생각날 수 있습니다. 그러나 성경의 내용은 겉으로는 세상의 구사일생과 비슷하지만 근본적으로 다른 것이 있습니다. 세상은 이유를 정확히 모르는 우연의 이미지이지만 성경은 하나님이 주도하십니다. 또한 보호와 구원의 방법이 인간이 생각하는 차원이 아닌 영적인 능력이 작용됩니다.

30장에서는 앗수르의 위협을 피하기 위해 애굽을 의지하는 불신앙이 책망되었습니다. 31장의 주제는 예루살렘에 대한 하나님의 보호입니다. 선지자는 강한 마병과 군사력을 도움 받아 위기를 돌파하려는 저의를 지적합니다(1-3절). 하나님의 사람은 세상과 하나님을 동시에 의지하면 저주가 임하도록 되어 있습니다.

(렘 17:5) "여호와께서 이와 같이 말씀하시니라 무릇 사람을 믿으며 육신으로 그의 힘을 삼고 마음이 여호와에게서 떠난 그 사람은 저주를 받을 것이라"

세상과 친구 됨은 하나님과 원수 되는 길을 택하는 것입니다(약 4:4). 하나님의 보호는 두 가지의 실감나는 비유를 통하여 보여줍니다. 원수들에게 심판이 단숨에 삼켜 버리는 사자와 같이 임합니다(4절). 회개하며 부르짖는 백성들에게는 새끼를 품은 어미 새처럼 인자합니다(5절).

호위하며 건지며 뛰어넘어 구원하시겠다는 표현은 출애굽 때의 하나님이 연상됩니다(5절).

하나님의 전능성과 사랑을 확신하는 신자가 할 일은 하나님께 돌아가는 회개입니다(6절). 믿었던 세상의 우상을 과감하게 던져 버려야 합니다(7절). 앗수르의 중무장한 군대는 사람의 칼이 아닌 초월적 힘에 의해 멸망될 것입니다(8절). 예루살렘과 시온이 불과 풀무가 되어 건드리는 자가 도리어 타 버리게 됩니다(9절). 그리스도인이 회개하여 성령 충만할 때 함부로 건드리지 못하는 원리와 동일합니다.

아이를 키울 때 분명히 다칠 위기에서 완벽하게 보호받았다는 경험이 있으실 것입니다. 세상의 구사일생과 다른 하나님의 절대적 보호는 그리스도인의 특권입니다. 이 특권을 누리는 두 가지 조건은 하나님만 의지하는 것과 죄악의 회개임이 드러났습니다. 그 축복과 권능을 안다면 속히 그 방향으로 가지 않을 이유가 없습니다(잠 3:1-10).

(고후 6:1) "우리가 하나님과 함께 일하는 자로서 너희를 권하노니 하나님의 은혜를 헛되이 받지 말라"

은혜를 소중히 받는 자가 하나님의 사역을 정확히 할 수 있습니다.

♦ 이사야 32장 성경칼럼

1절 | 보라 장차 한 왕이 공의로 통치할 것이요 방백들이 정의로 다스릴 것이며
15절 | 마침내 위에서부터 영을 우리에게 부어 주시리니 광야가 아름다운 밭이 되며 아름다운 밭을 숲으로 여기게 되리라

"무치, 덕치, 의치"

나라를 다스리는 힘의 종류를 분류해 보았습니다. '무치'는 군사력으로 다스리는 것으로 북한이 대표적입니다. '덕치'는 어진 마음의 다스림을 말하며 덕이 있는 지도자가 받쳐줄 때 가능합니다. 중국 요순시대의 태평성대를 모델로 하고 있습니다. '의치'란 옳음과 공평의 다스림을 말하며 역사에서 찾기 어렵습니다. 일시적인 인간의 의는 있을 수 있으나 완전하지는 않기 때문입니다. 이 의로운 정치는 하나님의 율법을 잘 지킨 왕에 의해 이루어지도록 되어 있습니다.

이스라엘이 신정왕국이라 함은 하나님께서 다스리신다는 것으로 '신치'라고 표현할 수 있습니다. 하나님께서 인간을 왕으로 세워 율법에 따라 다스리도록 하는데 온전히 따른 자가 드뭅니다. 다윗이 신치의 모델이며 요시야와 히스기야와 여호사밧 정도가 그 길을 갔는데 온전하지 못했습니다.

32장은 하나님의 의로운 나라가 도래할 때의 통치를 예언합니다. 여기에서의 왕은 연대기적으로 볼 때 히스기야 왕입니다(1절). 앗수르의 2차 침공 때의 심판이 전장에 기술되었고 히스기야 왕의 전성시대가 시작되었기 때문입니다. 하지만 구약은 신약의 전망 하에서 해석되어야 한다는 원리로 볼 때 왕은 메시야를 가리킨다고 볼 수 있습니다. 하나님의 다스림은 공의와 공평이며 말씀에 입각한 왕의 대리 통치는 메시야의 그림자입니다.

이 독특한 질서를 알고 위임 권위에 순종하는 시대는 왕과 백성들이 행복합니다(느 12:43). 통치의 결과는 구원과 심판이 동시에 시행되어 하나님의 의를 드러내게 됩니다(6-7절). 순종하는 백성들에게 주어지는 안전과 풍성함과 평등은 인간 소망의 성취입니다. 미래의 소망과 함께 주어지는 현재의 이스라엘 패역은 책망받기에 충분합니다(9-14절). 성경의 양면적 대조법은 백성들로 하여금 근신하고 회개할 수 있는 기회를 주려는 의도입니다.

이어서 나오는 성령강림으로 이루어지는 나라는 신약성도에게 익숙합니다. 마침내 성령님이 위로부터 내려오면서 이 땅은 축복으로 덮이게 됩니다(15절). 광야가 아름다운 밭으로 변하고 택한 백성들에게 안식이 주어집니다(16-18절). 세상이 주는 평안과 다른 의와 평강과 희락이 주어집니다(요 14:27).

(롬 14:17) "하나님의 나라는 먹는 것과 마시는 것이 아니요 오직 성령 안에 있는 의와 평강과 희락이라"

세상과의 쟁투가 끝나고 그리스도인의 의와 덕이 칭찬을 받습니다(롬 14:18). 성령강림으로 시작된 신약교회 시대를 사는 우리는 이 능력을 발휘할 수 있습니다.

2절 | 여호와여 우리에게 은혜를 베푸소서 우리가 주를 앙망하오니 주는 아침마다 우리의 팔이 되시며 환난 때에 우리의 구원이 되소서

16절 | 그는 높은 곳에 거하리니 견고한 바위가 그의 요새가 되며 그의 양식은 공급되고 그의 물은 끊어지지 아니하리라

"기도가 저절로 나와요"

저절로 되는 현상은 대부분 나쁜 영역에서 일어납니다. 나쁜 중독 현상은 아무리 안 하려고 애써도 하게 되는 수준을 말합니다. 술과 담배와 도박과 마약을 끊는 사람이 드문 것은 자신도 모르게 저절로 끌려가기 때문입니다. 그렇다면 중독이 되어도 좋을 영적인 습관은 무엇일까요? 기도를 안 하려고 해도 저절로 기도하게 되는 것이라면 어떻습니까? 쉬지 말고 기도하는 것이 하나님 뜻인데 이를 실천한다면 얼마나 좋겠습니까?(살전 5:16-18) 그러나 우리의 현실은 특별한 사람을 제외하면 기도에 중독된 신자를 찾아보기 어렵습니다. 기도를 할 수 있는 환경과 동기가 있어야 함을 알 수 있습니다.

33장에 나오는 이사야 선지자의 기도는 이 질문에 대한 대답을 주고 있습니다. 선지자가 예언을 중단하고 문득 기도를 삽입시키는 장면을 주목해 봅니다(2절). 심판과 구원의 예언을 계속하는 가운데 기도가 저절로 나온 것입니다. 아니, 기도하지 않고는 도저히 견딜 수 없는 상태라고 볼 수 있습니다. 하나님의 광대한 사랑과 엄혹한 심판 앞에 자신과 백성을 비쳐 보니 무릎이 꿇어진 것입니다.

저의 경험으로 볼 때 신약보다 구약을 연구할 때 이 현상이 더 나옵니다. 성경을 통해 하나님의 마음을 만날 때 '죄송합니다'를 저절로 읊조리게 되

고 기도가 이어지게 됩니다. 이 원리는 찬양을 부를 때 영적으로 충만하면 일어나기도 합니다. 이사야의 기도는 하나님을 경외하는 마음에서 드려집니다(6절). 하나님 경외란 무서워하는 속성을 넘어 하나님의 본성을 알고 복종하며 예배하는 내적인 자세입니다.

하나님을 경외할 때 기도가 나오고 응답으로 복이 임하기에 경외를 최고의 보배로 칭하고 있습니다(6절). 33장에 나오는 이스라엘의 궁극적 구원 예언은 생생합니다. 생생하다는 것은 구체적이고 실제적인 내용을 제시한다는 의미입니다. 대적자들의 멸망은 불에 살라 없어지는 재 같은 신세입니다(7-12절). 의인의 선한 순종의 행함은 하나님의 보호와 상급으로 보상됩니다.

15-16절의 내용은 신약 직분자에게 준 사랑의 윤리의 '구 버전(old version)'이라고 볼 수 있습니다(고전 13:4-7). 하나님의 주권자 되심을 절대 잊지 않을 때 기도와 찬양은 능력의 통로가 됩니다. 죄송한 마음으로 시작된 기도는 천국의 보배를 향하여 진격합니다.

(히 11:16) "그들이 이제는 더 나은 본향을 사모하니 곧 하늘에 있는 것이라.."

♦ 이사야 34장 성경칼럼

2절 | 대저 여호와께서 열방을 향하여 진노하시며 그들의 만군을 향하여 분내사 그들을 진멸하시며 살륙 당하게 하셨은즉

5절 | 여호와의 칼이 하늘에서 족하게 마셨은즉 보라 이것이 에돔 위에 내리며 진멸하시기로 한 백성 위에 내려 그를 심판할 것이라

"반대말 찾기"

사랑의 반대말을 묻는다면 어떤 대답이 나올까요? 미움, 이별과 함께 색다른 정답으로 '무관심'도 나옵니다. 사랑의 기본은 관심인데 모르는 사이처럼 되었기 때문입니다. 34장에는 하나님의 백성을 상징하는 시온의 반대말인 에돔이 등장합니다(5절). 에돔에 대한 기사에 앞서 세계 열방에 대한 심판을 선고합니다.

세상을 지배하는 일반적인 힘은 자원과 산업과 통화입니다. 현재 이 세 가지를 완벽히 갖춘 나라는 미국이고 세계 패권국가의 힘을 발휘하고 있습니다. 주류가 기독교 성향의 정치를 하고 있기에 그나마 세계 경찰국가의 역할을 하고 있습니다. 열국의 다스림은 인간이 아니라 하나님의 주권 아래 있음을 성경은 계속 증거 합니다. 하나님의 주권을 피할 나라가 없고 그래서 최종 심판에서 열외가 될 국가도 없습니다.

세상종말의 심판은 열국과 민족들과 땅과 세계의 피조물까지 모두 포함됩니다(1절). 심판의 요인은 하나님과 어떤 관계를 맺었는가로 결정됩니다. 하나님의 진노를 일으킨 적대자들에 대하여 심판하신다는 것입니다(2절). 신천신지가 구원 세계라면 오염된 우주(하늘의 만상)는 두루마리가 불에 타 말리듯이 사라질 것을 예언합니다(4절).

(벧후 3:10) "그러나 주의 날이 도둑 같이 오리니 그 날에는 하늘이 큰 소리로 떠나가고 물질이 뜨거운 불에 풀어지고 땅과 그 중에 있는 모든 일이 드러나리로다"

에돔이 하나님을 대적하는 세력의 상징으로 등장하는 것은 구속사에 근거합니다. 에돔은 야곱(이스라엘)과 쌍둥이 형 에서의 후손으로서 육적인 국가의 대표입니다. 이스라엘과 같은 혈통임에도 구속사에서 끈질기게 괴롭히고 대적하였습니다. 유다가 멸망당할 때 바벨론에 협조하였고 이로 말미암아 멸망으로 정한 백성으로 낙인이 찍힙니다(겔 35장). 에돔의 멸망 기사에서 주목할 것은 하나님께서 보복(보수)하신다는 표현입니다(8절). 보복은 복수를 말하는데 그 이유는 시온의 송사를 위하여 갚으신다는 것입니다.

시온, 즉 하나님의 백성들을 괴롭힌 에돔의 악행을 철저히 심판하심을 천명합니다. 참상 표현은 상징적이지만 얼마나 비참한지를 그대로 느낄 수 있습니다(9-15절). 시온이 뜻하는 신약 용어는 두 말할 필요가 없이 교회입니다. 이 예언의 궁극적 실현은 주님의 몸 된 교회를 해치는 자는 엄히 심판하시는 것으로 나타날 것입니다. 교회가 육적으로 볼 때 비록 누추해 보여도 함부로 대하면 안 된다는 큰 경고를 받습니다. 예언이 얼마나 확실할 것인지는 짝이 되는 성경에서 찾아보라는 권고는 성경의 무오성을 증명합니다(16-17절).

♦ 이사야 35장 성경칼럼

1절 | 광야와 메마른 땅이 기뻐하며 사막이 백합화 같이 피어 즐거워하며

10절 | 여호와의 속량함을 받은 자들이 돌아오되 노래하며 시온에 이르러 그들의 머리 위에 영영한 희락을 띠고 기쁨과 즐거움을 얻으리니 슬픔과 탄식이 사라지리로다

"사막에서 낙원으로"

인간이 제일 살기 어려운 곳은 물 없는 사막으로 죽음이 코앞에 와 있는 상태입니다. 낙원은 모든 환경이 완전해서 만족과 기쁨이 넘치는 곳입니다. 사막을 거쳐 낙원에 왔다면 그 감격은 높고 깊을 것입니다. 사막의 괴로

움을 알 때 낙원이 고마운 원리는 신앙생활에도 적용됩니다. 전장에서 불신자 심판의 절망을 보았다면 35장은 메시야 왕국의 영광과 환희를 보여줍니다. 천국의 또 다른 이름인 낙원을 의인법을 사용하여 이해하기 쉽도록 표현합니다.

황무한 땅이 기뻐하고 사막이 백합화같이 피어 즐거워합니다(1절). 너무나 무성해서 영광과 아름다움이 넘쳐흐르는데 하나님께서 하셨습니다(2절). 자연의 회복보다 더 귀한 것은 좌절하고 절망한 백성들에게 내려 온 위로와 격려입니다. 연약한 손과 발과 무릎이 튼튼해지고 강한 힘을 얻습니다(3절). 그 마음에는 담대함이 넘치는데 하나님이 찾아 오셨기 때문입니다(4절). 내가 찾아서 겨우 만난 하나님이 아니라 하나님께서 먼저 찾아오신 이 진리는 실제상황입니다. 요한 사도는 하나님의 찾아오심은 사랑 때문이라고 확정합니다.

(요일 4:10) "사랑은 여기 있으니 우리가 하나님을 사랑한 것이 아니요 하나님이 우리를 사랑하사 우리 죄를 속하기 위하여 화목 제물로 그 아들을 보내셨음이라"

주님이 오심으로 주어지는 결과는 회복입니다. 이전의 상황에 대한 인식이 있어야 구원의 모습에 감격할 수 있다는 뜻입니다. 부자가 가난한 시절을 회상할 때 부자가 된 현재를 감사할 수 있는 것과 같습니다. 구원이 임하기 전의 인간은 부패하고 고장 난 상태입니다. 눈과 귀는 멀었고 발은 절며 입은 말하지 못한 것을 메시야가 오심으로 완전히 회복됩니다(5-6절). 예수님께서 오셔서 귀신들린 자와 병든 자를 다 고치시는 장면이 떠오릅니다.

(마 8:16) "저물매 사람들이 귀신 들린 자를 많이 데리고 예수께 오거늘 예수께서 말씀으로 귀신들을 쫓아내시고 병든 자들을 다 고치시니"

혹시 나는 병자가 아닐 것이라고 여긴다면 절대착각입니다. 성경은 주님을 만나기 전 자연인의 주소는 지옥이라고 선언합니다(엡 2:1-3). 구원의 회복은 시온을 중심으로 이루어지는데 신약 용어로는 교회중심입니다(7-8절). 시온에 들어갈 수 있는 자가 여호와의 속량을 입은 자만 되듯이 우리의 구원도 오직 십자가 대속으로만 이루어집니다(10절). 시온에 이른 백성의 환희에 찬 찬양은 지금 이 시대 우리의 몫입니다(10절). 위의 시온인 천국을 소망하며 아래의 시온인 교회에서 주님을 섬기는 복락에 감사합니다.

♦ 이사야 36장 성경칼럼

20절 | 이 열방의 신들 중에 어떤 신이 자기의 나라를 내 손에서 건져냈기에 여호와가 능히 예루살렘을 내 손에서 건지겠느냐 하셨느니라 하니라

21절 | 그러나 그들이 잠잠하여 한 말도 대답하지 아니하였으니 이는 왕이 그들에게 명령하여 대답하지 말라 하였음이었더라

"환대와 조롱"

환대는 반갑게 맞이하여 후하게 대접하는 것을 말합니다. 환대의 반대말은 냉대와 홀대가 있지만 극단적으로 조롱을 떠올려 보았습니다. 기독교에 대한 세상의 냉대와 조롱은 역사가 깊습니다. 구약 시대부터 하나님의 백성인 이스라엘을 향한 혐오와 핍박은 넘치게 일어납니다. 1차적으로는 타종교와 타협 못하는 유일신 종교 때문이라고 볼 수 있습니다. 하지만 영적 원인은 근본적인 영적 전쟁이고 진리 전투입니다. 세상의 권세를 가진 사단이 간교한 공격을 하는 것입니다.

(엡 6:12) “우리의 씨름은 혈과 육을 상대하는 것이 아니요 통치자들과 권세들과 이 어둠의 세상 주관자들과 하늘에 있는 악의 영들을 상대함이라”

역사에서 하나님 나라와 기독교에 대한 환대는 그리스도인이 하나님께 순종할 때 일어났습니다. 다윗 시대와 솔로몬 초기 시대에 일어났고 초대 교회의 카타콤 시대에 주어졌습니다. 로마의 핍박에도 불구하고 생명을 걸고 봉사를 했을 때 세상은 하나님의 영광을 눈치 챘습니다.

(마 5:16) "이같이 너희 빛이 사람 앞에 비치게 하여 그들로 너희 착한 행실을 보고 하늘에 계신 너희 아버지께 영광을 돌리게 하라"

세상의 조롱은 본질적 이유와 함께 그리스도인의 선한 행실이 없을 때 오는 것임을 확인할 수 있습니다.

이사야서는 35장까지의 묵시적 예언이 마감되고 40장부터 2부가 시작됩니다. 그 중간의 36-39장은 현재 시점으로 돌아와 역사의 사건을 기록합니다. 36장부터 시작되는 이 기사는 열왕기하 18-20장과 동일한 기사입니다. 그러나 같은 내용이지만 이사야서는 심판과 구원의 사건을 예언의 성취라는 목적으로 기술합니다. 히스기야 14년에 앗수르의 산헤립이 2차 침공을 가하고 있습니다(1절). 히스기야는 1차 침공 때 48개 성읍이 함락되자 산헤립이 요구한 은과 금을 성전에 입힌 것까지 벗겨서 상납하였습니다(왕하 18:13-16). 세상은 약자라고 보이는 순간 가만히 놔두질 않는 원리에 따라 앗수르는 다시 회군하여 침공해 옵니다.

앗수르 총사령관 랍사게가 유다를 향하여 퍼붓는 전략적인 조롱은 유다로서는 치명적인 내용입니다. 히스기야의 무력함은 물론이고 하나님을 마치 하인 대하듯이 업신여깁니다(4-17절). 그의 세계관에 전능하신 유일신 하나님이 보일 리가 없습니다. 앗수르의 반 하나님 성향은 사단이 기독교를 왜곡 선전하여 죽이려는 것과 유사합니다. 다른 민족이 섬기는 신보다 못하다고 격하시키며 조롱합니다(18-20절). 세상 기준으로 압도적인 앗수르를 이길 수 없는 유다에게 어떤 일이 일어날까요? 조롱에도 불구하고 왕의 명령에 따라 침묵하고 회개 모드로 들어간 3명의 사신으로부터 기적이 시작됩니다(21-22절).

♦ 이사야 37장 성경칼럼

1절 | 히스기야 왕이 듣고 자기의 옷을 찢고 굵은 베 옷을 입고 여호와의 전으로 갔고
20절 | 우리 하나님 여호와여 이제 우리를 그의 손에서 구원하사 천하만국이 주 만이 여호와이신 줄을 알게 하옵소서 하니라

"신속한 정공법"

전쟁에서의 승패를 다룬 동서양의 실록에는 술수와 암수가 난무합니다. 생사가 걸렸고 흥망이 결정되는 현장에 수단과 방법을 가릴 틈이 없습니다. 전력상으로 열세이나 승리를 거두는 경우는 전략이 맞아 떨어졌기 때문입니다. 그렇다면 구속사적 전쟁은 당연히 세상과 다른 전략이 있을 것입니다. 인간의 권모술수가 아닌 하나님의 방법으로 치르는 전쟁이 37장에 벌어집니다.

36장은 히스기야의 신하들이 랍사게의 조롱을 듣고 침묵하는 모습으로 마쳤습니다. 옷을 찢고 왕에게 나왔다는 것은 분노를 삭이며 회개할 수 밖에 없음을 고백하는 자세입니다(36:21-22, 1절). 이제 다른 길은 없다는 한계상황에서의 회개는 하나님의 길을 열리게 합니다. 신하들의 보고를 들은 히스기야는 신속하게 신앙의 정공법을 취하고 있습니다. 짧은 1절 안에 4가지의 즉각적인 행동이 쏟아집니다. 듣고, 그 옷을 찢고, 굵은 베를 입고, 여호와의 전으로 가는 것입니다. 오직 하나님만이 이 절체절명의 위기를 해결하실 수 있다는 믿음이 파도치고 있습니다. 그의 회개는 형식과 가

식이 없는 영혼 깊숙이에서 우러나온 진실함입니다.

다음 단계의 정공법은 하나님의 말씀을 구하는 것입니다. 세 신하를 선지자 아모스에게 보내어 하나님의 뜻을 기다립니다. 대부분의 사람들이 하나님외의 다른 전략을 강구하는 것과 확연히 다릅니다. 앗수르의 회유가 계속되는 가운데(8-12절) 히스기야의 기도가 드려지는데 영적 빛이 발산됩니다(14-15절). 사람의 가장 아름다운 모습은 정직하고 진실한 기도를 드릴 때입니다. 하나님의 이름을 높이고 자신의 사정은 낱낱이 아뢲니다(16-19절). 전지하신 하나님이시지만 우리의 사정을 아뢸 때 기뻐 받으십니다. 하나님을 절대 의지하며 구원하실 것을 믿고 영광을 돌리고 있습니다(20절).

대적자들에게 하나님 되심을 알게 해 달라는 내용은 우리의 기도에도 꼭 필요합니다. 이사야를 통해 주어진 하나님의 응답은 전쟁의 완벽한 승리입니다(21-34절). 나아가 승리보다 더 값진 다윗 언약까지 확인됩니다(35절). 진실하고 정공법적인 기도는 구하는 것보다 넘치게 응답되는 원리가 실현되었습니다.

(엡 3:20) “우리 가운데서 역사하시는 능력대로 우리가 구하거나 생각하는 모든 것에 더 넘치도록 능히 하실 이에게”

여호와의 사자가 친 185,000명의 시체(36절)로 얻은 승리보다 더 귀한 하나님의 열심이 우리를 감격하게 합니다(32절).

♦ 이사야 38장 성경칼럼

5절 | 너는 가서 히스기야에게 이르기를 네 조상 다윗의 하나님 여호와께서 이같이 말씀하시기를 내가 네 기도를 들었고 네 눈물을 보았노라 내가 네 수한에 십오 년을 더하고

17절 | 보옵소서 내게 큰 고통을 더하신 것은 내게 평안을 주려 하심이라 주께서 내 영혼을 사랑하사 멸망의 구덩이에서 건지셨고 내 모든 죄를 주의 등 뒤에 던지셨나이다

"숨겨 있는 마음"

마음은 드러낼 때가 있고 숨길 때가 있습니다. 사기꾼이 마음을 숨긴다면 먼저 알아채야 사기를 안 당합니다. 반면에 숨기는 목적이 선할 경우에는 그 마음에 큰 뜻이 담겨 있습니다. 우리는 하나님의 마음을 얼마만큼 알고 있을까요? 나를 대하시는 하나님의 정확한 마음이 어떤 것인지 궁금합니다. 웬만해서는 풀리지 않는 이 주제가 38장에 펼쳐집니다.

38장은 열왕기하 20장과 같은 내용이지만 독특한 해석이 필요합니다. 열왕기는 히스기야 왕의 신앙과 통치 사역이 중심이었습니다. 이사야서는 예언서로서 선지자의 사역과 예언의 관점에서 쓰였습니다. 열왕기는 히스기야가 주인공이지만 예언서는 하나님의 뜻을 찾아내는 숙제가 담겨 있습니다. 38장에는 열왕기에 없는 히스기야의 감사시가 수록되어 있습니다(9-20절). 하나님과 히스기야는 사무적인 관계가 아니라 공감도가 높은 한 편임을 직감할 수 있습니다.

히스기야가 드린 기도의 내용을 통해 하나님과의 교통이 발병 전보다 깊어진 것을 확인하게 됩니다. 고난과 위기 때에 하나님만 바라보고 기도해야 하는 교훈은 매우 중요합니다(1-3절). 그런데 히스기야는 감사시를 통해 고난 자체가 하나님을 깊이 경험한 것이었음을 고백합니다. 나아가 다윗 언약에 의해 왕위가 이어지는 섭리를 깨닫게 됩니다. 이 사실은 다음 왕인 므낫세가 발병 당시에는 태어나지 않은 것에 근거합니다(39:7, 대하

33:1). 히스기야 14년에는 아들이 없었고 므낫세는 치유 후 3년 만에 태어났으니 결국 다윗 왕통은 지켜진 것입니다.

히스기야는 죽을병에 걸렸지만 하나님께서 그가 이 병으로 죽기를 원하지 않으셨던 것입니다(5절). 종교개혁으로 교만했던 죄를 회개하게 하고 깊은 하나님 체험으로 초대되었음을 알게 합니다. 하나님의 숨겨진 의도를 알아차린 히스기야의 기도가 17절입니다. 3절에는 자기 의를 내세워 치유를 간구하였는데 이제는 오히려 회개하는 제목이 되었습니다. 고통을 통해 진정한 평안을 얻은 영적 실력을 목격하게 됩니다.

우리는 하나님의 본심을 알기는 어렵지만 고생보다 복락을 주시는 것을 확신해야 합니다(애 3:33). 이사야의 예언 사역 속에 히스기야가 은총을 입듯이 성경은 성도에게 은혜의 통로입니다.

(딤후 3:17) "이는 하나님의 사람으로 온전하게 하며 모든 선한 일을 행할 능력을 갖추게 하려 함이라"

나를 긍휼히 여기시고 찾아오셔서 양육하시는 주님을 사랑합니다(5절).

♦ 이사야 39장 성경칼럼

4절 | 이사야가 이르되 그들이 왕의 궁전에서 무엇을 보았나이까 하니 히스기야가 대답하되 그들이 내 궁전에 있는 것을 다 보았나이다 내 창고에 있는 것으로 보이지 아니한 보물이 하나도 없나이다 하니라

6절 | 보라 날이 이르리니 네 집에 있는 모든 소유와 네 조상들이 오늘까지 쌓아 둔 것이 모두 바벨론으로 옮긴 바 되고 남을 것이 없으리라 여호와의 말이니라

"제자도"

교회 출석하는 사람을 분류하면 교인과 성도와 제자가 있습니다. 교인은 거듭난 신앙은 불분명하지만 이유가 있어 출석하는 사람입니다. 성도는 거듭난 신자를 의미하며 성숙의 과정에 있는 신자입니다. 제자는 영육의 훈련을 받으며 사역하는 일군입니다. 교회마다 제자훈련에 정성을 쏟지만 성공했다고 정평을 받는 교회의 비율은 낮습니다. 그 이유는 제자도를 배우고 실천하기가 어렵기 때문입니다.

제자도는 성경 지식에 능통하고 종교 행위에 성실한 것보다 차원이 높습니다. 주님께서 제자들에게 요구하신 제자의 길은 듣는 것부터 만만치 않습니다.

(막 8:34) "무리와 제자들을 불러 이르시되 누구든지 나를 따라오려거든 자기를 부인하고 자기 십자가를 지고 나를 따를 것이니라"

평범하게 예수 믿고 천국 가려던 사람에게 제자도는 청천 벽력같은 요구입니다. 자기 부인과 자기 십자가 지기는 이기적 유전자를 가진 인간에게는 최대의 난코스입니다. 수많은 그리스도인이 도전했지만 실패한 과목입니다.

39장의 히스기야의 뼈아픈 실수는 제자도를 잃어버림으로 시작되었습니다. 남유다의 3대 선왕에 속하는 히스기야임에도 제자도에 정착하지 못한 모습이 드러납니다. 종교개혁을 성공하고 죽을병에서 치유되며 일영표의 징조까지 체험했던 히스기야가 급속히 추락합니다. 바벨론 왕 므로닥발라단이 히스기야의 치유 소식을 듣고 사신을 보냅니다. 칭찬과 예물에 들뜬 히스기야는 영적 감각을 놓치고 맙니다(1절). 외교란 늘 저의가 있음을 알고 대처해야 하는데 어느 순간 교만해진 것입니다. 바벨론의 저의는 일영표의 기적을 확인하는 것과 앗수르에 대항하는 연합군을 구축하려는 의도가 있었습니다.

영안이 먼 히스기야는 자기를 자랑하고 보물과 힘을 과시하고 싶은 유혹에 넘어갑니다(2절). 보물 자랑과 창고 개방과 무기 공개가 왜 큰 죄가 되는지 의아해 할 수도 있습니다. 남유다는 신정왕국으로 하나님께만 영광을 돌려야 하는데 이 영광을 히스기야가 가로챈 것입니다. 히스기야는 자기 십자가인 신정왕국의 청지기 사명을 감당하지 못했습니다. 이사야가 바벨론에게 보여준 모든 재물을 뺏기고 자기 후손이 포로로 잡혀 갈 것을 예언합니다(4-7절).

후진국에 가서 현금 자랑을 하면 강도당하듯이 그리스도인이 자기 자랑을 하면 다 뺏기게 됩니다(엡 1:29, 약 4:14-16). 책망하는 선지자 앞에 실수를 인정하고 자기 당대의 구원에 감사하는 히스기야를 보게 됩니다(8절). 오래 참으셔서 심판을 유예하시는 하나님의 은혜로 살고 있음을 깨닫게 됩니다.

(벧후 3:8-9) "사랑하는 자들아 주께는 하루가 천 년 같고 천 년이 하루 같다는 이 한 가지를 잊지 말라 주의 약속은 어떤 이들이 더디다고 생각하는 것 같이 더딘 것이 아니라 오직 주께서는 너희를 대하여 오래 참으사 아무도 멸망하지 아니하고 다 회개하기에 이르기를 원하시느니라"

부록

경건 생활과 영적 열매를 위한 도구(tool)

1. 목적

그리스도인으로서 경건생활에 몸부림친 분들이 많을 것입니다. 열정과 성실을 위한 도구로서 3가지를 만들었습니다. 제자훈련을 할 때 사용한 것입니다. 우등생은 20-30% 정도 되지만 성장과 성숙에 도움을 주는 것은 분명합니다. 사정에 맞게 편집해서 사용하셔도 좋습니다. 각 도구를 매월 한 장씩 사용하도록 되어 있어 실천에 미흡하더라도 새 달에 다시 도전할 수 있는 장점이 있습니다. 멘토와 멘티 관계를 맺거나 영적 교제 권을 형성해서 사용하면 더욱 효과를 볼 수 있습니다.

2. 사용법

① 개인 경건 Ten-step 점검표

학습과 성숙과 실천의 항목을 10가지 단계로 일기처럼 점검하는 것입니다. 다 채우기보다 매일 영적 감각을 위해 씨름한다고 생각하고 시작하면 됩니다. 매월 도전하면서 성숙의 사이클을 높여가면 좋겠습니다.

② 나의 기도세계

은혜의 방편인 기도를 온전하고 규칙적으로 할 수 있는 도구입니다. 기도의 대상과 기도의 내용을 확실히 하여 기도할 수 있습니다. 매일 체크하며 기도하고 1개월 단위로 새로운 전환이 가능합니다. 기도의 응답을 확인함으로 주님과의 깊은 영적 관계를 체험하게 됩니다.

③ 3015 구령운동

신앙생활의 면류관인 전도를 능력 있게 하는 도구입니다. 30은 1달을 의미하고 15는 전도의 실행을 말합니다. 한 달 동안 전도대상자 1명을 향하여 기도하고 전도하는 것입니다. 2명이면 2장을 사용하면 됩니다. 매월의 결과를 보고 다음 달로 연장해 나가면 됩니다.

3. 부언

도구를 만들기 어려운 분은 저자에게 e-메일을 보내 신청하시면 파일로 보내 드리겠습니다.

e-mail : kmj-0245@hanmail.net

202 년 월 성명 :

개인경건 Ten-Steps 점검표

너희가 첫날부터 이제까지 복음을 위한 일에 참여하고 있기 때문
이라 너희 안에서 착한 일을 시작하신 이가 그리스도 예수의 날까
지 이루실 줄을 우리는 확신하노라" (빌 1:5-6)

Step / 일자(요일)		학 습			실 천				성 숙		
		①성경읽기 (시간,내용)	②기도,찬양 (시간,장소)	③예배,모임	④교제 (양육,상담)	⑤복음전도	⑥봉사.헌신	⑦생업성실도 (최선,평범,미흡)	⑧희생,인내	⑨약속,신뢰	⑩비전,확인
1											
2											
3											
4											
5											
6											
7											
8											
9											
10											
11											
12											
13											
14											
15											
16											
17											
18											
19											
20											
21											
22											
23											
24											
25											
26											
27											
28											
29											
30											
31											

♦ 나의 비전 ♦

♦ 나의 기도 ♦

♦ 나의 태신자 ♦

♦ HELPER 평가 ♦

나의 기도세계

"우리 가운데서 역사하시는 능력대로 우리가 구하거나 생각하는 모든 것에
더 넘치도록 능히 하실 이에게 교회 안에서와 그리스도 예수 안에서
영광이 대대로 영원무궁하기를 원하노라 아멘" (엡 3:20-21)

구분	이름 or 내용	응답 내용
전도대상자		
연약한자		
사역자		
가족		
영적 목표		
육적 필요		
기타		

일	체크
1	
2	
3	
4	
5	
6	
7	
8	
9	
10	
11	
12	
13	
14	
15	
16	
17	
18	
19	
20	
21	
22	
23	
24	
25	
26	
27	
28	
29	
30	
31	

202 년 월 기도자:

3015 구령운동 (개인전도 카드)

♦ 전도자 : 성명 (   ) 소속 (   )

♦ 태신자 : 성명 (   ) 전화 (   )
주소 (   )

집중 기도 30번

회	월/일	기도 시간	확인
1			
2			
3			
4			
5			
6			
7			
8			
9			
10			
11			
12			
13			
14			
15			
16			
17			
18			
19			
20			
21			
22			
23			
24			
25			
26			
27			
28			
29			
30			

접촉 및 전도 15번

회	월/일	방법 (전화, 문자, 방문)	결과 (예배, 모임, 등록)
1			
2			
3			
4			
5			
6			
7			
8			
9			
10			
11			
12			
13			
14			
15			

"내가 천국 열쇠를 네게 주리니..."(마 16:19)

MEMO

MEMO

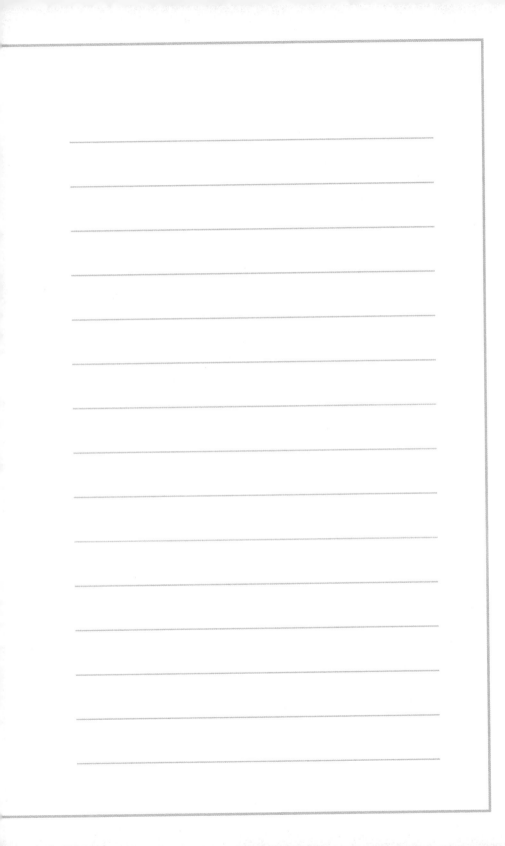

성경과 함께 읽는 성경1장 칼럼 3권 (시편-이사야 1부)

1판 1쇄 발행 2023년 12월 31일

지은이 김명제

편집 이새희
마케팅・지원 김혜지

펴낸곳 (주)하움출판사 **펴낸이** 문현광

이메일 haum1000@naver.com **홈페이지** haum.kr
블로그 blog.naver.com/haum1000 **인스타** @haum1007

ISBN 979-11-6440-489-6 (94230)

좋은 책을 만들겠습니다.
하움출판사는 독자 여러분의 의견에 항상 귀 기울이고 있습니다.
파본은 구입처에서 교환해 드립니다.